Sven Keller
Günzburg und der Fall Josef Mengele

Schriftenreihe
der Vierteljahrshefte für Zeitgeschichte
Band 87

Im Auftrag des Instituts für Zeitgeschichte

Herausgegeben von

Karl Dietrich Bracher, Hans-Peter Schwarz, Horst Möller

Redaktion: Jürgen Zarusky

R. Oldenbourg Verlag München 2003

# Günzburg und der Fall Josef Mengele

Die Heimatstadt und die Jagd nach dem
NS-Verbrecher

Von Sven Keller

R. Oldenbourg Verlag München 2003

Bibliografische Information Der Deutschen Bibliothek

Die Deutsche Bibliothek verzeichnet diese Publikation in der Deutschen Nationalbibliografie; detaillierte bibliografische Daten sind im Internet über <http://dnb.ddb.de> abrufbar.

© 2003 Oldenbourg Wissenschaftsverlag GmbH, München
Rosenheimer Straße 145, D-81671 München
Internet: http://www.oldenbourg-verlag.de

Das Werk einschließlich aller Abbildungen ist urheberrechtlich geschützt. Jede Verwertung außerhalb der Grenzen des Urheberrechtsgesetzes ist ohne Zustimmung des Verlages unzulässig und strafbar. Dies gilt insbesondere für Vervielfältigungen, Übersetzungen, Mikroverfilmungen und die Einspeicherung und Bearbeitung in elektronischen Systemen.

Gedruckt auf säurefreiem, alterungsbeständigem Papier (chlorfrei gebleicht).
Gesamtherstellung: R. Oldenbourg Graphische Betriebe Druckerei GmbH, München

ISBN 3-486-64587-0
ISSN 0506-9408

*Meinen Eltern*

# Inhalt

| | | |
|---|---|---:|
| Vorwort | | 9 |
| Einleitung | | 11 |
| I. | Josef Mengele | 17 |
| | 1. 1911–1943: Kindheit, Karriere, Krieg | 17 |
| | 2. 1943–1945: Arzt in Auschwitz | 27 |
| | 3. 1945–1979: Flucht und Verstecke | 42 |
| II. | Der virtuelle Mengele | 63 |
| | 1. Prototyp des SS-Arztes | 63 |
| | 2. Mythos Mengele | 67 |
| III. | Der Täter Mengele: Politische und weltanschauliche Genesis | 73 |
| | 1. Kindheit, Jugend und frühe Studienjahre (1911–1932) | 73 |
| | 2. Ehrgeiz und Antisemitismus: Anthropologe im NS-Staat (1932–1940) | 83 |
| | 3. Kalter Zyniker und hochgebildeter Massenmörder: Eine Frage der Generation? | 89 |
| | 4. Mengeles Heimatstadt – eine Hochburg des Nationalsozialismus? | 94 |
| IV. | Die Mengeles: Soziale Ausnahmestellung einer Familie | 105 |
| V. | Die Günzburger Öffentlichkeit und der Fall Mengele 1945–1959 | 115 |
| VI. | Die sechziger Jahre: Die Entstehung des Günzburg-Mythos | 123 |
| | 1. Der Frankfurter Auschwitz-Prozeß und seine Auswirkungen auf den Fall Mengele | 123 |
| | 2. Der Günzburg-Mythos | 126 |
| |     Definition durch Fritz Bauer und Anton Seitz | 126 |
| |     Günzburger Gerüchte: Die Begräbnis-Legende | 130 |
| |     „Bebbo" Mengele – ein Massenmörder? | 131 |
| |     Das Verhalten der Familie Mengele | 134 |
| |     Urteile, Vorurteile, Mißverständnisse | 135 |
| |     Viel Dichtung, wenig Wahrheit | 140 |

| | | |
|---|---|---|
| VII. | Die achtziger Jahre: Konfrontation und Kulmination......... | 145 |
| | 1. Die frühen achtziger Jahre: Günzburg und der Fall Mengele im Spannungsfeld deutschen Geschichtsbewußtseins....... | 145 |
| | Die 1970er Jahre und die TV-Serie „Holocaust".......... | 145 |
| | Anstoß von außen: Hanne Hiob und die „Idylle einer deutschen Kleinstadt"................. | 147 |
| | Thematisierung der Vergangenheit: OB Köppler und „Der Aufbruch ins Verhängnis"................. | 151 |
| | Opfermythen: Josef Baumeister und „a' Stückle Hoimat"..... | 154 |
| | 2. 1985: Die Kulmination des Falles Mengele............ | 159 |
| | Der vierzigste Jahrestag der Befreiung von Auschwitz....... | 159 |
| | Günzburg im Mittelpunkt des Interesses.............. | 161 |
| | Defensivstrategien....................... | 170 |
| | Nach dem Fund von Embu: Reaktionen auf die Wahrheit..... | 176 |
| VIII. | Ein langer Schatten...................... | 181 |
| IX. | Fazit............................. | 185 |
| Anhang................................ | | 193 |
| Stammbaum der Familie Mengele.................... | | 193 |
| Quellen und Literatur......................... | | 195 |
| Abkürzungen und Siglen........................ | | 206 |
| Personenregister............................ | | 209 |

# Vorwort

Das hier vorliegende Buch ist eine leicht erweiterte und überarbeitete Fassung meiner Magisterarbeit, die im Juli 2002 am Lehrstuhl für Neuere und Neueste Geschichte der Philologisch-Historischen Fakultät der Universität Augsburg angenommen wurde. Prof. Dr. Andreas Wirsching gilt deshalb für die Betreuung während der Entstehung der Arbeit mein ganz besonderer Dank. Mein Dank gilt ferner Prof. Dr. Rolf Kießling.

Die Anregung zu diesem Thema stammt ursprünglich von Dr. Rudolf Köppler, inzwischen Alt-Oberbürgermeister der Stadt Günzburg, der die Entwicklung der Arbeit aufmerksam verfolgt und nach Kräften gefördert, aber dabei die intellektuelle Freiheit des Autors stets geachtet hat. Mein besonderer Dank geht in Günzburg an Walter Grabert M.A., den Leiter des Stadtarchivs, der mir zu allen möglichen und unmöglichen Zeiten Zugang zu den Akten gewährte, mir bei der Archivrecherche nach Kräften behilflich war und die Entstehung dieser Studie auch zu seiner Herzensangelegenheit machte. Außerdem bin ich der Sparkasse Günzburg-Krumbach zu Dank verpflichtet, die die Entstehung der Arbeit finanziell gefördert hat.

Nicht vergessen seien außerdem die Mitarbeiter der anderen Archive und Behörden, auf deren Material sich diese Arbeit stützt (vgl. Quellenverzeichnis). Genannt sei stellvertretend nur Kriminalhauptkommissar Liebold vom Landeskriminalamt Wiesbaden, der mir im November 2001 während meiner Recherchen im Archiv der Staatsanwaltschaft bei dem Landgericht Frankfurt am Main hilfreich zur Seite stand.

Den Profs. Drs. Karl Dietrich Bracher, Hans-Peter Schwarz und Horst Möller als Herausgebern der Schriftenreihe der Vierteljahrshefte für Zeitgeschichte danke ich für die positive Begutachtung und die Aufnahme meiner Arbeit. Dr. Jürgen Zarusky hat mich als Redakteur der Schriftenreihe auf dem Weg zur Veröffentlichung hilfreich begleitet; ich verdanke ihm eine Vielzahl von wertvollen Anregungen. Mein Dank gilt auch Veronika Stroh, die das Sekretariat besorgt hat.

Für verschiedene Auskünfte, Hinweise und Anregungen danke ich Dr. Dieter Pohl, Dr. Christian Hartmann und Stephan Lehnstaedt vom Institut für Zeitgeschichte in München, wo ich bis zu meinem Examen als studentische Hilfskraft tätig war, ebenso wie Ulrich Völklein und Benoit Massin.

Last but not least seien auch Familie und Freunde nicht vergessen, die alle auf die eine oder andere Weise zur Entstehung dieser Arbeit beigetragen haben, sei es durch die Korrektur des Manuskripts oder nicht minder wichtigen moralischen Beistand. Genannt seien meine Eltern Hannelore und Andreas Keller, denen ich dieses Buch widmen möchte; meiner Frau Martina; ihre Eltern Brigitte und Josef Ull; Stephan Resch M.A. und Petra Martinschek M.A. und viele andere mehr.

Trotz der vielfältigen Unterstützung, die ich erfahren durfte, wird sich in diesem – wie in jedem – Buch noch der eine oder andere Fehler finden, für den selbstredend ich verantwortlich zeichne.

Augsburg, April 2003 Sven Keller

# Einleitung

Ein „monströser Schatten"[1] liege auf dem Namen seiner Stadt, erklärte Dr. Rudolf Köppler, Oberbürgermeister der mittelschwäbischen Kleinstadt Günzburg, in einer Rede im Jahre 1983. Er sprach von dem Schatten eines Mannes, der seine Heimatstadt über fünf Jahrzehnte zuvor verlassen hatte, um zu studieren und Karriere zu machen; eine Karriere, die 1945 vor den gesprengten Trümmern der Gaskammern des Konzentrationslagers Auschwitz-Birkenau ihr Ende fand.[2] Der Name dieses Mannes war Josef Mengele, und über Jahrzehnte hinweg wurde die Stadt immer wieder mit ihm konfrontiert, mit seinen Untaten in Verbindung gebracht und verdächtigt, den „Todesengel" von Auschwitz gedeckt, versteckt und versorgt zu haben. Als 1985 die Jagd auf Josef Mengele ihren Höhepunkt erreichte und Reporter und Fernsehteams aus aller Welt nach Günzburg kamen, war aus der Stadt „mengele-town"[3] geworden, „where Dr. Death still casts his evil shadow"[4].

Keine andere Stadt ist in vergleichbarem Maße in den Mittelpunkt des öffentlichen Interesses gerückt, weil sie die Geburtsstadt eines gesuchten NS-Verbrechers war. In keinem anderen Fall war das Interesse sowohl der Ermittlungsbehörden als auch der „Nazi-Jäger" an der Heimatstadt so groß. Günzburg nahm eine Sonderrolle ein: Die Stadt wurde dargestellt als eine „verschworene Gemeinschaft"[5], die alles wußte und nichts sagte, die das Monster Mengele deckte und in der der Geist des Nationalsozialismus die Jahre überdauert hatte. Validität, Ursprung, Entwicklung, Erscheinungsbild und Auswirkungen dieses „Günzburg-Mythos" zu untersuchen, ist Ziel dieser Arbeit. Im Mittelpunkt stehen soll dabei die Stadt selbst: Welche Rolle spielte sie im Fall Mengele? Was hat sie zur Entstehung ihres Images beigetragen, welche Einflußmöglichkeiten hatte sie? Wie wurde die Stadt mit dem Fall Mengele und dem Günzburg-Mythos konfrontiert, wie reagierte sie darauf?

Die Rolle Günzburgs in der Geschichte des Falles Mengele kann nicht isoliert betrachtet werden: Der immer wieder von verschiedenster Seite erhobene Vorwurf, Günzburg trage eine besondere Verantwortung an den Taten Josef Mengeles, kann ohne einen Blick in dessen Biographie ebensowenig auf seine Berechtigung hin un-

---

1 So der Oberbürgermeister der Stadt Günzburg, Dr. Rudolf Köppler, in einer Rede vor dem Günzburger Stadtrat anläßlich einer Gedenkstunde zur Erinnerung an Machtergreifung und Gleichschaltung durch das NS-Regime am 29. 3. 1983. Köppler, Aufbruch, S. 8.
2 Josef Mengele prahlte später damit, er habe sich als ehemaliger Angehöriger einer Pioniereinheit an der Zerstörung beteiligt, weil „die damit beauftragten SS-Angehörigen [...] aufgrund mangelnder Fachkenntnisse und im Bestreben, Auschwitz so schnell wie möglich zu verlassen, die Sprengung nicht zustande gebracht" hätten. BStU, MfS, ZA, ZU V 84, HA Bd. 5, Bl. 301–308, Eidesstattliche Versicherung Dr. Horst Fischers, 16. 5. 1966.
3 Gestörte Idylle (2), in: DIE ZEIT, 26. 4. 1985.
4 The town where Dr. Death still casts his evil shadow, in: Daily Express, 18. 2. 1985.
5 Vgl. z. B. Blieb in Günzburg die Zeit stehen?, in: Bild-Zeitung, 7. 7. 1964.

tersucht werden wie die Frage, welche Rolle die Stadt bei der Flucht des Arztes in der unmittelbaren Nachkriegszeit spielte. Ebenso von Bedeutung ist die Geschichte der Suche nach Josef Mengele, die in ihrer ganz erstaunlichen Realitätsferne die Entwicklung der Ereignisse in Günzburg entscheidend beeinflußt hat; auch kann die Entstehung der Legenden um seine Heimatstadt kaum ausreichend erklärt werden, ohne auf die Dämonisierung Mengeles und die Mythenbildung seit den 1960er Jahren hinzuweisen. Doch selbst über die Person, den Mythos und die Suche hinaus muß die Perspektive reichen: Die schwäbische Kleinstadt Günzburg mit ihren Bewohnern war und ist Teil der Gesellschaft der Bundesrepublik Deutschland. Der Umgang dieser Gesellschaft mit ihrer NS-Vergangenheit bildete Voraussetzung und Hintergrund für die Genese des Falles Mengele und für das Verhalten der Menschen in Günzburg. Umgekehrt vermag beides geradezu schlaglichtartig Entwicklung und Probleme der deutschen Erinnerungskultur und Vergangenheitsbewältigung zu erhellen.

Das erste Kapitel der Arbeit widmet sich Josef Mengele, zunächst seiner Biographie. Die Darstellung seines Lebensweges bildet eine Grundlage der Arbeit; sie ist für die Beantwortung vieler Fragen und die Bewertung vieler Spekulationen und Gerüchte unverzichtbar. Zudem sind falsche Angaben zur Vita Mengeles leider immer noch eher die Regel als die Ausnahme.[6] Die Zeit vor 1945 wird an dieser Stelle – abgesehen von einigen Ergänzungen und Korrekturen des bisherigen Forschungsstandes – nur vergleichsweise knapp beschrieben werden, da sich das dritte Kapitel ausführlicher mit diesem Zeitraum befassen wird. Im Vergleich dazu sollen Mengeles Tätigkeit in Auschwitz und seine Flucht nach 1945 etwas ausführlicher dargestellt werden.

In zuweilen scharfem Kontrast zu der realen Person Mengeles steht der „virtuelle Mengele", mit dem sich Kapitel II befaßt. Seit den 1960er Jahren wurde Mengele zum Prototyp des SS-Arztes, und immer mehr Gerüchte und Legenden rankten sich um die Person des nunmehr Gesuchten. Der Auschwitz-Mörder wurde zum Mythos, und weit entfernt von der Realität entstand der Mengele, mit dem sich die Stadt seit Ende der 1950er Jahre konfrontiert sah.

Das dritte Kapitel befaßt sich mit der Genese der politischen und weltanschaulichen Überzeugungen Josef Mengeles, um die Frage nach einer tatsächlichen Verantwortung Günzburgs für seine Taten zu klären. Der Untersuchungszeitraum kann dabei natürlich nicht 1930 enden, dem Jahr, in dem Mengele seine Heimatstadt verließ – die zwölf Jahre, die bis zu seiner Versetzung nach Auschwitz vergingen, in denen er studierte und eine erfolgversprechende Karriere als Genetiker und Anthropologe begann, dürfen nicht unterschlagen werden. Zudem soll mittels des generationstheoretischen Ansatzes der Versuch einer Erklärung der individuellen Disposition des Täters Josef Mengeles unternommen werden, die ihm sein Handeln ermöglichte. Abschließend soll die Frage geklärt werden, ob Günzburg

---

[6] So z.B. noch bei Wandres/Werle, Völkermord, S. 255, und Meding, Flucht, S. 149. Als unzuverlässig erwiesen sich alle betrachteten Kurzbiographien im Internet. Als Negativbeispiel sei hier der geradezu peinliche Versuch des Deutschen Historischen Museums genannt, der nicht weniger als 15 teils gravierende Falschangaben enthält. URL: http://www.dhm.de/lemo/html/biografien/MengeleJosef, Erstelldatum unbekannt, gesehen am 27. Januar 2002.

tatsächlich die Hochburg des Nationalsozialismus war, als die es häufig dargestellt wurde, und so möglicherweise entscheidenden weltanschaulichen Einfluß auf den KZ-Arzt ausgeübt hat.

Kapitel IV umfaßt einen kurzen Abriß der Firmengeschichte der Landmaschinenfabrik Karl Mengele & Söhne; sein Hauptteil ist jedoch einer Analyse der besonderen Stellung der Familie in Günzburg gewidmet, die für die Entstehung des Günzburg-Mythos von entscheidender Bedeutung war. Im Mittelpunkt steht vor allem Karl Mengele, Vater Josef Mengeles und Familien- und Firmenpatriarch.

Die Frage nach dem Stellenwert des Falles Mengele in Günzburg während der unmittelbaren Nachkriegszeit und in den 1950er Jahren steht im Zentrum von Kapitel V. Über die ersten Jahre unmittelbar nach Kriegsende geben die Erkenntnisse der vor Ort stationierten amerikanischen Besatzungsbehörden Aufschluß, während sich in den fünfziger Jahren erstmals deutlich der Einfluß gesellschaftlicher Entwicklungen im Umgang mit der Vergangenheit zeigt. Das Kapitel endet mit der Einleitung der ersten Ermittlungen im Fall Mengele gegen Ende des Jahrzehnts.

Mit dem Frankfurter Auschwitz-Prozeß, bei dem Josef Mengele auf der Anklagebank geradezu spektakulär fehlte, und seinen für Günzburg und seine Position im Fall Mengele eminent wichtigen Folgen befaßt sich das sechste Kapitel, das den 1960er Jahren gewidmet ist. Nach einem kurzen Abriß des Verlaufs und der Bedeutung des Verfahrens stehen im zweiten Teil der Ursprung, die frühe Entwicklung und die inhaltliche Ausformung des Günzburg-Mythos im Mittelpunkt, der das Image der Stadt für mehr als zwei Jahrzehnte geprägt hat.

Während der siebziger Jahre blieb es in seiner Heimatstadt ruhig um Josef Mengele. Kapitel VII springt deshalb in die 1980er Jahre, in deren erster Hälfte die Stadt erneut mit dem Günzburg-Mythos und Josef Mengele konfrontiert wurde – diesmal im Zusammenhang mit einer seit Anfang des Jahrzehnts verstärkten Konfrontation der Deutschen mit ihrer Vergangenheit, die sich besonders auf lokaler Ebene ereignete und sich in Günzburg besonders an Josef Mengele kristallisierte. Der zweite Abschnitt ist den Ereignissen des Jahres 1985 gewidmet, das zunächst eine enorme Intensivierung der Fahndungsbemühungen und des internationalen Medieninteresses brachte und mit der Entdeckung der Leiche Josef Mengeles in Brasilien den eigentlichen Schlußpunkt des Falles Mengele setzte. Neben den unterschiedlichen Formen des Mißbrauchs und der Instrumentalisierung des Günzburg-Mythos befaßt sich das Kapitel vor allem mit den gegensätzlichen Handlungsstrategien der Stadt, vertreten durch Oberbürgermeister Dr. Köppler, auf der einen Seite und der Familie Mengele auf der anderen Seite. Die Untersuchung endet mit einem kurzen Ausblick auf die weitere Entwicklung (Kapitel VIII).

Der Stand der Forschung zur Person Josef Mengeles ist nur teilweise befriedigend. Die vor 1985 erschienenen Berichte über die Jagd nach dem Arzt von Auschwitz[7] sind für das Verständnis der Person Mengele und für die Darstellung seines Lebensweges nach 1945 weitgehend wertlos; immerhin dokumentieren sie eindrucksvoll die falschen Spuren, die die „Jäger" auf ihrer Suche verfolgten. Gleiches gilt für den ersten Versuch einer populärwissenschaftlichen Biographie, den Betty und Paul-

---

[7] Vgl. z. B.: Wiesenthal, Mörder; Bar-Zohar, The Avengers; Brochdorff, Flucht.

Robert Truck im Jahr 1976 unternahmen.[8] Noch im Jahr 1985, dem Jahr also, in dem Mengeles Leiche entdeckt wurde, erschien eine weitere Biographie aus der Feder des amerikanischen Journalisten Gerald Astor, die offensichtlich um der Aktualität des Stoffes willen mit heißer Nadel gestrickt und dementsprechend unzuverlässig und fehlerbehaftet ist.[9] Erst ein Jahr später legten die beiden Journalisten Gerald L. Posner und John Ware ein Buch vor, das tatsächlich für sich beanspruchen kann, die Geschichte der Suche nach Josef Mengele und seiner Flucht in einer materialreichen und gut recherchierten Darstellung weitgehend zuverlässig und detailliert wiederzugeben. Leider gilt dieses positive Fazit nicht für die Jahre vor 1945: Für diesen Zeitraum findet sich eine Fülle falscher oder ungenauer Angaben, und die deutsche Ausgabe leidet unter fehlerhaften Rückübersetzungen ursprünglich deutscher Dokumente aus dem Englischen.[10] Im gleichen Jahr befaßte sich der aus Günzburg stammende Historiker Zdenek Zofka im Rahmen eines leider zu wenig beachteten Aufsatzes mit Werdegang, Sozialisation und Charakter Josef Mengeles und lieferte eine Vielzahl bemerkenswerter Anregungen, die vor allem einer Ent-Dämonisierung der Person des KZ-Arztes hätten dienen können.[11] 1987 legte der amerikanische Psychiater Robert J. Lifton eine Studie zum Thema „Ärzte im Dritten Reich" vor, die auch ein ausführliches Kapitel zu Josef Mengele enthielt.[12] Der Versuch Liftons, Mengeles Taten durch psychopathologische Defizite zu erklären, ist aber wenig überzeugend. 1991 veröffentlichten Lucette Matalon Lagnando und Sheila Cohn Dekel ein Buch, das der Biographie Mengeles Aussagen seiner Opfer über ihr Schicksal gegenüberstellt und so die Leben von Täter und Opfern verknüpft, jedoch keine neuen biographischen Fakten oder Interpretation bietet.[13]

In den Heften von Auschwitz erschien im Jahr 1997 ein Artikel von Helena Kubica[14], der sich in erster Linie mit den Verbrechen Mengeles in Auschwitz-Birkenau befaßt. Auch wenn sich bei den biographischen Rahmenangaben einige Ungenauigkeiten eingeschlichen haben, bietet der Aufsatz doch eine ausgezeichnete, weitgehend ausgewogene und die Gefahr der Dämonisierung vermeidende Darstellung der Tätigkeit Mengeles im Konzentrationslager, die besonders von einer großen Zahl faksimilierter Dokumente aus dem Archiv des Staatlichen Museums Auschwitz profitiert. Ergänzt wird der Artikel von einer Liste der namentlich bekannten Häftlinge, an denen Mengele Experimente durchführte.

Erst 1999 erschien mit der Biographie Ulrich Völkleins[15] ein faktenreiches, wenngleich ebenfalls populärwissenschaftliches Buch, das weitgehend zuverlässig

---

[8] Truck/Truck, Mengele.
[9] Astor, Nazi. Astor kolportiert noch viele „Legenden", und auch dort, wo seine Angaben prinzipiell richtig sind, ist er in vielen Details unzuverlässig. Völlig wertlos ist das Buch für die frühen Jahre (Kindheit, Jugend, Studium). Daß Mengeles Vorname „Josef" durchgehend „Joseph" geschrieben wird, ist bezeichnend. Ebenfalls noch 1985 erschienen Roth, Normalität, sowie Weber, Lessons, ein Artikel, der den Fall Mengele für den Revisionismus entdeckte.
[10] Posner/Ware, Mengele.
[11] Zofka, KZ-Arzt.
[12] Lifton, Ärzte, S. 393–449.
[13] Lagnando/Dekel, Zwillinge.
[14] Kubica, Mengele.
[15] Völklein, Mengele.

über alle Lebensabschnitte Mengeles zu informieren vermag, erstmals also auch über Kindheit und Jugend. Leider weist auch dieses Werk einige kleinere Ungenauigkeiten und Fehler auf und kann fachwissenschaftlichen Ansprüchen nicht vollständig genügen. Eine seiner Schwächen liegt in der zu starken Fixierung auf das Objekt: Die Einordnung in den breiteren historischen Kontext erfolgt sowohl für die Zeit vor als auch nach 1945 häufig nur oberflächlich. Dennoch ist die verdienstvolle Biographie Völkleins empfehlenswert, ohnehin ist sie momentan zweifellos als Standardwerk zum Leben Josef Mengeles ohne Alternative.

Neben diesen Büchern und Aufsätzen, die sich speziell mit der Person Josef Mengeles befassen, hat der wohl bekannteste NS-Arzt auch Eingang in eine ganze Reihe von Werken gefunden, die sich mit der NS-Medizin oder der Wissenschaftsgeschichte befassen. Der Schwerpunkt der Betrachtungen liegt hier – wie nicht anders zu erwarten – meist auf Mengeles Tätigkeit im KL Auschwitz, allenfalls noch auf seinem beruflichen Werdegang. Sie hier alle aufzuzählen würde zu weit führen; diese Studien stützen sich im allgemeinen auf die oben genannte biographische Literatur und übernehmen allzuoft auch deren Fehler und Ungenauigkeiten.

Die Stadt Günzburg mit ihren rund 20 000 Einwohnern liegt etwa dreißig Kilometer östlich von Ulm direkt an der Donau und geht auf ein römisches Reiterkastell (Guntia) zur Sicherung des Donauübergangs zurück. Seit Anfang des 14. Jahrhunderts war die Stadt Teil der österreichischen Vorlande, des weit gestreuten habsburgischen Territorialbesitzes in Südwestdeutschland. 1577 wurde die Stadt zur Residenz ausgebaut und ein Schloßbau im Renaissancestil errichtet. Nach Rückschlägen durch den Dreißigjährigen und den Spanischen Erbfolgekrieg erlebte die Stadt dank der über den Marktplatz führenden Postkutschenlinie Wien-Paris unter der Regierung Maria Theresias eine Blütezeit. Daneben profitierte die Stadt von der Donaudampfschiffahrt. 1805 wurde Günzburg durch Napoleon dem neu errichteten Königreich Bayern zugeschlagen. Mit der Fertigstellung der Eisenbahnlinie München-Stuttgart im Jahr 1853 setzte endgültig die Industrialisierung ein. Die jüngere Geschichte der Stadt und der Region Günzburg ist, abgesehen von einigen Spezialthemen[16], noch weitgehend unerforscht. Eine bereits 1963 erschienene Stadtgeschichte[17] erwähnt die Verhältnisse der Weimarer Zeit und des Dritten Reichs nur en passant und ist – über den Zweck einer Stadtchronik hinaus – für diese Epoche praktisch ohne Nutzen. Hinsichtlich der NS-Zeit sind wir über die Phase der Machtübernahme der Nationalsozialisten durch die Dissertation Zdenek Zofkas[18] ausnehmend gut informiert und mit der Geschichte des örtlichen Gymnasiums von 1933 bis 1945 hat sich Franz Reißenauer beschäftigt.[19]

Diese Arbeit stützt sich überwiegend auf Quellenmaterial aus dem Stadtarchiv Günzburg. Der dortige Spezialakt „Josef Mengele" umfaßt fünf Bände und beinhaltet Zeitungsartikel und Korrespondenz des Oberbürgermeisters, außerdem konn-

---

[16] Vgl. zur Integration der Heimatvertriebenen: Sallinger, Integration; zur Parteiengeschichte: Salbaum, Geschichte und Zofka, Entwicklung. Zur Staatlichen Heil- und Pflegeanstalt: von Cranach, Heil- und Pflegeanstalt, und Schmelter, Psychiatrie.
[17] Auer, Geschichte.
[18] Zofka, Ausbreitung.
[19] Reißenauer, Schule.

ten diverse Bestände eingesehen werden, die mit der Familie Mengele in Verbindung stehen. Hervorragend ergänzt wurde dieses Material durch die umfangreichen Ermittlungs- und Fahndungsakten der Staatsanwaltschaft bei dem Landgericht Frankfurt am Main[20], die ebenfalls eingesehen werden konnten. Darunter befanden sich auch die handschriftlichen Aufzeichnungen und Tagebücher Josef Mengeles, die überwiegend aus den 1960er und 1970er Jahren stammen. Ebenfalls verwendet wurde die SS-Personalakte Josef Mengeles, die sich im Bundesarchiv Berlin im Bestand des ehemaligen Berlin Document Center befindet.[21]

Zusätzlich liegen zum Fall Mengele einige Quellen in gedruckter Form vor. Besonders hervorzuheben ist hier der Abschlußbericht des amerikanischen Office of Special Investigation (OSI)[22], das 1985 mit Ermittlungen betreffend die Verwicklung der USA in den Fall Mengele betraut worden war. Dieser ist, was die Umstände der Flucht Josef Mengeles und die Suche in der unmittelbaren Nachkriegszeit angeht, unverzichtbar; der zweite Band bietet zudem eine ausführliche Sammlung von Archivalien in Kopie.

---

[20] Die Ermittlungsakten umfassen insgesamt 43 Aktenbände, die Fahndungsakten sind noch deutlich umfangreicher und befanden sich zum Teil in völlig ungeordnetem Zustand. Sie wurden, ebenso wie die mehrere Aktenordner umfassenden handschriftlichen Aufzeichnungen Mengeles, nur selektiv eingesehen. Mittlerweile wurde der Mengele-Bestand an das hessische Hauptstaatsarchiv in Wiesbaden abgegeben.
[21] Hinzu kommen mehrere kleinere Aktenfunde unterschiedlicher Provenienz. Vgl. Verzeichnis der Archivalien.
[22] In the Matter of Josef Mengele 1.

# I. Josef Mengele

## 1. 1911–1943: Kindheit, Karriere, Krieg

„Der immer noch heftig anbrausende Wind jagte die wie ein dichter Schleier fallenden Schneeflocken in tollen aufbäumenden Wirbeln durcheinander, warf vor die Haustreppen knietiefe Schneewehen, blies an manchen Straßenecken das Katzenkopfpflaster des Marktplatzes blank [...] Fast hilflos klang [...] der Halbstundenschlag vom unteren Torturm, den wenige Sekunden später die Turmuhr der Schloßkirche wiederholte."[1] So beschrieb Josef Mengele in der schwülstig-pathetischen Selbststilisierung, die dem Leser in seinen autobiographischen Aufzeichnungen immer wieder begegnet, den Tag seiner Geburt. Er halte sich an die Erzählungen seiner Eltern, schrieb er, doch offensichtlich wollte er diesen Tag, den Tag der Geburt des Helden, in Anlehnung an alte Erzähltraditionen mit einer besonders bedeutungsschwangeren Aura ausstaffiert sehen. Und obwohl er den Namen seiner Heimatstadt nicht nennt[2], ist doch für den Ortskundigen in der Beschreibung der lokalen Gegebenheiten die Stadt Günzburg unschwer wiederzuerkennen: Hier also wurde Josef Mengele am 16. März 1911 unter so denkwürdigen klimatischen Umständen als ältester von drei Söhnen des Fabrikbesitzers Karl Mengele[3] und dessen Frau Wally geboren; hier verbrachte er Kindheit und Jugend, bevor er nach dem Abitur 1930 nach München ging und sich entschloß, Medizin zu studieren.[4]

Nach dem zweiten Semester wechselte er nach Bonn, wo er am 29. Mai 1931 dem Jungstahlhelm beitrat. Im Sommer 1932 bestand er das Physikum, verbrachte das Wintersemester an der Universität Wien und kehrte im Frühjahr 1933 an die Universität München zurück. Dort konzentrierte sich Mengele auf die theoretische Medizin, insbesondere die Genetik und die Anthropologie, und der Direktor des dortigen Anthropologischen Instituts, Theodor Mollison, betreute 1935 Mengeles erste Promotion (Thema: „Rassenmorphologische Untersuchungen des vorderen Unterkieferabschnittes bei vier rassischen Gruppen"[5]) zum Doktor der Philosophie. Unterdessen war Josef Mengele durch die geschlossene Überführung des Stahlhelms in die SA Mitglied der „Parteiarmee" geworden, aus der er im Oktober 1934 austrat. 1936 legte Mengele die erste Staatsprüfung ab und absolvierte anschließend sein Me-

---

[1] Sta F/M, Az 4 Js 340/68, Aufz. Mengele, Heft 23: Autobiographisches I, S. 11.
[2] Josef Mengele gibt sich in seinen Aufzeichnungen verschiedene Decknamen und schreibt in der dritten Person; in diesem Teil nennt er sein alter Ego „Andreas". Er „enttarnt" sich aber bald, und beschreibt, wie sich die Eltern für den „Namen des Nährvaters Christi" entscheiden. Ebenda, S. 17.
[3] Vgl. den Stammbaum der Familie Mengele, Anhang S. 193.
[4] Die grundlegenden Daten zu Mengeles Kindheit und Jugend, zu seinen Studienjahren und seinem beruflichen Werdegang bis Ende 1938 liefert ein handgeschriebener Lebenslauf. BAB, BDC, Mengele, Anlage zum R. u. S.-Fragebogen, 1. 1. 1939. Zu Mengeles Werdegang bis zu seiner Versetzung nach Auschwitz vgl. außerdem Völklein, Mengele, S. 33–92; Zofka, KZ-Arzt, S. 248–255.
[5] Mengele, Untersuchungen.

dizinalpraktikum, zunächst für vier Monate an der Kinderklinik der Universität Leipzig, dann, ab 1. Januar 1937, am von Prof. Otmar Freiherr von Verschuer geleiteten Institut für Erbbiologie und Rassenhygiene in Frankfurt. In Leipzig lernte Mengele seine erste Ehefrau Irene[6] kennen, die er 1939 heiratete. Mit Beendigung seines Medizinalpraktikums erhielt er die Bestallung als Arzt und wurde zum 1. September 1937 als Assistenzarzt an Verschuers Institut übernommen, wo er 1938 ein zweites Mal promovierte, nun zum Doktor der Medizin (Thema: „Sippenuntersuchungen bei Lippen-Kiefer-Gaumenspalte"[7]). Im Mai 1937 beantragte Mengele seine Aufnahme in die NSDAP, ein Jahr später die Aufnahme in die SS. Von Oktober 1938 bis Januar 1939 leistete er seinen Wehrdienst bei dem Gebirgsjägerregiment 137/19. Kompanie in Saalfelden/Tirol. Im Sommer 1939 schließlich wechselte er als „Ausbildungsgast" der Klinik für Innere Medizin für ein Semester an die Universität Bonn, erhielt aber weiterhin vom Frankfurter Institut seine Bezüge.[8]

Zum 15. Juni 1940 wurde Josef Mengele zur Wehrmacht einberufen[9], und von diesem Zeitpunkt bis zu seiner Versetzung nach Auschwitz am 30. Mai 1943 läßt sich sein weiterer Lebensweg nur schwer nachzeichnen. Für diese knapp drei Jahre liegen nur ungenaue und teils widersprüchliche Informationen vor, und entsprechend unzuverlässig und knapp sind die Angaben der bisher erschienenen Biographien für diese Zeit[10], die – trotz offensichtlicher Widersprüche – auch in einschlägigen Monographien zum Thema Medizin- und Wissenschaftsgeschichte Eingang gefunden haben. Daher sind hier einige Korrekturen erforderlich.

Die in der vorhandenen Literatur gemachten Angaben stützen sich überwiegend auf die Offiziers-Karteikarte in Mengeles SS-Akte.[11] Dort sind folgende Dienststellungen verzeichnet:

"San. Insp. W. SS[12]                1. 8.40– 4.11.40
Kdt. R./S. Abt. Sip. II[13]          4.11.40–30. 1.42
SS-Div. ‚Wiking'[14]                 30. 1.42–22. 7.42
SS Inf. Ers. Btl. ‚Ost'[15]          14. 2.43–30. 5.43
W./V. Hauptamt, Amtsg. DIII[16]      30. 5.43"

---

[6] Irene Schoenbein, geb. 4. 8. 1917 in Leipzig, Tochter eines aus Fribourg/Schweiz stammenden Kaufmanns; seit 1934 Mitglied im BDM, 1937 Abitur, anschließend Französisch-Studium an der Universität Neuchâtel, später Kunstgeschichte in Florenz. Vgl. Kopie des handschriftlichen Lebenslaufs Irene Schoenbeins, in: Mengele. Dokumentensammlung.

[7] Mengele, Sippenuntersuchungen.

[8] Vgl. Schreiben Verschuers an das Kuratorium der Universität Frankfurt am Main, 13. 4. 1939, zit. in: Sandner, Universitätsinstitut, S. 90.

[9] Die anderen Assistenten Verschuers wurden bereits zu Kriegsbeginn 1939 einberufen; auch Mengele war von Verschuer schon im September „zur anderweitigen Verwendung" gemeldet worden. Vgl. Schreiben Verschuers an das Kuratorium der Universität Frankfurt am Main, 5. 9. 1939, zit. nach: Sandner, Universitätsinstitut, S. 90. Seine spätere Versetzung hing möglicherweise mit seiner angeschlagenen Konstitution zusammen. Vgl. S. 80.

[10] Vgl. Völklein, Mengele, S. 89–92; Posner/Ware, Mengele, S. 35–37; Zofka, KZ-Arzt, S. 254.

[11] BAB, BDC, Mengele, Offiziers-Karteikarte.

[12] Sanitäts-Inspektion der Waffen-SS.

[13] Kommandiert zum Rasse- und Siedlungshauptamt, Sippenamt, Hauptabteilung Sippenamt II. Für die exakte Aufschlüsselung dankt der Verf. Frau Dr. Isabell Heinemann (Universität Freiburg).

[14] SS-Division „Wiking".

[15] SS-Infanterie-Ersatz-Bataillon „Ost".

[16] Wirtschafts- und Verwaltungshauptamt der SS, Amtsgruppe D *[Konzentrationslager]* III *[Sanitätswesen und Lagerhygiene]*.

Außerdem berücksichtigt wurden bisher der Bericht von Kurt L., eines Studienfreundes Mengeles, der sich bei den Fahndungsakten der Staatsanwaltschaft in Frankfurt befindet[17], sowie Angaben Irene Mengeles, auf die sich Gerald Posner und John Ware stützen.[18]

Fest steht das Datum von Mengeles Einberufung zur Wehrmacht, genauer zu dem in Kassel stationierten Sanitäts-Ersatz-Bataillon 9 am 15. Juni 1940. Er verließ diese Einheit am 12. Juli[19], nachdem er sich freiwillig zur Waffen-SS gemeldet hatte; laut Kurt L. geschah dies wegen eines schikanösen Ausbilders, „der seine Untergebenen fertigmachen"[20] und dem Mengele auf diesem Wege entkommen wollte. Ab dem 1. August 1940 wurde er bei der Sanitätsinspektion der Waffen-SS geführt, zunächst im Rang eines SS-Hauptscharführers[21] der Reserve. Die für das gleiche Datum eingetragene Beförderung zum SS-Untersturmführer[22] wurde am 2. September 1940 rückwirkend ausgesprochen.[23]

Völklein nimmt in seiner Biographie nun an, Mengele habe in der Zeit vom 1. August bis zum 4. November 1940, also für den Zeitraum, für den die Offiziers-Karteikarte als Dienststellung die Sanitätsinspektion der Waffen-SS angibt, eine besondere „militärärztliche Ausbildung"[24] durchlaufen, ohne dafür weitere Belege anzuführen. Die nächste auf der Karteikarte angegebene Dienststellung ist ab dem 4. November 1940 das Rasse- und Siedlungshauptamt, das Mengele als Gutachter „vermutlich bei einer Dienststelle des RKF *[Reichskommissar für die Festigung deutschen Volkstums, i.e. Heinrich Himmler]* in Posen"[25] einsetzte. Völklein weiß bereits mehr: Mengele sei an der Umsiedlungsstelle in Lodz und an der Einwandererzentralstelle in Posen eingesetzt gewesen.[26] Mengele war in der Tat in Polen tätig, und seine Dienststelle läßt sich dank eines bisher nicht berücksichtigten Dokuments exakt benennen: Es handelt sich dabei um den Tätigkeitsbericht eines Dr. Heidenreich, der bei der „Gesundheitsstelle der EWZ beim Beauftragten des Reichskommissars für die Festigung deutschen Volkstums" in Posen „mit dem Kameraden Mengele als erbbiologischen *[sic!]* Sachverständigen und dem Kameraden Weber als

---

17 Sta F/M Az 4 Js 340/68, Fahnd.A., Bericht von Kurt L: Mein Freund Josef Mengele.
18 Posner/Ware, Mengele, S. 35f.
19 Vgl. BAB, BDC, Mengele, Offiziers-Karteikarte und ebenda, Formular „Personalangaben", 18. 7. 1940, von Mengele selbst handschriftlich ausgefüllt.
20 So die Darstellung von Mengeles Studienfreund Kurt L., zit. nach: Völklein, Mengele, S. 89f.
21 Dies entspricht dem Heeresrang eines Hauptfeldwebels; bei seinem Eintritt in die Waffen-SS wenige Tage zuvor hatte Mengele als Rang noch „SS-Mann" (ab 1941: SS-Schütze, der niedrigste Mannschaftsdienstgrad) angegeben und war dann vermutlich automatisch in den höchsten Unteroffiziersrang gerückt. BAB, BDC, Mengele, Formular „Personalangaben", 18. 7. 1940.
22 Dies entspricht dem Heeresrang eines Leutnants.
23 Vgl. BAB, BDC, Mengele, Beförderungsvorschlag betr. Beförderung zum SS-UStuf und Reserveführer, 1. 8. 1940, und ebenda, Schreiben an Mengele betr. Beförderung zum SS-UStuf, 2. 9. 1940.
24 Völklein, Mengele, S. 90. Zofka erwähnt im Gegensatz zu Posner/Ware die Dienststellung zumindest (Zofka, KZ-Arzt, S. 254).
25 Zofka, KZ-Arzt, S. 254. Die dort gegebene Auflösung der Abkürzung RKF ist falsch und wurde berichtigt. Zofka verweist auf ein Bild, das Mengele 1940 aus Posen an seine Familie schickte und das ihn als Gutachter in zivil mit zwei Einwanderungswilligen zeigt.
26 Vgl. Völklein, Mengele, S. 90. Leider belegt Völklein insb. den vermuteten Einsatz in Lodz nicht, der sonst meines Wissens nirgends erwähnt wird.

Psychiater" die „baltendeutschen Großgrundbesitzer und Bauern in erbbiologischer und gesundheitlicher Hinsicht"[27] überprüfte. Mengele war also an der Einwandererzentralstelle in Posen[28] eingesetzt – nur: Heidenreich arbeitete mit seinem „Kameraden Mengele" bereits „seit dem 11. August 1940"[29] zusammen, und Heidenreichs Bericht datiert vom 7. Oktober 1940. Mengele kann also nicht, wie der Eintrag in seiner Offiziers-Karteikarte nahelegt, erst am 4. November 1940 nach Polen gekommen sein. Vielmehr scheint Mengele bereits an dem Tag, an dem die Offiziers-Karteikarte seine Übernahme in die Sanitäts-Inspektion der Waffen-SS verzeichnet, an der Einwandererzentralstelle (EWZ) tätig oder doch dorthin unterwegs gewesen zu sein: Dies belegt das Schreiben, das die Beförderung des „SS-Hauptscharführers d. Res. Josef Mengele, z. Zt. E.W.Z. Nordost" zum SS-Untersturmführer vorschlägt und das das Datum des „1. August 1940"[30] trägt.

Wie unzuverlässig die Daten der Offiziers-Karteikarte hinsichtlich der tatsächlichen Einsatzorte Mengeles sind, zeigt auch die nächste Frage: Wann wurde Mengele nach seinem Einsatz in Polen der Waffen-SS-Division Wiking zugeteilt, wann kam er also an die Front? Die Karteikarte nennt hier den 30. Januar 1942 – ein Datum, das oft unkritisch übernommen worden ist[31], das aber völlig unhaltbar und mit dem Datum von Mengeles Beförderung zum SS-Obersturmführer[32] identisch ist.[33] Ebenso falsch ist das Datum des 4. Novembers 1940, das Völklein nennt, wobei es sich hier aber um eine Verwechslung handeln dürfte. Völklein scheint von der Offiziers-Karteikarte versehentlich das eine Zeile höher eingetragene Datum für Mengeles Kommandierung zum RuSHA übernommen zu haben, schreibt er doch nur sechs Zeilen zuvor, Mengele habe „bis Anfang November 1940" die oben bereits erwähnte truppenärztliche Ausbildung erhalten und sei dann in Polen eingesetzt worden – kaum hätte er dann schon am 4. November zur Division Wiking stoßen können. Zusätzlich widerlegt wird das Datum auf der Offiziers-Karteikarte durch ein Schreiben, das den „SS-Untersturmführer d. Res. Josef Mengele, z. Zt. Arzt – SS-Div.-‚Wiking' SS-Pi.-Batl. 5"[34] zur Beförderung vorschlägt und das Datum des 24. Novembers 1941 trägt. Kurt L., Mengeles Studienfreund und inzwischen Trup-

---

[27] BAB, R 69/455, Bl. 18–23, Bericht des Dr. Heidenreich über seine Tätigkeit bei der Gesundheitsstelle der EWZ, 7. 10. 1940, Zitat Bl. 18. Auf dieses Dokument haben schon 1994 Götz Aly und Susanne Heim am Rande hingewiesen, ohne daß es bisher in Biographien Mengeles Berücksichtigung gefunden hätte (vgl. Aly/Heim, Vordenker, S. 164).

[28] Vgl. grundlegend zu Mengeles Gutachtertätigkeit bei der Dienststelle des Reichskommissars für die Festigung deutschen Volkstums (RKF), Heinrich Himmler: Aly/Heim, Vordenker, S. 163–168; Aly, Endlösung, S. 374–382.

[29] BAB, R 69/455, Bl. 18–23, Bericht des Dr. Heidenreich über seine Tätigkeit bei der Gesundheitsstelle der EWZ, 7. 10. 1940, Zitat Bl. 18.

[30] BAB, BDC, Mengele, Beförderungsvorschlag betr. Beförderung zum SS-UStuf und Reservefeführer, 1. 8. 1940.

[31] Vgl. Zofka, KZ-Arzt, S. 254, und Posner/Ware, Mengele, S. 36. Posner/Ware haben offensichtlich ebenfalls Probleme mit den widersprüchlichen Angaben, denn sie belegen zwar mit einem Brief Irene Mengeles, daß Mengele bereits im Sommer 1941 an der Ostfront gewesen sei (s. u.), schreiben dann aber wenig später, Mengele sei erst im Januar 1942 zur Division Wiking gestoßen.

[32] Dies entspricht dem Heeresrang eines Oberleutnants.

[33] Vgl. neben dem Eintrag auf Mengeles Offiziers-Karteikarte: BAB, BDC, Mengele, Schreiben an Mengele betr. Beförderung zum SS-OStuf, 30. 1. 1942.

[34] BAB, BDC, Mengele, Beförderungsvorschlag betr. Beförderung zum SS-OStuf, 24. 11. 1941.

penarzt bei der 198. Infanterie-Division, traf Mengele im Sommer 1941 zudem überraschend in der Ukraine: „Wir waren vor der von den sowjetischen Truppen zerstörten Brücke von Dnjepropetrowsk in Wartestellung eingewiesen worden. Neben uns lag eine SS-Division mit dem Zeichen des Sonnenrades (Wiking). Ich wußte durch eine Nachricht seiner Angehörigen, daß J. M. bei einer solchen Division im Einsatz sein könne. Auf meine Nachfrage beim Wachposten wurde ich tatsächlich etwa hundert Meter weiter zu ihm geführt."[35] Bestätigt wird dies durch die Angaben Irene Mengeles in einem Brief, in dem sie im August 1941 schrieb, ihr Mann habe „endlich den ersehnten Gestellungsbefehl". Sie nehme an, er sei in der Ukraine stationiert. In dieser Hitze, *[und]* schon in den ersten Tagen habe er das EK II bekommen.[36] Beide Angaben sind auch deshalb glaubwürdig, weil Mengeles Division und L.s Einheit von Ende Juli bis Ende September wirklich in Abwehrkämpfe am Brückenkopf Dnjepropetrowsk verwickelt waren.[37] Mengele war also bereits im Sommer 1941 bei der Division „Wiking", obwohl ihn seine Offiziers-Karteikarte immer noch als zum RuSHA kommandiert führt.

Bleibt die Frage, wann Mengele nun zur Division „Wiking" versetzt wurde. In einer Beurteilung Mengeles aus dem Jahr 1944 schreibt der SS-Standortarzt von Auschwitz, Eduard Wirths, Mengele habe sich „während des Ostfeldzuges von Juni 1941 bis Juni 1943 glänzend bewährt"[38]. Nun hat Mengele definitiv nicht bis Juni 1943 am Ostfeldzug teilgenommen, sondern war spätestens Ende Januar 1943 zurück in Berlin (dazu später mehr). Es spricht aber nichts dagegen, anzunehmen, daß zumindest die Aussage Wirths' richtig ist, Mengele habe den Rußlandfeldzug, der am 22. Juni 1941 begann, von Anfang an mitgemacht. Die Entscheidung zur Aufstellung der SS-Division „Wiking" fiel mit Wirkung vom 1. Dezember 1940, im Februar/März 1941 wurde die zum Teil aus bereits bestehenden Einheiten[39] neu aufgestellte Division auf einem Truppenübungsplatz zusammengezogen, wo sie nach ihrer Eingliederung in die Heeresgruppe C bis Ende Mai stationiert war. Es spricht vieles dafür, Mengeles Versetzung in diese Zeit, also irgendwann zwischen Februar und Mai, spätestens jedoch Juni 1941 zu datieren und somit davon auszugehen, daß Mengele am Rußlandfeldzug von Anfang an teilgenommen hat. Bei ihrem Vormarsch auf sowjetischem Gebiet war die Division Wiking vermutlich an Massenmorden an Kriegsgefangenen und Zivilisten beteiligt, so etwa an einem Massaker an 600 Juden in Zborow.[40]

Die nächste Eintragung auf Mengeles Offiziers-Karteikarte, die einen Stellungswechsel betrifft, ist eine Versetzung Mengeles zur Dienststelle des Reichsarztes SS und Polizei mit Sitz in Berlin. Völklein scheint sich erneut in der Zeile geirrt zu haben, denn er datiert Mengeles „Abschied von der Truppe nach einer leichten Ver-

---

[35] Bericht von Kurt L., zit. nach Völklein, Mengele, S. 91.
[36] Posner/Ware, Mengele, S. 35, nach einem Brief Irene Mengeles an Hr. Wahl, 15. 8. 1941.
[37] Seit 28. 6. 1941 hielt sich die Division Wiking bereits im Raum Dnjepropetrowsk auf und war zunächst mit Verfolgungskämpfen befaßt. Vgl. Tessin, Verbände, S. 321–324, und Klietmann, Waffen-SS, S. 133–142.
[38] BAB, BDC, Mengele, Beurteilung des SS-Hstuf Dr. Josef Mengele, 19. 8. 1944.
[39] SS-Regiment „Germania", SS-Regiment „Nordland", SS-Regiment „Westland". Die SS-Standarte Nordland rekrutierte ihr Personal hauptsächlich aus Freiwilligen aus Dänemark und Norwegen, die SS-Standarte „Westland" hauptsächlich aus Flamen und Niederländern.
[40] Vgl. Pohl, Judenverfolgung, S. 70.

wundung"[41] auf den 30. Januar 1942, koinzidierend mit dem Datum der Beförderung zum SS-Obersturmführer.[42] Richtig ist, daß Mengele irgendwann während seines Einsatzes verwundet worden sein muß, denn er erhielt im Laufe seines Einsatzes an der Ostfront das Verwundetenabzeichen in Schwarz.[43] Einiges spricht dafür, diese Verwundung auf den Juli 1942 zu datieren, denn am 17. dieses Monats tauschte Josef Mengele mit einem anderen SS-Arzt den Posten und wurde – offiziell – zur Dienststelle des Reichsarztes SS und Polizei versetzt.[44] Von der Dienststelle Reichsarzt SS und Polizei soll Mengele dann erneut als Gutachter an das Rasseamt des RuSHA abgestellt und in Polen eingesetzt worden sein; seine Aufgabe sei die Kategorisierung der polnischen Bevölkerung nach rassischen Kriterien im Hinblick auf ihre „Eindeutschungsfähigkeit" gewesen.[45] Leider bieten weder Posner und Ware noch Völklein einen Beleg für diese Aussage[46], möglicherweise liegt eine Verwechslung mit Mengeles erstem Einsatz in Polen vor; Vermutungen, Mengele habe bereits bei der Dienststelle des Reichsarztes SS und Polizei, die auch für die Beaufsichtigung der medizinischen Versuche in den KL zuständig war, „Einblick in die Vorgänge in den KL gewonnen"[47] und ihm sei „bereits in einer frühen Phase das Geheimnis der Endlösung anvertraut worden"[48], sind deshalb Spekulation. Was genau Mengeles Aufgabengebiet beim Reichsarzt SS und Polizei war und wo genau er eingesetzt war, ist

---

[41] Völklein, Mengele, S. 90.
[42] Völklein spekuliert, Mengele habe auf Grund einer Verwundung die Truppe verlassen und sei aus diesem Anlaß zum SS-OStuf befördert worden. Dabei überschätzt er die Geschwindigkeit der SS-Bürokratie bei Beförderungsanträgen. Zudem hatte der Chef des Sanitätsamtes der SS, Brigadeführer Genzken, Mengele bereits im November 1941 zur Beförderung vorgeschlagen. Da dieser Beförderungsvorschlag ohne weitere Begründung blieb, dürfte es sich um eine turnusgemäße Beförderung gehandelt haben, die dann anläßlich des Jahrestages der Machtergreifung vorgenommen wurde. Vgl. BAB, BDC, Mengele, Beförderungsvorschlag betr. Beförderung zum SS-OStuf, 24. 11. 1941. Im Gegensatz dazu steht Mengeles Beförderung zum SS-HStuf, die auf den Vorschlag von Mengeles Bataillonskommandeur zurückging, ausführlich begründet war und durch den Divisionsarzt unterstützt wurde: „Besonders tüchtiger Truppenarzt. Beförderung wird wärmstens befürwortet!" Ebenda, Beförderungsvorschlag betr. Beförderung zum SS-HStuf, 13. 10. 1942. Auch diese Beförderung wurde dann anläßlich eines markanten Datums vorgenommen, nämlich am 20. 4. 1943, dem Führergeburtstag. Ebenda, Schreiben an Mengele betr. Beförderung zum SS-HStuf, 16. 4. 1943.
[43] Wirths erwähnt dies in seiner bereits zitierten Beurteilung; vgl. BAB, BDC, Mengele, Beurteilung des SS-Hstuf (R) Dr. Josef Mengele, 19. 8. 1944. Das Verwundetenabzeichen wurde in drei Stufen vergeben: Schwarz, Silber und Gold.
[44] Vgl. BAB, BDC, Mengele, Personalbefehl, 17. 7. 1942.
[45] Durch die Erstellung der sog. „Deutschen Volksliste" (DVL) sollte die Bevölkerung in „Deutschstämmige" und „Fremdvölkische" geschieden und „rassisch wertvolle" und „nordisch germanische" Bevölkerungsteile erkannt, herausgelöst und „eingedeutscht" werden. Es gab vier Kategorien, in die die polnische Bevölkerung eingeordnet wurde (Reichsbürger, Deutsche Staatsangehörige, Deutsche Staatsangehörige auf Widerruf, Schutzangehörige); darunter wäre noch eine fünfte Kategorie anzusiedeln, der vor allem Juden und Zigeuner zugehörten und für die überhaupt kein rechtlich definierter Status existierte. Viele Angehörige der Gruppe 3 wurden als Zwangsarbeiter ins Altreich deportiert, die Angehörigen der Gruppe 4 meist in eines der Vernichtungslager. Nach: Harten, De-Kulturation, S. 99–121. Vgl. zur DVL außerdem: Broszat, Polenpolitik, S. 118–137; Madajczyk, Okkupationspolitik, S. 454–478.
[46] Vgl. Posner/Ware, Mengele, S. 36, und Völklein, Mengele, S. 91.
[47] Zofka, KZ-Arzt, S. 254.
[48] Posner/Ware, Mengele, S. 36.

nicht geklärt – wenn er denn überhaupt je seinen Dienst für den Reichsarzt SS und Polizei angetreten hat. Einiges deutet nämlich darauf hin, daß Mengele seine Einheit zumindest im Juli 1942 tatsächlich überhaupt nicht verlassen hat.

Am 13. Oktober 1942 schlug der Kommandeur des SS-Pionierbataillons 5, unterstützt durch den Divisionsarzt der Division „Wiking", Josef Mengele zur Beförderung zum Hauptsturmführer vor. Begründet wurde der Beförderungsvorschlag mit der „volle[n] Erfüllung seiner Dienststellung als Truppenarzt des SS-Pi. Batl. 5", und natürlich wollte man diesen „besonders tüchtige[n] Truppenarzt" behalten, weshalb man sich für eine Verwendung „in bisheriger Dienststellung [sic!]"[49] aussprach. Noch deutlicher wird ein beigeheftetes Blatt, das die wichtigsten Dienstdaten Mengeles zusammenfaßt und Mengeles derzeitige Dienststellung mit „Batl. Arzt"[50], also Batallions-Arzt und damit einer militärischen Einheit der Waffen-SS angehörig, angibt.

Das wichtigste Indiz, das gegen eine Rückkehr Mengeles von der Ostfront schon im Juli 1942 spricht, ist ein Brief, den Mengeles Frankfurter Mentor Prof. Otmar Freiherr von Verschuer, der am 1. Oktober 1942 die Leitung des Kaiser-Wilhelm-Institutes (KWI) für Anthropologie in Berlin übernommen hatte, am 25. Januar 1943 an seinen Vorgänger, Prof. Eugen Fischer, schrieb. Darin heißt es:

„Vor wenigen Tagen ist mein Assistent Mengele in 2 Tagen von Salsk[51] im Flugzeug nach Deutschland gekommen. Er hat bei der SS-Division ‚Wiking' die ganzen Kämpfe mitgemacht, ist mit dem EK I ausgezeichnet und zunächst zu einer Dienststelle hier nach Berlin versetzt, so daß er daneben am Institut etwas tätig sein kann. Er erzählte sehr interessant, daß das ganze Unglück links und rechts von Stalingrad durch den Zusammenbruch der rumänischen Armee zustande gekommen sei."[52]

Dieser Brief zählt in Sachen Mengele zu den Standardquellen, und kaum ein Werk zur Medizin- oder Wissenschaftsgeschichte, das sich mit Josef Mengele und der Rolle der deutschen Wissenschaft im Nationalsozialismus befaßt, kommt ohne die Stelle dieses Briefes aus, die eine Zusammenarbeit Verschuers und damit des Kaiser-Wilhelm-Instituts mit Mengele bereits vor dessen Versetzung nach Auschwitz belegt („daneben am Institut etwas tätig sein kann"). Oft genug folgt dieser Satz einer Kurzbiographie Mengeles, in der es nur wenige Seiten (oder gar Zeilen) zuvor heißt, Mengele habe die Front im Juli 1942, also ein halbes Jahr (!) vor Verschuers Brief, verlassen.[53] Dieser Widerspruch blieb bisher unkommentiert. Mengele kam also, schenkt man Otmar von Verschuer Glauben, erst Mitte Januar 1943 von der Front zurück nach Berlin.[54] Daß Verschuer eine solche Geschichte erfunden oder Mengele

---

49 BAB, BDC, Mengele, Beförderungsvorschlag betr. Beförderung zum SS-HStuf, 13. 10. 1942.
50 BAB, BDC, Mengele, Beiblatt zum Beförderungsvorschlag zum SS-HStuf, 13. 10. 1942.
51 Die Stadt befindet sich ca. 150 km südöstlich von Rostow und ca. 400 km südwestlich von Stalingrad.
52 Brief von Verschuers an Eugen Fischer, 25. 1. 1943, zitiert nach: Lösch, Rasse, S. 406.
53 So z.B. bei: Posner/Ware, Jagd, S. 37; Müller-Hill, Wissenschaft, S. 112; Zofka, KZ-Arzt, S. 254, und zuletzt bei Sachse/Massin, Forschung, S. 25.
54 Eine Mitteilung von Verschuers vom 29. 6. 1943 über die im Rechnungsjahr 1942 erzielten Einnahmen aus Gutachten, in der auch Josef Mengele erscheint, kann nicht als Beleg angeführt werden, daß Mengele bereits 1942 in Berlin und für das KWI tätig war, wie z.B. Klee dies tut (Klee, Auschwitz, S. 457). Das Dokument stammt vom 29. 6. 1943 und umfaßt nicht nur die Einnahmen des Jahres 1942, sondern alle Einnahmen seit Verschuer das Institut am

seinem Mentor ein derartiges Lügenmärchen aufgetischt haben könnte, darf wohl als ausgeschlossen gelten. Immerhin zeigt sich Verschuer in seinem Brief über die katastrophale Lage in Stalingrad gut informiert – was er Mengeles Bericht zu verdanken haben dürfte – und äußert sich beinahe defaitistisch.[55]

Verschuers Angabe wird durch ein weiteres Dokument gestützt, das bisher noch nicht in die Literatur Eingang gefunden hat: Eine eidesstattliche Erklärung Dr. Horst Fischers[56], der Mengele bei der Division Wiking kennengelernt[57] und später in Auschwitz wieder getroffen hat. Fischer erklärte, Mengele habe „den Vormarsch der Division ‚Wiking' als Truppenarzt der Pionierabteilung bis zum Fluß Terek miterlebt"[58]. Den Terek erreichte Mengeles Einheit etwa Anfang November 1942, einen Monat später begann sie den Rückzug und befand sich im Januar wieder im Gebiet um Salsk[59] – eben dort, wo Mengele laut Verschuer Mitte Januar 1943 ein Flugzeug bestiegen hatte, um nach Berlin zurückzukehren.

Als letztes Indiz für Mengeles Verbleiben an der Front können einige Angaben gelten, die Posner und Ware offenbar gestützt auf die Erinnerung Irene Mengeles machen: Sie schreiben, Mengele habe sein Eisernes Kreuz I. Klasse in den Kämpfen um Rostow und Bataisk erhalten und Irene Mengele erinnere sich, daß er zwei verwundete Soldaten unter Feindbeschuß aus einem brennenden Panzer gerettet habe.[60] Ob die zeitlichen Angaben ebenfalls von Mengeles Ehefrau stammen, bleibt etwas unklar, ist aber wahrscheinlich, da sich der ganze Abschnitt überwiegend auf ihre Angaben stützt. Mengeles Einheit nahm vom 21. Juli 1942 bis zum 25. Juli 1944[61] an der „fünf Tage währenden blutigen Schlacht um Rostow und Bataisk"[62] teil, jedenfalls nach dem Personalbefehl vom 17. Juli, der die Versetzung zur Dienststelle Reichsarzt SS und Polizei anordnete.[63] Dementsprechend schreiben Posner

---

1.10.1942 übernommen hatte (vgl. Lösch, Rasse, S. 407); auch Benoit Massin teilt diese Ansicht, für dessen Präzisierung der etwas ungenauen Angabe in Sachse/Massin, Wissenschaft, S. 25 f., der Verf. dankt.

[55] „Unsere Hoffnung, daß Stalingrad sich bis zum Entsatz halten kann, ist [...] sehr geschwunden. Der Gedanke, daß eine ganze dt. Armee in die Hände der Bolschewisten kommt, ist einfach furchtbar". Brief von Verschuers an Eugen Fischer, 25.1.1943, zitiert nach: Lösch, Rasse, S. 406.

[56] BStU, MfS, ZA, ZU V 84, HA Bd. 5, Bl. 301–308, Eidesstattliche Versicherung Dr. Horst Fischers, 16.5.1966. Die Angaben Fischers, der sein Verhältnis zu Mengele als „kameradschaftlich und gut" (ebenda, Bl. 302) bezeichnet, sind, soweit sie verifiziert werden konnten, zuverlässig. Fischer war nach dem Krieg in der DDR untergetaucht und 1966 zum Tode verurteilt worden (Urteil des Obersten Gerichts der DDR, 25.3.1966, Az 1Zst(I)1/66. Nach: Justiz und NS-Verbrechen, laufende Verfahrensnummer 1060). Für den Hinweis auf dieses Dokument danke ich Ulrich Völklein.

[57] Die beiden hatten sich anläßlich einer Besprechung beim Divisionsarzt nur „sehr oberflächlich und kurz" kennengelernt (BStU, MfS, ZA, ZU V 84, HA Bd. 5, Bl. 302).

[58] Ebenda.

[59] Vgl. Klietmann, Waffen-SS, Karte S. 135; die Einheit hielt sich zwar auch im Juli 1942 auf dem Vormarsch im selben Gebiet auf, als Mengele angeblich zum Reichsarzt SS und Polizei versetzt wurde, eine wie auch immer geartete Verwechslung auf Seiten Verschuers oder eine Fehldatierung des Briefes ist jedoch durch den Bezug auf die Schlacht von Stalingrad völlig ausgeschlossen.

[60] Vgl. Posner/Ware, Mengele, S. 36.

[61] Vgl. Klietmann, Waffen-SS, S. 136.

[62] Posner/Ware, Mengele, S. 36.

[63] Verwunderlich ist allerdings, daß Mengeles EK I, wenn er es tatsächlich Ende Juli erhalten

und Ware weiter, Mengele sei „gegen Ende des Jahres 1942"[64] von der Front zurückgekehrt. Damit befinden wir uns in großer zeitlicher Nähe zu Mengeles wahrscheinlicher Rückkehr Mitte Januar 1943; ein Irrtum Irene Mengeles in der Größenordnung von einigen Wochen wäre durchaus denkbar – demnach spräche auch die Erinnerung seiner Ehefrau für eine Rückkehr Mengeles von der Front erst im Januar 1943.

Es kann also als gesichert gelten, daß Mengele sich mindestens in der Zeit von Oktober 1942 (dem Datum des Beförderungsvorschlags) bis Januar 1943 wieder an der Ostfront bei der SS-Division „Wiking" befand. Höchstwahrscheinlich hat er diese jedoch gar nicht erst verlassen und ist erst Mitte Januar endgültig nach Berlin zurückgekehrt. Seine Verletzung kann nicht zuverlässig datiert werden. Sollten die Angaben Irene Mengeles bei Posner und Ware richtig sein, denen zufolge Mengele an der Schlacht um Rostow und Bataisk teilgenommen haben soll, kann der Auslöser für die Versetzung zum Reichsarzt SS und Polizei, die einige Tage vorher angeordnet wurde, nicht eine Verwundung gewesen sein. Die Tatsache, daß Mengele am 14. Februar 1943 offiziell zum SS-Infanterie-Ersatz-Bataillon „Ost" versetzt wurde[65], spricht vielmehr dafür, daß Mengele erst kurz vor diesem Zeitpunkt verwundet wurde, da es sich bei solchen Ersatzbataillonen um Ausbildungs- und Rekonvaleszenz-Einheiten handelte. Deshalb und angesichts des extrem geringen Aussagewertes der Angaben auf Mengeles Offiziers-Karteikarte hinsichtlich der tatsächlichen Einsatzorte muß es als äußerst fraglich gelten, ob die Versetzung Mengeles zur Dienststelle Reichsarzt SS und Polizei außer auf dem (bekanntlich geduldigen) Papier überhaupt stattgefunden hat, zumal sich für eine wie auch immer geartete Tätigkeit für diese Dienststelle bisher keine Belege außerhalb von Mengeles SS-Personalakte finden lassen – ganz im Gegensatz zu einem Verbleib bei seiner Einheit an der Ostfront.

Die Tatsache, daß die Angaben zu Mengeles Dienststellungen auf seiner Offiziers-Karteikarte und in den Personalbefehlen nicht annähernd mit seinen durch andere Belege eindeutig gesicherten Einsatzorten übereinstimmen, kann hier nur konstatiert, jedoch nicht erklärt werden. Hier sei noch auf eine Besonderheit bei Mengeles letztem Versetzungsbefehl hingewiesen. Befohlen wird dort die „Inmarschsetzung zum K.L. Auschwitz b. Kattowitz, Meldung beim Lagerkommandanten"[66]. Kein Versetzungsbefehl in Mengeles Personalakte, abgesehen von der gerade zitierten Kommandierung nach Auschwitz, enthält auch einen Marschbefehl;

---

haben sollte, in dem letzten Beförderungsvorschlag zum SS-HStuf vom 13. 10. 1943 unter „Auszeichnungen" nicht aufgeführt wurde, dort werden lediglich „EK II, Ostmedaille" genannt (BAB, BDC, Mengele, Beförderungsvorschlag betr. Beförderung des SS-OStufs Josef Mengele zum HStuf, 13. 10. 1942). Sollte Irene Mengele sich geirrt und Mengele das EK I erst später erhalten haben, würde das allerdings ebenso Mengeles weiteren Verbleib an der Front belegen. Das Eiserne Kreuz II. Klasse hatte Mengele bereits im Sommer 1941 erhalten (s. o.), die Ostmedaille wurde allen Soldaten verliehen, die an den Winterkämpfen 1941/42 an der Ostfront teilgenommen hatten. In Anspielung auf die desolate Winterausrüstung nannten die Soldaten die Auszeichnung den „Gefrierfleischorden".

[64] Posner/Ware, Mengele, S. 36.
[65] BAB, BDC, Mengele, Befehl betr. Versetzung des SS-OStufs Josef Mengele zum SS-Inf. Ers. Btl. „Ost", 14. 2. 1943.
[66] BAB, BDC, Mengele, Befehl betr. Versetzung des SS-Hstuf Josef Mengele zum W. u. V.-Hauptamt, Amtsgruppe D III, 24. 3. 1943.

gleichzeitig ist dieser Befehl der einzige, für den eine wirkliche Änderung der Dienststelle zum genannten Zeitpunkt nachgewiesen und auch durch andere Quellen belegbar ist. Möglicherweise spiegeln die Angaben auf der Offiziers-Karteikarte hauptsächlich verwaltungsinterne Vorgänge, die sich auf die tatsächliche Dienststellung des Betroffenen nicht zwangsläufig konkret auswirkten.

Zusammenfassend läßt sich sagen, daß Josef Mengele im Juli 1940 zur Waffen-SS kam und spätestens seit Anfang August für das RuSHA an der Einwandererzentralstelle Nord-Ost in Posen als Gutachter tätig war, und zwar mindestens bis zum 7. Oktober des gleichen Jahres, wahrscheinlich jedoch bis zum Frühjahr oder Frühsommer 1941. Irgendwann in dieser Zeit wurde Mengele als Truppenarzt zur SS-Division Wiking, genauer gesagt, zu dem dieser Division unterstellten SS-Pionier-Bataillon 5 versetzt. Mit dieser Einheit nahm er, höchstwahrscheinlich von Anfang an, am Rußlandfeldzug teil, erhielt mehrere Auszeichnungen und wurde zu einem nicht genau feststellbaren Zeitpunkt verwundet. Ein Beleg für eine Versetzung zur Dienststelle Reichsarzt SS und Polizei im Juli 1942 konnte nicht gefunden werden, ebensowenig wie Belege für eine nochmalige Tätigkeit Mengeles als Rassengutachter für das RuSHA. Beides kann für die Monate August/September 1942 auch nicht mit letzter Sicherheit ausgeschlossen werden, obwohl die Indizien für einen Verbleib Mengeles bei seiner Einheit auch während dieser Monate sprechen. Spätestens im Oktober befand sich Mengele sicher wieder an der Front. Wahrscheinlich hat er die bereits erwähnte Verwundung erst relativ kurz vor seiner Ankunft in Berlin im Januar 1943 erhalten, sie dürfte ursächlich für seine Rückkehr von der Front und seine Versetzung zum SS-Infanterie-Ersatz-Bataillon „Ost" gewesen sein. Während seines Aufenthaltes in Berlin war Mengele, wie bereits angedeutet, in seiner Freizeit für Verschuers Kaiser-Wilhelm-Institut[67] (KWI) tätig und wurde am 20. April zum SS-Hauptsturmführer[68] befördert.

Als Ende Mai der Lagerarzt des Zigeunerlagers in Auschwitz-Birkenau, Benno Adolph, an Scharlach erkrankte und absehbar war, daß er für längere Zeit dienstunfähig bleiben würde, griff man auf den bei der Ersatzeinheit wartenden Josef Mengele zurück.[69] Mit Wirkung zum 30. Mai wurde er zum Wirtschafts- und Verwaltungshauptamt der SS, Amtsgruppe DIII[70], versetzt: „Inmarschsetzung zum K.L. Auschwitz b. Kattowitz, Meldung beim Lagerkommandanten."[71]

---

[67] Vgl. zum KWI unter der Leitung von Verschuers und der Zusammenarbeit mit Mengele vor und nach dessen Versetzung nach Auschwitz: Lösch, Rasse, S. 392–417, und Sachse/Massin, Forschung, S. 23–28.

[68] Dies entspricht dem Heeresrang eines Hauptmannes. Die Beförderung erfolgte erneut an einem markanten Datum, dem Geburtstag Adolf Hitlers.

[69] Vgl. Völklein, Mengele, S. 92.

[70] Durch Zusammenlegung verschiedener Vorgängerämter entstand am 1. 2. 1942 das WVHA unter der Leitung von Oswald Pohl, dem seit dem 16. 3. 1942 auch die Inspektion der Konzentrationslager in Oranienburg als Amtsgruppe D unterstand. Das Amt D III war zuständig für das Sanitätswesen und die Lagerhygiene. Vgl. dazu Orth, System, S. 162–169; Tuchel Inspektion, S. 84–93 und 152–163; Schulte, Zwangsarbeit.

[71] BAB, BDC, Mengele, SS-Offiziers-Karteikarte und Schreiben des SS-Führungshauptamtes, Amtsgruppe D an das SS-Inf.Ers.Bat. „Ost" betr. Dienstversetzung, 24. 5. 1943.

## 2. 1943–1945: Arzt in Auschwitz

Das Konzentrationslager Auschwitz[72] war bereits im Mai 1940 in einer ehemaligen polnischen Artilleriekaserne im oberschlesischen Oświęcim eingerichtet worden – zunächst für politische Häftlinge überwiegend polnischer Nationalität. Für die Deutschen machte dieses kleine, 30 Kilometer südlich von Katowice (Kattowitz) gelegene Städtchen neben der leerstehenden Kaserne vor allem seine günstige Lage an einem wichtigen Eisenbahnknotenpunkt interessant; hier kreuzten sich die Bahnlinien nach Berlin, Warschau, Prag, Wien und Krakau. Zunächst sollte das Lager eine Gesamtkapazität von insgesamt 10 000 Häftlingen erreichen und vor allem als Durchgangslager dienen, dessen Insassen in eines der KL auf dem Reichsgebiet weiterverschickt werden sollten. Die SS-Führung änderte jedoch die Planungen und bestimmte Auschwitz nunmehr zum zentralen KL für das besetzte Polen und einige weitere besetzte Gebiete, und bald war das Lager, dessen Ausbau mit der immer weiter wachsenden Zahl der Häftlinge nicht annähernd Schritt halten konnte, hoffnungslos überbelegt. Von entscheidender Bedeutung für die weitere Entwicklung des KL Auschwitz war ein Besuch Heinrich Himmlers am 1. März 1941: Der Reichsführer SS befahl, die Kapazität des Stammlagers auf 30 000 Häftlinge zu erweitern. Zusätzlich sollte auf dem Gebiet des nahegelegenen Dörfchens Brzezinka unter der Bezeichnung Auschwitz-Birkenau ein weiteres Lager für 100 000, später 200 000 Kriegsgefangene errichtet und der IG Farben 10 000 Häftlinge zur Zwangsarbeit für den Bau einer Fabrik in Monowice (Monowitz) zur Verfügung gestellt werden. Damit gliederte sich der Konzentrationslagerkomplex Auschwitz in drei große Einzellager: das Stammlager Auschwitz, das Lager Auschwitz-Birkenau, das sich in die drei Bauabschnitte BI, BII und BIII und zudem in verschiedene Lagerabschnitte gliederte, sowie das Lager Auschwitz-Monowitz.[73] Im November 1943 kam es zu einem Revirement an der Lagerspitze und zu einer organisatorischen Neugliederung des Lagerkomplexes. Kommandant Höß wurde durch SS-Obersturmbannführer Liebehenschel abgelöst; dieser blieb als SS-Standortältester Kommandant des Gesamtkomplexes, die Lager wurden jedoch organisatorisch getrennt und erhielten nun eigene Kommandanturen: Auschwitz I (Stammlager), Auschwitz II (Birkenau) und Auschwitz III (Außenlager), zu dem neben Monowitz die rund 40 Außenlager und -kommandos gehörten.[74]

Wie bereits erwähnt war Auschwitz zunächst als KL für polnische Häftlinge errichtet worden, um für die Polizei in Schlesien Internierungskapazitäten zu schaffen.[75] Dementsprechend stellten die Polen auch bis Mitte 1942 zunächst die einzige, dann die größte Häftlingsgruppe. Nach dem deutschen Überfall auf die Sowjetunion am 22. Juni 1941 gelangten immer mehr sowjetische Kriegsgefangene in das Lager. Die ersten Massenmorde unter Anwendung des Schädlingsbekämpfungsmit-

---

[72] Zum Konzentrationslager Auschwitz vgl. Dlugoborski/Piper, Auschwitz; Frei u. a., Darstellungen, und Czech, Kalendarium.
[73] Vgl. Piper, Entstehungsgeschichte; Strzelecka/Setkiewicz, Bau, S. 73–81, und Schulte, Entstehungsgeschichte.
[74] Vgl. Standortbefehle 50/43 und 53/43, in: Frei, Standort- und Kommandanturbefehle.
[75] Für die folgende Darstellung der Entwicklung von Auschwitz zum Zentrum des Mordes an den europäischen Juden vgl. Pohl, Holocaust, S. 155–159; Benz, Holocaust, S. 103f.; Langbein, Menschen, S. 34–40; Piper, Aufgaben, S. 157–163.

tels Zyklon B fanden in Auschwitz Anfang September 1941 in provisorisch abgedichteten Arrestzellen im Keller von Block 11 im Stammlager Auschwitz statt. Die ersten Opfer waren überwiegend kranke und entkräftete Rotarmisten, nicht mehr arbeitsfähige Häftlinge also, die auch zuvor im Rahmen der Aktion 14f13 schon aussortiert, in die Vernichtungsanstalten der mittlerweile abgebrochenen Euthanasie-Aktion (Aktion T4) deportiert und dort ermordet worden waren.[76] Nach einem ersten Versuch, der offenbar zur Zufriedenheit der Lagerführung verlaufen war, wurde in der ursprünglichen Leichenhalle des Krematoriums I eine permanente Gaskammer eingerichtet, in der immer wieder als nicht mehr arbeitsfähig eingestufte Häftlinge ermordet wurden, wiederum vor allem sowjetische Kriegsgefangene. Mittlerweile war das Lager Auschwitz-Birkenau in Betrieb genommen worden, und im Januar 1942 wurde auch hier in einem etwas abseits gelegenen Bauernhaus eine Gaskammer („Bunker 1") eingerichtet; im Juni wurde ein zweites Bauernhaus umgebaut („Bunker 2").

Ursprünglich hatte Himmler in Birkenau 200000 sowjetische Kriegsgefangene als Zwangsarbeiter internieren wollen, doch die Zehntausende seit Juni 1941 dort festgehaltenen Rotarmisten starben innerhalb kürzester Zeit. Statt dessen wurden seit dem Frühjahr 1942 erste Transporte europäischer Juden in das Lager geleitet. Noch war jedoch nicht klar, daß Auschwitz zum Zentrum der Vernichtung der europäischen Juden werden sollte. Zwar hatte seit dem Sommer/Herbst 1941 im besetzten Osteuropa der Massenmord an den Juden begonnen[77] und bis Mitte 1942 hatten sich die regionalen Vernichtungsprogramme „zu einem Gesamtprogramm zur systematischen Ermordung der Juden unter deutscher Herrschaft" ausgeweitet[78], doch die Vernichtung fand bisher fast ausschließlich in Chelmo (Kulmhof), den Lagern der Aktion Reinhard (Belzec, Sobibór und Treblinka) und auf dem besetzten sowjetischen Gebiet statt. Seit Januar 1942 gab es erste, rein jüdische Transporte aus Oberschlesien, die im „Bunker 1" ermordet wurden; ab dem 26. März rollten regelmäßig die Deportationszüge des Reichssicherheitshauptamtes (RSHA) aus dem gesamten besetzten Europa nach Auschwitz, zunächst vor allem aus der Slowakei und aus Frankreich. Die erste Selektion an der berüchtigten Rampe fand am 4. Juli statt. Knapp zwei Wochen später, am 17. Juli, besuchte Himmler das La-

---

[76] Vgl. zur Bedeutung der während der Euthanasie-Aktion gesammelten Massenmord-Erfahrungen für die spätere Durchführung der Endlösung Friedlander, Weg.
[77] So etwa im besetzten Polen (wo im annektierten Warthegau das erste nationalsozialistische Vernichtungslager Kulmhof, poln. Chelmo, Anfang Dezember seine Mordtätigkeit aufnahm), in der Sowjetunion (wo neben den Massenmorden der Einsatzgruppen etwa in der Vernichtungsstätte Maly Trostenez bei Minsk die Opfer in Gaswagen getötet wurden) und in Serbien. Vgl. den Überblick bei Longerich, der gleichzeitig betont, daß „im Herbst 1941 noch nicht die Entscheidung zur unmittelbaren Ermordung aller europäischen Juden gefallen war". Noch sei zwar der „Mord von Hunderttausenden, aber nicht von Millionen" vorbereitet worden. Longerich, Politik, 441–465, Zitat S. 457.
[78] Ein schriftlicher Befehl Hitlers zur Ermordung der europäischen Juden ist bisher nicht aufgefunden worden, und es scheint fraglich, ob es ein solches Dokument jemals gegeben hat. Zur Diskussion dieser Frage und des Problems der Datierung einer eventuellen Entscheidung Hitlers vgl. Longerich, Politik, S. 419–532 und 579–586, Zitat S. 476.
Da als Argument für eine letztgültige Entscheidung Hitlers bereits im Sommer 1941 regelmäßig auch auf die autobiographischen Aufzeichnungen von Rudolf Höß hingewiesen wird (vgl. Höß, Kommandant, S. 124 und 157), sei an dieser Stelle auch auf die Entgegnung Karin Orths verwiesen: Orth, Höß.

ger und ließ sich den Ablauf der Vernichtung demonstrieren. Vermutlich erst jetzt fiel die Entscheidung, Auschwitz zum Mordzentrum auszubauen. Im Herbst wurden die Planungen für zwei neue, große Krematorien geändert und die ursprünglich als Leichenkeller vorgesehenen Räume in Gaskammern umgewandelt. Die Krematorien und Gaskammern II und III wurden im Frühjahr 1943 fertiggestellt, wenig später wurden zwei weitere (IV und V) in Betrieb genommen.[79] Als Josef Mengele Ende Mai 1943 nach Auschwitz kam, war es damit nicht nur zum größten nationalsozialistischen Konzentrationslager überhaupt geworden, sondern auch zum Zentrum der Vernichtung der europäischen Juden. Die neueste Forschung geht von einer Gesamtzahl von rund 1,1 Millionen zumeist jüdischen Opfern in Auschwitz aus.[80]

Über 400 000 Menschen wurden in das Lager aufgenommen, als Häftlinge registriert und mit der berüchtigten Tätowierung der Häftlingsnummer am linken Unterarm versehen; die überwiegende Mehrzahl der nach Auschwitz deportierten Menschen, 75 bis 80 Prozent, wurde jedoch unmittelbar nach der Ankunft an der Eisenbahnrampe zur Ermordung selektiert und direkt in die Gaskammern geschickt; sie erscheinen in keiner Häftlingsstatistik. Sie wurden unmittelbar von der Rampe in die Krematorien II und III geführt, wo sie sich in einem unterirdischen Ankleideraum, über dessen Tür ein Schild mit der Aufschrift „Zum Baden und Desinfektion" zu sehen war, entkleiden mußten. Anschließend wurden sie über einen Korridor in die Gaskammer geführt, die als Brausebad getarnt war. „Wenn gegen die Widerspenstigen unter Einsatz von Schlägen und Hunden vorgegangen wurde, dann konnten ungefähr 2000 Männer, Frauen und Kinder in die Gaskammer gedrängt werden. Nachdem die Gaskammer voll war [...], wurde die Tür geschlossen und verriegelt [...]; auf Anweisung des beaufsichtigenden SS-Arztes *[darunter auch regelmäßig Josef Mengele]* öffneten dann SS-Desinfektoren [...] die Büchsen mit Zyklon B und schütteten ihren Inhalt durch die Einwurfsäulen in die Gaskammern. Im Verlauf von einigen Minuten, längstens in einem Zeitraum zwischen zehn und zwanzig Minuten, trat in Folge der Vergiftung durch das Gas der Tod der Menschen ein."[81]

Mengele war während seiner Zeit im Lager nicht *der* Arzt von Auschwitz – er war einer unter vielen. Aleksander Lasik listet in seiner Übersicht zum medizinischen Personal nicht weniger als 30 SS-Ärzte auf, die hier ihren Dienst versahen. Er war auch nicht, wie zuweilen behauptet, der (dazu noch angeblich von Himmler persönlich ernannte) ranghöchste Arzt des Lagerkomplexes. Dies war als SS-Standortarzt seit dem 1. September 1942 der SS-Hauptsturmführer Eduard Wirths, der als Chef der Abteilung V der Kommandantur für sämtliche medizinische Belange des Lagerkomplexes zuständig war.[82] Dazu zählten die Bereiche Zahnmedizin, Allgemeine Medizin und Pharmazie, jeweils getrennt nach medizinischer Versorgung für die SS-Angehörigen (durch die SS-Truppenärzte) und die Häftlinge (durch die Lagerärzte). In Auschwitz-Birkenau, das sich in verschiedene Lagerabschnitte glie-

---

[79] Vgl. zur Baugeschichte der Krematorien Pressac, Krematorien.
[80] Vgl. den Forschungsüberblick bei: Piper, Zahl.
[81] Piper, Vernichtungsmethoden.
[82] Vgl. Lasik, Organisationsstruktur, S. 280–297. Die administrative Gliederung der Kommandantur war in allen Konzentrationslagern gleich. Vgl. Orth, System, S. 39–46.

derte, gab es mehrere Leitende Lagerärzte, die für einen jeweils eigenen Lagerabschnitt zuständig waren, zum Teil aber auch in den Ambulatorien anderer Lagerabschnitte Dienst taten. Josef Mengele, nach seiner Ankunft Leitender Lagerarzt für das Zigeunerlager (Lagerabschnitt BIIe), war also zunächst auch nicht der leitende Arzt von Auschwitz-Birkenau; dies änderte sich erst, als er nach der Liquidation des Zigeunerlagers die Leitung des Häftlingskrankenbaulagers BIIf übernahm. Damit vermutlich automatisch verbunden war seit der administrativ-organisatorischen Aufspaltung des Gesamtlagerkomplexes Auschwitz im November 1943 die Stellung des 1. Lagerarztes des KL Auschwitz II (Birkenau). Nach wie vor war er allerdings dem SS-Standortarzt Eduard Wirths unterstellt.[83]

Das Aufgabengebiet, das ihn als Lagerarzt in Auschwitz erwartete, hatte mit der von einem Arzt eigentlich zu erwartenden Tätigkeit – einer zumindest ansatzweisen medizinischen Grundversorgung – wenig zu tun.[84] Formell waren die Lagerärzte zwar für die medizinische Betreuung der Häftlinge und für Lagerhygiene und Seuchenfragen zuständig, tatsächlich waren sie jedoch vor allem in den Vernichtungsprozeß eingebunden, der letztlich der Hauptzweck von Auschwitz war. Sie beaufsichtigten die Vergasungen, Hinrichtungen und Prügelstrafen, führten Selektionen an der Rampe und im Lager durch, töteten durch Phenolinjektionen ins Herz (das sogenannte „Abspritzen" der Häftlinge) und stellten falsche Totenscheine aus – teils noch zu Lebzeiten des Opfers. Der Zweck des Häftlingskrankenbaus (im Lagerjargon auch „Revier" genannt) war in Auschwitz ein doppelter: Einerseits sollten solche Häftlinge, die nur an leichtesten Erkrankungen litten, schnellstmöglich wiederhergestellt werden, um ihre Arbeitskraft zu erhalten. Deshalb erlaubte das WVHA im Frühjahr 1942, zu diesem Zwecke Lagerinsassen mit medizinischer Qualifikation in den Revieren als Häftlingsärzte einzusetzen. Diese waren es, die sich teils aufopferungsvoll um ihre Mithäftlinge kümmerten – doch waren ihre Möglichkeiten aufgrund der Tatsache, daß Sie keine Geräte oder Medikamente, ja nicht einmal ausreichende Nahrung oder angemessene hygienische Verhältnisse vorfanden, sehr begrenzt. Die Häftlinge andererseits, die an einer schwereren Verletzung, Erkrankung oder gar einer ansteckenden Seuchenkrankheit litten, konnten nicht auf Heilung hoffen. Seit Mitte 1941 führten die SS-Ärzte auch in den Krankenbauten Selektionen durch – wessen Prognose nicht binnen kürzester Zeit Heilung versprach, wurde in die Gaskammer geschickt oder mittels Phenolspritze getötet. Für diese Häftlinge war das Revier kein Ort der Heilung, sondern der Vernichtung: „Es gab mehrfach Besprechungen aller in Auschwitz tätigen Ärzte", erklärte einer dieser Mediziner später vor Gericht, um „feste Kriterien zu den Selektionen herauszuarbeiten. [Danach] ergaben sich im wesentlichen folgende Merkmale [...]: Das waren Hungerödeme, das völlige Fehlen von Fettgewebe in den Gesäßbacken (um das festzustellen, ließen die SS-Ärzte die nackt angetretenen Häftlinge sich umdrehen), der Verdacht auf eine Tbc, eine tatsächliche Tbc war wegen der fehlenden medizinischen Geräte schwer festzustellen [...], Unfälle mit Knochenbrüchen und schwere Eiterungen [...]. Über die Tatsache, daß diese Häft-

---

[83] Vgl. Lasik, Organisationsstruktur, S. 289–293; Kubica, Mengele, S. 377f.; Zofka, KZ-Arzt, S. 255.
[84] Zur Tätigkeit der Lagerärzte vgl. Lasik, Organisationsstruktur, S. 289–293; Strzelecka, Häftlingsspitäler; Czech, Rolle.

## 2. 1943–1945: Arzt in Auschwitz

linge getötet wurden, haben wir uns kaum unterhalten. Ich persönlich sah darin auch gewissermaßen die Erfüllung eines der Zwecke, die das Lager Auschwitz hatte."[85]

Seit Februar 1943 wurden auch Sinti und Roma in großem Umfang nach Auschwitz deportiert. Dort wurden sie in Birkenau im Zigeuner-Familienlager (Lagerabschnitt BIIe) untergebracht.[86] Zuständiger Lagerarzt war zunächst der SS-Arzt Dr. Benno Adolph, der jedoch Ende April an Scharlach erkrankte und bis November dienstunfähig wurde.[87] Sein Nachfolger war Josef Mengele. Die Zigeuner hatten in Auschwitz zunächst eine Art Sonderstatus: Die Familien wurden nicht getrennt (deshalb die Bezeichnung Familienlager), sie durften ihre Habe vorerst behalten und mußten keine Häftlingskleidung tragen. Ebensowenig wurden sie zur industriellen Zwangsarbeit herangezogen. Trotz dieser Vergünstigungen waren die Verhältnisse auch im Zigeunerlager fürchterlich: In die 26 Baracken wurden allein bis Ende März 1943 über 12000 Menschen gepfercht, insgesamt durchliefen das Lager laut Hauptbuch bis zum 31. Juli 1944, zwei Tage vor der endgültigen Auflösung des Lagers, fast 21 000 Insassen.

Die hygienischen Zustände waren katastrophal, es grassierten Infektionskrankheiten und Mitte Mai brach eine Flecktyphusepidemie (auch Fleckfieber genannt) aus. Fünf Tage vor Mengeles Ankunft, am 25. Mai 1943, wurden rund 1000 krankheitsverdächtige Zigeuner in die Gaskammern geschickt[88]; der Krankenbau wurde schrittweise von zunächst zwei Baracken (30 und 32) auf zuletzt sechs Baracken (zusätzlich 22, 24, 26, 28) erweitert. Die Revierbaracken entsprachen in ihrer Bauweise und Ausstattung den anderen Baracken des Lagers. Sie waren rund vierzig Meter lang und neun Meter breit und hatten an Stelle von Fenstern ein schmales Oberlicht. Nach vorne lagen abgetrennt einige Diensträume (Blockleiter, Häftlingsarzt, Schreibstube) und nach hinten eine Küche, ein Waschraum, eine Latrine und eine Leichenkammer. Ausgestattet war das Revier mit den üblichen, 2,80 mal 1,85 Meter großen dreistöckigen Holzpritschen, die je nach Bedarf mit vier bis acht Patienten pro Etage belegt wurden. Matratzen gab es natürlich nicht, die Kranken lagen ohne Laken auf Strohsäcken und als Decke diente, was gerade greifbar war.

---

[85] Aussage Dr. Horst Fischers, zit. nach Langbein, Menschen, S. 536. Dieses Vorgehen führte dazu, daß Tuberkulosekranke, umgehend in die Gaskammern geschickt wurden, sich nicht mehr im Revier meldeten, ihre Mithäftlinge ansteckten und die Zahl der Toten sprunghaft anstieg

[86] Zum Zigeunerlager in Auschwitz-Birkenau vgl. Dlugoborski, Sinti; Zimmermann, Rassenutopie, S. 316–344; Luchterhandt, Weg, S. 272–306; Parcer, Gedenkbuch. Vgl. außerdem die Darstellung bei Völklein, Mengele, S. 111–125, die auf den Zeugenaussagen der polnischen Funktionshäftlinge Tadeusz Snieszko, Tadeusz Szymanski und Danuta Szymanska beruht. Diese waren bis zur dessen Auflösung als Schreiber im Zigeunerlager tätig und veröffentlichten ihre Erinnerungen 1965 in der Krakauer Ärztlichen Umschau. Eine deutsche Übersetzung findet sich in den Akten der Frankfurter Staatsanwaltschaft (Sta F/M, Az 4 Js 340/68, Erm.A., Bd. XIX, Bl. 76–101).

[87] Völklein, Mengele, S. 92.

[88] Die Fleckfieber-Aktion im Zigeunerlager wird häufig fälschlich Mengele zugeschrieben, der aber erst am 30. Mai 1943 seinen Dienst in Auschwitz antrat. Dieser Fehler dürfte auf den Haftbefehl von 1981 zurückgehen (Sta F/M, Az 4 Js, 340/68, Fahnd.A., Haftbefehl der 22. Strafkammer des Landgerichts Frankfurt am Main gegen Josef Mengele, 19. 1. 1981, S. 16f.), dem auch Posner/Ware, Mengele, S. 44, vertrauen.

Bald nach seiner Ankunft sorgte Mengele für eine Neuerung im Zigeunerlager, die ihm anfänglich große Zuneigung und das Vertrauen der Insassen einbrachte. Er ließ in den Baracken 29 und 31 einen „Kindergarten" einrichten, in dem alle Kinder im Alter bis zu sechs Jahren untergebracht und von mehreren Häftlingsfrauen betreut wurden. Die Kinder erhielten zusätzliche Verpflegung (zeitweise sogar Milch, Butter, Fleischbrühe, sogar Schokolade oder Konfitüre, allerdings immer abhängig davon, was die ausgebenden SS-Männer und die Funktionshäftlinge übrig ließen) und es wurde sogar ein Kinderspielplatz mit Sandkasten und Schaukel eingerichtet. Doch die Sinti und Roma begriffen bald, daß dies hauptsächlich Propagandazwekken diente, als immer wieder hochrangige SS-Männer und Zivilisten erschienen, um die Kinder zu fotografieren und zu filmen. Ohnehin war dies nur die halbe Wahrheit, denn Mengele nutzte den Kindergarten vor allem als Rekrutierungsreservoir für seine Versuche. Hier waren unter anderem die ersten Zwillingspärchen untergebracht, die er für seine Forschung mißbrauchte.

Mangelernährung und Seuchen dezimierten die Häftlinge schnell. Schon im ersten Halbjahr seines Bestehens starben im Zigeunerlager rund 7000 Menschen, und am 1. Juni 1944 waren von den fast 21 000 bis dahin dort registrierten Häftlingen weit über zwei Drittel bereits tot. Von den noch Lebenden wurden am 15. April 1944 1357 arbeitsfähige Frauen und Männer in die KL Ravensbrück und Buchenwald deportiert. Am Abend des 2. August 1944 führte Mengele unter den noch im Lager verbliebenen Sinti und Roma eine weitere Selektion durch – die Liquidierung des Lagers war für diese Nacht vorgesehen.[89] Nochmals wählte Mengele 1408 Frauen und Männer, die ebenfalls in die beiden genannten KL verbracht wurden. Die nun im Zigeunerlager noch übrigen 2897 Menschen, vor allem Kinder, Kranke, Schwache und Alte, wurden noch am gleichen Abend in den Gaskammern des Krematoriums V ermordet. Nicht einmal die Zwillinge wurden verschont: Obwohl Mengele offenbar bis zuletzt versucht hatte, sein „Forschungsmaterial" zu retten, war ihm eine Verlegung verwehrt worden; um wenigstens noch einen letzten Nutzen aus ihrem Tod ziehen zu können, erschoß er eigenhändig die noch lebenden 24 Zwillingsgeschwister im Vorraum des Krematoriums und ordnete die Sektion der Leichen an.

Erfahrungen mit der Liquidation eines ganzen Lagerabschnitts hatte Mengele schon wenige Wochen zuvor gesammelt, als Mitte Juli das Familienlager für Juden aus Theresienstadt (BIIb)[90] aufgelöst wurde. Der Ablauf war dabei ähnlich gewesen: Nachdem bereits im März 3791 Männer, Frauen und Kinder in den Gaskammern der Krematorien II und III ermordet worden waren, kam es Anfang Juli zu einer Selektion, bei der rund 2000 Frauen und 1000 Männer als arbeitsfähig ausgewählt und in andere Lager überstellt wurden. Die noch übrig gebliebenen etwa 4000 Juden wurden in den beiden Nächten vom 10. zum 11. und vom 11. zum 12. Juli 1944 in den Gaskammern ermordet. Ein für Mengele sicher nicht unbedeutender Unterschied zur Auflösung des Zigeunerlagers war allerdings, daß es ihm bei

---

[89] Völklein, Mengele, S. 116–119, gibt als Datum für die Liquidierung des Lagers fälschlicherweise den 1. August 1944 an. Auch seine Angabe, mindestens 3300 Zigeuner seien an jenem Abend ermordet worden, greift zu hoch.
[90] Strzelecka/Setkiewicz, Bau, S. 112–114. Vgl. außerdem: Kubica, Mengele, S. 384 und 414.

## 2. 1943–1945: Arzt in Auschwitz

dieser ersten großen Liquidierungsaktion gelang, seine Zwillinge zu retten und in andere Lagerabschnitte zu verlegen.

Die Ermordung der Häftlinge des Familienlagers für Juden aus Theresienstadt fand im Rahmen der Maßnahmen gegen eine grassierende Flecktyphusepidemie statt, die Mengele als Spezialist für Seuchenbekämpfung geleitet zu haben scheint. Als solcher hatte er sich offenbar mittlerweile einen Namen gemacht, und seine „innovativen" Strategien fanden den Beifall seines Vorgesetzten: Der Standortarzt Wirths nannte im Februar 1944 als einen von mehreren Gründen für eine Verleihung des Kriegsverdienstkreuzes an Mengele seine Erfolge bei der Bekämpfung einer Typhusepidemie im Frauenlager, die Ende 1943 ausgebrochen war. Das Frauenlager stand zu diesem Zeitpunkt unter Aufsicht Mengeles, und die ehemalige Häftlingsärztin Ella Lingens beschreibt seine Strategie: „Er schickte einen ganzen jüdischen Block mit 600 Frauen in die Gaskammer und machte den Block frei. Dann ließ er ihn von oben bis unten desinfizieren. Er stellte dann Badewannen zwischen diesem und dem nächsten Block auf, und die Frauen aus dem nächsten Block traten heraus, sie wurden desinfiziert und in den sauberen Block verlegt. [...] Genauso wurde der nächste Block gesäubert und so weiter, bis alle Blocks desinfiziert waren."[91] Mengele entwickelte noch weitere Methoden zur „Seuchenbekämpfung". Um die oben bereits erwähnte Fleckfieberepidemie im Zigeunerlager einzudämmen, ordnete er zur Bekämpfung des Überträgers großangelegte Entlausungsaktionen an, die vor allem während der Wintermonate viele Opfer forderten. Die Häftlinge mußten ihre Baracken verlassen und sich ausziehen. Sie wurden entlaust und desinfiziert und mußten anschließend – egal bei welcher Witterung – nackt im Freien ausharren, bis auch ihre Kleidung und die Baracken gereinigt waren. Zur Bekämpfung der Krätze, der in Birkenau wohl am weitesten verbreiteten Krankheit, entschied sich Mengele im Frühjahr 1944 für eine ähnliche, nicht minder menschenverachtende und lebensgefährliche Kur: Es wurden zwei Behälter mit einer gerade noch verträglichen Lösung aus Natriumschwefelsäure bzw. Salzsäure aufgestellt. Um die Entzündungsherde zu desinfizieren und die Milben abzutöten, mußten die Häftlinge in beide Behälter steigen; wer die Säure überstand, mußte auch hier anschließend nackt im Freien auf seine Kleider warten, die ebenfalls einer Reinigung unterzogen wurden.[92]

Der oben erwähnte Vorschlag zur Ordensverleihung von Standortarzt Wirths war übrigens von Erfolg gekrönt: Aus einer dienstlichen Beurteilung Josef Mengeles, die ebenfalls aus der Feder Wirths' stammt, geht hervor, daß ihm nicht zuletzt für seine Erfolge bei der SS-spezifischen Seuchenbekämpfung das Kriegsverdienstkreuz II. Klasse mit Schwertern verliehen wurde.[93] Diese Beurteilung stammt vom 19. August 1944, datiert also knapp zwei Wochen nach der Auflösung des Zigeunerlagers. SS-Hauptsturmführer Wirths lobte darin seinen der bisherigen Aufgabe ledigen Untergebenen Mengele in den höchsten Tönen: „Seine Leistungen" seien „als hervorragend zu bezeichnen", und er erscheine „für jede anderweitige Verwendung und auch für die nächsthöhere Verwendung durchaus geeignet"[94]. Tatsächlich über-

---

[91] Zit. nach Posner/Ware, Mengele, S. 45. Vgl. auch Kubica, Mengele, S. 413 f.
[92] Vgl. Völklein, Mengele, S. 116–118.
[93] BAB, BDC, Mengele, Beurteilung von Dr. Josef Mengele, 19. 8. 1944.
[94] Ebenda.

nahm Mengele wenig später das Häftlingskrankenbaulager BIIf und avancierte zum 1. Lagerarzt von Auschwitz II (Birkenau).

Mengele machte sich also in besonderer – besonders menschenverachtender – Weise um die „Hygiene" des Lagers verdient. Auch andere Aufgaben, die ihm als Lagerarzt zufielen, erledigte er ohne erkennbare Skrupel und mit großer Pedanterie. Dies galt etwa für die Selektionen, die die Ärzte sowohl an der Rampe als auch immer wieder im Lager selbst durchzuführen hatten. Zeugenaussagen zu Lagerselektionen Mengeles sind für alle Lagerabschnitte in großer Zahl überliefert. Der Lagerälteste im Quarantänelager (BIIa), Hermann Diamanski, schilderte den Ablauf einer solchen Selektion: „Die Häftlinge mußten antreten und blockweise Aufstellung nehmen. Dr. Mengele ging von Block zu Block" und „deutete auf diejenigen, welche er für die Vergasung vorgesehen hatte. Ein ihm folgender SS-Mann schrieb die Häftlingsnummern auf".[95] Danach bekam Diamanski eine Liste der notierten Häftlinge, die er „dann in einen Block legen" mußte. „Am gleichen Tag wurden sie mittels Lastkraftwagen dann zur Vergasung gefahren." Dies galt aber nur, wenn Mengele eine genügend große Zahl selektiert hatte: „Hatte Dr. Mengele nur vierzig bis fünfzig Personen ausgesucht, so wurden diese durch Genickschuß ums Leben gebracht." Wenn es galt, Kinder zu selektieren, griff Mengele zu einer besonderen Methode, die Diamanski in seiner Aussage ebenfalls beschreibt: „Dr. Mengele ließ einen circa 1,20 bis 1,40 m hohen Rahmen aufstellen. Wer nun ohne anzustoßen [...] hindurchgehen konnte, war zur Vernichtung bestimmt." Einmal versteckte Diamanski zwei dieser Kinder im Lager – sie wurden entdeckt und Mengele „machte Meldung. Ich bekam dafür als Strafe fünfzig Stockhiebe, und die Kinder wurden ebenfalls ums Leben gebracht."

Zuweilen fand Mengele jedoch nicht die Zeit, Lagerselektionen persönlich durchzuführen. Dann übertrug er die furchtbare Aufgabe, die Mithäftlinge in den Tod zu schicken, an einen der Häftlingsärzte. Manche fanden den Mut, sich dem zu entziehen.[96] In den Krankenbauten entschied sich Mengele ebenfalls von Zeit zu Zeit für eine indirekte Form der Selektion, bei der er sich nicht einmal die Mühe machte, die Menschen, die er für den Tod in der Gaskammer auswählte, persönlich in Augenschein zu nehmen. Anhand der Krankenakten, die immer mit äußerster Sorgfalt geführt und alle drei Tage aktualisiert werden mußten, wählte Mengele seine Opfer – er entschied über Leben und Tod der Häftlinge nach Aktenlage, und die Schreiber im Krankenbau erkannten anhand der fehlenden Karteikarten, wer für die Gaskammer vorgesehen war. Zuweilen machte Mengele sich aber nicht einmal die Mühe, sich mit den Krankenakten selbst zu befassen: Er ließ sich von den Häftlingsärzten eine Liste der Kranken mit Diagnose und Prognose aushändigen. War eine zu lange Heilungsdauer angegeben, war dies das Todesurteil für den Betreffenden. Die Häftlingsärzte, die um diesen Zusammenhang wußten, gaben oft einen kurzen Zeitraum an oder schrieben Kranke arbeitsfähig, um ihr Leben zu retten, doch dann mußten diese ungeachtet ihres oft desolaten Zustandes aus dem Revier entlassen werden – was meist ebenfalls einem Todesurteil gleichkam.[97]

---

[95] F/M, Az 4 Js 340/68, Erm.A., Bd. I, Bl. 147–149, Aussage von Hermann Diamanski, 12. 2. 1959.
[96] Vgl. Völklein, Mengele, S. 134 f.
[97] Vgl. ebenda, S. 140 f.

## 2. 1943–1945: Arzt in Auschwitz

Wie alle Ärzte in Auschwitz hatte Mengele neben seinem Dienst im Lager auch noch „Rampendienst" zu tun, das heißt, er hatte bei ankommenden Transporten die Deportierten in Arbeitsfähige und nicht Arbeitsfähige zu scheiden. Erstere wurden ins Lager aufgenommen und erhielten so eine letzte Gnadenfrist, während letztere direkt in die Gaskammern geführt wurden. In den Ermittlungsakten der Frankfurter Staatsanwaltschaft findet sich eine Vielzahl von Zeugenaussagen, die Rampenselektionen beschreiben, bei denen Mengele tätig war.[98] Diese Selektionen liefen nicht immer gleich ab: Mal ließ Mengele die Kolonne der Häftlinge an sich vorbeimarschieren, mal ging der SS-Arzt selbst durch die Reihen und entschied dann nach einem kurzen prüfenden Blick, oft aus einigen Metern Entfernung, immer ohne eingehende Begutachtung oder gar medizinische Untersuchung, über das weitere Schicksal der ihm Ausgelieferten. Dies geschah entweder durch eine lässige Handbewegung, durch einen Schlag mit einem Stock, einen nach links oder rechts gestreckten Daumen oder schlicht durch die Worte „rechts" oder „links", wobei rechts das vorläufige Überleben (die Lebenserwartung betrug im Lager durchschnittlich etwa drei Monate), links den sofortigen Tod bedeutete; von Zeit zu Zeit pfiff der immer akkurat gekleidete, bisweilen lächelnde Mengele wohl auch eine Opernarie, während er über Leben und Tod seines Gegenübers entschied. Überhaupt scheint Mengele die Tätigkeit an der Rampe nicht belastet zu haben: Einige der Ärzte in Auschwitz „mußten sich erst betrinken, ehe sie an der Rampe erschienen", berichtet die Häftlingsärztin Ella Lingens, und es habe nur zwei gegeben, die „die Selektionen ohne jegliche Aufputschmittel"[99] vorgenommen hätten: Einer davon war Josef Mengele. „Er drängte sich förmlich danach, teilzunehmen"[100], so Ludwig Wörl, Lagerältester im Krankenbau von Auschwitz I. Sogar außerhalb seiner Dienstzeiten hielt er sich dort auf, denn ihn trieb die Hoffnung, in den neu ankommenden Transporten „Material" für seine Experimente zu finden; er fürchtete, es könnte ihm entgehen, wenn er nicht selbst an der Rampe stand.

Für diese grausamen, pseudo-wissenschaftlichen Experimente, die Josef Mengele während seiner Zeit als Lagerarzt an den Häftlingen durchführte und für die er an der Rampe Opfer suchte, steht sein Name heute hauptsächlich. Menschenversuche waren in den nationalsozialistischen Konzentrationslagern nichts Außergewöhnliches.[101] Initiatoren eines Teils dieser Experimente waren Himmler persönlich, der

---

[98] Vgl. die Auswahl von Zeugenaussagen bei Völklein, Mengele, S. 128–133. Vgl. außerdem Posner/Ware, Mengele, S. 46f.
[99] Zit. nach: Posner/Ware, Mengele, S. 46.
[100] Zit. nach: Völklein, Mengele, S. 129.
[101] Das KL Dachau etwa wurde als „Lehrbetrieb" für die SS-Akademie Graz genutzt und angehende SS-Ärzte „nutzten" die Häftlinge als Lehr- und Erprobungsmaterial; der berüchtigte Dr. Sigmund Rascher führte für die Luftwaffe Unterdruck- und Kältetodversuche durch; in den verschiedensten KL wurden neue Heilmethoden, Medikamente oder Impfstoffe an Häftlingen erprobt, wofür diese natürlich erst mit Malaria, Hepatitis, Tuberkulose oder Typhus angesteckt werden mußten (z.B. in Dachau, Mauthausen, Buchenwald, Natzweiler); es wurden sog. kriegschirurgische Experimente durchgeführt, bei denen den Häftlingen Schlachtfeld-typische, schwerste Verletzungen zugefügt und diese anschließend planmäßig verunreinigt wurden, um Gasbrand zu erzeugen (z.B. in Dachau, Ravensbrück, Sachsenhausen); an Häftlingen der KL Groß-Rosen, Natzweiler, Dachau und Sachsenhausen wurden Giftgasversuche durchgeführt (mit Phosgen, Tabun und Lost); dazu kamen noch eine Vielzahl weiterer Experimentierfelder. Vgl. Klee, Auschwitz; Kopke, Menschenversuche; Ebbinghaus/Roth, Kriegswunden; Roth, Höhen; Werther, Menschenversuche.

Reichsarzt SS Prof. Dr. med. Ernst Grawitz und Wolfram Sievers, SS-Standartenführer, Reichsgeschäftsführer des Vereins Ahnenerbe[102] und Direktor des Instituts für wehrwissenschaftliche Zweckforschung der Waffen-SS. Diese zentral geplanten Experimente sollten der Kriegführung, der Bevölkerungspolitik nach dem Krieg oder der Bestätigung der eigenen Rassentheorien dienen; daneben nutzten eine ganze Reihe pharmazeutischer Firmen oder Institute die KL für Versuchsreihen neuer Medikamente oder Impfstoffe, und auch ganz private Forschungsinteressen konnten zur Förderung der wissenschaftlichen Karriere verfolgt werden.

Auch in Auschwitz nutzten eine ganze Reihe von Ärzten die grenzenlose Verfügungsgewalt über die Gefangenen, um „Forschung" der unterschiedlichsten Art und aus unterschiedlichsten Motiven zu betreiben.[103] Prof. Dr. Carl Clauberg etwa suchte nach neuen Methoden zur Massensterilisierung von Frauen und hatte von Himmler auf sein Ersuchen hin Ende 1942 die Erlaubnis erhalten, seine Experimente im KL Auschwitz durchzuführen. In Block 10 des Stammlagers spritzte er seinen weiblichen Opfern chemische Reizflüssigkeit in die Gebärmutter. Clauberg und ein weiterer SS-Arzt, Dr. Horst Schumann, suchten außerdem einen Weg, Männer und Frauen mittels Röntgenbestrahlung unfruchtbar zu machen; die Röntgenbestrahlung hatte schwerste Verbrennungen zur Folge und einem Teil der Opfer wurden später Eileiter bzw. Hoden entfernt, um die Folgen der Behandlung zu beobachten. Für diese Experimente zur Unfruchtbarmachung von Männern und Frauen scheint auch Mengele ein besonderes Interesse entwickelt zu haben. Er war mit der Praxis der Zwangssterilisation bereits während seiner Zeit als Assistent in Frankfurt als Gutachter vor Erbgesundheitsgerichten in Berührung gekommen.[104] Offenbar wollte Mengele keinesfalls den Anschluß auf diesem wichtigen (und von Himmler persönlich geförderten) Gebiet verlieren, obwohl er in diesem Bereich über keinerlei Qualifikation verfügte. Er entfernte Häftlingen nacheinander erst den einen, dann den anderen Hoden, beteiligte sich an den bereits beschriebenen Röntgenbestrahlungen und entfernte Frauen die Eierstöcke – all das, wie gesagt, ohne jegliche Erfahrung etwa auf dem Gebiet der Chirurgie zu haben.[105]

Dr. Friedrich Entress (von dem Hermann Langbein schrieb, dieser habe für ihn „am krassesten den Typ verkörpert, der Initiative zu Fleißaufgaben ergriffen hat"[106]), Dr. Helmuth Vetter, Eduard Wirths und einige andere Ärzte[107] führten von 1941 bis 1944 Versuchsreihen durch, um an Häftlingen die Wirksamkeit neuer Medikamente zu erproben. Dies geschah überwiegend im Auftrag der IG Farben, genauer gesagt im Auftrag der zum Konzern gehörenden Firma Bayer.[108] Meist

---

[102] Vgl. Kater, Ahnenerbe.
[103] Vgl. neben der oben bereits angeführten, allgemeinen Literatur zu Menschenversuchen in KL: Strzelecka, Die Experimente; Strzelecka, Medizinische Experimente im KL; Völklein, Mengele, S. 172–174.
[104] Vgl. S. 86 ff.
[105] Vgl. die Zeugenaussagen bei Völklein, Mengele, S. 164 f.
[106] Langbein, Menschen, S. 493.
[107] Dr. Fritz Klein, Dr. Werner Rohde, Dr. Hans Wilhelm König, Dr. Victor Capesius (Leiter der Lagerapotheke) und Dr. Bruno Weber (Leiter der Hygienisch-bakteriologische Untersuchungsstelle der Waffen-SS in Rajsko).
[108] Irena Strzelecka zitiert aus der Korrespondenz der Firma Bayer mit der Kommandantur des KL Auschwitz: „Erhielten den Auftrag für 150 Frauen. Trotz ihres abgezehrten Zustandes

wurden die Häftlinge zuerst mit der zu therapierenden Krankheit infiziert (darunter Typhus, Tbc, Diphtherie, Trachom oder Erysipel), dann versuchsweise mit den Versuchspharmazeutika behandelt, regelmäßig geröntgt und nach ihrem Tod (der normalerweise eintrat, da die Medikamente meist wirkungslos waren) seziert. Vetter und Entress erprobten außerdem mit ähnlichen Methoden die Wirksamkeit von Impfstoffen gegen Fleckfieber. An diesen Testreihen scheint Mengele sich nicht oder nur am Rande beteiligt zu haben; anders verhielt es sich mit der unter Lagerärzten, die über keine chirurgische Ausbildung verfügten, beliebten Praxis, an Häftlingen Eingriffe aller Art zu Fortbildungszwecken durchzuführen. Für diese Operationen lag in der Regel keinerlei medizinische Indikation vor, und sie fanden oft genug ohne Narkose statt. Neben Friedrich Entress, Horst Fischer und Heinz Thilo soll auch Josef Mengele solche Übungsoperationen durchgeführt haben – auch ihm fehlte ja die chirurgische Qualifikation. Ein französischer Häftlingschirurg mußte ihm als Tutor und Assistent zur Verfügung stehen; nach den ersten Schnitten wagte sich Mengele auch an schwierigste Eingriffe: Entfernung der Gebärmutter, Magenöffnungen, Entfernung von Organen. Wer die Operation überlebte, endete in der Regel in der Gaskammer.

Jenö Fried, ein ungarischer Jude, überlebte eine solche Übungsoperation Mengeles. Es handelte sich um eine Knochenmarkstransplantation: „Der Pfleger fesselte mich an den Tisch. Dann trat Mengele und der andere im weißen Mantel an mich heran, und sie schnitten an mehreren Stellen meinen völlig gesunden rechten Unterschenkel auf. Mit einem Meißel oder einem ähnlichen Gerät schlugen sie Teile aus meinem Unterschenkelknochen heraus und zogen durch meinen Unterschenkel ein Rohr. Dieser Eingriff erfolgte ohne Anästhesie. Ich litt unter unaussprechlichen Schmerzen und fiel mehrmals in Ohnmacht. Der Pfleger drückte eine Decke auf meinen Kopf, um meine Schreie zu ersticken. Nach der Operation verband Mengele [...] meine Wunde [...], doch sie ließen das Rohr in meinem Bein."[109] Sechs Wochen lang mußte Fried alle drei bis vier Tage wieder auf den Operationstisch, jedes Mal wurde ihm – ohne Betäubung – Knochenmark aus dem Unterschenkelknochen entnommen.

Daneben gab es noch eine ganze Reihe weiterer Ärzte und Wissenschaftler, die von den in Auschwitz zur Verfügung stehenden Humanressourcen profitieren wollten. Von August bis November 1942 führte Prof. Dr. Dr. Johann Paul Kremer, der vertretungsweise nach Auschwitz kommandiert war, Forschungen zu durch Hunger verursachten Veränderungen im menschlichen Organismus durch; er wählte extrem entkräftete und ausgehungerte Häftlinge (sog. Muselmänner) aus, die in das Krankenrevier des Stammlagers aufgenommen werden wollten und tötete sie durch eine Phenolspritze, nachdem er sie – bereits auf dem Sektionstisch festgeschnallt – über Details ihrer Krankengeschichte befragt hatte. Anschließend entnahm er den noch warmen Leichen ihm interessant erscheinende Organe.

Standortarzt Wirths führte in Zusammenarbeit mit seinem Bruder, der in Hamburg als Gynäkologe praktizierte und eine wissenschaftliche Karriere anstrebte,

---

wurden sie als zufriedenstellend befunden. Die Versuche wurden gemacht. Alle Personen starben. Wir werden uns bezüglich einer neuen Sendung bald mit Ihnen in Verbindung setzen." (Strzelecka, Experimente im KL, S. 147).
[109] Zit. nach: Völklein, Mengele, S. 172.

Experimente zur Erforschung des Gebärmutterhalskrebses durch; nach einigen Wochen befaßte er sich allerdings nicht mehr selbst damit, sondern betraute einen Häftlingsgynäkologen mit den Versuchen. Im Spätsommer 1944 entsandte die Wehrmacht Dr. Emil Kaschub nach Auschwitz, um durch Versuchsreihen herauszufinden, welche Methoden deutsche Soldaten an der Ostfront einsetzten, um Krankheiten zu simulieren. Der Direktor des Anatomischen Instituts der Universität Straßburg, Prof. Dr. August Hirt, ließ zur Einrichtung einer anatomischen Sammlung jüdischer Skelette nach Himmlers Einwilligung durch Dr. Bruno Beger 115 Häftlinge auswählen, die anschließend in das KL Natzweiler verlegt wurden, wo sie getötet und ihre Skelette herauspräpariert wurden. Für Dr. Kurt Heissmeyer, der sich mit Tbc befaßte, wurden 20 jüdische Kinder noch im Dezember 1944 ins KL Neuengamme verlegt; um die Menschenversuche zu vertuschen, wurden die Kinder im April 1945 in einer Schule am Bullenhuser Damm in Hamburg erhängt.

Wie bereits geschildert schenkte Josef Mengele der großen Mehrzahl seiner Patienten – wie seine Kollegen auch – kaum Beachtung. Dies änderte sich schlagartig, wenn ihn jemand auf einen Häftling aufmerksam machte, der in das Schema eines seiner besonderen Interessengebiete paßte. Im medizinisch-klinischen Bereich galt dies vor allem für Häftlinge, die an einer außerhalb der Lager in Europa kaum noch auftretenden Krankheit litten: Noma (oder Wasserkrebs), das als fortgeschrittene bakterielle Entzündung der Mundschleimhaut auch tiefere Gewebsschichten und Knochen befällt, große Löcher in die Wangenmuskulatur frißt und schließlich zum Tod durch Sepsis führt. Sie tritt vor allem bei Kindern und Jugendlichen auf, deren köpereigene Abwehr durch Mangelernährung extrem geschwächt ist und findet sich heute noch in den Hungerregionen der Dritten Welt. Die Betroffenen wurden in eine eigene Baracke verlegt, und Mengele ließ durch Fotografien und einen Häftling, der Kunstmaler war, den Krankheitsverlauf dokumentieren. An einigen nomakranken Häftlingen studierte Mengele den Einfluß der Ernährungssituation auf das Krankheitsbild: Nachdem sie zunächst die üblichen Lagerrationen erhalten hatten, erhielten sie Medikamente und eine Aufbaudiät. Ihr Zustand verbesserte sich, woraufhin Mengele die Aufbaudiät absetzen ließ, um die erneute Verschlechterung zu beobachten. Dies konnte sich einige Male wiederholen. Mengele soll sich bei seinen Beobachtungen jedoch nicht auf bereits Erkrankte beschränkt, sondern durch die bewußt durchgeführte Infektion Gesunder für Nachschub an Studienmaterial gesorgt haben. Die Köpfe einiger verstobener Kinder schickte Mengele an das Hygiene-Institut der Waffen-SS in Rajsko, wo histopathologische Schnitte angefertigt wurden, die zumindest teilweise für die SS-Akademie in Graz bestimmt waren.[110]

Doch Josef Mengeles größtes Interesse galt auch in Auschwitz dem nicht-klinischen Bereich, der ihn bereits während des Studiums fasziniert und dem er seine bisherige wissenschaftliche Karriere gewidmet hatte.[111] Als promovierter Anthropologe und ausgewiesener Genetiker verfügte er über Qualifikationen, die seinen Kollegen fehlten und die, wäre die tatsächliche Aufgabe der Lagerärzte die medizinische Betreuung der Häftlinge gewesen, in Auschwitz völlig nutzlos gewesen

---

[110] Vgl. Völklein, Mengele, S. 118 f. und 160–162; Kubica, Mengele, S. 378 f. und 394 (dort das Faksimile eines entsprechenden Auftragsscheines, der wohl dem Kopf der Leiche eines zwölfjährigen Kindes beigegeben war).

[111] Vgl. S. 83 f.

wären. Unter den gegebenen Umständen aber bot sich dem Anthropologen ein einmaliges Betätigungsfeld, das Mengele zu nutzen wußte, wie sein Vorgesetzter Wirths in der bereits zitierten dienstlichen Beurteilung wohlwollend festhält: Mengele habe „eifrigst die kurze ihm verbliebene dienstfreie Zeit dazu benützt, sich selbst weiterzubilden" und „in seiner Arbeit unter Auswertung des ihm auf Grund seiner Dienststellung zur Verfügung stehenden wissenschaftlichen Materials der anthropologischen Wissenschaft einen wertvollen Beitrag geliefert."[112] Die Realität dieser „Auswertung [...] wissenschaftlichen Materials" war weit grausamer, als die dürren Worte Wirths' erahnen lassen.

Das besondere Interesse Mengeles galt mit der Zwillingsforschung[113] einem geradezu klassischen Gebiet der Anthropologie und der Genetik. Sein Mentor von Verschuer hatte sich in der Zwillingsforschung einen Namen gemacht, und der Leiter des Berliner Kaiser-Wilhelm-Institutes für Anthropologie interessierte sich für die Forschungen seines Protegés, mit dem er in regem Briefwechsel stand und der ihn immer wieder in Berlin besuchte. Mengele muß sofort klar gewesen sein, welch großartige Möglichkeiten sich ihm in Auschwitz boten: Hunderte Zwillingspärchen, vor allem Kinder, standen ihm zur freien Verfügung und hatten keinerlei Möglichkeit, sich zu entziehen. Auch waren hier seiner Forscherphantasie, anders als früheren, „zivilen" Forschern, keinerlei Grenzen gesetzt hinsichtlich der Art der Untersuchungen und Experimente. Hier bot sich ihm die einmalige Chance, die empirische Grundlage für Jahre, wenn nicht Jahrzehnte der wissenschaftlichen Arbeit und einer großen Universitätskarriere zu legen, und Mengele war entschlossen, sie zu nutzen.

Seine Opfer fand Mengele zunächst im Zigeunerlager (BIIe) und im Familienlager für Juden aus Theresienstadt (BIIb). Später bemühte er sich vor allem, der Zwillinge bereits während der Selektion an der Rampe habhaft zu werden. Mengeles Zwillinge genossen innerhalb des Lagers einen Sonderstatus. Nachdem sie von ihren Eltern (die, wie die Kinder bald erfahren mußten, meist direkt in die Gaskammern geschickt wurden) getrennt worden waren, wurden ihnen bei der Aufnahme nicht, wie sonst üblich, die Haare geschoren und sie durften ihre eigene Kleidung behalten. Sie wurden abgesondert in einer der Krankenbaubaracken des jeweiligen Lagerabschnittes untergebracht, nach der Liquidierung des Zigeunerlagers und des Familienlagers für Juden aus Theresienstadt waren dies vor allem die Baracke 22, seit Juli 1944 Baracke 1 des Krankenreviers im Frauenlager BIa und Block 15 im Männerkrankenbaulager (BIIf). Die Wohnverhältnisse waren ähnlich wie in anderen Baracken, jedoch nicht ganz so beengt. Vor allem jedoch schwebte über den Zwillingen nicht, wie über allen anderen Häftlingen, das ständige Damoklesschwert des Lagerselektionen und der alltäglichen Gewalt: Sie wurden nicht zu Zwangsarbeit herangezogen, hatten keine Lagerstrafen zu gewärtigen und wurden nicht geschlagen. Sie waren quasi Mengeles Privateigentum, und so lange sie ihm lebendig mehr nutzten als tot, standen sie unter seinem Schutz und hatten nichts zu fürchten – außer Mengele selbst.

---

112 BAB, BDC, Mengele, Beurteilung von Dr. Josef Mengele, 19. 8. 1944.
113 Vgl. Völklein, Mengele, S. 144–157; Kubica, Mengele, S. 380–405; Strzelecka, Die Experimente, S. 435–439; außerdem Lagnando/Dekel, Zwillinge, S. 45–66.

Nach der Ankunft im Lager mußten die Zwillinge zunächst einen detaillierten Fragebogen ausfüllen, der offenbar vom Berliner KWI stammte und anschließend auch dorthin zurückgesandt wurde.[114] In der Waschbaracke (im Lagerjargon „Sauna" genannt) hinter Block 32 des Zigeunerlagers hatte sich Mengele schon bald nach seiner Ankunft ein Untersuchungs- und ein Arbeitslabor eingerichtet[115], das im November 1944 in die Baracke 15 des Männerkrankenbaulagers (BIIf) verlegt wurde. Dort wurden die Zwillinge vermessen, anthropologische Merkmale (etwa die Form des Mundes, der Nase, der Ohrmuscheln und die Augen- und Hautfarbe) dokumentiert und mit dem jeweils anderen Zwilling verglichen. Diese Untersuchungen nahm Mengele zum Teil selbst vor, gestützt auf eine ganze Reihe von Häftlingen mit geeigneten Qualifikationen; im März 1944 entdeckte er zu seiner großen Freude im Revier des Frauenlagers die an Typhus erkrankte, renommierte polnische Anthropologin Dr. Martina Puzyna, die er gesund pflegen ließ und anschließend als seine Assistentin mit der Vermessung der Zwillinge betraute. Während der Prozedur, die sich oft über mehrere Stunden hinzog, standen die Kinder nackt in dem unbeheizten Labor; sie wurden fotografiert, geröntgt und einzelne Körperteile gezeichnet. Die gesammelten Daten wurden in eine 96 Punkte je Kind umfassende Kartei aufgenommen. Häftlingsärzte mit entsprechenden medizinischen Fachqualifikationen testeten außerdem Sehkraft und Gehör und fertigten Abdrücke des Kiefers. Einige Untersuchungen wurden regelmäßig wiederholt; dazu gehörte die Entnahme von Proben sämtlicher Körperausscheidungen und von Blut.

Mit diesen Untersuchungen gab sich Mengele jedoch nicht zufrieden. Auf morphologischem Gebiet nahm er Bluttransfusionen zwischen Zwillingen vor und injizierte Krankheitserreger und Fremdstoffe, um die Reaktionen der Geschwister vergleichen zu können. In chirurgischen Experimenten nahm er die unterschiedlichsten Operationen und Eingriffe an seinen Opfern vor (bzw. ließ sie von Häftlingsärzten in seiner Anwesenheit vornehmen), häufig ohne Narkose: ihn interessierte auch die unterschiedliche Reaktion der Zwillinge auf Schmerz. Vera Alexander, die als jüdischer Funktionshäftling in der Zwillingsbaracke im Zigeunerlager eingesetzt war, berichtet von einem Zwillingspaar, das ein besonders grausames Schicksal zu erleiden hatte: „Guido und Nina *[waren]* kaum älter als vier Jahre. Mengele holte sie ab und brachte sie auf eine perverse Weise verstümmelt zurück. Sie waren – wie Siamesische Zwillinge – am Rücken zusammengenäht. *[...]* Ihre Wunden eiterten, sie schrien Tag und Nacht. Irgendwie konnte ihre Mutter *[...]* Morphium besorgen und so dem Leiden ihrer Kinder ein Ende bereiten."[116] Moshe Ofer, ein damals zwölfjähriger Zwilling, der Mengele und Auschwitz überlebte, berichtet, der Lagerarzt habe ihn und seinen Bruder Tibi „wie ein guter Onkel *[...]* besucht und uns Schokolade mitgebracht. Bevor er uns mit Skalpell und Spritze traktierte, sagte er: ‚Keine Angst, euch passiert nichts'. Er hat an unseren Hoden herumgeschnitten, uns Chemikalien injiziert und an Tibis Wirbelsäule operiert. Nach den Experimenten brachte er uns Geschenke. Noch heute sehe ich ihn durch die Tür kommen und bin

---

[114] Vgl. die Aussage Zvi Spiegels („Zwillingsvater"), der für die Betreuung der männlichen Zwillinge im Männerkrankenbaulager zuständig war und vor allem den jüngeren Kindern, die mit dem Fragebogen überfordert waren, beim Ausfüllen half; zit. in: Lagnando/Dekel, Zwillinge, S. 52.
[115] Vgl. den Grundriß bei Kubica, Mengele, S. 391.
[116] Zit. nach Kubica, Mengele, S. 403.

vor Schrecken starr. Bei späteren Versuchen ließ er Nadeln in unsere Köpfe stecken *[dabei dürfte es sich um eine Lumbalpunktion gehandelt haben]*. Die Narben der Einstiche sind immer noch zu sehen. Einmal holte er Tibi ganz alleine. Mein Bruder blieb ein paar Tage weg. Als man ihn wiederbrachte, war sein Kopf unter einem riesigen Verband verborgen. Mein Bruder starb in meinen Armen."[117]

Die wenigsten, die ihren Zwilling verloren, überlebten. In der Regel tötete Mengele nach dem Tod des einen auch den anderen, um anschließend eine vergleichende Sektion der Leichen vornehmen zu lassen. In einer Rezension, die er 1941 noch in Frankfurt verfaßt hatte, hatte er bedauert, daß der Autor bei seinen röntgenologischen Untersuchungen „nicht jeweils von einem Probanden ausgegangen *[sei]*, bei dem die Diagnose durch Authopsie gesichert war"[118]. Nun wollte Mengele damals sicherlich nicht andeuten, der Arzt hätte seine Probanden ermorden sollen – dennoch zeigt diese Passage, welche ungeahnten und unbegrenzten Möglichkeiten Auschwitz in den Augen Mengeles bot. Seit Ende Juni 1944 waren die Mengele so wichtigen Sektionen Aufgabe des ungarischen Pathologen Miklós Nyiszli.[119] Mengele sorgte für beste Arbeitsbedingungen: 1944 wurde auf seine Anweisung hin ein modern ausgestattetes Prosektionslabor direkt neben dem Krematorium II neu errichtet. Nyiszli berichtet, daß ein Teil der Präparate, die er aus den Leichen gewinnen mußte, verpackt und mit dem Vermerk „Eilig, kriegswichtiger Inhalt" nach Berlin an Verschuers KWI für Anthropologie versandt wurde.[120] Auch eine Vielzahl von Blutproben ging nach Berlin, und im April 1944 erhielt die Zusammenarbeit Mengeles mit von Verschuer und seinem Institut quasi offiziellen Charakter. Mengeles Mentor meldete der Deutschen Forschungsgemeinschaft (DFG), die Verschuers Forschungsprojekt über „Spezifische Eiweißkörper" finanzierte, daß als „Mitarbeiter in diesem Forschungszweig" nunmehr „mein Assistent Dr. med. et Dr. phil. Mengele eingetreten"[121] sei. Weiter schrieb Verschuer: „Er ist als Hauptsturmführer und Lagerarzt im Konzentrationslager Auschwitz eingesetzt. Mit Genehmigung des Reichsführers SS werden anthropologische Untersuchungen an verschiedenen Rassengruppen dieses Konzentrationslagers durchgeführt und die Blutproben zur Bearbeitung an mein Laboratorium geschickt." 1946 bestätigte von Verschuer, für seine Forschung über „die individuelle Spezifität der Serum-Eiweißkörper und die Frage ihrer erblichen Bedingtheit" habe er „Blutproben von Menschen verschiedener geographischer Herkunft" gebraucht. „Damals besuchte mich mein früherer Assistent Dr. M*[engele]* und bot mir an, solche Blutproben aus dem Rahmen seiner ärztlichen Tätigkeit im Lazarett des Lagers Auschwitz zur Verfügung zu stellen. Auf diese Weise habe ich im Laufe der Zeit, natürlich nicht in regelmäßigen Abständen – einige Sendungen von je 20–30 Blutproben zu je 5–10 ccm erhalten."[122]

Noch mindestens eine weitere Forscherin an von Verschuers Institut war ebenfalls von Mengeles Zuarbeit abhängig. Karin Magnussen arbeitete zur Heterochromie der Iris und stand vor dem Problem, daß ihr „Forschungsmaterial", Zwillinge,

---

[117] Zit. nach ebenda.
[118] Mengele, Rezension: von Knorre.
[119] Nyiszli, Jenseits.
[120] Vgl. ebenda, S. 44–46; zu Mengeles Kontakten zum KWI vgl. außerdem Sachse/Massin, Forschung, S. 23–26.
[121] Zit. nach Sachse/Massin, Forschung, S. 23.
[122] Zit. nach ebenda.

die jeweils links und rechts unterschiedliche Augenfarben hatten, nach Auschwitz deportiert worden waren. Dennoch habe sie ihre „Forschungsaufgabe durchgeführt, obgleich mir nach Internierung der Heterochromie-Sippe in Auschwitz jeder Zugang zu den Mitgliedern dieser Sippe verschlossen war, und zwar war das nur durch die Hilfe von Dr. Mengele möglich, der zufällig als Arzt an das Lager kommandiert war."[123] Magnussen verschwieg bei dieser Aussage vor der Spruchkammer im Jahr 1949 allerdings wohlweislich, daß sich der Zugang zu ihrem Forschungsmaterial nun erheblich anders gestaltete als zuvor: Es waren nicht etwa Fotografien, die Mengele nach Berlin schickte, sondern die herauspräparierten Augäpfel der extra zu diesem Zweck getöteten Kinder. Auch Mengele selbst befaßte sich mit den Augen seiner Opfer. Ihm ging es um die Frage, ob sich durch die Einträufelung chemischer Substanzen ins Auge die Farbe der Iris ändern ließe. Seine Opfer – wiederum hauptsächlich Kinder – litten furchtbare Schmerzen, einige verloren ihr Augenlicht, manche durch Eiterungen und Entzündungen ihr Leben.

Neben Zwillingen interessierte sich der Anthropologe Mengele in besonderem Maße für mißgebildete oder zwergwüchsige Menschen.[124] Ihr Schicksal glich dem der Zwillinge, ihre Besonderheit machte sie zum willkommenen Studienobjekt. Sie mußten ähnliche Untersuchungen über sich ergehen lassen, bevor nach ihrer Ermordung ihre Skelette herauspräpariert und ebenfalls nach Berlin geschickt wurden. Am 19. Mai 1944 traf die ungarische Artistenfamilie Ovitz[125] in Auschwitz ein, zu der neben einigen normal gewachsenen auch sieben zwergwüchsige Familienangehörige zählten. Schon auf der Rampe zeigten sie den SS-Männern Reklamefotos ihrer Truppe. Die Familie wurde von der Selektion zurückgestellt und Mengele verständigt, der bei seinem Eintreffen sein Glück kaum fassen konnte und sich freute, daß ihm diese Familie „für zwanzig Jahre Arbeit geben"[126] werde. Die normal gewachsenen Artisten verdankten der Tatsache, daß Mengele die vollständige Familie aus Vergleichsgründen als wertvolles Studienobjekt betrachtete, ihr Leben. Auch sie mußten den geschilderten Untersuchungskanon über sich ergehen lassen. Zudem lebten sie in der ständigen Angst ermordet zu werden.

## 3. 1945–1979: Flucht und Verstecke

Als die russischen Truppen Mitte Januar 1945 kurz vor dem rund 50 Kilometer entfernten Krakau standen und in Auschwitz der letzte Abendappell stattfand, suchte Mengele in seinen Arbeitsräumen die Ergebnisse seiner Forschungen zusammen, bestieg ein Auto und floh in Richtung Westen.[127] Über den weiteren Ablauf der Ereignisse bis zum 2. Mai 1945, an dem Mengele bei einer Wehrmachtseinheit Unterschlupf fand, herrscht erneut – wie schon über die drei Jahre vor seiner Ver-

---

[123] Zit. nach ebenda. Vgl. zu den Forschungen Magnussens auch Hesse, Augen.
[124] Vgl. Kubica, Mengele, S. 408; Völklein, Mengele, S. 150 und 156f.
[125] Völklein nennt als Namen dieser Artistenfamilie fälschlich Moskovits (Völklein, Mengele, S. 156f.); es handelt sich jedoch ganz offensichtlich um die Familie Ovits. Vgl. zur Lebensgeschichte dieser Artistenfamilie: Koren/Negev, Riesen.
[126] Zit. nach Völklein, Mengele, S. 157.
[127] Vgl. Sta F/M, Az 4 Js 340/68, Erm.A., Bd. XIII, Bl. 12–19, Aussage Martina Puzyna, 31. 10. 1972; Czech, Kalendarium, S. 968, und Völklein, Mengele, S. 190.

setzung nach Auschwitz – einige Unklarheit in der bisher verfügbaren Literatur. Hierzu einige Hinweise:

Ulrich Völklein übernimmt in seiner Biographie die Angabe der Staatsanwaltschaft Frankfurt, wonach Josef Mengele seit dem 18. Januar 1945 in Groß-Rosen[128] als Lagerarzt geführt worden sei.[129] Tatsächlich kann Mengele bereits am Tag nach seiner überstürzten Flucht aus Auschwitz in dem etwa 250 Kilometer nordwestlich gelegenen KL Groß-Rosen eingetroffen sein. Zu diesem Zeitpunkt hat er dort allerdings sicher noch keine offizielle Funktion (wie die eines Lagerarztes) bekleidet, dazu war die Zeit zu knapp; möglicherweise hat er aber „ausgeholfen", denn Groß-Rosen war zu diesem Zeitpunkt eines der Evakuierungsziele für Häftlinge aus Auschwitz und völlig überfüllt.[130] Dr. Horst Fischer[131], der ebenfalls Arzt in Auschwitz gewesen war, traf Mengele am 23. oder 24. Januar in Groß-Rosen wieder, und beide fuhren zusammen mit einem weiteren SS-Arzt „nach Oranienburg zum leitenden Arzt der KZ Dr. Lolling"[132]. Dort hat Fischer Mengele „letztmalig gesehen. Mengele wurde ca. Ende Januar 1945 als 1. Lagerarzt wieder nach Groß-Rosen geschickt"[133]. Mengele kann sich also unmittelbar nach seiner Flucht aus Auschwitz maximal vier oder fünf Tage in Groß-Rosen aufgehalten haben. Deshalb ist auch Isabell Sprengers Spekulation zurückzuweisen, der „berüchtigte SS-Arzt" Mengele könnte identisch sein mit dem Lagerführer des Außenlagers Kratzau I, in dem es „im Vergleich zu anderen Lagern ungewöhnlich brutal zugegangen"[134] sei.

Mengele fuhr also am 23. oder 24. Januar mit zwei Kollegen von Auschwitz nach Berlin, um bei Dr. Lolling, dem Chef des Amtes D III im Wirtschafts- und Verwaltungshauptamt, Anweisungen für seinen weiteren Einsatz einzuholen. Erst dort entschied man, Mengele wieder nach Groß-Rosen zurückzuschicken. Allerdings, und hier irrt Fischer, sollte er dort nicht nur als einfacher Lagerarzt, sondern als SS-Standortarzt eingesetzt werden – er übernahm damit die Stellung, die Eduard Wirths in Auschwitz bekleidet hatte und war damit nicht mehr nur für die Häftlinge zuständig, sondern auch und vor allem für die SS-Angehörigen. Mengele rückte also in der medizinischen Hierarchie der SS eine Stufe nach oben. Dies belegt ein Schreiben Mengeles an die Ärztliche Bezirksvereinigung Waldenburg, in dem er „als Nachfolger des ab 6. Februar 1945 von hier versetzten SS-Hauptsturmführers Dr. Friedrich Entreß" bittet, „die Genehmigung zur Ausübung der Kassenpraxis im hiesigen Bezirk auf mich übertragen zu wollen. Gez. Josef Mengele, SS-Hauptsturmführer und SS-Standortarzt Groß-Rosen."[135]

Josef Mengele hat seinen Vorgänger also am 6. Februar 1945 in Groß-Rosen abgelöst, doch kann er dort nicht lange geblieben sein, denn bereits zwei oder drei

---

128 Zum KL Groß-Rosen vgl. Sprenger, Groß-Rosen und Konieczny, Frauen.
129 Vgl. Völklein, Mengele, S. 191, und Sta F/M, Az 4 Js 340/68, Fahnd.A., Schlußvermerk, 14. 7. 1986, S. 33.
130 Vgl. Strzelecki, Endphase und Strzelecki, Todesmarsch.
131 Vgl. S. 24.
132 BStU, MfS, ZA, ZU V 84, HA Bd. 5, Bl. 307, Eidesstattliche Versicherung Dr. Horst Fischers, 16. 5. 1966.
133 Ebenda.
134 Sprenger, Groß-Rosen, S. 283.
135 BAB, NS 4 GR 8, Schreiben Josef Mengeles an die Reichsärztekammer, Ärztliche Bezirksvereinigung Waldenburg betr. Übertragung der Kassenpraxis, 7. 2. 1945, abgedruckt in: Tuchel, Inspektion, S. 163.

Tage später, am 8. oder 9. Februar, begann die SS mit der Evakuierung des Lagers, das die Rote Armee am 13. Februar befreite.[136] Völklein ist überzeugt, Mengele habe sich nach der Befreiung von Groß-Rosen, die er wie auch Posner und Ware fälschlicherweise und ohne Quellenangabe auf den 25. Februar datiert[137], mit einem der Häftlingstransporte in das KL Ravensbrück[138] begeben. Er stützt sich dabei auf zwei Zeuginnen, die Mengele aus Auschwitz kannten und ihn in Ravensbrück selbst bzw. in Neustadt-Glewe, einem der Ravensbrücker Außenlager, wiedergetroffen haben wollen.[139] Obwohl – wie dies auch Völklein sieht – beide Zeuginnen, trotz eines offensichtlichen Irrtums in der Datierung als grundsätzlich zuverlässig einzustufen sind, ist hier dennoch ein Irrtum möglich, wenn nicht sogar wahrscheinlich, denn es steht fest, daß Mengele sich am 2. Mai 1945 in Saaz in Nordböhmen in Wehrmachtsuniform dem Wehrmachtslazarett 2/591 angeschlossen hat.[140] Soll der von Völklein rekonstruierte Ablauf der Ereignisse stimmen, hätte sich Mengele nur wenige Tage, nachdem er seinen neuen Posten als Standortarzt angetreten hatte, in das rund 350 Kilometer nordwestlich von Groß-Rosen gelegene Ravensbrück absetzen und Mitte April noch einmal über 100 Kilometer in westlicher Richtung zurücklegen müssen, um in das Außenlager Neustadt-Glewe zu gelangen. Dieses hätte er dann nur wenige Tage später erneut verlassen müssen, um kurz vor dem 25. April[141] in entgegengesetzter Richtung zwischen den sich rasch annähernden Fronten der Amerikaner und Sowjets rund 375 Kilometer nach Südosten ins Sudetenland zu fliehen – ausgerechnet in ein Gebiet, das von der vorrückenden Roten Armee akut bedroht war. Noch dazu hätte er dies in dem vollen Bewußtsein tun müssen, daß „das wichtigste Ziel" sein mußte, „nicht in russischer Kriegsgefangenschaft" zu enden und dort „um [das] Leben fürchten oder doch eine eingehende Überprüfung [der] zurückliegenden Jahre erwarten" zu müssen, die man „bei den vermeintlich viel nachlässigeren Amerikanern sich zu ersparen"[142] hoffte. Gerade Mengele, der eineinhalb Jahre an der Ostfront gekämpft und noch einmal die gleiche Zeit als Arzt in Auschwitz verbracht hatte, wußte, was die Rote Armee im Osten durchgemacht und mittlerweile vorgefunden hatte – und was seinesgleichen bei einer Gefangennahme durch die Russen zu befürchten hatte.

Wahrscheinlicher erscheint eine andere Möglichkeit, die aber einen Irrtum der bei Völklein zitierten Zeugen voraussetzt: Kurz vor der Befreiung des Hauptlagers Groß-Rosen wurde die dortige Kommandantur in das Außenlager Reichenau[143]

---

[136] Vgl. Sprenger, Groß-Rosen, S. 296–298.
[137] Vgl. Völklein, Mengele, S. 193, und Posner/Ware, Mengele, S. 82; Posner und Ware handeln diesen Zeitraum in wenigen Zeilen ab und gehen fälschlicherweise davon aus, Mengele habe sich nach seiner Flucht aus Groß-Rosen (s.u.) direkt dem Wehrmachtslazarett angeschlossen und habe bei dieser Einheit die zwei Monate bis Kriegsende verbracht.
[138] Zu Ravensbrück vgl. Philipp, Kalendarium; Strebel, Ravensbrück.
[139] Vgl. ebenda, S. 192–194.
[140] Zur Datierung vgl. schlüssig Völklein, Mengele, S. 194; Völklein schreibt, Mengele sei an einem „nicht genannten Ort" auf das Lazarett gestoßen, während im Bericht des OSI der Ort Saaz (heute Žatec in der tschechischen Republik) genannt wird; vgl. In the Matter of Josef Mengele 1, S. 26.
[141] An diesem Tag trafen sich Amerikaner und Russen an der Elbe, der Weg nach Süden wäre also versperrt gewesen.
[142] Josef Mengele in seinen Aufzeichnungen, zit. nach Völklein, Mengele, S. 197.
[143] Nahe Gablonz an der Neiße (heute Jablonec in der Tschechischen Republik).

verlegt und leitete von dort die übrig gebliebenen Außenlager, bis die Sowjets am 8./9. Mai auch dieses Lager erreichten.[144] Mengele war als Standortarzt erst seit wenigen Tagen Mitglied der Kommandantur und dürfte seinen neuen Posten wohl kaum so schnell wieder verlassen haben – er hätte dies vermutlich weder gekonnt noch gewollt.

Für diese These spricht auch ein Besuch Mengeles in dem von Reichenau etwa 30 km entfernten Außenlager Ober-Hohenelbe[145], wo eine Zeugin, die in Auschwitz mit ihrer Zwillingsschwester als Versuchsobjekt mißbraucht worden war, eine Selektion Mengeles im Krankenbau überlebte. Dieses Außenlager ist von Groß-Rosen mit 70 Kilometern relativ weit entfernt und liegt noch dazu auf der anderen Seite des Erzgebirges. Wenn Mengele nicht mit der Kommandantur nach Reichenau ging, hätte dieser Besuch in den wenigen Tagen stattfinden müssen, die sich Mengele direkt nach seiner Flucht aus Auschwitz im Hauptlager aufgehalten hat und die durch die beginnende Evakuierung chaotisch gewesen sein dürften. Das Außenlager Ober-Hohenelbe wurde dagegen, wie Reichenau, erst Anfang Mai befreit – Zeit genug also für Mengele, vom neuen Sitz der Kommandantur aus das nun relativ nahe gelegene Außenlager zu besuchen. Zudem kann er, wenn er sich nach der Evakuierung von Groß-Rosen zusammen mit dem Rest der Kommandantur in Reichenau aufgehalten hat, gegen Ende April vor der heranrückenden Roten Armee direkt in Richtung Westen geflohen sein, um am 2. Mai in der Nähe des fast genau 120 Kilometer westlich gelegenen Saaz in Wehrmachtsuniform auf das Wehrmachts-Feldlazarett 2/591 zu stoßen.

Einer der Angehörigen dieses Feldlazaretts war Dr. Otto-Hans Kahler, der vor dem Krieg ebenfalls an Verschuers Frankfurter Institut tätig gewesen war und den Mengele kannte. Er setzte sich bei dem Kommandanten für seinen alten Kollegen ein, so daß diesem erlaubt wurde, sich der Einheit anzuschließen. Das Lazarett zog sich weiter Richtung Westen zurück, passierte Karlsbad[146] und hielt sich dann mit Erlaubnis der Amerikaner etwa sechs Wochen in einem Waldgebiet im Erzgebirge auf, das im „Niemandsland" lag, einem Gebiet, das zwar zum amerikanischen Einflußbereich gehörte, aber östlich der Besatzungslinie lag. Mengele wurde von Kahler getrennt und hielt sich nun an Dr. Fritz Ulmann. Kahler sagte später den Ermittlern des OSI, Mengele habe zu diesem Zeitpunkt unter starken Depressionen gelitten und sogar an Selbstmord gedacht; er habe sich deswegen an Dr. Fritz Ulmann, einen Neurologen mit psychologischen Kenntnissen, gewandt. Kahler spekulierte in seiner Aussage nicht über den Grund von Mengeles Depressionen, deutete aber an, daß Mengele zu diesem Zeitpunkt offen über die Selektionen in Auschwitz gesprochen habe. Ob dies als – der einzige vorhandene – Anhaltspunkt gewertet werden kann, daß Mengele sich im Nachhinein mit seinen Taten auseinandergesetzt oder gar so etwas wie ein Schuldbewußtsein entwickelt hat, ist fraglich. Wahrscheinlicher ist, daß Mengele mit seiner Entlarvung rechnete und deshalb in Depressionen verfiel.[147] Mitte Juni 1945 kontaktierten die Amerikaner die Einheit und wiesen sie an, sich nun weiter nach Westen zurückzuziehen, da das Gebiet an die

---

[144] Vgl. Sprenger, Groß-Rosen, S. 299.
[145] Horejsi Vrchlabi am Südrand des Riesengebirges in der heutigen Tschechischen Republik.
[146] Heute Karlovy Vary.
[147] Vgl. In the Matter of Josef Mengele 1, S. 26f.

Rote Armee fallen sollte. Nach dem Rückzug auf bayerisches Gebiet wurden die Soldaten und Mengele, der keine Papiere bei sich trug und falsche Namen benutzte, zunächst in dem Lager Schauenstein bei Hof, später in Helmbrechts interniert.[148]

Nach insgesamt rund sechs Wochen Internierung wurde Mengele in der ersten Augustwoche entlassen. Es kann als gesichert gelten, daß die Amerikaner zu diesem Zeitpunkt nicht wußten, wen sie da entließen, eine „geheime Verständigung zwischen den amerikanischen Behörden" und dem „Hauptkriegsverbrecher"[149] kann ausgeschlossen werden.[150] Die Kriegsverbrecherlisten, auf denen Mengeles Name seit Mai 1945 auftauchte[151], erreichten auf Grund der chaotischen Nachkriegsverhältnisse nicht rechtzeitig die Verantwortlichen vor Ort, die mit den zu dieser Zeit vorgenommenen Massenentlassungen ohnehin völlig überlastet waren. Seine Papiere hatte Mengele vernichtet, er gehörte zu einem Wehrmachtslazarett und hatte in dieser Einheit Bekannte, die für ihn bürgten. Am wichtigsten jedoch war eine Tatsache, die er seiner persönlichen Eitelkeit zu verdanken hatte: Er hatte keine Blutgruppen-Tätowierung und war deshalb für die Amerikaner nicht als SS-Angehöriger zu erkennen – andernfalls wäre er nicht entlassen, sondern in „automatic arrest" genommen worden.[152]

Nach seiner Entlassung wurde Mengele, der mittlerweile über gefälschte Entlassungspapiere auf den Namen Fritz Hollmann[153] verfügte, Mitte August in der Nähe von Ingolstadt abgesetzt. Von dort aus machte er sich auf den Weg in Richtung Donauwörth[154], wo er einen Schulfreund namens Albert Miller aufsuchte, der sich dort als Tierarzt niedergelassen hatte. Bald ging es weiter donauaufwärts – sehr vorsichtig, um nicht einer Militärstreife zu begegnen oder in der Günzburger Gegend von jemandem erkannt zu werden.[155]

---

[148] Vgl. ebenda, S. 26–32.

[149] Posner/Ware, Mengele, S. 87. Posner und Ware sind nicht die einzigen, die in diese Richtung spekulieren.

[150] Vgl. die ausführliche Untersuchung dieser Frage in: In the Matter of Josef Mengele 1, S. 30–53.

[151] „MENGELE, Joseph, Dr., SS. Hauptsturmfuehrer and Lagerarzt, Oswiecim KL, June 1940 to January 1945, Mass murder, and other crimes" (United Nations War Crimes Commission, Part I: Eighth List of War Criminals (Germans), May 1945, S. 27. Kopie in: In the Matter of Josef Mengele 2, S. 74.

[152] Mengele hatte sie angeblich, wie andere auch, aus Eitelkeit verweigert. Vgl. die Angaben Rolf Mengeles in: So viele halfen ihm, in: Bunte, 27. 6. 1985, S. 28. Vgl. außerdem: In the Matter of Josef Mengele 1, S. 53.

[153] Mengele hatte in den Entlassungspapieren Ulmanns dessen Namen abgeändert; Ulmann selbst dürfte unter Vorlage seines Wehrpasses keine Probleme gehabt haben, neue Papiere zu erhalten.

[154] Von Ingolstadt ca. 50 km donauaufwärts etwa auf halbem Wege nach Günzburg gelegen. Zunächst war Mengele zu Fuß unterwegs, später traf er auf einen Bauern mit zwei Fahrrädern, der ebenfalls nach Donauwörth wollte und Mengele mit einem der beiden Räder fahren ließ.

[155] Vgl. In the Matter of Josef Mengele 1, S. 62f. sowie das Interview mit Millers Frau in: Gesucht wird... Josef Mengele, Fernsehsendung von Felix Kuballa unter Mitarbeit von Hermann G. Abmayr/René Werner Gallé, WDR 1985. Völklein, der als Quelle nur die Fernsehsendung angibt, schreibt, daß Miller wegen seiner eigenen Mitgliedschaft in der NSDAP verhaftet worden sei und Mengele dies im Nebenzimmer miterlebt habe. Davon ist in dem Fernsehinterview nicht die Rede; eine Verhaftung Millers wird zwar in dem Bericht

Wenig später traf Mengele in Günzburg ein und versteckte sich für einige Wochen in den umliegenden Wäldern, während ihn die Familie mit Lebensmitteln versorgte.[156] Auf Dauer konnte er dort nicht bleiben und machte sich deshalb Ende September auf den Weg nach München, wo er erneut mit Fritz Ulmann Kontakt aufnahm. Dessen Schwager riet ihm, sich auf einem einsam liegenden Gehöft in Oberbayern zu verstecken. Mengele folgte diesem Rat, und irgendwann zwischen Anfang und Mitte Oktober verdingte sich Dr. phil. et Dr. med. Josef Mengele als Knecht auf dem Lechnerhof in Mangolding[157] und mußte von nun an für seinen Lebensunterhalt physisch arbeiten. Als erste landwirtschaftliche Aufgabe wies ihm der Bauer in der „Probezeit" das Sortieren von Kartoffeln zu. Die großen sollten als Speisekartoffeln, die mittelgroßen als Saatkartoffeln und die kleinsten als Schweinefutter genutzt werden. Er ging auch diese Aufgabe wissenschaftlich an und scheint sich dabei, wie eine Reminiszenz in seinen Erinnerungen vermuten läßt, an seine Tätigkeit in Auschwitz erinnert zu haben; die Beschreibung seines Vorgehens liest sich in seinen Aufzeichnungen so: „Er[158] fand schnell die zweckmäßigste Sortier- und Abtransportmethode in die drei Kellerfensteröffnungen heraus und bemerkte ebenso rasch, daß [...] die Häufigkeit der verschiedenen Größen der binominalen Verteilung nach dem Gaußschen Diagramm folgt. Die mittelgroßen stellen also die große Masse, die ganz kleinen sind ebenso wie die ganz großen viel weniger häufig. Da man aber nicht so viel Saatkartoffeln benötigt und sie doch wohl vor allem der menschlichen Ernährung wegen anbaut, verschob Hans die Selektionsstraße der Speisekartoffeln ein bißchen nach den mittelgroßen zu."[159]

Mengele erfüllte offenbar seinen ersten Auftrag zur Zufriedenheit des Bauern und durfte auf dem Lechnerhof bleiben. Dort kultivierte er während der folgenden drei Jahre sein Selbstmitleid: „Zwölf Arbeitsstunden / Und noch mehr Schwielen, Riß' und Schrunden, / Doch geistig trat ich kurz"[160], dichtete der Akademiker, dessen ehrgeizige Karriereplanung ihn nun auf ein frisch gepflügtes Feld geführt hatte, wo er Mist verteilen mußte. Die harte körperliche Arbeit war ungewohnt, seine

---

des OSI erwähnt, allerdings war Mengele zu diesem Zeitpunkt schon nicht mehr in Donauwörth. Vgl. Völklein, Mengele, S. 198f.
156 Vgl. Völklein, Mengele, S. 199f.; In the Matter of Josef Mengele 1, S. 54–56, und die Angaben Rolf Mengeles in: So viele halfen ihm, in: Bunte, 27. 6. 1985. Vgl. zu Hinweisen auf eine angebliche Reise Mengeles in die sowjetische Besatzungszone nach Gera während dieser Zeit: In the Matter of Joseph Mengele 1, S. 64f., Posner/Ware, Mengele, S. 85, und Völklein, Mengele, S. 321. Eine für Mengele derart riskante Reise zu einer angeblichen Geliebten auch unter der von Posner/Ware genannten und nicht näher belegten Voraussetzung, daß Mengele ihr seine Auschwitz-Aufzeichnungen anvertraut habe, ist unwahrscheinlich; überzeugender erscheint Völkleins Bewertung der vagen Hinweise in Mengeles biographischen Aufzeichnungen als Schutzbehauptungen mit dem naheliegenden Zweck, die Unterstützung durch seine Familie zu verschleiern.
157 Ein kleiner Weiler, etwa auf halbem Weg zwischen Rosenheim und dem Chiemsee gelegen.
158 Mengele schreibt wie immer in der dritten Person; der Deckname, den er in diesem Abschnitt verwendet, lautet „Hans".
159 Zit. nach: Völklein, Mengele, S. 205. Der Abschnitt in Mengeles autobiographischen Aufzeichnungen, der die Zeit bis Ende 1946 beschreibt, ist mit dem Titel „Bauernzeit" überschrieben und stammt aus den sechziger und siebziger Jahren (Sta F/M Az 4 Js 340/68, Aufz. Mengele, Heft 1–4: Bauernzeit). Vgl. zur Zeit in Mangolding außerdem Völklein, Mengele, S. 202–224; Posner/Ware, Mengele, S. 94–101, und In the Matter of Josef Mengele 1, S. 65–68.
160 Zit. nach: Völklein, Mengele, S. 207.

Handgelenke schwollen an und die Sehnen schmerzten: „Aber es gibt kein Ausweichen und keine Flucht und keine Weigerung, denn es geht wieder um die bloße Existenz. Unerbittlich rücken die Furchen näher, und schonungslos zerschüttelt Hans mit der Gabel den Mist und verbeißt den höllischen Schmerz im Handgelenk. Die Tränen rinnen dem alten Soldaten über die Wangen, und er stellt sich mit dem Rücken zum Pflüger, wenn er vorbeikommt, damit er das weibische Versagen nicht bemerken soll."[161] Nach solchen Tagen beschlich „Hans" dann „ein Gefühl der Gleichgültigkeit, der haltlosen ‚Wurstigkeit', von der es zur Selbstaufgabe nur noch ein Schritt ist"[162].

Mengele blieb in Mangolding zunächst weitgehend isoliert. Er richtete sich in seinem Opferselbstbild ein, Reflexionen über seine Taten in Auschwitz sucht man in seinen Aufzeichnungen vergeblich. Stattdessen kultivierte und stabilisierte er in – vielleicht fiktiven – Gesprächen mit dem Schwager Fritz Ulmanns, Dr. Johann Weigl[163], sein eigenes, erschüttertes Weltbild. Erst der Krieg, den „das internationale Judentum Deutschland aufzwang", habe „eine friedliche Lösung der Judenfrage vereitelt"[164], schrieb Mengele. Immerhin allerdings sei „dieser Krieg wohl der erste unter arischen Völkern" gewesen, „bei dem auch das jüdische, wie die anderen, sein Opfer bringen mußte"[165]. Ansonsten hatte er kaum Kontakt zur Außenwelt, die spärlichen Informationen, die ihn erreichten, stammten großteils aus dem Rosenheimer Anzeiger, der achtseitigen Lokalzeitung. Seine Familie hatte aus Sicherheitsgründen beschlossen, jegliche Verbindung zunächst zu vermeiden, und selbst am Weihnachtsfest 1945 blieb er ohne Nachrichten aus Günzburg. Auch vom Tod der Mutter am 28. Januar 1946 erfuhr er lange Zeit nichts. Erst im Sommer 1946, mit dem Besuch des Bruders Karl, erreichten ihn die ersten Nachrichten von der Familie.

Im Herbst kam erstmals auch seine Frau Irene, die ihm jedoch bei mehreren Besuchen zu verstehen gab, daß sie sich von ihm trennen wolle. Josef und Irene Mengele hatten bisher wenig Gelegenheit gehabt, ein Eheleben zu führen. Sie hatten im Juli 1939 geheiratet. Ein Jahr später war Mengele zur Wehrmacht eingezogen worden und hatte sich zur Waffen-SS gemeldet. Von nun an sahen sie sich nur noch, wenn Mengele Fronturlaub hatte. Irene fühlte sich einsam und suchte Trost bei einem anderen. Nachdem sie ihren Ehemann im Oktober 1944 in Auschwitz besucht hatte und nach dem Krieg immer mehr Informationen über die Geschehnisse in den Konzentrationslagern bekannt wurden, war ihr klar, daß er vermutlich nie nach Hause zurückkehren und ein normales Leben führen würde. Ihr war bewußt geworden, daß der Mengele, den sie vor dem Krieg geheiratet hatte, mit dem, der sich nun in Oberbayern versteckt hielt, nicht mehr viel gemein hatte. Er konnte sich den Alliierten stellen und seine Strafe auf sich nehmen, oder er würde sich für lange Zeit auf der Flucht befinden, immer in Angst, zufällig entdeckt zu werden. Dieses Leben wollte Irene Mengele sich und ihrem im März 1944 geborenen Sohn Rolf nicht zumuten.[166] Mengele mußte dies akzeptieren und befleißigte sich einer historischen Sichtweise: „Mit dem Dritten Reich ging auch seine Ehe zu Ende, sie hatte

---

[161] Zit. nach: Ebenda.
[162] Zit. nach: Ebenda, S. 208.
[163] In Mengeles Aufzeichnungen „Wieland" genannt.
[164] Zit. nach: Völklein, Mengele, S. 214.
[165] Zit. nach: Ebenda, S. 213.
[166] Vgl. Völklein, Mengele, S. 221 f., und Posner/Ware, Mengele, S. 100 f.

einfach zu bestehen aufgehört, wie vieles andere. Trümmer waren übriggeblieben, auch von seiner Ehe. Man mußte sie wegräumen und Neues errichten."[167] Dieses Neue begann sich nun immer deutlicher abzuzeichnen: Irene hatte ihm dringend empfohlen, nach Südamerika auszuwandern, und die Neuigkeiten, die Mengele aus dem Rosenheimer Anzeiger erfuhr, machten ihm klar, daß er ihrem Vorschlag folgen mußte: Die 1946 im Nürnberger Prozeß gegen die Hauptkriegsverbrecher und, noch eindringlicher, die 1947 im Ärzteprozeß gefällten Urteile[168] mußten ihm deutlich vor Augen führen, was er im Falle einer Verhaftung zu erwarten hatte.

Am 1. August 1948 verließ Mengele den Lechnerhof. Wo er sich in den folgenden Wochen und Monaten aufgehalten hat, ist unklar – vermutlich hat er sich erneut in den Wäldern um Günzburg versteckt gehalten.[169] Dies konnte jedoch nicht zum Dauerzustand werden, und so beschaffte die Familie für die so kurz nach der Währungsreform enorme Summe von 7000 DM einen gefälschten Paß, der aber so dilettantisch angefertigt war, daß er praktisch wertlos war.[170] Außerdem sorgte man hinsichtlich der Firma vor: Josef verzichtete notariell auf den ihm zustehenden Erbteil, weil man fürchtete, das Vermögen von Kriegsverbrechern könnte beschlagnahmt werden.[171] Mittlerweile hatte sich Mengele entschlossen, im Argentinien Juan Domingo Peróns Zuflucht zu suchen. Dort hielt sich bereits eine ganze Reihe prominenter Nationalsozialisten auf (darunter Adolf Eichmann), und das ehemalige Fliegerass der Luftwaffe, Hans Ulrich Rudel[172], hatte das „Kameradenwerk" ins Leben gerufen, um Fluchthilfe zu leisten und Neuankömmlingen die Eingewöhnungsphase zu erleichtern. Auch an Josef Mengeles Flucht dürfte diese Organisation ihren Anteil gehabt haben.[173]

Am 15. April 1949, dem Karfreitag, waren alle Vorbereitungen abgeschlossen; Josef Mengele verließ mit Ziel Südamerika das Gebiet des vormaligen Deutschen Reiches und überquerte auf abseitigen Wegen den Brenner, die Grenze zu Italien.[174] Auf durchaus abenteuerliche Weise gelangte er nach Sterzing, wo er sich vier Wochen lang aufhielt und von seinen Kontaktmännern mit gefälschten Ausweispapieren auf den Namen Helmut Gregor, geboren in Südtirol, versehen

---

167 Mengele in seinen Aufzeichnungen, zit. nach: Völklein, Mengele, S. 222.
168 Zum Nürnberger Ärzteprozeß vgl. Mitscherlich/Mielke, Medizin; Ebbinghaus/Dörner, Vernichten, und Oppitz, Medizinverbrechen.
169 Vgl. Völklein, Mengele, S. 225, und Posner/Ware, Mengele, S. 115f.
170 Vgl. die Angaben Rolf Mengeles in: So viele halfen ihm, in: Bunte, 27. 6. 1985, S. 32.
171 Vgl. ebenda
172 Geb. 1916, gest. 1982; Oberst der Luftwaffe, 2530 Feindflüge; seit Verleihung des eigens für ihn geschaffenen „Goldenen Eichenlaubs mit Schwertern und Brillanten zum Ritterkreuz des Eisernen Kreuzes" durch Hitler am 1. 1. 1945 höchstdekorierter Soldat der Wehrmacht; Unterschenkelamputation nach Abschuß im Februar 1945; nach Kriegsende Auswanderung nach Argentinien; dort als Luftfahrtberater für Perón tätig und in der deutschen Emigrantenszene aktiv; 1951 Rückkehr nach Deutschland, 1953 Hamburger Spitzenkandidat der neonazistischen Deutschen Reichspartei für die Bundestagswahl 1953; Mitte der 1950er Jahre erneute Auswanderung nach Paraguay, nun Tätigkeit für den paraguayanischen Diktator Alfredo Stroessner; 1960 endgültige Rückkehr nach Europa; Idol der rechten Szene; 1982 verstorben.
173 Vgl. Völklein, Mengele, S. 226f., und Posner/Ware, Mengele, S. 116.
174 Vgl. zur Flucht Mengeles: Völklein, Mengele, S. 227–235, und Posner/Ware, Mengele, S. 114–122. Mengele selbst beschreibt seine Flucht in seinen autobiographischen Aufzeichnungen: F/M Az 4 Js 340/68, Aufz. Mengele, Heft 5: *[ohne Titel]*.

wurde. Anschließend führte Mengeles vorbereitete Fluchtroute über Bozen nach Genua, wo ihm das Schweizer Konsulat auf Grundlage dieser gefälschten Identitätskarte trotz fadenscheinigster Begründung einen Rotkreuzpaß[175] ausstellte. Ein beinahe mißglückter Bestechungsversuch führte dazu, daß Mengeles Flucht in der italienischen Hafenstadt fast zu Ende gewesen wäre: Er brauchte noch ein italienisches Ausreisevisum, doch der korrupte Fremdenkommissar, der dieses normalerweise gegen entsprechende Entlohnung auszustellen pflegte, war verreist. Der vertretende Beamte war nicht bestechlich, gab Mengele sein Geld zurück und führte ihn seinem Vorgesetzten vor. Dieser hielt Mengeles Ausweis nicht zuletzt wegen dessen schlechter Italienischkenntnisse für gefälscht und ließ in verhaften. Vier Tage blieb Mengele inhaftiert, dann war der korrupte Fremdenkommissar zurück, und die Sache wurde bereinigt.[176] Am 25. Mai 1949[177] konnte der ehemalige Lagerarzt endlich sein Schiff, die „North King", besteigen und Europa in Richtung Argentinien verlassen.

Am 20. Juni 1949 erreichte die North King Buenos Aires. Dort wurde Mengele nach einigen anfänglichen Schwierigkeiten im Haus des NS-Sympathisanten Gerald Malbranc aufgenommen, und am 17. September erhielt Mengele einen argentinischen Fremdenausweis[178], ausgestellt auf den Namen Helmut Gregor. In Malbrancs Haus verkehrte neben der Prominenz der deutschen Kolonie auch die der einheimischen, durchaus einflußreichen rechtsextremen Szene. So lernte Mengele im Laufe der Zeit etwa Hans-Ulrich Rudel, Willem Sassen[179] und Frederico Haase[180] kennen und konnte deren vielfältige Verbindungen und Ratschläge nutzen. Auch mit Adolf Eichmann traf Mengele zusammen, konnte sich mit ihm aber offenbar nie richtig anfreunden: Mengele habe „das unterschwellige Fluidum der Angst" nicht ausstehen können, das die „mitleiderregende Figur" umgab, die „in schäbiger Zivilkleidung durch Buenos Aires schlurfte"[181]. Willem Sassen, der Mengele und Eichmann 1952 einander vorgestellt haben will, betont, diese seien „in ihrer Art zwei völlig verschiedene Menschen, Eichmann und Mengele. Zumal

---

[175] Comitato Internazionale della Croce Rossa, Genova, Richiesta di Titolo di Viaggio, 16. 5. 1949, Kopie in: In the Matter of Josef Mengele 2, S. 106f., und Kubica, Mengele, S. 424f.
[176] Vgl. Völklein, Mengele, S. 234f.
[177] Über dieses Datum besteht einige Unklarheit. So behaupten etwa Posner und Ware ohne Beleg, Mengele habe drei Wochen im Gefängnis gesessen und Genua erst Mitte Juli verlassen. Dem Fazit Völkleins, das Abreisedatum sei nicht mehr zuverlässig zu rekonstruieren, ist ebenfalls zu widersprechen. Auf Mengeles Rotkreuzpaß ist das Datum der bereits reservierten Schiffspassage angegeben („Emigrazione: per Argentine in proprio Passaggio prenotato sulla m/n ‚NORTH KING' [...] partenza 25/5/49". Vgl. Fn. 46). Es gibt keinen Grund, dieses Datum anzuzweifeln, da es zu dem von Mengele in seinen Aufzeichnungen beschriebenen Ablauf seiner Flucht exakt paßt, wonach er Mitte Mai Sterzing verlassen und sich anschließend sieben Tage in Genua aufgehalten haben will, davon vier in Haft. Vgl. Völklein, Mengele, S. 323; Posner/Ware, Mengele, S. 121f.
[178] Nr. 394048, ausgestellt am 17. 9. 1949, Adresse: Calle Arenales 2460, Stadtteil Florida, Buenos Aires (die Adresse Malbrancs). Vgl. Völklein, Mengele, S. 239f.
[179] Geboren in Holland, als ehemaliges Mitglied der Waffen-SS wegen Kriegsverbrechen gesucht.
[180] Architekt deutscher Abstammung, der zur Lokalprominenz gehörte; besonders an der deutschen Klassik in Literatur und Musik interessiert; befriedigte Mengeles geistige und kulturelle Bedürfnisse durch gemeinsame Besuche von Konzerten, Vorträgen und des Theaters.
[181] Posner/Ware, Mengele, S. 133.

Mengele über eigene Mittel [...] verfügen konnte, die Eichmann nie hatte. *[Eichmann]* war eine tragische Gestalt."[182]

Mengele hat in dieser Zeit nicht unerhebliche Unterstützung von seiner Familie erhalten. Sein Vater hat ihn mindestens einmal besucht, eventuell im Juli 1952[183], und auf Umwegen schickte die Familie Holzverarbeitungsmaschinen, die Josef Mengele gewinnbringend weiterverkaufte. Daneben richtete er sich eine Tischlerei ein, in der er Holzspielzeug herstellte.[184] 1953 zog Mengele in ein eigenes Appartement[185]; auch unternahm er einige Reisen nach Paraguay, wo er durch Rudel die Nazi-Sympathisanten Werner Jung und Alejandro von Eckstein kennenlernte, letzterer ein alter Kampfgefährte des deutschstämmigen paraguayanischen Diktators Alfredo Stroessner. Jung war außerdem Niederlassungsleiter der Ferreteria Paraguay SA, die eine ganze Reihe deutscher Werkzeug- und Maschinenfabriken vertrat, darunter auch die Firma Mengele. Finanziell litt er keinen Mangel, zehn Jahre nachdem er Auschwitz verlassen hatte, lebte Mengele wieder in beachtlichem Wohlstand. „Helmut Gregor" war ein geachtetes Mitglied der deutschen Kolonie von Buenos Aires, lebte nach einem erneuten Umzug in einer Haushälfte in dem vorwiegend deutschen Vorort Olivos[186] und leistete sich ein Auto, einen Borgward Isabella.

Weniger positiv entwickelten sich Mengeles familiäre Verhältnisse: Seine Frau Irene wollte endlich die Scheidung, die am 25. März 1954 durch das Landgericht Düsseldorf ausgesprochen wurde.[187] Nun war Josef Mengele also wieder ungebunden – genau wie seine Schwägerin Martha, die Witwe von Josefs 1949 verstorbenem Bruder Karl, die Anspruch auf Teile des Familienvermögens hatte. Martha war eine attraktive Frau[188] und die Familie fürchtete, sie würde nicht ihr Leben lang Witwe bleiben wollen und so einem Fremden das Eindringen in die Sippe ermöglichen. So kam man auf die Idee, „aus zwei Halben ein Ganzes neu zu fügen"[189]. In der Folgezeit entwickelte sich ein reger Briefkontakt zwischen Günzburg und Lateinamerika. An Boten bestand in den folgenden beiden Jahren kein Mangel: Mehrmals kam

---

182 Willem Sassen im Gespräch mit John Ware, zit. nach: Ebenda. Vgl. außerdem Völklein, Mengele, S. 241.
183 Vgl. die Angaben von Rolf Mengele, der aber kein Datum nennt, in: Ein Name wie ein Fluch, in: Bunte, 11. 4. 1985, S. 26. Anfang Juli 1952 unterrichtete Karl Mengele den Günzburger Stadtrat, „dass ich für die nächsten 3 Wochen verreise und daher an den Sitzungen und Beratungen nicht teilnehmen kann". StAGz P/SZ/M, I – Ehemalige Stadtratsmitglieder, Mengele Karl, Schreiben an Oberbürgermeister Seitz, 5. 7. 1952. Dies ist das einzige derartige Schreiben in dieser Akte.
184 Vgl. die Angaben von Rolf Mengele in: Ein Name wie ein Fluch, in: Bunte, 11. 4. 1985, S. 26, und Posner/Ware, Mengele, S. 138. Die Tischlerei befand sich in der Avenida Constituyente Ecke Avenida San Martín, Stadtviertel Florida.
185 In der Calle Tacuari 431.
186 In der Calle Sarmiento 1875
187 Mengele hatte am 16. 11. 1953 in Buenos Aires eine Prozeßvollmacht unterzeichnet. Sta F/M, Az 4 Js 340/68, Erm.A., Bd. I, Bl. 243, Prozeßvollmacht für die Rechtsanwälte Dr. Wellmann und Pohlmann, Düsseldorf, 16. 11. 1953. Vgl. außerdem: Ebenda, Bl. 241, Klageschrift der Prozeßbevollmächtigten Irene Mengeles betr. Ehescheidung, 3. 2. 1954, und Bl. 245–251, Sitzungsprotokoll und Ehescheidungsurteil des Landgerichts Düsseldorf, 25. 3. 1954.
188 „Tante Martha [...] war eine wunderschöne Frau", so die Beschreibung Rolf Mengeles, zit. nach: Ein Name wie ein Fluch, in: Bunte, 11. 7. 1985, S. 28.
189 Völklein, Mengele, S. 247.

der Vertraute der Familie in Günzburg, Hans Sedlmeier, nach Buenos Aires, gelegentlich auch Josef Mengeles Bruder Alois, einmal sogar mit seiner Frau Ruth.

Nach intensiven Vorbereitungen konnten sich Martha und Josef 1956 endlich treffen: Mengele flog, immer noch als Helmut Gregor, über New York nach Genf. Hans Sedlmeier nahm ihn dort in Empfang, anschließend ging es weiter in den Wintersportort Engelberg. Im dortigen Luxushotel Engel warteten bereits Martha, ihr Sohn Karl-Heinz und Rolf, der nicht wußte, daß es sich bei „Onkel Fritz" aus Übersee um seinen Vater handelte, von dem er glaubte, er sei im Krieg vermißt.[190] Zehn Tage hielt sich Mengele in der Schweiz auf und verbrachte seinen Skiurlaub mit seinem Sohn, dem nicht verborgen blieb, „daß Onkel Fritz sehr nett zu Tante Martha ist"[191]. Anschließend scheint sich Mengele kurz in Günzburg aufgehalten zu haben.

Völklein datiert diesen Besuch, gestützt auf eine Aussage Hans Sedlmeiers vom Dezember 1984, wohl fälschlich auf Anfang der 1950er Jahre. Anlaß sei die Vorbereitung der Scheidung gewesen; außerdem sei Mengele nach Wiesbaden gefahren, um sich mit ehemaligen Kollegen aus Verschuers Frankfurter Institut zu treffen.[192] Von einem solchen Besuch Mengeles in Günzburg, allerdings „nach seiner Ehescheidung"[193], sprach Sedlmeier bereits in einer Aussage von 1971. Dieser spätere Termin scheint auch wahrscheinlicher: Mengeles Anwesenheit war für die Regelung der Scheidung nicht nötig[194], und er besaß zunächst keinen Reisepaß – ohne diesen hätte er aber nicht nach Europa reisen können. Erst im April 1955 beantragte er einen Paß für Nicht-Argentinier, der nur 120 Tage gültig war und auf dessen Ausstellung er fast ein Jahr warten mußte.[195] Deshalb ist es wahrscheinlich, daß Mengele erst im Anschluß an seinen Winterurlaub Günzburg besucht hat; dies entspricht auch den Angaben Rolf Mengeles, auf die sich Posner und Ware bei ihrer Darstellung stützen und wird außerdem durch die Angaben in einem Artikel der Günzburger Zeitung aus dem Jahr 1964 gestützt, in dem es unter Berufung auf Alois Mengele heißt, daß Josef sich 1956 für einen Tag in Günzburg aufgehalten habe.[196] Rolf Mengele berichtet weiterhin, sein Vater habe in München einige seiner Fluchthelfer besucht, sei dort in einen Verkehrsunfall verwickelt und von der Polizei wegen seiner Papiere befragt worden. Karl Mengele habe der Polizei dann etwas Geld gegeben, „um das mit dem Unfall zu vergessen"[197].

Zurück in Buenos Aires machte sich Josef Mengele daran, Vorbereitungen für die Hochzeit zu treffen. Dazu benötigte er eine Geburtsurkunde, die er als „Helmut Gregor" aber nicht vorweisen konnte. Also begab sich Mengele im Sommer 1956 mit seinen Papieren zur deutschen Botschaft in Buenos Aires, erklärte, er sei 1949 unter falschem Namen nach Argentinien eingereist und beantragte einen amtlichen Identitätsnachweis. In Deutschland wurde ein Josef Mengele zu diesem Zeitpunkt

---

[190] Vgl. die Angaben Rolf Mengeles in: Ein Name wie ein Fluch, in: Bunte, 11. 7. 1985, S. 28.
[191] Ebenda.
[192] Vgl. Völklein, Mengele, S. 244–246.
[193] Sta F/M, Az 4 Js 340/68, Erm.A., Bd. VII, Bl. 81, Aussage Hans Sedlmeier, 9. 12. 1971, Hervorhebung S.K.
[194] Vgl. die Prozeßvollmacht, S. 51.
[195] Vgl. Posner/Ware, Mengele, S. 142f.
[196] Vgl. Die zwei Gesichter des KZ-Arztes Mengele, in: GZ, 25. 7. 1964.
[197] Zit. nach: Posner/Ware, Mengele, S. 144.

### 3. 1945–1979: Flucht und Verstecke

nicht gesucht. Weder die Botschaft in Buenos Aires noch das Bonner Auswärtige Amt, das den Antrag prüfte, kamen auf die Idee, den Namen dieses Mannes, der ganz offensichtlich etwas zu verbergen und jahrelang unter falschem Namen im Exil gelebt hatte, mit den Listen der gesuchten Kriegsverbrecher zu vergleichen. So erhielt Mengele am 11. September 1956 den gewünschten Identitätsnachweis, zusammen mit seinem neuen deutschen Paß.[198]

Wenige Wochen später, im Oktober, trafen Martha und ihr Sohn Karl-Heinz in Buenos Aires ein. Mengele hatte mittlerweile ein Haus gekauft[199], und im November erhielt er auch von den argentinischen Behörden problemlos einen neuen Ausweis auf seinen richtigen Namen.[200] Am 1. Oktober 1957[201] trat Josef Mengele als Mitgesellschafter in die Firma FadroFarm ein, die sich mit der Herstellung und Entwicklung von Tuberkulose-Medikamenten beschäftigte. Die Beteiligungssumme von wahrscheinlich einer halben Million Pesos (was etwa dem gleichen Wert in DM entsprach) kam zum größten Teil aus Günzburg, außerdem hatte Mengele zuvor die Spielzeugwerkstatt verkauft.

Mengeles wirtschaftliche Stellung war gesichert, er hatte ein Haus erworben, er lebte offen unter seinem richtigen Namen – der Hochzeit mit Martha stand nichts mehr im Wege, und am 28. Juli 1958 heirateten die beiden in Nueva Helvecia in Uruguay. Wenig später, am 29. September 1958, erteilte Mengele seiner Frau Generalvollmacht zur Regelung aller Angelegenheiten und Rechtsgeschäfte.[202] Zu diesem Zeitpunkt wußte er bereits, daß die ruhigen Tage trauten Familienlebens wahrscheinlich gezählt waren, noch ehe sie richtig begonnen hatten.

Am 3. August 1958, also genau fünf Tage nach Mengeles Hochzeit, erstattete der Schriftsteller Ernst Schnabel Strafanzeige gegen Josef Mengele. Die zunächst ermittelnde Memminger Staatsanwaltschaft bat die Günzburger Stadtpolizei um diskrete Amtshilfe bei den Ermittlungen – mit dem Ergebnis, daß spätestens Ende August die Familie Mengele über das laufende Verfahren unterrichtet war.[203]

Ende August hatte die Staatsanwaltschaft Freiburg i. Br. die Ermittlungen übernommen und erließ am 25. Februar 1959 den ersten Haftbefehl gegen Josef Mengele. Wiederum funktionierte der Informationsfluß: Wenige Tage später teilte Mengele seinen Mitteilhabern bei FadroFarm völlig überraschend mit, daß er seinen Anteil an der Firma verkaufen werde: „Er verlasse das Labor und auch das

---

[198] Vgl. Völklein, Mengele, S. 249, und Posner/Ware, Mengele, S. 145.
[199] Erneut in dem Villenvorort Olivos, Virrey Vertiz 970.
[200] Sta F/M, Az 4 Js 340/68, HandA., Bd. II, Bl. 71, Note des Argentinischen Außen- und Kultusministeriums an die Deutsche Botschaft in Buenos Aires, 25. 10. 1960.
[201] Aus einer Selbstauskunft der Firma „FADROFARM [...] Herstellung und Zubereitung von Drogen, Arzneien und medizinischen Spezialitäten": „Unser Betrieb [...] wurde durch Dr. Ernesto Timmermann, Dr. José Mengele und Heinz Truppel verstärkt, die am 1. Oktober 1957 in die Firma eintraten. [...] Herr Mengele ist Dr. der Chemie, gebürtiger Deutscher, verheiratet, 49 Jahre alt." Sta F/M, Az 4 Js 340/68, HandA., Bd. II, Bl. 73, Dossier der VERITAS – Kaufmännische Auskunft für Zwecke der Kreditgewährung, 24. 8. 1960. Völklein sowie Posner und Ware nennen verschiedene andere Daten. Vgl. Völklein, Mengele, S. 250, und Posner/Ware, Mengele, S. 148. Die zeitnahe Angabe in der Selbstauskunft der Firma erscheint glaubwürdig.
[202] Sta F/M, Az 4 Js 340/68, Erm.A., Bd. XXXVI, Bl. 1–6, Generalvollmacht des Herrn José MENGELE an seine Ehefrau Marta WILL-MENGELE, 29. 9. 1958.
[203] Vgl. S. 121.

Land"[204], so die Erklärung des angeblich sichtlich niedergeschlagenen und sogar verängstigten Mengele, „wir werden uns nie wiedersehen"[205]. Kurz darauf verließ er Argentinien, während Martha und ihr Sohn Karl-Heinz noch einige Zeit in Buenos Aires blieben, bevor sie 1961 wieder nach Europa zurückkehrten.[206] Ohnehin konnte sich Mengele seit dem Sturz Peróns 1955 nicht mehr der uneingeschränkten Protektion höchster argentinischer Stellen sicher sein.[207] In Paraguay dagegen verfügte er mit Werner Jung und Alejandro von Eckstein seit längerer Zeit über einflußreiche Bekannte, und auch Hans-Ulrich Rudel zählte zu den Freunden des deutschstämmigen Diktators Stroessner. Außerdem hatte das Land nicht nur kein Auslieferungsabkommen mit der Bundesrepublik, sondern die Verfassung verbot ausdrücklich die Auslieferung eigener Staatsbürger.[208] Wenn es Mengele also gelang, die paraguayanische Staatsbürgerschaft zu erlangen, konnte er sich vor Auslieferungsanträgen der deutschen Justiz relativ sicher fühlen. Werner Jung und Alejandro von Eckstein hatten keine Bedenken, ihm als Zeugen zu bescheinigen, daß er seit fünf Jahren im Land lebe. Am 29. November erhielt er die Einbürgerungsurkunde auf den Namen José Mengele.[209]

Mengele verbarg sich im äußersten Süden des Landes. Zunächst kam er bei dem belgischen Nazisympathisanten Armand Reinaerts unter, der in der Grenzstadt Encarnación das Gasthaus Tirol betrieb.[210] Seit Mai 1959 versteckte er sich dann auf der Farm Alban Krugs, eines Freundes Hans-Ulrich Rudels. Die Farm lag abgelegen in der Nähe des Städtchens Hohenau, etwa 65 Kilometer nordöstlich von Encarnación, und bot Mengele für die nächsten eineinhalb Jahre ein sicheres Versteck.[211]

Im April 1960 traf sich Mengele mit Martha und Hans Sedlmeier in Asunción, um die Modalitäten der weiteren finanziellen Unterstützung und möglichst sichere Kommunikationswege zu vereinbaren. Anschließend verbrachten sie einige Tage zusammen in Reinaerts' Hotel Tirol, bevor Martha und Sedlmeier nach Buenos Aires zurückkehrten.[212] Es war das letzte Mal, daß Josef und Martha Mengele sich

---

[204] Aussage Heinz Truppels, zit. nach: Posner/Ware, Mengele, S. 155.
[205] Aussage der Sekretärin Elsa Haverich, zit. nach: Posner/Ware, Mengele, S. 155. Vgl. außerdem Völklein, Mengele, S. 256.
[206] Karl-Heinz besuchte danach ein Internat im schweizerischen Montreux, Martha mietete zunächst ein Appartement in Zürich-Kloten und zog 1962 nach Meran/Südtirol.
[207] Die Polizei von Buenos Aires scheint sogar wegen angeblicher ärztlicher Hilfeleistung ohne Approbation gegen ihn ermittelt zu haben, die genauen Hintergründe dieser Ermittlungen sind jedoch unklar. Vgl. Posner/Ware, Mengele, S. 149.
[208] Vgl. Völklein, Mengele, S. 257, und Posner/Ware, Mengele, S. 155–158.
[209] Völklein, Mengele, S. 257f., und Posner/Ware, Mengele, S. 160–167.
[210] In einer der vielen Legenden, die sich um die Person Mengeles ranken, spielt ebenfalls ein Hotel „Tyrol" eine Rolle: Vgl. S. 70.
[211] Posner und Ware schreiben, Mengele habe sich in einem Gebiet namens Alto Paraná aufgehalten, das die deutschen Einwanderer wegen der Berge Nueva Bavaria genannt hätten (Posner/Ware, Mengele, S. 157f.); Völklein übernimmt dies (Völklein, Mengele, S. 256); Encarnación und Hohenau liegen aber nicht in der Provinz Alto Paraná, sondern in der Provinz Itapúa, und auch ein angebliches Ländereieck Paraguay-Brasilien-Uruguay (ebenda) existiert nicht – zwischen Uruguay und Paraguay liegen ca. 300 Kilometer argentinisches Gebiet. Ein tatsächliches Dreiländereck Paraguay-Brasilien-Argentinien liegt rund 250 Kilometer nordöstlich von Encarnación bei der Grenzstadt Ciudad del Este.
[212] Vgl. Völklein, Mengele, S. 259f.

### 3. 1945–1979: Flucht und Verstecke

sahen. Denn wenige Wochen später ereignete sich etwas, das Mengele wesentlich stärker beunruhigte als der deutsche Haftbefehl und die Auslieferungsanträge, die die deutsche Justiz mittlerweile an Argentinien gerichtet hatte: Am 11. Mai 1960 entführte der israelische Geheimdienst Adolf Eichmann von Buenos Aires nach Jerusalem.

Mengele war sich der Tatsache bewußt, daß seine Situation sich nun grundlegend geändert hatte. Nach elfjähriger Pause (die den elf Jahren relativer Sicherheit in Argentinien und zunächst auch in Paraguay entsprechen) begann er wieder, Tagebuch zu führen. Zwar schützte ihn seine paraguayanische Staatsbürgerschaft vor einer Auslieferung an Deutschland – wer aber garantierte ihm, daß er nicht der nächste auf der Liste des israelischen Geheimdienstes war?[213] Sein Ausweis lautete auf seinen tatsächlichen Namen, und zu viele Leute wußten, wo er sich aufhielt. Mitte Oktober 1960 verließ Mengele das Land in Richtung Brasilien, ausgestattet mit einem brasilianischen Ausweis auf den Namen Peter Hochbichler. Alban Krug warnte ihn zum Abschied: „Für dich ist der Krieg noch nicht vorbei, sei vorsichtig."[214]

Erneut war es Hans-Ulrich Rudel gewesen, der die Flucht organisiert hatte. Erster Ansprechpartner Mengeles in Brasilien war Wolfgang Gerhard[215], der Vertreter des Kameradenwerks in São Paolo. Gerhard verstand es als persönlichen Vertrauensbeweis Rudels, „dem Herrn Dr. Dr. Mengele zu Diensten sein zu dürfen"[216]. Weniger erfreulich waren die Nachrichten, die Mengele zu dieser Zeit aus Europa erreichten: Im Rahmen der Vorermittlungen zum Frankfurter Auschwitzprozeß kamen durch Aussagen von Opfern und Tätern immer mehr Details über Mengeles Greueltaten in Birkenau ans Licht, und schließlich übernahm die Frankfurter Staatsanwaltschaft die Ermittlungen. Der Fall Mengele rückte ins Bewußtsein der Öffentlichkeit. Von nun an erschienen in rascher Folge eine unübersehbare Menge an Zeitungs- und Zeitschriftenartikeln, Büchern und Fernsehreportagen über Mengele und die erfolglose Suche nach ihm. Kaum etwas davon war seriös oder gab, objektiv betrachtet, über mehr Auskunft als über die blühende Phantasie der Verfasser. Und doch hielten diese Berichte Mengele, seine Familie und seine Helfer in ständiger Unruhe.[217]

Bald zeigte sich Mengele mit seinem Leben in São Paolo unzufrieden; in seinem Tagebuch beklagte er die stupide Hilfsarbeit in Gerhards Textildruckerei, die

---

213 Tatsächlich scheint der Mossad versucht zu haben, nach oder parallel zu der Festsetzung Eichmanns auch nach Mengele zu suchen. Vgl. dazu Posner/Ware, Mengele, 168–185. Möglicherweise kam der Geheimdienst Mengele in Brasilien 1960 oder 1961 ziemlich nahe. Vgl. dazu und zu den Gründen für die De-facto-Einstellung der Suche des Mossad die unterschiedlichen Versionen von Isser Harel und Zvi Aharoni, in: Posner/Ware, Mengele, S. 225–236.
214 Tagebucheintrag Mengeles, zit. nach: Völklein, Mengele, S. 262.
215 Geb. 1925 in Leibnitz (Österreich); stammte aus einer überzeugt nationalsozialistischen Familie und war Führer in der Hitlerjugend; wanderte 1949 mit seiner Mutter und seiner Verlobten nach Brasilien aus; das erste der insgesamt vier Kinder erhielt 1958 den Namen Adolf; vertrieb in Brasilien den „Reichsruf", die Zeitschrift der 1952 vom Bundesverfassungsgericht verbotenen Sozialistischen Reichspartei (SRP) und den „Reichsruf" des Kameradenwerks. Vgl. Völklein, Mengele, S. 263.
216 Brief Wolfgang Gerhards an Hans-Ulrich Rudel, 30. 12. 1960, zit. nach: Völklein, Mengele, S. 263.
217 Vgl. Völklein, Mengele, S. 265.

„gleich nach dem Tütenkleben"[218] komme. Schlimmer noch aber war für ihn die „Gesamtsituation: Enge, Eintönigkeit, Primitivität, Unruhe, Formlosigkeit, die letzten Endes trotz all des Negativen keinerlei Gewähr für Sicherheit bietet."[219] In seinem Tagebuch dominieren von nun an bis zu seinem Tod „Isolation, Eitelkeit, Narzißmus und Bosheit"[220]. Die Eintragungen sind voll von „Selbstbespiegelung und Selbstmitleid", und immer wieder befaßte sich Mengele in extenso „mit dem eigenen seelischen Befinden, mit seiner Gesundheit, mit fehlender Unterstützung von zu Hause, mit seinem Verdruß über den einfältigen Freundeskreis und mit den ‚großen deutschen Schicksalsfragen'"[221]. Die Probleme und Empfindungen anderer, wie etwa seiner Familie, seines Sohnes Rolf oder seiner Unterstützer, waren ihm gleichgültig. Mit Rolf stand Mengele in brieflichem Kontakt und zeigte sich ein ums andere Mal enttäuscht von der Entwicklung seines Sohnes, der mittlerweile um die Identität seines Vaters wußte und für den diese Enthüllung einer Katastrophe gleichgekommen war. Josef Mengele hatte bei Rolf „so verschiedene Korrekturen anzubringen gehofft", welche die „spießbürgerliche und pseudokosmopolitische Welt"[222], in der Rolf bei Irene und seinem Stiefvater aufwuchs, aus seiner Sicht nötig erscheinen ließ. Mengele wurde im Laufe der Zeit zu einem auch für seinen anfangs so begeisterten Gastgeber nur noch schwer erträglichen Hausgenossen. Als Gerhard im Deutschen Club von São Paolo eines Abends dem – politisch gleichgesinnten – ungarischen Ehepaar Gitta und Geza Stammer[223] begegnete, das ein landwirtschaftliches Anwesen besaß, empfahl er ihnen Peter Hochbichler (alias Mengele) wärmstens als erfahrenen Rinderzüchter. Geza war durch seine Arbeit als Landvermesser häufig abwesend, einer wie der angebliche Schweizer Hochbichler, der außer Kost und Logis keinen Lohn verlangte, war ihnen deshalb durchaus willkommen.[224]

In der zweiten Jahreshälfte 1961 zog Mengele als Verwalter auf die Fazenda der Stammers. Dort ging er zurückgezogen seiner Arbeit nach und vermied jeden Kontakt nach außen. Einzig Gerhard besuchte Mengele regelmäßig und brachte Geld, Post und Zeitungen. Die Stammers erfuhren bald, wen sie da tatsächlich auf ihrer Farm beschäftigten: Gitta erkannte Peter Hochbichler auf einem Mengele-Foto wieder, das am 27. Januar 1962 anläßlich des Jahrestages der Befreiung von Auschwitz in einer Zeitung abgedruckt worden war. Mengele gab sich schließlich

---

[218] Tagebucheintrag Mengeles, 12. 1. 1961, zit. nach: Völklein, Mengele, S. 268.
[219] Ebenda.
[220] So der Historiker Norman Stone, zit. nach: Posner/Ware, Mengele, S. 271. Stone war einer der Gutachter, die 1985 die Echtheit von Mengeles Nachlaß untersuchten.
[221] Völklein, Mengele, S. 268.
[222] Tagebucheintrag Josef Mengeles vom 23. 11. 1960, zit. nach: Völklein, Mengele, S. 266.
[223] Gitta (geb. 1920) und Geza (geb. 1923) Stammer, 2 Söhne; nach dem Zweiten Weltkrieg Emigration aus dem kommunistischen Ungarn zunächst nach Österreich, im Dezember 1948 schließlich nach Brasilien; Tätigkeit Gezas als Ingenieur zunächst bei verschiedenen Firmen; später selbständiger Landvermesser; 1959 Kauf einer rund 15 Hektar großen Farm etwa 250 Kilometer von São Paolo (bei Araraquara); Anbau von Obst, Kaffee und Reis und kleine Rinderzucht; bei Völklein wird nicht klar, welches Araraquara gemeint ist: Es gibt eine größere Stadt dieses Namens ziemlich genau 250 Kilometer nordwestlich und eine kleinere gut 280 Kilometer nördlich von São Paolo; Völklein spricht von 350 Kilometern nordwestlich. Vgl. Völklein, Mengele, S. 269.
[224] Vgl. Völklein, Mengele, S. 268f., und Posner/Ware, Mengele, S. 203f.

zu erkennen. Mit den Verbrechen, die man ihm vorwarf, habe er allerdings nichts zu tun.[225]

Das Ehepaar Stammer entschloß sich, aus der Sache Kapital zu schlagen: Geza fuhr nach São Paolo zu Gerhard und machte ihm klar, daß – sollte Mengele bei ihnen bleiben – es nötig sei, eine besser abgeschirmte Farm zu kaufen. Natürlich müsse sich Mengele an den Kosten angemessen beteiligen. Gerhard informierte Rudel und Mengeles Familie, und schon im April stand die alte Farm zum Verkauf. Wie immer beunruhigte Mengele jede Veränderung; hinzu kam diesmal noch die Nachricht von Eichmanns Hinrichtung am 1. Juni 1961 in Tel Aviv. Wenig später begann der Umzug: Die neue Zuflucht, die 45 Hektar große Kaffeeplantage Santa Luzia lag 100 Kilometer nordwestlich von São Paolo, nahe des Städtchens Lindóia[226]; Mengele hatte sich mit 25 000 US-Dollar beteiligt, außerdem kam Sedlmeier für einige Tage auf die Farm und erleichterte den Stammers ihre Entscheidung durch eine weitere Summe in US-Währung.[227]

Schnell freundete sich Mengele mit seiner neuen Umgebung an. Von dem Hügel, auf dem die Farm lag, konnte er die einzige Straße kilometerweit einsehen, zusätzlich ließ er sich einen Aussichtsturm bauen. Allmählich entwickelte er außerdem „eine sehr enge und vertraute Beziehung"[228] zu Gitta Stammer. Ob sich daraus auch das verschiedentlich behauptete sexuelle Verhältnis zu der Ungarin entwickelte, ist nicht eindeutig zu beantworten. Es scheint jedoch, daß sich aus dieser Affäre nie eine dauerhafte sexuelle Beziehung entwickelt hat. Mengeles Tagebucheintragungen zeigen, daß „Gitta Stammer – wenn überhaupt – wohl eher ‚aus Mitleid' denn aus Liebe Mengele Zuwendung gezeigt hat"[229]. Jedenfalls blieb Mengele unzufrieden. In seinen Tagebucheinträgen klagte er über die Arbeit, die ihn langweilte und gleichzeitig an den Rand seiner physischen Kräfte brachte. Er beschwerte sich über mangelnde Anerkennung seiner Leistungen durch die Stammers und mußte dem notorisch geldknappen Geza des öfteren aushelfen; geistige Abwechslung boten nur die nach wie vor regelmäßigen Besuche Gerhards, mit dem er leidenschaftlich diskutierte, und seit Frühjahr 1963 ein Klavier. Mengele schwelgte im Selbstmitleid, das durch die wissenschaftliche Degradierung durch die Aberkennung seiner beiden Doktorgrade 1964[230] noch gesteigert wurde.

---

[225] Vgl. Völklein, Mengele, S. 269f., und Posner/Ware, Mengele, S. 204 und 217.
[226] Die geographischen Angaben bei Völklein sind ungenau: Die neue Farm lag nicht „in Serra Negra", das kein Gebiet, sondern eine Stadt ist, die wiederum nicht „200 Kilometer nordwestlich", sondern ziemlich genau 100 Kilometer nördlich von São Paolo liegt; tatsächlich muß die Farm etwa 10 Kilometer entfernt von dem Städtchen Lindóia, nahe Serra Negra, gelegen haben, das Völklein „Lindonia" nennt. Vgl. Völklein, Mengele, S. 271.
[227] Vgl. ebenda, S. 270f.
[228] Völklein, Mengele, S. 271.
[229] Ebenda. Posner und Ware vertreten hier eine andere Ansicht und behaupten, das Verhältnis zwischen Gitta und Mengele hätte sogar bis 1974 angedauert. Vgl. Posner/Ware, Mengele, S. 220f.
[230] Die Universität München hatte bereits 1960 die Initiative ergriffen, dennoch dauerte es noch bis zum 23. 9. 1963, bis Mengele seine beiden Doktortitel rechtsgültig aberkannt wurden. Vgl. F/M, Az 4 Js 340/68, HandA., Bd. II, Bl. 34, Brief des Rektors der Universität München an die Staatsanwaltschaft Freiburg i. Br., 13. 10. 1960, und ebenda, Bl. 43, Abschrift eines Briefes des Rektors der Universität München an den Rektor der Johann-Wolfgang-Goethe-Universität Frankfurt, 9. 12. 1960.

Seit seiner Flucht aus Paraguay deutete nichts darauf hin, daß irgend jemand ahnte, wo er sich aufhielt. Dennoch kam es 1967 zu einem weiteren Ortswechsel. Die Wahl fiel auf ein geräumiges Haus in Jardin Luciana bei Caieiras, rund 30 Kilometer nordwestlich von São Paolo. Bis zum endgültigen Einzug dauerte es allerdings noch bis zum April 1968, nicht zuletzt deshalb, weil sich die Spannungen zwischen dem unzufriedenen Mengele und den Stammers mittlerweile verschärft hatten. Gerhard informierte erneut die Mengeles in Günzburg und bat gleichzeitig die Stammers, noch durchzuhalten – schließlich seien sie auf Mengeles Geld beim Kauf des neuen Hauses angewiesen.[231]

Die Stammers ließen sich also noch einmal bestechen, und gleichzeitig zeichnete sich eine unerwartete Besserung der Situation ab. Gerhard hatte 1965, erneut im Deutschen Club, Wolfram und Liselotte Bossert[232] kennengelernt. Gerhards Landsmann Bossert erwies sich schnell auch als Gesinnungsgenosse, außerdem liebte er die deutsche Klassik in Musik und Literatur. Mengele und „Musikus" (wie Bossert in seinem Freundeskreis genannt wurde) paßten gut zusammen. Im Oktober 1968 stellte Gerhard die Bosserts und „Peter Hochbichler" einander vor, und von nun an verbrachte Mengele seine Freizeit am liebsten mit dem „Musikus". Die Unterhaltungen, Spaziergänge, Naturstudien, Schallplattenkonzerte und gemeinsamen Lektüreabende wollte er bald nicht mehr missen, und Bossert ertrug seine schulmeisterlichen Belehrungen klaglos und teilte seine rassistische Weltanschauung. Als die Bosserts erfuhren, wer Peter Hochbichler wirklich war, war das für beide kein Grund, den Kontakt abzubrechen. Die zeitweilige Entlastung, die das Verhältnis zu den Stammers durch diese Freundschaft erhielt, dürfte es überhaupt erst möglich gemacht haben, daß Mengele noch weitere sechs Jahre, bis 1975, mit den Stammers unter einem Dach leben konnte.[233]

Grundsätzlich gebessert hat sich das Verhältnis zwischen Mengele und den Stammers nicht. Mengele litt unter extremen Stimmungsschwankungen, auch ein zweiter Besuch Sedlmeiers brachte keine Lösung – zumal er diesmal kein Geld im Gepäck hatte. Sedlmeier plante zusammen mit Rudel, Mengele in Bolivien unterzubringen – bei Klaus Barbie[234]. Mengele und Gerhard lehnten dies mit dem Hinweis, daß sowohl Rudel als auch Barbie vermutlich vom israelischen Geheimdienst beobachtet würden, strikt ab. Außerdem wollte Mengele sich keinesfalls von Gerhard und den Bosserts trennen. Gleichzeitig nahmen die Auseinandersetzungen mit den Stam-

---

231 Vgl. Völklein, Mengele, S. 275.
232 Liselotte (geb. 1927) und Wolfram (geb. 1925), 2 Kinder (1964/1966); beide aus Bruck an der Mur in der Steiermark; Wolfram war 1942 als 17-jähriger der NSDAP beigetreten; von Beruf Techniker; während des Krieges Dienst bei einem V2-Raketenkommando. Vgl. Völklein, Mengele, S. 275.
233 Vgl. Völklein, Mengele, S. 275 f., und Posner/Ware, Mengele, S. 275–281.
234 Klaus Barbie, geb. 1913, der „Schlächter von Lyon"; von 1942–1944 als SS-OStuf Gestapochef von Lyon; dort verantwortlich für die Deportation von Juden und für die Folterung und Ermordung des führenden Résistance-Mitgliedes Jean Moulin; 1947, 1952 und 1954 in Abwesenheit von französischen Gerichten zum Tode verurteilt; 1947–1951 als Agent für den amerikanischen Geheimdienst CIC tätig; 1951 Emigration mit Hilfe des CIC nach Bolivien; 1957 Annahme der bolivianischen Staatsbürgerschaft unter dem Namen Klaus Altmann; 1974 Auslieferungsantrag der franz. Regierung; 1983 von der mittlerweile amtierenden demokratischen Regierung Boliviens an Frankreich ausgeliefert; 1987 zu lebenslanger Haft verurteilt; 1991 in Haft verstorben.

mers an Häufigkeit und Schärfe zu, und Mengele wurde immer depressiver. Je mehr in der deutschen Öffentlichkeit über die Verbrechen des Nationalsozialismus bekannt wurde, desto weniger konnte er seine Vergangenheit verdrängen. Gegenüber der Familie in Günzburg besaß er nicht mehr die uneingeschränkte Deutungshoheit über die Ereignisse in Auschwitz, was sich in einer von ihm beklagten zunehmenden Distanzierung der Familie äußerte. So weit, daß die Familie den unbequemen Verwandten in Südamerika hätte fallen lassen, ist diese Distanzierung freilich nie gegangen. Auch er selbst wurde von der Vergangenheit geplagt: „Statt erquickenden Schlafes quälen böse Gesichter und Träume den in tiefster Seele so Müden"[235], und so sind „die späten Stunden des Tages [...] die schwersten, [...] voll Scheu ins Bett zu gehen, um den Großteil der Nacht dort schlaflos zu liegen. Die Schlaflosigkeit zitiert die Gespenster"[236].

1971 kehrte Wolfgang Gerhard nach Österreich zurück. Er überließ Mengele zwar trotz des enormen Altersunterschiedes von 14 Jahren seine Ausweispapiere, die mit einem neuen Foto versehen wurden[237], doch der Verlust des Vertrauten, des Geld- und Briefboten und des verläßlichen Helfers in allen Krisen wog weit schwerer. Diese Rolle mußte nun Wolfram Bossert übernehmen. Anfang 1975 war an ein weiteres Zusammenleben mit den Stammers nicht mehr zu denken: Geza wohnte bereits seit geraumer Zeit in einem Hotel, und auch weitere 5000 US-Dollar, die Sedlmeier von Karl-Heinz Mengele überbrachte, halfen nicht mehr weiter. Mit dem Geld, das Mengele aus dem Verkauf der Farm bei Serra Negra zustand, wurde ein kleines, vergleichsweise bescheidenes Haus in einem eher ärmlichen Viertel von São Paolo erworben: Mengele hatte die letzte Station seiner Flucht erreicht. Seine Depressionen nahmen zu, er ertrug die Einsamkeit nicht, zerstritt sich mit seinen Haushaltshilfen und den Nachbarn. Ihm blieben nur noch die Bosserts und die Hoffnung, seinen Sohn Rolf, den er 1956 in der Schweiz zum letzten Mal gesehen hatte, noch einmal wiederzusehen.[238]

Auch Rolf wollte den Vater treffen, von dem er keine Vorstellung hatte und von dem er nur die Kritik und die Bevormundung aus den Briefen kannte. Er wollte den Mann konfrontieren und Antworten von ihm fordern. 1973 schrieb er ihm, daß er ihn sehen und sprechen wolle. Mengele war einverstanden: Er solle kommen, aber nur ohne „schablonenhafte Vorurteile, beeinflußtes Wunschdenken, kritikloses Simplifizieren, billiges Ressentiment und belehrende Überheblichkeit"[239]. Es sei klar, daß man „ohne hinreichende ‚Reife', ‚Größe' und ‚Augenmaß' [...] gewisse ‚historische Vorgänge' auf sich beruhen lassen"[240] solle. Schon in einem früheren Brief hatte er klar gemacht, daß er glaubte, von Rolf „Verständnis und Nachempfinden meines Lebenslaufs nicht erhoffen" zu können und deshalb „nicht die geringste innere Veranlassung [sah], irgendwelche Entscheidungen, Handlungen und Verhal-

---

235 Tagebucheintrag Mengeles, zit. nach: Von Reue keine Spur, in: Bunte, 18. 7. 1985, S. 111.
236 Tagebucheintrag Mengeles, 10. 6. 1974, zit. nach: Völklein, Mengele, S. 287. Vgl. außerdem: Ebenda, S. 276–287.
237 Vgl. Carteira de identidade para estrangeiro permanente auf den Namen Wolfgang Gerhard, Faksimile in: Kubica, Mengele, S. 427.
238 Vgl. Völklein, Mengele, S. 288–290 und S. 296.
239 Brief Mengeles an seinen Sohn Rolf, zit. nach: So entkam mein Vater, in: Bunte, 20. 6. 1985, S. 33.
240 Ebenda.

tensweisen über die sachliche Begründung hinaus zu ‚rechtfertigen'. *[...]* Meine Toleranz hat wirklich ein exaktes Limit", schrieb Mengele seinem Sohn, „nämlich dort, wo es um undiskutierbare traditionelle Werte geht und wo ich Gefahren für die mir Nahestehenden oder meine völkische Gemeinschaft befürchten muß"[241].

Rolf Mengele kam dennoch, allerdings erst 1977, ein Jahr, nachdem sein Vater im Mai 1976 einen leichten Schlaganfall erlitten hatte. Die leichten Lähmungserscheinungen und Sprachstörungen hatten sich nach kurzer Zeit im Krankenhaus wieder gelegt, und in der Klinik war auch niemandem aufgefallen, daß der Patient wesentlich älter sein mußte als auf dessen Personalausweis vermerkt. Dennoch lebte Mengele nun in der ständigen Angst, das nächste Mal könnte nicht so glimpflich für ihn ausgehen. Rolf hatte die Hoffnung auf Antworten mittlerweile aufgegeben – er fuhr „aus Mitleid"[242]. Am 11. Oktober 1977 traf der Sohn ein. Zwei Nächte lang diskutierten beide miteinander, auf der einen Seite der eher linksliberale Sohn, auf der anderen Seite der untergetauchte NS-Verbrecher, der immer noch an die alten Ideologien glaubte und immer noch von der Ausmerze unwerten Lebens sprach. Mengele erzählte seine Lebensgeschichte – über Auschwitz verlor er kein Wort. Rolf gab auf. Am 19. Oktober, nach insgesamt acht Tagen, flog er zurück nach Deutschland.[243]

16 Monate später, am 7. Februar 1979, erlitt Josef Mengele während eines Sommerurlaubs mit der Familie Bossert in dem brasilianischen Badeort Bertioga beim Schwimmen einen weiteren Schlaganfall und ertrank. Bereits am nächsten Tag wurde er auf dem Friedhof Nossa Senhora do Rosario in Embu, einem Vorort von São Paolo, unter dem Namen Wolfgang Gerhard beerdigt.[244]

Wolfram Bossert verständigte die Familie in Günzburg brieflich vom Tod des „gemeinsamen Freundes"[245]. Weiter schrieb er: „Wir glauben uns auch mit Ihnen eines Sinnes, wenn wir die Geheimhaltung weiterhin wie bisher aufrecht erhalten wollen. Nicht nur um persönliche Unannehmlichkeiten zu vermeiden, sondern auch um die Gegenseite weiterhin Geld und Mühe *[...]* verschwenden zu lassen."[246] Die Familie war erleichtert und beschloß tatsächlich, Josefs Tod geheimzuhalten. Dabei spielte nicht nur die Schadenfreude über die vergeblichen Fahndungsbemühungen eine Rolle, sondern auch der Schutz der Helfer, die nicht zum engsten Familienkreis gehörten (wie etwa die Schlüsselfigur Sedlmeier). Die Hilfe für den gesuchten NS-Verbrecher war juristisch betrachtet Strafvereitelung und als solche bis zu einer Verjährungsfrist von fünf Jahren strafbar. Schließlich war es Sedlmeier selbst, der „in einem Hotel betrunken damit *[prahlte]*, daß er jahrelang nach Südamerika gefahren sei und Dr. Mengele Geld überbracht habe"[247].

---

241 Brief Mengeles an seinen Sohn Rolf, zit. nach: So entkam mein Vater, in: Bunte, 20. 6. 1985, S. 33.
242 Rolf Mengele in: Von Reue keine Spur, in: Bunte, 18. 7. 1985, S. 110.
243 Vgl. ebenda, S. 114f.; Völklein, Mengele, S. 296–300, und Posner/Ware, Mengele, S. 329–342. Rolfs Version, die er 1985 der Illustrierten Bunte erzählte, wird hinsichtlich der Konfrontationen zwischen Vater und Sohn von Wolfram Bossert bestätigt. In Mengeles Tagebüchern finden sich dazu keine Hinweise, er handelt den Besuch seines Sohnes, der ihn emotional sehr berührt haben muß, in denkbar knappen Worten ab.
244 Vgl. Völklein, Mengele, S. 301–306, und Posner/Ware, Mengele, 346–348.
245 Schreiben Wolfram Bosserts an Hans Sedlmeier, zit. nach: Völklein, Mengele, S. 307.
246 Ebenda.
247 F/M, Az 4 Js 340/68, FO Deutschland SO, Durchsuchungen und Ermittlungen in Günz-

Nach dem 27. Januar 1985, dem vierzigsten Jahrestag der Befreiung von Auschwitz, nahmen die internationalen Fahndungsbemühungen und das Medieninteresse am Fall Mengele dramatisch zu.[248] Nun informierte am 6. März 1985 Sedlmeiers Gesprächspartner, ein Gießener Professor, die Staatsanwaltschaft. Gleichzeitig mehrten sich die Hinweise, die dafür sprachen, daß Mengele nicht mehr am Leben war. So erhielt etwa der zu diesem Zeitpunkt wegen rechtsterroristischer Straftaten im hessischen Butzbach einsitzende Manfred Roeder Mitte März einen Brief aus Asunción, in dem es hieß: „Wir verfolgen weiterhin die Tragikomödie mit der Suche nach Mengele, wir kannten hier den Mann, der Mengele [...] bei sich im Haus hatte [Alban Krug]." Der entscheidende Satz kam später: „Außerdem ist er längst tot, vor circa vier Jahren beim Schwimmen ertrunken."[249] Schließlich gelang es der Frankfurter Staatsanwaltschaft endlich, einen Durchsuchungsbefehl gegen Hans Sedlmeier zu erwirken. Am 31. Mai 1985 wurden die Beamten in Günzburg fündig: Hinter einem Schrank im Schlafzimmer entdeckten sie in einem Geheimfach Fotos, Briefe und ein verschlüsseltes Adreßbuch.

Die Polizei brauchte nur wenige Stunden, um die Spur nach São Paolo zurückzuverfolgen, und am 5. Juni[250] öffneten brasilianische Ermittlungsbeamte das Grab in Embu. Brasilianische, amerikanische, israelische und deutsche Sachverständige untersuchten nun unter den gespannten Augen der Weltöffentlichkeit, ob es sich bei der exhumierten Leiche tatsächlich um diejenige Josef Mengeles handelte. Am 21. Juni wurde das Ergebnis bekanntgegeben: Die untersuchte Leiche war mit an Sicherheit grenzender Wahrscheinlichkeit die des KZ-Arztes. In der Folgezeit wurde dieses Ergebnis vielfach angezweifelt. Insbesondere die noch lebenden Opfer Mengeles argumentierten dabei verständlicherweise sehr emotional. Auch Simon Wiesenthal, der zunächst das Urteil der Expertenkommission anerkannt hatte, zweifelte bald wieder am Tod Mengeles[251], doch eine zweite, ausführliche pathologische Untersuchung im Jahr 1986, die historischen und graphologischen Gutachten zu Mengeles Aufzeichnungen, Schädel-Foto-Vergleiche und schließlich eine im Jahr 1992 durchgeführte DNA-Analyse bestätigten das Resultat.[252]

---

burg, Rosenheim, Augsburg u.a., Sedlmeier Günzburg, Bl. 40, Vermerk von Oberstaatsanwalt Müller, Landgericht Gießen, 7. 3. 1985. Vgl. außerdem: Völklein, Mengele, S. 307f.
[248] Vgl. S. 159ff.
[249] Zit. nach: Völklein, Mengele, S. 308f.
[250] Das von Völklein genannte Datum des 6. Juni ist falsch. Vgl. z.B. die Erklärung Rolf Mengeles zum Tod seines Vaters, zit. in: Rolf Mengele bestätigt den Tod seines Vaters, in: SZ, 12. 6. 1985.
[251] Vgl. Wiesenthal, Recht, S. 150–153.
[252] Vgl. die forensischen Gutachten in: In the Matter of Josef Mengele 2, S. 345–418, und das Ergebnis der DNA-Untersuchung, ebenda, S. 421–423. Vgl. außerdem: Völklein, Mengele, S. 309–312, und Posner/Ware, Mengele, S. 378–391.

## II. Der virtuelle Mengele

### 1. Prototyp des SS-Arztes

Die Zeugenaussagen, die die Frankfurter Staatsanwaltschaft vor allem in den 1960er und 1970er Jahren gesammelt hat und die Mengeles Verbrechen in Auschwitz dokumentieren, füllen fast drei Dutzend Aktenbände.[1] 1981 wurde auf der Grundlage dieser Zeugenaussagen ein neuer, deutlich erweiterter Haftbefehl erlassen. Auf 45 Seiten listet dieses Dokument neben Verbrechen, die Mengele im Rahmen seiner „Normaltätigkeit" als Lagerarzt in Auschwitz beging und solchen, die mit seinen pseudowissenschaftlichen Experimenten in Zusammenhang stehen, auch eine Vielzahl sogenannter „Exzeßtaten" auf, die sich durch ihre extreme Grausamkeit auszeichnen.[2] So habe er etwa, um nur zwei der bekanntesten Beispiele zu nennen, „den neugeborenen Säugling der Jüdin Sussmann aus Wien lebend ins Feuer geworfen" oder „in einer Mehrzahl von Fällen schwangere Frauen gezwungen [...], sich rücklings auf den Boden zu legen", um diese dann mit seinen Stiefeln „so lange in den Bauch" zu treten, „bis der Abgang der Leibesfrucht eintrat".[3]

Den Aussagen, die Mengele als derart sadistischen Täter schildern, der „aus Freude am Töten"[4] bestialisch gemordet habe, stehen eine Reihe von Zeugnissen gegenüber, die Mengele als „Mörder mit den weißen Handschuhen"[5] charakterisieren, der sich niemals selbst die Finger schmutzig gemacht habe. Aus den in den Akten der Staatsanwaltschaft gesammelten Berichten ergibt sich so ein seltsam zwiespältiges Bild.[6] Bei der Bewertung der gesammelten Zeugenaussagen im Fall Mengele, dies sei einleitend gesagt, muß mit großer Sorgfalt vorgegangen werden. Ein Strafprozeß hat niemals stattgefunden, und die von der Staatsanwaltschaft gesammelten Aussagen konnten deshalb nie auf ihre Belastbarkeit überprüft werden. Dies soll nicht heißen oder auch nur andeuten, die Opfer hätten bewußt die Unwahrheit gesagt oder derartige Geschehnisse erfunden. Sicherlich kann man dem einen oder anderen Zeugen vorwerfen, er habe sich „wohl auch durch einen gewissen Geltungsdrang leiten lassen" und manche „Übertreibungen" wird man auch als „hilflosen Versuch" verstehen müssen, „das Grauen von Auschwitz" denen, die es nicht selbst erlebt haben, „mitzuteilen und verständlich zu machen"[7]. Entschei-

---

[1] Sta F/M, Az 4 Js 340/68, Erm.A., Bd. I–XXXIII.
[2] Sta F/M, Az 4 Js, 340/68, Fahnd.A., Haftbefehl der 22. Strafkammer des Landgerichts Frankfurt am Main gegen Josef Mengele, 19. 1. 1981, S. 32–37, Zitate S. 32.
[3] Ebenda, S. 34 und 36.
[4] Ebenda, S. 32.
[5] Zofka, KZ-Arzt, S. 259.
[6] Vgl. ebenda, und Völklein, Mengele, S. 11–30.
[7] Zofka, KZ-Arzt, S. 259, und Klee, Auschwitz, S. 476.

dend aber dürfte sein, daß viele Josef Mengele zwanzig oder dreißig Jahre nach den Geschehnissen in Auschwitz schlicht mit anderen Wachmännern oder Lagerärzten verwechselten.

An dieser Stelle ist es hilfreich, einen vergleichenden Blick auf den Großen Frankfurter Auschwitz-Prozeß[8] zu werfen. Auch dort konnte das Problem beobachtet werden, daß viele Zeugen Schwierigkeiten hatten, den einzelnen Angeklagten die jeweiligen Tatvorwürfe zuzuordnen, ein verständliches Problem vieler Auschwitz-Berichte: „Die Zeitzeugen verwechseln begreiflicherweise Daten, sie projizieren Taten auf Täter, die zwar sehr wohl Mörder waren, aber gerade diese Tat nicht begangen haben konnten."[9] Erklärlich wird dies, wenn man sich vor Augen führt, daß die Opfer zur Tatzeit meist völlig entkräftet waren und sich in Todesangst befanden; in einer solchen existentiellen Ausnahmesituation war es ihnen schlicht unmöglich, sich die Täter, denen sie ja häufig nur für wenige Sekunden gegenüberstanden, so einzuprägen, daß sie sie auch Jahrzehnte später noch zweifelsfrei identifizieren konnten.[10] Anders verhielt es sich dagegen mit Zeugen, die auf Grund ihrer Funktion im Lager ständig, manchmal täglich mit dem Täter in Kontakt standen. Sie waren natürlich zu ungleich präziseren Aussagen fähig.

Im Fall Josef Mengele trifft dies vor allem auf die Häftlingsärzte und Pfleger zu, die gezwungen waren, mit ihm über einen langen Zeitraum hinweg zusammenzuarbeiten und die über Jahre und Jahrzehnte, oft unter Eid, ihre Aussagen ohne erhebliche Abweichungen wiederholten.[11] Josef Mengele sei kein Sadist gewesen, so ihre weitgehend übereinstimmenden Angaben, „denn das Wesen eines Sadisten ist es ja, daß er an dem Schmerz seines Opfers Freude hat. Bei Mengele hatte man das Gefühl, daß er gar nicht merkt diesen Schmerz, der fällt ihm gar nicht auf. Sondern die Häftlinge waren für ihn Meerschweinchen, Ratten, mit deren Seelenleben man sich überhaupt gar nicht beschäftigt, [...] diese völlig distanzierte Haltung, die man beruflich zu seinem Material hat."[12] Er habe die Häftlinge zu grausamsten Experimenten herangezogen, die er für wissenschaftlich gerechtfertigt hielt, und er habe Kranke und Schwache ohne Gnade selektiert, aber „körperlich mißhandelt hat er die Kranken nicht"[13], „er machte sich die Hände nicht schmutzig"[14]. Nur gelegentlich habe er im Jähzorn einen Häftling geschlagen.

„Mengele ist nicht aus Mordlust in Auschwitz, sondern als Genetiker"[15], so das Fazit Ernst Klees. Wenn er sich mit den Häftlingen befaßt, dann als Forscher und Wissenschaftler, nicht als Arzt. Eine Häftlingsärztin bestätigt, daß sie nie gesehen habe, „daß er einen Kranken untersuchte oder behandelte. Ich habe niemals in Birkenau einen deutschen Arzt gesehen, der einen Kranken behandelt hat."[16] Wie alle KL-Ärzte behandelte Mengele nicht – er selektierte für die Gaskammern. Von der

---

[8] Vgl. S. 123 ff.
[9] Klee, Auschwitz, S. 476.
[10] Vgl. Völklein, Mengele, S. 30.
[11] Vgl. ebenda.
[12] So die Häftlingsärztin Ella Lingens, zit. nach: Zofka, KZ-Arzt, S. 260.
[13] Aussage Irena Bialowina, zit. nach Klee, Auschwitz, S. 487.
[14] Sta F/M, Az 4 Js 340/68, Erm.A., Bd. XIII, Bl. 3, Aussage Kazimierz Czelny, 30. 10. 1972. Czelny war Hilfspfleger.
[15] Klee, Auschwitz, S. 488.
[16] Sta F/M, Az 4 Js 340/68, Erm.A., Bd. X, Bl. 100, Aussage Odette Abadi, 9. 6. 1972.

Notwendigkeit dessen, was er tat, war er völlig überzeugt[17], und einen jungen Arzt, den nach seiner ersten Selektion Wein- und Brechkrämpfe schüttelten, tröstete Mengele mit der Feststellung, ein Arzt an der Front müsse ebenfalls selektieren, denn mit der Festlegung der Reihenfolge der Operationen entscheide er oft über Leben und Tod der Soldaten.[18]

Josef Mengele hat mit Sicherheit viele der Verbrechen, die in Auschwitz Alltagsverbrechen waren, begangen[19] – besonders dann, wenn man seinen Anordnungen aus seiner Sicht keine oder ungenügend Folge leistete, ihn dadurch zu einem Zornesausbruch reizte und sich das „Geschehen" in seinem Zuständigkeitsbereich als Lagerarzt abspielte.[20] So scheint die Schilderung einer Rampenselektion durchaus plausibel, in deren Verlauf Mengele eine Mutter, die sich nicht von ihrer dreizehnjährigen Tochter trennen wollte, zusammen mit ihrem Kind erschossen und anschließend „aus Wut über den Vorfall"[21] den ganzen Transport ohne Ausnahme ins Gas geschickt haben soll. Auch daß Mengele während der Liquidierung des Zigeunerlagers im Sommer 1944 zwei Jungen „mit seinem Wagen zum Krematorium gefahren haben *[soll]*, wo sie getötet wurden", ist durchaus glaubwürdig. Offenbar hatten sich die Kinder „während des Appells versteckt", um dem Abtransport in die Gaskammern zu entgehen; dies hatte zur Folge, daß „die festgestellte Häftlingszahl nicht stimmte"[22] – was natürlich aus Sicht des Pedanten Mengele umgehend korrigiert werden mußte.

Exzeßtaten wie die oben beschriebenen Stiefeltritte gegen auf dem Boden liegende schwangere Frauen bis zum Abgang des Ungeborenen wollen dagegen zu dem Josef Mengele nicht recht passen, den die Häftlinge beschrieben, die durch ihre erzwungene Mitarbeit in engem Kontakt zu ihm standen. Es hat diese Taten in Auschwitz zweifellos gegeben – sie waren jedoch nicht Mengeles „Stil". Das „Problem" Schwangerschaft etwa „löste" er auf „elegantere" Weise: Die werdende Mutter wurde für die nächste Selektion und damit für die Gaskammer vorgemerkt; alternativ wurde, wenn es dennoch zu einer Geburt gekommen war, der Säugling unmittelbar danach getötet – oft vor den Augen der Mutter und in der Regel durch eine Phenolinjektion ins Herz. Mengele tötete nicht aus Lust: Er erfüllte gnadenlos seine Aufgaben als Lagerarzt und selektierte für die Gaskammern – oder er opferte die Häftlinge dem Kalkül des hemmungslosen Forschers.[23]

---

[17] Hans Münch im Gespräch mit Ulrich Völklein, nach: Völklein, Mengele, S. 14. Münch war Leiter der im Mai 1943 eingerichteten Hygienisch-Bakteriologischen Untersuchungsstelle der Waffen-SS und Polizei Süd-Ost nahe Auschwitz. Ähnlich Aurelia Wald, Blockälteste im Krankenbau, die betont, Mengele habe im Gegensatz zu manch anderen Ärzten „keinerlei Bedenken" gehabt, die Häftlinge für die Gaskammern zu selektieren und sei „immer weit über die vorgeschriebene Zahl hinaus*[gegangen]*". Sta F/M, Az 4 Js 340/68, Erm.A., Bd. III, Bl. 609–615, Aussage Aurelia Wald, 2. 11. 1959.
[18] Aussage Hans Münch im Auschwitz-Verfahren, zit. nach: Klee, Auschwitz, S. 417.
[19] Hans Münch umschrieb dies euphemistisch so: Mengele habe sich „dem Milieu von Auschwitz angepaßt". Zit. nach: Zofka, KZ-Arzt, S. 260.
[20] Ebenda, S. 261.
[21] Sta F/M, Az 4 Js, 340/68, Fahnd.A., Haftbefehl der 22. Strafkammer des Landgerichts Frankfurt am Main gegen Josef Mengele, 19. 1. 1981, S. 15.
[22] Ebenda.
[23] Vgl. Zofka, KZ-Arzt, S. 261.

Daß Mengele auch eine erhebliche Zahl von Exzeßtaten vorgeworfen wurde, bedarf einer Erklärung. Die grundsätzliche Möglichkeit von Verwechslungen ist, wie bereits geschildert, unter bestimmten Umständen bei Aussagen von Auschwitz-Opfern gegeben. Mengele bot sich als Ziel einer solchen Verwechslung mit den tatsächlichen Peinigern geradezu an; um zu erklären, warum dies so war, soll zunächst nochmals der Frankfurter Auschwitz-Prozeß zum Vergleich herangezogen werden. In Verlauf der Verhandlung standen die Richter, wie oben angedeutet, vor ähnlichen Problemen. Bei solchen Tätern, die den Zeugen vom Namen oder der Erscheinung her geläufiger oder besonders bekannt waren, kam es im Vergleich zu weniger bekannten Tätern zu einer Anhäufung von teilweise ungerechtfertigten Tatvorwürfen. Außerdem wiederholten sich einige Beschreibungen besonders grausamer Mißhandlungen immer wieder. Das Treten schwangerer Frauen in den Bauch ist eines dieser Beispiele. Die Richter bezweifelten nicht, daß es in Auschwitz solche „Exzeßtaten" tatsächlich gegeben hat, doch die Häufigkeit der analogen, zum Teil jedoch unzutreffenden Vorwürfe führten das Gericht zu der Annahme, daß die unvorstellbare Grausamkeit tatsächlicher Einzeltaten für die Opfer zu einer Metapher für das unmenschliche und unermeßliche Elend der eigenen Existenz und für das Erlebnis der eigenen Vernichtung geworden war.[24]

Viele von Mengeles Kollegen hatten nach dem Krieg Selbstmord begangen oder waren von den Alliierten verurteilt und zum Teil auch hingerichtet worden; sie waren als tatsächliche Täter nicht mehr verfügbar. Mengele dagegen hatte nicht zuletzt seine geglückte Flucht bald zu einem der prominentesten NS-Verbrecher überhaupt gemacht. Binnen kurzer Zeit wurde er für viele, nicht nur für Überlebende, zu einer Projektionsfläche, zum „Prototyp eines SS-Arztes"[25]. Dieser Entwicklung konnten sich auch Zeugen wie Dr. Martina Puzyna, die als Anthropologin für Mengele Zwillinge vermessen mußte, nicht entziehen. 1972 noch mußte sie die Faszination eingestehen, die die Möglichkeit, Zwillinge in noch nie gekanntem Umfang anthropologisch vermessen zu können, auch auf sie selbst ausgeübt hatte: „Auch bei kritischer Würdigung muß ich eingestehen, daß die Ergebnisse dieser Arbeit für die Wissenschaft der Anthropologie unstreitig von höchstem Wert waren."[26] Zwar darf dies mit Recht bezweifelt werden und zeugt sicherlich von dem Drang nach Selbstrechtfertigung der Anthropologin, die Mengele bei seinen Experimenten helfen mußte und in den Versuchen wenigstens nachträglich einen Sinn sehen wollte; bezeichnend jedoch ist, daß auch sie einige Jahre später „Mengele gewissermaßen für das Abbild des Manischen" hielt, der völlig absurde Forschungen angestellt habe und „am Ende" sogar „seine eigene Mutter umgebracht *[hätte]*, wenn ihm das weitergeholfen hätte"[27]. Josef Mengele wurde, je länger die Suche nach ihm dauerte und je erfolgloser sie war, mehr und mehr zum „SS-Monster schlechthin"[28].

---

[24] Vgl. Völklein, Mengele, S. 30f., und Zofka, KZ-Arzt, S. 259f.
[25] Langbein, Menschen, S. 385. Der 1995 verstorbene Hermann Langbein war selbst Häftling in den KL Dachau und Auschwitz, später Generalsekretär der in Wien ansässigen Häftlingsorganisation Comité d'Auschwitz.
[26] Sta F/M, Az 4 Js 340/68, Erm.A., Bd. XIII, Bl. 12–19, Aussage Martina Puzyna, 31. 10. 1972.
[27] Martina Puzyna im Gespräch mit Gerald L. Posner und John Ware, zit. nach: Posner/Ware, Mengele, S. 65.
[28] So die Zusammenfassung dieser Entwicklung bei Klee, Auschwitz, S. 487.

## 2. Mythos Mengele

„Mengele wurde von keiner Organisation betreut, er bewegte sich zuletzt in einem Milieu, das weit unter seinem nach Herkommen und Ausbildung angemessenen Niveau lag, er hatte nur mit wenigen Menschen Kontakt, von diesen waren nur ganz wenige über seine Identität orientiert, er hatte in der Heimat einen engen, aber festgefügten Freundes- und Unterstützerkreis, der ihn abschirmte, Kontakt hielt und ihn finanziell unterstützte."[29] Dies war, so die Staatsanwaltschaft Frankfurt 1986 in ihrem Schlußbericht, einer der Gründe, warum Josef Mengele nie gefaßt werden konnte: Der Josef Mengele, den Justiz, Medien und Nazijäger jahrzehntelang gejagt hatten, war ein völlig anderer.[30]

Seit Anfang der 1960er Jahre war Mengele einer der gesuchtesten NS-Verbrecher, seit 1973[31] wohl der meistgesuchte überhaupt. Dennoch war er jahrzehntelang nicht aufzufinden, obwohl Nazijäger wie Simon Wiesenthal, Tuviah Friedman oder das Ehepaar Serge und Beate Klarsfeld immer wieder medienwirksam verkündeten, sie seien Mengele dicht auf den Fersen; ähnliches gilt für eine ganze Reihe von Journalisten. Im Laufe der Zeit entstand so aus einer Vielzahl von Legenden allmählich ein nahezu undurchdringlicher Mythos, der die Person Mengele umgab.

Simon Wiesenthal[32] veröffentlichte 1967 ein Buch unter dem Titel „Doch die Mörder leben", in dem er seine Jagd auf verschiedene NS-Verbrecher beschrieb; Teil dieses Buches war unter dem Titel „Der Mann, der blaue Augen sammelte"[33] auch ein Kapitel zu Josef Mengele, das eine ganze Reihe „guter Storys", aber aus heutiger Perspektive nur wenig Richtiges enthielt. Beispielhaft sei hier nur eine dieser Episoden ausführlich kommentiert[34]: Im April 1961, so berichtet Wiesenthal, habe ihn ein älterer Deutscher aufgesucht und ihm erzählt, daß Bekannte, die gerade aus Ägypten zurückgekehrt seien, dort Mengele gesehen hätten. Der damalige Staatschef Nasser habe die Auswirkungen gefürchtet, falls bekannt würde, daß Ägypten Mengele Asyl gewähre, und hätte deshalb angeordnet, ihn des Landes zu verweisen. Deswegen hätte eine Gruppe alter Nazis, „die solche heiklen Angelegenheiten erledigt", eine Jacht gemietet und Mengele und seine Frau nach Kythnos gebracht,

---

29 Sta F/M, Az 4 Js 340/68, Schlußvermerk, 14. 7. 1986.
30 Die Mengele-Legenden, die sich bis Ende der 1960er Jahre gebildet hatten, finden sich wieder bei: Wiesenthal, Mörder, S. 193–219, und Brochdorff, Flucht, S. 123–133.
31 Am 8. 12. 1972 wurde in Berlin ein Skelett gefunden, das nahezu zweifelsfrei als das Martin Bormanns identifiziert werden konnte. Im April 1973 wurde Bormann deshalb offiziell für tot erklärt. Die vielen Bormann-Sichtungen, die in den Jahren zuvor vor allem aus Südamerika gemeldet worden waren, waren damit widerlegt.
32 Simon Wiesenthal war, wie oben bereits angemerkt, nicht der einzige unter den stark rivalisierenden Nazijägern, der falsche Mengele-Fährten verfolgte; er war allerdings der erfolgreichste, was Publizität und Medieninteresse anging. Beate Klarsfeld etwa hatte noch wenige Tage vor der Exhumierung von Mengeles Leiche in Paraguay demonstriert und Diktator Stroessner beschuldigt, Mengele immer noch zu decken. Die Reihe der Beispiele ließe sich nahezu beliebig fortsetzen. Vgl. Posner/Ware, Mengele, S. 378.
33 Wiesenthal, Mörder, S. 193–219.
34 Vgl. ebenda, S. 200–203.

„eine kleine griechische Insel in der Nähe von Kreta"[35]. Allerdings wolle Mengele sich dort nicht lange aufhalten, Eile sei also geboten.

Er selbst, Wiesenthal, sei „gerade im Begriff gewesen, nach Jerusalem zu fahren, um an der Verhandlung gegen Eichmann teilzunehmen"[36], und somit leider verhindert gewesen. Deshalb habe er den ihm bekannten Herausgeber einer großen deutschen Illustrierten informiert, welche auch umgehend einen Reporter nach Kythnos geschickt habe. Auf der Insel habe es nur zwei große Gebäude gegeben, ein „Mönchskloster und eine kleine Wirtschaft in der Nähe des Hafens"[37], und der Journalist sei bei seinen Nachforschungen auch prompt erfolgreich gewesen: Auf die Frage, ob er in letzter Zeit Gäste gehabt habe, habe der Gastwirt bestätigt, daß er „einen Deutschen und seine Frau" beherbergt hätte, die aber am Tag zuvor abgereist seien. Wie das denn gehen könne, habe der Reporter sich erkundigt, wo doch an diesem Tag gar kein Schiff gekommen sei? „Eine weiße Jacht", so die Antwort des Wirtes, „legte im Hafen an. Der Deutsche und seine Frau gingen an Bord, und die Jacht lief wieder aus, in westlicher Richtung."[38] Anschließend habe der Reporter dem Wirt und „zwei Mönche[n], die gerade daherkamen", einen Packen Fotos gezeigt – „ohne Zögern" hätten sie nach einem Bild von Mengele gegriffen und bestätigt, „daß dieser Mann bis gestern dagewesen sei"[39].

Tatsächlich war Mengele weder in Ägypten noch auf Kythnos oder einer anderen griechischen Insel. Möglicherweise hat Wiesenthal einen Tip bekommen, denn er leitete entsprechende Informationen im Juli 1960[40] an die Zentrale Stelle der Landesjustizverwaltungen zur Aufklärung von nationalsozialistischen Gewaltverbrechen in Ludwigsburg weiter – nicht erst im April 1961, und damit fast ein Jahr früher, als er in seinem Buch behauptet. Daraus folgt widerum, daß Wiesenthals Behauptung falsch ist, er sei an der Verfolgung gehindert gewesen, weil er „an der Verhandlung gegen Eichmann"[41] teilnehmen wollte. Der Eichmann-Prozeß begann in Jerusalem tatsächlich im April 1961, und es scheint, als ob Wiesenthal auf der Suche nach einem geeigneten Termin gewesen wäre, um plausibel zu erklären, daß er nicht höchstselbst die Fährte des Massenmörders verfolgt hatte. Die Zentrale Stelle informierte die damals noch zuständige Freiburger Staatsanwaltschaft telefonisch von dem Anliegen Wiesenthals und verwies diesen an die zuständige Behörde weiter.[42] Dort hörte man allerdings erst fast zwei Monate später, Mitte September 1960, brieflich von dem Nazijäger.[43] Egal, ob Wiesenthal nun selbst einer falschen Fährte

---

35 Ebenda, S. 202.
36 Ebenda.
37 Ebenda, S. 203.
38 Ebenda.
39 Ebenda.
40 Vgl. Sta F/M, Az 4 Js 340/68, Erm.A., Bd. IV, Bl. 859, Aktennotiz betr. Anruf der Zentralen Stelle, 22. 7. 1960.
41 Wiesenthal, Mörder, S. 202.
42 Vgl. Sta F/M, Az 4 Js 340/68, Erm.A., Bd. IV, Bl. 859, Aktennotiz betr. Anruf der Zentralen Stelle, 22. 7. 1960.
43 Vgl. ebenda, HandA., Bd. I, Bl. 202f., Brief Wiesenthals an die Staatsanwaltschaft Freiburg i.Br., 13. 9. 1960. Einige Tage nach Wiesenthals Brief suchte außerdem Hermann Langbein, Generalsekretär des Wiener Auschwitz-Komitees, die Freiburger Staatsanwaltschaft auf: Auch ihn habe Wiesenthal informiert, und das Komitee wolle nun einen Mittelsmann schicken, um Mengeles Spur aufzunehmen. Leider fehle das Geld, gebraucht würden etwa

## 2. Mythos Mengele

aufgesessen war oder nicht, er muß zu diesem Zeitpunkt bereits gewußt haben, daß Mengele nicht auf Kythnos gewesen war. Denn Ottmar Katz, der Reporter, der damals nach Kythnos reiste, erinnert sich an einen der Darstellung Wiesenthals in seinem Buch diametral entgegengesetzten Ablauf der Ereignisse: „Nicht ein einziges Detail [...] war korrekt. Ich brachte vier oder fünf Tage auf Kythnos zu. [...] Ein Kloster gab es nicht. Ich hielt mich zwei Tage beim örtlichen Friedensrichter auf [...], und wir gingen das Register des einzigen Hotels durch, und der einzige Name, den wir für prüfenswert hielten, gehörte, wie sich herausstellte, einem Lehrer aus München."[44] Sein Fazit: „Mengele war mit Sicherheit nicht da. [...] Ich erklärte Wiesenthal, daß das alles nicht stimmte, und dann las ich sieben Jahre später sein Buch, und da schreibt er, wir hätten Mengele um ein paar Stunden verfehlt."[45] Als Wiesenthal sich erstmals mit der zuständigen Freiburger Staatsanwaltschaft in Verbindung setzte, wußte er offensichtlich seit mehreren Wochen von Katz, daß Mengele nie auf Kythnos gewesen war. Der Staatsanwaltschaft gegenüber verschwieg er den Mißerfolg des Reporters, und so wurden das Bundesjustizministerium und das Auswärtige Amt eingeschaltet und die griechischen Behörden auf diplomatischem Wege um Amtshilfe gebeten. Der Notenwechsel zwischen der Deutschen Botschaft in Athen und dem griechischen Außenministerium zog sich bis zum 12. Dezember 1960.[46] Daß Kythnos nicht einmal, wie Wiesenthal schrieb, in der Nähe von Kreta, sondern nur wenig südöstlich von Athen liegt, ist da nur noch ein kleiner, wenn auch bezeichnender Beleg für die Genauigkeit im Umgang mit den Fakten.

Wiesenthals Ende der Geschichte: „Spanische Freunde haben Mengele und seine Frau auf ihrer Jacht mitgenommen. Der Mann hat überall Freunde."[47] Das war die Quintessenz des Mengele-Mythos, der sich nun langsam herauszubilden begann und bald immer schneller wucherte. Wiesenthal hat zur Entstehung dieses Mythos nicht unerheblich beigetragen, und dies ist ihm, trotz seiner ansonsten sicherlich großen Verdienste, durchaus zu Recht zum Vorwurf gemacht worden.[48] Um bei

---

5000 DM. Der Freiburger Staatsanwalt ließ beim Landeskriminalamt nachfragen, ob die Mittel zur Verfügung gestellt werden könnten. Das LKA verwies auf den Dispositionsfonds des Bundeskanzlers, und Langbein wollte den Zentralrat der Juden in Deutschland bitten, im Kanzleramt vorstellig zu werden. Vgl. ebenda, Bl. 208f., Aktennotiz betr. Besuch Langbeins, 29. 9. 1960.

[44] Angaben von Ottmar Katz, zit. nach: Posner/Ware, Mengele, S. 255. Vgl. außerdem: „Sechs Millionen, da kann ich nur lachen", in: Der Spiegel, 22. 4. 1985. Auch die griechische Polizei hatte „darauf hingewiesen, daß es auf der Insel Kythnos kein Kloster gebe" und nachgefragt, „ob es sich nicht um die Insel Tinos handeln könne, auf der sich ein bekannter griechischer Wallfahrtsort befinde. Die Botschaft hat vorsorglich darum gebeten, sofort in Tinos nachzuforschen." Sta F/M, Az 4 Js 340/68, HandA., Bd. II, Bl. 82v, Mitteilung der Deutschen Botschaft in Athen an das Auswärtige Amt, 2. 12. 1960.

[45] Ebenda.

[46] Vgl. Sta F/M, Az 4 Js 340/68, HandA., Bd. II, Bl. 10 und 14, Briefe des Justizministeriums Baden-Württemberg an den Bundesminister der Justiz, 6. 10. 1960 und den Generalstaatsanwalt in Karlsruhe, 14. 10. 1960; Bl. 15, Brief des Bundesministers der Justiz an das Justizministerium Baden-Württemberg, 12. 10. 1960; Bl. 69 und 84, Noten des Griechischen Außenministeriums an die Deutsche Botschaft in Athen, 11.11. und 12. 12. 1960; Bl. 76, 77 und 82v, Mitteilungen der Deutschen Botschaft in Athen an das Auswärtige Amt, 22.10, 4.11. und 2. 12. 1960.

[47] Wiesenthal, Mörder, S. 203.

[48] Vgl. auch die beiden Wiesenthal-Biographien von Hella Pick und Allan Levy: Pick, Wiesenthal, und Levy, Akte.

dem Beispiel von Mengeles Kythnos-Aufenthalt zu bleiben: Bald nach dem Erscheinen von Wiesenthals Buch war in einer anderen Darstellung aus der Flucht aus Ägypten auf eine kleine griechische Insel bereits „eine ausgedehnte Reise durch die griechische Inselwelt" geworden, auf der ihn der „Reporter einer bekannten Illustrierten verfolgt, aber nie gefunden hat"; denn „immer war Mengele eine Nasenlänge voraus"[49]. Dies habe aber durchaus nicht an Mengeles Findigkeit gelegen – vielmehr hätten die Führer des „Römischen Weges", einer Nazi-Fluchthilfe-Organisation, zum Schutz Mengeles „zwei in den Nahen Osten emigrierte ehemalige SD-Leute abgestellt"[50].

In dem argentinischen Kurort Bariloche soll er 1960 eine Jüdin getroffen haben, die er an der Tätowierung als ehemaligen Auschwitz-Häftling erkannte; wenige Tage später sei sie von einer Bergwanderung nicht zurückgekehrt – sie soll eine Agentin des israelischen Geheimdienstes gewesen und Mengele von einem geheimen Nazi-Netzwerk gewarnt worden sein.[51] 1964 soll Mengele im Hotel „Tyrol" in Paraguay nur knapp entkommen sein: Simon Wiesenthal schreibt, das Hotel „in der Nähe von Hohenau" sei „ein beliebter Treffpunkt der dortigen guten Gesellschaft" gewesen und sogar „General Stroessner hält sich dort von Zeit zu Zeit über das Wochenende auf". Es sei „eine dunkle, schwüle Nacht" im Sommer 1964 gewesen, als das „Komitee der Zwölf" (eine Gruppe von jüdischen Holocaust-Überlebenden) Mengele in Zimmer 26 dieses Hotels aufgespürt habe; er sei aber kurz zuvor telefonisch gewarnt worden und habe „das Hotel zehn Minuten vor ihrem Eintreffen verlassen". Die Flucht sei Hals über Kopf erfolgt, so „daß er sich nicht einmal die Zeit nahm, den Pyjama auszuziehen, sondern den Straßenanzug darüberzog".[52] Auch diese Geschichte war offensichtlich ausbaufähig: Michael Bar-Zohar bietet einige weitere Details: Man habe am nächsten Morgen einen der Juden erschossen aufgefunden; außerdem habe das Entführungskommando geplant, Mengele auf eine Jacht an der Küste zu entführen und ihn dort hinzurichten.[53] Tatsächlich hatte das Hotel Tirol kein Zimmer 26 und nicht einmal Telefon[54], Paraguay hat keine Küste und Mengele hatte das Land schon vier Jahre zuvor verlassen.

Aufgehalten haben soll sich Mengele entweder in einer paraguayanischen Grenzfestung, deren Zufahrtsstraßen „von Militär- und Polizeistreifen schärfstens überwacht" würden. Diese Posten hätten strikten Befehl, „auf Eindringlinge sofort zu schießen", und zusätzlich halte er sich „auf eigene Kosten vier schwer bewaffnete Leibwächter"[55]. Daneben gab es noch eine ganze Reihe anderer angeblicher Aufenthaltsorte. So wurde etwa auch behauptet, er halte sich im tiefen Urwald nahe der brasilianischen Stadt Eldorado verborgen; dort habe er einen riesigen Besitz erworben in einem Gebiet, in dem sich auch Martin Bormann versteckt halte und das für Außenstehende praktisch nicht zu erreichen sei. Dies liege vor allem

---

[49] Brochdorff, Flucht, S. 129.
[50] Ebenda.
[51] Wiesenthal, Mörder, S. 199f.; Bar-Zohar, Avengers, S. 239f., und Brochdorff, Flucht, S. 129f.
[52] Wiesenthal, Mörder, S. 211f.
[53] Vgl. Bar-Zohar, Avengers, S. 245f.
[54] Vgl. Posner/Ware, Mengele, S. 263.
[55] Wiesenthal, Mörder, S. 219. Wiesenthal war von diesen Angaben auch 1988 noch wider besseres Wissen überzeugt: vgl. die fast wörtlich identische Passage in Wiesenthal, Recht, S. 146.

## 2. Mythos Mengele

daran, daß dort „bezahlte Guaraní-Indianer [...] für manche Überraschungen"[56] sorgten.

Mengele wurde zu einem Phantom mit besten Kontakten, der wie die Spinne in einem Netz aus alten Nazis saß und die Fäden zog, den seine Informanten vor jedem Schritt der Gegenseite warnten, der – natürlich – auch vor Mord nicht zurückschreckte und der umgeben von einer Schar von Leibwächtern unter dem Schutz Alfredo Stroessners in Paraguay vermutet wurde.[57] Unzählige Journalisten und Abenteurer wollten ihn im Laufe der Jahre ausfindig gemacht und Interviews geführt[58], ihn fotografiert oder gefilmt haben. 1966 etwa gelang dem tschechischen Reporter Adolpho Cicero eine 3,5 Sekunden lange Filmaufnahme eines Mannes, den er für Josef Mengele hielt. Cicero hatte den Gesuchten nie gesehen und verfügte lediglich über wenige, jahrzehntealte Fotos. Der Mann, den Ciceros Aufnahmen zeigen, war jedenfalls nicht Mengele, und dennoch gingen die Bilder um die Welt und wurden in vielen Zeitungen abgedruckt – zum Teil bis heute.[59] Immer wieder kam es zu angeblichen Mengele-Sichtungen, und auch die seriösesten Blätter waren sich für die Mengele-Sensationsmeldungen nicht zu schade. So saß etwa die Londoner Sunday Times 1967 dem Ex-Nazi Erich Karl Wiedwald auf, der behauptete, Mengele sei im Majorsrang in die paraguayanische Armee eingetreten. Dies wisse er aus seinen Tagen als Leibwächter Martin Bormanns, der sich einer Gesichtsoperation unterzogen habe und mit Magenkrebs im Sterben liege. Obwohl schnell klar war, daß Wiedwald log, hielten sich seine Mengele betreffenden Behauptungen hartnäckig.[60] Bisweilen meldeten sich auch Leute, die den KZ-Arzt sogar getötet[61] haben wollten. Das wohl bekannteste Beispiel ist Erich Erdstein, ein ehemaliger

---

[56] Brochdorff, Flucht, S. 133. Vgl. auch Bar-Zohar, Avengers, S. 246f.
[57] Vgl. auch die Autobiographie Benno Weiser Varons, der von 1968–1972 israelischer Botschafter in Paraguay war: Weiser Varon, Professions, S. 360–388. Weiser Varon ist einer der Kritiker Wiesenthals, und obwohl auch er 1983 noch fest davon überzeugt war, Mengele halte sich in Paraguay auf, wies er auf die Möglichkeit hin, daß Mengele möglicherweise „the unenviable life of the hunted" führe und „that my intuition tells me that Mengele's sole punishment is that instead of living in the luxury and beauty that as the rightful heir to his family enterprise he could afford, he has had to spend his last 25 years in a remote and backward semi-jungle". Außerdem müsse man damit rechnen, daß „one of these days Mengele were to die, peacefully in bed" (Weiser Varon, Living).
[58] Vgl. z.B. Bormans Gang: World exclusive challenge! To Nazi-hunter Simon Wiesenthal … Now follow my steps to the Doctor of Death, in: Daily Express, 1.12.1972 und Bormanns Gang. I find the Nazi Doctor of Death, ebenda. Die beiden Artikel stammten von Ladislas Farago, der in seinem Buch „Aftermath. Martin Bormann and the Fourth Reich" später behauptete, er habe Mengele getroffen und mit ihm gesprochen. Vgl. Weiser Varon, Professions, S. 383f.
[59] Vgl. Sta F/M, Az 4 Js 340/68, Erm.A., Bd. V, Bl. 1213–1215, Telegramm an die Sta Freiburg im Breisgau betr. Filmaufnahmen Ciceros, 1.2.1967, und Posner/Ware, Mengele, S. 264f. Diese Bilder sind bis heute nicht verschwunden, obwohl deutlich zu erkennen ist, daß die abgebildete Person nicht Mengele ist, wenn man die Abbildung mit authentischen Mengele-Fotografien vergleicht. Der Spiegel etwa verwendet bis heute ein solches falsches Mengele-Bild: vgl. Im Visier der Nazijäger, in: Der Spiegel, 3.9.2001. Das dort verwendete Bild findet sich bereits 1967, in: Spur nach Eldorado, in: Der Spiegel, 19.6.1967, S. 97. Auf einen entsprechenden Hinweis erhielt der Verf. von der Redaktion leider keine Antwort.
[60] Wiedwald hatte behauptet, SS-Gruppenführer Glücks gesehen zu haben, der während des Kriegs für die Konzentrationslager zuständig gewesen war. Der hatte sich aber schon 1945 in britischer Gefangenschaft das Leben genommen. Vgl. Posner/Ware, Mengele, S. 266.
[61] Vgl. ebenda, S. 266–268.

brasilianischer Polizist, dem es gelang, mehrere Zeitungen davon zu überzeugen, daß er Mengele im September 1968 getötet habe. Er habe ihn während des Versuchs gefangengenommen, einen Grenzfluß nach Paraguay zu überschreiten. Wenig später sei dann aber ein paraguayanisches Schnellboot erschienen und habe umgehend das Feuer eröffnet. Als sein eigenes Boot von mehreren Männern mit Maschinenpistolen geentert worden sei, habe er Mengele erschossen, der, von Kugeln in Brust und Nacken getroffen, über Bord gegangen sei. Als Posner und Ware Erdstein später mit der Tatsache konfrontierten, daß Mengele erst 1979 beim Baden ertrunken war, erklärte er lapidar, daß er dann wohl einen Doppelgänger erschossen habe.

Trotz internationaler Aufmerksamkeit, die sich in einer Fülle von Schlagzeilen manifestierte, entkam der KZ-Arzt scheinbar immer wieder, was die ungezählten Verschwörungstheorien nur zu bestätigen schien. Auch Kunst und Unterhaltungsindustrie entdeckte die Figur des KZ-Arztes für sich: Die diabolische Figur des „Doktors" in Rolf Hochhuths Theaterstück „Der Stellvertreter" trägt unverkennbar die Züge Josef Mengeles[62] und Hollywood vereinnahmte den KZ-Arzt in zwei durchaus erfolgreichen Kinofilmen („The Boys from Brazil"[63] und „Marathon Man"[64]), in denen Mengele-inspirierte Charaktere die Hauptrolle spielten. Der Mythos Mengele wurde zum Medienereignis, und er scheint bisher nichts an negativer Faszinationskraft verloren zu haben.[65]

---

[62] Vgl. Hochhuth, Stellvertreter.
[63] The Boys from Brazil, Spielfilm, Regie: Franklin J. Schaffner, UK/USA 1978, basierend auf dem gleichnamigen Buch von Ira Levin. Der Nazijäger Lieberman (Vorbild: Simon Wiesenthal) findet heraus, daß Josef Mengele im brasilianischen Urwald 94 Hitler-Klone erschaffen und weltweit verteilt hat. Nun versucht der ehemalige KZ-Arzt, durch eine möglichst genaue Simulation der jeweiligen Lebensumstände nicht nur physisch, sondern auch psychisch einen neuen Hitler zu erschaffen, was u. a. dazu führt, daß die jeweiligen „Väter" ermordet werden, sobald die Klone das Alter erreicht haben, in dem auch Hitler seinen Vater verlor.
[64] Marathon Man, Spielfilm, Regie: John Schlesinger, USA 1976. Hier war Mengele das Vorbild für den KZ-Arzt Szell (gespielt von Sir Laurence Olivier), der in einen großangelegten Diamantenschmuggel verwickelt ist. Bekannt wurde vor allem eine Szene, in der Szell seinen Gegenspieler, einen jüdischen Studenten, dessen Bruder in dem Fall ermittelte und ermordet wurde, durch eine zahnärztliche „Behandlung" foltert.
[65] Vgl. Nichts als die Wahrheit, Spielfilm, Regie: Roland Suso Richter, BRD 1999, in dem sich Götz George als Josef Mengele der Justiz stellt, um seine Auffassung von der Wahrheit vor der Welt vertreten und in einer zynischen Argumentationskette darlegen zu können.

# III. Der Täter Mengele:
# Politische und weltanschauliche Genesis

## 1. Kindheit, Jugend und frühe Studienjahre (1911–1932)

„*[Ich]* wurde an einer Straße geboren; natürlich in einem Haus, das an einer Straße lag", schreibt Josef Mengele in seinen Betrachtungen über seine Geburt, „an einer Straße, die *[mich]* so weit hinausgeführt hat in die Welt"[1]. Zunächst führte sie ihn – er war gerade 19 Jahre alt – zum Studium nach München. Waren schon damals durch Kindheit und Jugend, durch Elternhaus und die Stadt, in der er die ersten beiden Lebensjahrzehnte verbrachte, Dispositionen in ihm angelegt, die er später als KZ-Arzt entfaltete?

Als Josef Mengele 1911 geboren wurde, war sein Vater Karl knapp 27 Jahre alt und seit rund fünf Jahren Mitinhaber einer Landmaschinenfabrik.[2] Sein Sohn Josef attestierte ihm in seinen Aufzeichnungen „ein fast besessenes Streben nach Entfaltung aller Möglichkeiten, die er in sich fühlte, mit dem unklar definierten Ziel des Erfolgs"[3] – eine Charakterisierung, die auf Josef Mengele selbst ebenfalls zutrifft. „Im persönlichen Erlebnis einen Ausgleich zu den Widerwärtigkeiten des Alltags zu finden, war ihm nicht möglich", so Mengele weiter über seinen Vater, das Private „genoß keinerlei Vorrang" und entsprechend hätten auch „eher Achtung und Respekt als Liebe und Zuneigung" die Beziehungen der Familienmitglieder untereinander bestimmt; für das bodenständig-bäuerlich geprägte Bayerisch-Schwaben der Jahrhundertwende war dies sicherlich nicht atypisch. „Für ihn waren Familie und Geschäft, persönliches und berufliches Denken und Handeln eine unlösbar verknüpfte Einheit, die eben die Lebensaufgabe darstellte" und der alles andere untergeordnet wurde. „Dies galt auch für die Geburt eines Sohnes, zumal diese ja nicht die letzte *[...]* bleiben sollte."

Analog zur Unterordnung des Privaten unter das Geschäftliche scheint Karl Mengele auch Politik nur in dem Ausmaß betrieben zu haben, in dem sie seinen geschäftlichen Interessen nützlich war.[4] Ein Schulfreund beschrieb die politisch-weltanschauliche Grundausrichtung in Mengeles Elternhaus als „konservativ, katholisch, konventionell"[5], und auch Josef Mengele bestätigt im Rückblick auf seine Studienzeit in München 1930/31 die national-konservative Haltung: Seine Eltern

---

[1] Sta F/M Az 4 Js 340/68, Aufz. Mengele, Heft 23: Autobiographisches I, S. 1.
[2] Vgl. dazu S. 105.
[3] Dieses und die folgenden Zitate: Sta F/M Az 4 Js 340/68, Aufz. Mengele, Heft 23: Autobiographisches I, S. 16.
[4] Vgl. Zofka, KZ-Arzt, S. 248–250. Zofka stammt aus Günzburg und ist durch seine Dissertation mit den lokalen Verhältnissen vertraut: Zofka, Ausbreitung. Vgl. außerdem: Völklein, Mengele, S. 49f.
[5] Zit. nach: Völklein, Mengele, S. 50.

hätten wie die Eltern seiner Studienkollegen „damals wohl meist ‚deutsch-national'
oder ‚Bayerische Volkspartei' (Zentrum) gewählt"[6]. Karl Mengele war mindestens
zeitweise Mitglied der Deutschnationalen Volkspartei (DNVP) und als Veteran des
Ersten Weltkriegs Mitglied des Frontkämpferbundes Stahlhelm.[7] Bereits 1924 und
1929 hatte er sich auf der Liste der Freien Bürgervereinigung um einen Sitz im
Stadtrat beworben, war aber jeweils an einem schlechten Listenplatz gescheitert.
Der Hauptgrund für Karl Mengeles Interesse an einer direkten Einflußnahme auf
die Günzburger Lokalpolitik, so Zofka, war vor allem, „die Ansiedlung von neuen
Industriebetrieben zu verhindern, um das niedrige Lohnniveau am Ort möglichst
stabil zu halten"[8].

Vermutlich hätte sich Karl Mengele bei den nächsten regulär anstehenden Kommunalwahlen im Jahr 1934 erneut um ein Mandat beworben – doch dazu kam es
nicht mehr. Für den geschäftstüchtigen Fabrikanten, der sich durchaus zu den
Honoratioren der Kleinstadt zählen durfte, bot sich mit der Machtübernahme der
Nationalsozialisten am 30. Januar 1933 und der Gleichschaltung von Ländern und
Gemeinden[9] schon früher die Gelegenheit, sich einen Sitz im Stadtrat zu verschaffen. Dies gelang ihm durch eine nicht unerhebliche „Spende" an die Kreisleitung
und die direkte Einflußnahme des Kreisleiters Deisenhofer, der ebenso wie Karl
Mengele Mitglied eines sich regelmäßig in einer Günzburger Gaststätte treffenden
„nationalen Stammtisches" war, an dem die örtlichen Spitzen von DNVP und
NSDAP teilnahmen.[10] Die finanziellen Hintergründe der Aktion wurden schnell
ruchbar, und die „alten Kämpfer" der NSDAP-Ortsgruppe Günzburg, die sich nun
zu Gunsten eines Mannes benachteiligt sahen, der zum Zeitpunkt seines Eintrittes
in den Stadtrat noch nicht einmal Parteigenosse war, protestierten heftig, aber vergeblich.[11] Natürlich wurde Karl Mengele bald darauf Mitglied der Partei (Mai
1933), doch reichte dies offenbar nicht aus, um seine Gegner in der Günzburger
Ortsgruppe zu besänftigen. Wohl deshalb trat er 1935 auch noch der allgemeinen SS
bei, beließ es aber bei der einfachen Mitgliedschaft, tat keinen Dienst und erwarb
auch keinen Rang.[12] Die Feststellung der Spruchkammer V des Internierungslagers

---

[6] Sta F/M Az 4 Js 340/68, Aufz. Mengele, Heft 22: Studium II, S. 19.
[7] Zofka, KZ-Arzt, S. 249. Gerald Astor behauptet in seinem Buch ohne Beleg und Grundlage,
Karl Mengele habe den Krieg als Finanzminister für den Kaiser in Rumänien (!) beendet.
Vgl. Astor, Nazi, S. 12.
[8] Zofka, KZ-Arzt, S. 249.
[9] Vgl. für den Bezirk Günzburg: Zofka, Ausbreitung, S. 238–264.
[10] Vgl. Zofka, KZ-Arzt, S. 249f.
[11] Vgl. Zofka, Ausbreitung, S. 256. Die Ortsgruppe strengte sogar ein Verfahren vor dem Parteigericht der NSDAP an; die Parteiakte Deisenhofers enthält die entsprechenden Prozeßakten. Vgl. Zofka, KZ-Arzt, S. 249.
[12] Vgl. Völklein, Mengele, S. 49f. Außerdem hatte Karl Mengele „von 1936–1945 die Stelle
eines Kreiswirtschaftsberaters und für Technik *[sic!]* inne" und war „Vorsitzender des
Handelsgremiums der Stadt Günzburg"; hinsichtlich des immer wieder als Beleg für Karl
Mengeles Machtstellung während des Nationalsozialismus genannten Amts des Kreiswirtschaftsberaters hielt die zuständige Spruchkammer fest, daß dieser „nicht Kreisamtsleiter im
eigentlichen Sinne *[war]*. Er gehörte nicht zum engeren Kreisstab, wurde zu dessen Sitzungen nicht eingeladen und besaß keinerlei Befehlsbefugnis. Seine Tätigkeit beschränkte sich
auf rein Fachlich beratende *[sic!]*" und „ein politischer Dienstrang ist ihm nicht verliehen
worden"; außerdem habe Mengele in dieser Funktion keinerlei Aktivitäten entwickelt.
StAA, Spruchkammer Günzburg, M 189: Karl Mengele, Beglaubigte Abschrift des Spruchs

Moosburg, Karl Mengele könne „nach seiner Gesamthaltung nicht als fanatischer Aktivist bezeichnet werden", seine Schuld bestehe vielmehr darin, daß er „sein persönliches Ansehen in den Dienst der Nazipartei gestellt"[13] habe, dürfte im großen und ganzen zutreffend sein.

Ebenso wie die Mitgliedschaft im Günzburger Stadtrat von 1933 bis 1945 ist auch ein Wahlkampfauftritt Hitlers in einer Fabrikhalle Mengeles häufig als Beleg für die Vermutung gewertet worden, Karl Mengele sei schon früh überzeugter Nationalsozialist gewesen. Tatsächlich sprach Adolf Hitler bei einem seiner beiden Auftritte in Günzburg[14] am 11. Oktober 1932[15] in einer der Hallen der Landmaschinenfabrik. Dabei dürfte es sich aber eher um eine Art politischer Nachbarschaftshilfe gehandelt haben[16], in deren Rahmen Karl Mengele der NSDAP-Bezirksleitung um den gemäßigt auftretenden Landtagsabgeordneten Johann Weber mit seiner Halle aushalf: Der größte in Günzburg verfügbare öffentliche Raum, die Turnhalle, faßte lediglich 1200 Personen und war schon beim ersten Besuch Hitlers zwei Jahre zuvor völlig überfüllt gewesen[17]; die Veranstalter mußten nach dem Wahlerfolg vom Juli 1932 mit einem noch weit größeren Ansturm rechnen und dürften sich deshalb nach einem besser geeigneten Veranstaltungsort umgesehen haben. Vermutlich hat der ökonomisch denkende Mengele auch die Möglichkeit einkalkuliert, sich diesen Gefallen später gewinnbringend entgelten zu lassen[18] – was ihm mit Blick auf die Art und Weise, wie er 1933 sein Stadtratsmandat erlangt hat, auch gelungen ist.

Ähnlich pragmatisch dürfte Karl Mengele seinen Kunden gegenübergestanden haben. Wenn ehemalige Mitarbeiter der Firma betonten, Karl Mengele sei vor allem „am Fortkommen seiner Firma und deshalb an jedem Kunden" interessiert gewesen und habe sich „antisemitische Attitüden [...] zumindest in der Öffentlichkeit weder leisten können noch wollen", so ist dies durchaus glaubwürdig und paßt ins Bild des ehrgeizigen Unternehmers, der seine Produkte „an jeden *[lieferte]*, Hauptsache, er kaufte einen ‚Mengele' "[19]. Auch wenn diese Feststellung hinsichtlich der privaten, außergeschäftlichen Meinung Karl Mengeles über die Juden nur eingeschränkt aussagekräftig ist, so wird man doch sagen können, daß Josef in seinem Elternhaus kaum die NS-typischen rabiaten antisemitischen Ressentiments im Stile des Rassen-

---

der Spruchkammer V des Arbeits- und Interniertenlagers Moosburg, 24. 7. 1947, Bl. 21 f. Die Spruchkammerakten sind als Quellengattung insgesamt kritisch zu betrachten, da mit Gefälligkeitsaussagen der Zeugen gerechnet werden muß. Zum Amt des Kreiswirtschaftsberaters sei angemerkt, daß diese etwa bei den Arisierungen durchaus eine bedeutende Rolle spielen konnten. Vgl. die entsprechenden Anmerkungen in: Lorentz, Commerzbank, S. 257–259.
13 StAA, Spruchkammer Günzburg, M 189: Karl Mengele, Beglaubigte Abschrift des Spruchs der Spruchkammer V des Arbeits- und Interniertenlagers Moosburg, 24. 7. 1947, Bl. 22 f.
14 Zu Hitlers Auftritten in Günzburg vgl. S. 97 ff.
15 Zofka schreibt irrtümlich „November 1932". Zofka, KZ-Arzt, S. 249.
16 Zofka vermutet Wahlhilfe im Rahmen eines Wahlbündnisses der Rechten nach dem Vorbild der Harzburger Front. Die engen, informellen Verbindungen („nationaler Stammtisch") erscheinen allerdings bereits ausreichend. Vgl. ebenda.
17 Vgl. ebenda, und Zofka, Ausbreitung, S. 78 u. 89 f.
18 Es gab im Günzburger Stadtrat seit der Wahl von 1929 eine NSDAP-Fraktion, so daß man für diese These nicht von den – zu diesem Zeitpunkt kaum absehbaren – Ereignissen nach dem 30. 1. 1933 ausgehen muß. Vgl. Zofka, Ausbreitung, S. 143.
19 Völklein, Mengele, S. 49. Völklein faßt damit mehrere 1985 geführte Gespräche mit ehemaligen Mitarbeitern der Firma Mengele zusammen.

antisemitismus eingeimpft bekam.[20] Die Familie Mengele war streng katholisch, und auch die drei Söhne wurden in diesem Sinne erzogen.[21] Falls Josef Mengele im Elternhaus mit anijüdischen Ressentiments in Kontakt kam, dürfte es sich dehalb eher um den für das katholische Milieu der Zeit durchaus typischen latenten kulturellen Antijudaismus gehandelt haben.[22]

Von 1921 bis 1930 besuchte Josef Mengele das Gymnasium seiner Heimatstadt. Die politische Grundhaltung der meisten seiner Lehrer war, entsprechend der seines Elternhauses, „konservativ-christlich und deutschnational"[23]; ein großer Teil der Lehrkräfte hatte den Ersten Weltkrieg an der Front erlebt, jeder zweite war mit dem Ehrenkreuz für Frontkämpfer dekoriert, viele trugen im Unterricht stolz ihre Kriegsauszeichnungen.[24] So mancher war nach dem Krieg Mitglied eines Freikorps gewesen, und viele waren Mitglied des Stahlhelms. Auch im Unterricht wurde

---

[20] Die zuständige Spruchkammer hat Karl Mengele in ihrem Urteil bestätigt, daß er kein Antisemit gewesen sei, denn er habe „auch nach 1933 einen Juden als Vertreter seiner Fa. für Österreich beschäftigt *[und]* zu zahlreichen jüdischen Firmen freundschaftliche und geschäftliche Beziehungen unterhalten". StAA, Spruchkammer Günzburg, M 189: Karl Mengele, Beglaubigte Abschrift des Spruchs der Spruchkammer V des Arbeits- und Internierntenlagers Moosburg, 24. 7. 1947, Bl. 23.

[21] Dies bestätigen Zeitzeugen, zit. bei: Völklein, Mengele, S. 50. Als Indiz für die Tatsache, daß sich auch Josef Mengele dieser Erziehung nicht völlig entziehen konnte, mag die Tatsache dienen, daß er nicht aus der Kirche austrat und auch nicht auf die kirchliche Trauung verzichtete. Beides war unter SS-Angehörigen eigentlich üblich, und da er selbst, wie aus seinem Nachlaß hervorgeht, kein gläubiger Katholik war, wird man auf eine gewisse Rücksichtnahme auf die Familie, vor allem die Mutter, die er sehr verehrt hat, schließen können. Vgl. Zofka, KZ-Arzt, S. 253, und zum Verhältnis Mengeles zu seiner Mutter: Ebenda, S. 263.

[22] Vgl. Winkler, Gesellschaft, S. 350; zur Entwicklung des Antisemitismus im katholischen Milieu während des Kaiserreichs vgl. Blaschke, Katholizismus und Lehr, Antisemitismus.

[23] Reißenauer, Schule, S. 40–44, hier S. 40. Reißenauer stützt sich auf eine Reihe von Zeitzeugen. Einer davon ist Dr. Theo Hupfauer, geb. 1906, der in Ichenhausen aufgewachsen ist und bis 1926 das Gymnasium besucht hat. Hupfauer stieg als promovierter Jurist in der Organisationshierarchie der Deutschen Arbeitsfront (DAF) unter Robert Ley zunächst zum Leiter des Amtes Soziale Selbstverantwortung auf, 1936 zum Verantwortlichen für den Leistungskampf der Betriebe. Ab 1942 war er Verbindungsmann der DAF bei Albert Speers Reichsministerium für Bewaffnung und Munition (ab 1943: für Rüstung und Kriegsproduktion), ab Ende 1944 dort Chef des Zentralamtes. Zuletzt teilte Speer in seinem halbzerstörten Ministerium sogar eine Wohnung mit Hupfauer. Die Krönung dessen, was Reißenauer die „überraschende Karriere eines ehemaligen Günzburger Gymnasiasten" (Ebenda, S. 43) nennt, war die Ernennung zum Reichsarbeitsminister im Kabinett Dönitz in Hitlers politischem Testament. Dies, seine dreieinhalbjährige Haftzeit in Nürnberg und seine Spruchkammereinstufung als Minderbelasteter machen ihn für Reißenauer zu einem „Zeitzeugen von außerordentlichem Gewicht", wobei die Frage offen bleibt, warum Hupfauers spätere NS-Karriere ihn zu einem besonders zuverlässigen Zeugen für seine Schulzeit in Günzburg machen sollte. Ob Theo Hupfauer mit Walburga Mengele, geb. Hupfauer (der Muttter Josef Mengeles) verwandt ist, konnte nicht in Erfahrung gebracht werden. Vgl. die Angaben zu Hupfauer bei: Smelser, Ley; Fest, Speer, der darauf hinweist, daß Hupfauer sich auch nach Speers Haftentlassung bemühte, die guten Beziehungen zu seinem ehemaligen Chef aufrecht zu erhalten (S. 447) und Steinert, 23 Tage. Hitlers politisches Testament findet sich als Faksimile in: Maser, Briefe, S. 255–380, hier insb. S. 373f.

[24] Vgl. die Aufstellung bei: Reißenauer, Schule, S. 40. Demnach gab es im Kollegium u. a. ein Eisernes Kreuz I. Klasse, drei Eiserne Kreuze II. Klasse, einen Bayerischen Militärverdienstorden III. Klasse, zwei Bayerische Militärverdienstorden IV. Klasse mit Schwertern und drei Bayerische Militärverdienstkreuze III. Klasse.

"gerne und viel"[25] über den Krieg gesprochen. Selbst wenn dies „zumeist ohne die Absicht der Verherrlichung"[26] des Fronterlebnisses geschah, so hatte es den sicherlich nicht unerwünschten Effekt, daß die Schüler der Oberstufe gruppenweise ebenfalls dem Stahlhelm beitraten. Überhaupt scheint unter den Schülern eine patriotisch-nationale Grundhaltung geradezu eine Selbstverständlichkeit gewesen zu sein.[27]

Daß es in Günzburg, wo sich schon früh eine NSDAP-Ortsgruppe gebildet hatte, seit Mitte der zwanziger Jahre auch zwei dezidierte Nationalsozialisten im Kollegium gab, kann nicht überraschen.[28] Beide sind aber „weder den regimekritischen Kollegen noch den Schülern zur Belastung oder gar Gefahr" geworden und hielten zunächst auch den Unterricht frei „von politischer oder weltanschaulicher Indoktrination"[29]. Dies scheint sich erst im Laufe des Jahres 1933, also nach der Machtübernahme durch die Nationalsozialisten, geändert zu haben: eine Schülerchronik dieses Jahres wirft einem der beiden, Dr. Friedrich Ruckdeschel[30], „Pflichtvergessenheit" vor, weil er seine Schüler lieber „zu Nationalsozialisten machen will als zu Menschen mit gediegenem Wissen und Können"[31]. Die Schüler beschweren sich über den sich neuerdings so fanatisch gebenden Lehrer, und nach einer Unterrichtsvisitation im Januar 1934 wurde Ruckdeschel nach Rosenheim versetzt. Sein „Weggang [...] wurde nicht bedauert"[32].

1924 trat der dreizehnjährige Josef Mengele dem Großdeutschen Jugendbund (GDJ)[33] bei, einem Verband der Bündischen Jugend von national-konservativer Prägung, der sich bis zum August 1924 Deutsch-Nationaler Jugendbund (DNJ) genannt hatte und 1919 aus dem Deutsch-Nationalen Freikorps[34] hervorgegangen war. Bereits im Gründungsjahr zählte der Verband 50000 Mitglieder im ganzen Reichsgebiet, Bundesvorsitzender war seit 1921 Vizeadmiral a. D. Adolf von Throta. Als Mengele dem Bund 1924 beitrat, hatte der GDJ seine ursprüngliche, vom „Wehrgedanken" dominierte paramilitärische Ausrichtung bereits abgelegt und die Formen der bündischen Jugendbewegung übernommen. Der Blick der Mitglieder sollte auf das Grenz- und Auslandsdeutschtum gerichtet werden, insbesondere auf die durch den polnischen Korridor abgetrennten Ostgebiete „von Danzig bis Memel und wieder herab bis Masuren", um dafür zu sorgen, „daß die Jungen ihre Not [gemeint

---

[25] Ebenda, S. 41.
[26] Ebenda. Diese Einschränkung macht Reißenauer mit dem Hinweis, manche Lehrer seien von den Kriegserlebnissen traumatisiert gewesen.
[27] Vgl. Völklein, Mengele, S. 50.
[28] Ebenso gab es Lehrer, die aus ihrer marxistischen Einstellung keinen Hehl machten, dem Reichsbanner Schwarz-Rot-Gold angehörten oder „Linke" waren. Vgl. Reißenauer, Schule, S. 54.
[29] Ebenda, S. 42 f.
[30] Ruckdeschel soll laut Reißenauer Adolf Hitler nach dessen erster Rede in Günzburg 1930 beherbergt haben. Vgl. ebenda, S. 43.
[31] Iuvenatschronik des Alfonsianums, Eintrag vom 7. 6. 1933, zit. nach: Ebenda, S. 43.
[32] Ebenda. Der andere der beiden frühen Nationalsozialisten trat 1933 in den Ruhestand.
[33] Vgl. zum GDJ: Kindt, Jugendbewegung, S. 470–488; Kneip, S. 130 f. und Treziak, Jugendbewegung, S. 18 f.; vgl. außerdem allgemein: Stachura, Youth Movement.
[34] Das Deutsch-Nationale Freikorps war im Oktober auf Initiative von Schülern des Berliner Königlichen Augusta-Gymnasiums entstanden, um durch den Einsatz noch nicht wehrpflichtiger Jugendlicher Soldaten für den Fronteinsatz freizumachen. Vgl. Kindt, Jugendbewegung, S. 470.

*ist die Not dieser Gebiete]* kennen und ihren Kampf mitkämpfen wollen"[35]. Wie prägend dies auch für Mengele gewesen ist, zeigen seine Aufzeichnungen, in denen er Jahrzehnte später von dem „Schicksal" schrieb, „zu dem *[das]* Grenzland seinen Bewohnern" ebenso werden müsse wie das „Leben in einer völkischen Minderheit"[36].

Ebenfalls seit 1924 war die gegenseitige Bindung von Führer und Gefolgschaft die eigentliche Verfassungsgrundlage des Bundes und Trotha seit 1925 Bundesführer auf Lebenszeit. Das Verhältnis von Führung und selbstbewußter Gemeinschaft verstand man dabei als ein dialogisches Miteinander und hob sich so deutlich vom geradezu kultischen Führerprinzip ab, das den Nationalsozialismus prägte.[37] Gleichzeitig verstand sich der GDJ seit 1926 als „Erziehungsbund"; Ziel war die „Hilfe zur Selbsterziehung" durch die Förderung von „individueller Spontaneität", aber auch durch „bewußte Formung"[38], nicht nur auf rein politischem, sondern auch auf kulturellem und religiösem Gebiet. Geprägt war diese Erziehungstätigkeit durch das Dienstdenken altpreußischer Tradition, das auch auf selbständiges und eigenverantwortliches Handeln wert legte, sowie durch die Gedanken des deutschen Idealismus und durch neukonservatives Gedankengut.[39] Josef Mengele erinnerte sich Jahrzehnte später im brasilianischen Exil mit Wehmut an „die Beschäftigung mit der deutschen Sagenwelt, der Jenseitsvorstellung der Germanen, der von den römischen und katholischen Schlacken befreiten Geschichte der germanischen Völker sowie der Lektüre großer deutscher Dramen und Balladen und nicht zuletzt das deutsche Lied und deutsche Musik", die er im Nachhinein als die „unfehlbaren Wege" sah, „junge Menschen einer Nachkriegsgeneration" zu einer „idealistischen", aber eben auch zu einer „herrischen Lebensauffassung" zu führen.[40]

Von 1927 bis zu seinem Ausscheiden im Jahr 1930 stand Josef Mengele der Günzburger Gruppe, die zu diesem Zeitpunkt immerhin rund sechzig Jungen und dreißig Mädchen umfaßte, als „Ältestenführer" vor. Um seine Söhne[41] „einen Hauch *[...]* von der Begeisterung" spüren zu lassen, „die unsere Herzen damals ausgefüllt hat *[...]* für die Sache des Vaterlandes"[42], beschrieb Josef Mengele in seinem Tagebuch als Beispiel für die Aktivitäten seiner Gruppe eine der alljährlichen Sonnwendfeiern zur Mittsommernacht am 21. Juni. „Wir waren stolz auf unser großes Sonnwendfeuer, das auf den Höhenrücken gegenüber der Vaterstadt in den Himmel lohte und davon Kund gab, daß ein kleines Häuflein Jungs und Mädels heute die Sonnenwende feierten *[sic!]* mit den heißen Gedanken und Wünschen in ihren Herzen, die Menschen ihres Vaterlandes aufzuwecken und aufzurütteln zum heiligen Kampf der Befreiung von den Fesseln des schändlichen Versailler Vertrages. Frei sollte die

---

[35] Einleitung zu einer Rede von Trothas vor Teilnehmern der Ostlandfahrt deutscher Jugend auf dem Schlachtfeld von Tannenberg, abgedruckt in: Kindt, Jugendbewegung, S. 476 f, hier S. 476. An der Ostlandfahrt im Sommer 1925 nahmen Fahrtengruppen des Deutschen Pfadfinderbundes, des Jungnationalen Bundes, der Fahrenden Gesellen und des GDJ teil; sie führte durch weite Teile Ost- und Westpreußens.
[36] Sta F/M Az 4 Js 340/68, Aufz. Mengele, Heft 23: Autobiographisches I, S. 1.
[37] Vgl. Kindt, Jugendbewegung, S. 471, und Stachura, Youth Movement, S. 66.
[38] Kindt, Jugendbewegung, S. 472.
[39] Vgl. ebenda.
[40] Undatierter Tagebucheintrag Josef Mengeles *[Sommer 1976]*, zit. nach: Völklein, Mengele, S. 47.
[41] Rolf und sein Neffe und Stiefsohn Karl-Heinz.
[42] Tagebucheintrag Mengeles vom 23. 6. 1977, zit. nach: Völklein, Mengele, S. 48.

Flamme machen und *[...]* leuchten sollte sie uns auf unserem Weg, wärmen sollte sie uns mit der Liebe zu unserem großen Volk und seiner hohen Kultur und verbrennen sollten in ihr alle Zwietracht unter uns Deutschen. So waren – dem Sinne nach – die Worte des Ältestenführers"[43], also Mengeles selbst, der nach dem obligatorischen Programm aus Fahnenweihe und Feuerriten eine Rede gehalten hatte.

Jüdische Kinder übrigens wurden in den Großdeutschen Jugendbund nicht aufgenommen, denn schließlich, so Mengele in der Rückschau, sollte „das Arteigene des Deutschen Volkes" wieder freigelegt und von „Verkrustungen mit Artfremdem"[44] befreit werden. Daraus „ausgesprochen rassistische Ziele"[45] ähnlich denen des Nationalsozialismus oder völkischer Bünde auch für den jungkonservativen GDJ ableiten zu wollen, geht zu weit. Eine antisemitische Grundhaltung, die in weiten Teilen der bündischen Jugend ebenso wie in anderen rechts-konservativen Organisationen der Weimarer Republik verbreitet, ja geradezu selbstverständlich war, war ohne Zweifel vorhanden, ohne daß diese deshalb in Form einer expliziten antisemitischen Zielsetzung programmatisch in den Vordergrund gerückt oder gar mit dem virulenten Rassenantisemitismus der Nationalsozialisten vergleichbar gewesen wäre.[46] Entsprechend spielte der Antisemitismus auch in der „Sonnwendrede" des Ältestenführers Mengele keine Rolle, die ansonsten die Ziele des Großdeutschen Bundes durchaus repräsentativ zusammenfaßt. Für die Günzburger Gruppe dürfte die Frage nach der Aufnahme jüdischer Kinder ohnehin überwiegend theoretischer Natur geblieben sein, denn seit 1617 gab es in Günzburg keine jüdische Gemeinde mehr.[47]

Die Mitgliedschaft Josef Mengeles im GDJ kann nicht als direkte Vorstufe oder als Zeichen einer bereits vorhandenen Begeisterung für die Ideen und Prinzipien des Nationalsozialismus gewertet werden, auch wenn die neukonservativen Vorstellungen vom „neuen Reich" oder der „Volksgemeinschaft" ganz sicher nicht kompatibel mit einer nach dem Prinzip bürgerlicher Rechtsgleichheit organisierten Gesellschaft waren; sie orientierten sich an den Ideen Ernst Jüngers oder Moeller van den Brucks, nicht an denen Adolf Hitlers oder Alfred Rosenbergs.[48] Viele der Begriffe wie „Führer", „Gefolgschaft" oder „Volksgemeinschaft" waren zu diesem Zeitpunkt noch nicht durch die spätere Verwendung durch die Nationalsozialisten korrumpiert – auch wenn durch die vertraute Begrifflichkeit vielen später die Akzeptanz des Nationalsozialismus erleichtert wurde.[49]

---

[43] Undatierter Tagebucheintrag Josef Mengeles *[Sommer 1976]*, zit. nach: Völklein, Mengele, S. 48.
[44] Undatierter Tagebucheintrag Josef Mengeles *[Sommer 1976]*, zit. nach: Ebenda, S. 47.
[45] Völklein, Mengele, S. 47.
[46] Stachura betont, dieser Antisemitismus sei „mainly cultural and non-political rather than biological-racist" gewesen. Stachura, Youth Movement, S. 67.
[47] 1617 hatte Markgraf Karl die Juden aus der Stadt gewiesen. 1925 lebten in Günzburg 8 Juden. Vgl. Auer, Geschichte, S. 74–76, und Auer, Günzburg.
[48] Am nächsten stand der nationalsozialistischen Ideologie der völkische Flügel der bündischen Jugend (zu dem der GDJ nicht zu zählen ist); zu nennen wären z. B. die Deutsche Falkenschaft, die Geusen, die Schilljugend, die Freischar Schill und, am wichtigsten, die Artamanen. Zu den Mitgliedern der Artamanen zählten etwa Heinrich Himmler, Walther Darré oder Rudolf Höß. Vgl. Stachura, Youth Movement, S. 62.
[49] Vgl. ebenda, S. 64–70, und Kindt, Jugendbewegung, S. 471–474.

Zu Ostern 1930 erhielt Josef Mengele das Reifezeugnis und verließ die Schule mit eher mittelmäßigen Noten.[50] Für ihn waren „der Abschluß der Schulzeit und der Beginn des Studiums der Eintritt in einen neuen Lebensabschnitt", der zu diesem Zeitpunkt aber noch „keineswegs klar und übersichtlich vor meinen Augen"[51] lag. Vielmehr hatte er nun das Problem, daß er „zunächst gar nicht wußte, was ich eigentlich studieren wollte"[52]. Ein Ingenieurstudium, das ihm den Weg in den väterlichen Betrieb ermöglicht hätte, hätte auch auf Grund seiner „großen Neigung für die technischen Wissenschaften" nahegelegen. Dagegen sprach „die allgemeine wirtschaftliche und politische Lage Deutschlands"[53] zu Beginn der 1930er Jahre, als die hereinbrechende Weltwirtschaftskrise auch die Firma Mengele nicht verschonte; zudem bereitete sich der jüngste Bruder Alois durch den Besuch einer höheren Handelsschule bereits auf den Eintritt in die Firma vor, und Josefs Gesundheitszustand[54] legte ihm einen körperlich weniger anstrengenden Beruf nahe.

„Gab es also eine Reihe wohl zu erwägender Gründe, warum ich das technische Studium nicht wählte, so konnte ich leider keine solchen mobilisieren, die mir die Wahl eines anderen nahegelegt hätten"[55], umriß Josef Mengele das Problem, vor dem er nun stand. Für ein Studium geisteswissenschaftlicher oder juristisch-staatswissenschaftlicher Disziplinen" hielt er sich „nicht geeignet", und da die Eltern keinerlei Zwang auf ihren Sohn ausübten, hatte er, „als Abiturient nach der Absicht meines künftigen Studiums befragt, [...] Zahnheilkunde"[56] angegeben. Dafür sprach die Hoffnung, durch den technisch-handwerklichen Charakter der Disziplin die ursprüngliche Neigung zum Ingenieursstudium nicht ganz aufgeben zu müssen.

In München angekommen hatte Josef Mengele zunächst mit einigen Anpassungs- und Orientierungsschwierigkeiten zu kämpfen. Bald darauf traf er jedoch auf einen einige Jahre älteren Schulkameraden, der Medizin studierte, die Unsicherheit des neuen Kommilitonen bemerkte und das Gespräch zu einer regelrechten Studienberatung ausweitete. Er legte ihm nahe, „nicht durch die Wahl eines von Anfang an so spezialisierten Studiums wie der Zahnheilkunde unnötigerweise eine so enge Begrenzung"[57] seiner Möglichkeiten vorzunehmen. Schließlich könne man in den medizinischen Studiengängen „eine Spezialisierung [...] in den ersten Semestern jederzeit"[58] noch vornehmen. So entschied sich Josef Mengele, statt Zahnmedizin

---

[50] Die Reifezeugnisnoten: Deutsch, Latein, Griechisch, Mathematik jeweils mangelhaft; Religionslehre, Englisch, Physik, Geschichte, Geographie jeweils entsprechend (= befriedigend); die schlechte Fleißnote („Sein Betragen während des Aufenthalts an der Anstalt hat mich wohl befriedigt. Dagegen ließ sein Fleiß und sein Interesse an der Schule sehr zu wünschen übrig") wurde auf Beschluß des staatlichen Prüfungsausschusses aufgehoben – offenbar hatten Mengeles Eltern erfolgreich interveniert; nun hieß es, sein Fleiß habe „wohlentsprochen" und nur im letzten Schuljahr „in manchen Fächern zu wünschen übrig" gelassen. Abiturzeugnis Josef Mengeles, Kopie in: In the Matter of Josef Mengele 2, S. 343 f.
[51] Sta F/M Az 4 Js 340/68, Aufz. Mengele, Heft 21: Studium I, S. 31.
[52] Ebenda.
[53] Ebenda, S. 32.
[54] Vgl. BAB, BDC, Mengele, Rasse- und Siedlungs-Hauptamt SS. Ärztlicher Untersuchungsbogen, 26. 11. 1938. Aufgeführt werden u. a. Osteomyelitis (eine infektiöse Knochenmarksentzündung) und Nephritis (Nierenentzündung).
[55] Sta F/M Az 4 Js 340/68, Aufz. Mengele, Heft 21: Studium I, S. 33.
[56] Ebenda.
[57] Ebenda, S. 40.
[58] Ebenda.

Allgemeine Medizin zu studieren und freute sich später über diesen Entschluß mit „Begeisterung", denn „von der Vielseitigkeit der Medizin hatte ich damals keine Ahnung"[59]. Jahrzehnte nach seiner Tätigkeit in Auschwitz schrieb derselbe Mengele, der als „begeisterter" Mediziner im Konzentrationslager Tausende in den Tod geschickt hatte, daß „ein Arzt, der von seinem Tun nicht begeistert ist, [...] diese Tätigkeit sofort aufgeben" müsse, weil „er sonst sich und seinen Mitmenschen Schaden zufügt"[60].

Man kann mit gutem Grund annehmen, daß Josef Mengele der Weimarer Republik und ihren demokratisch-liberalen Werten distanziert und eher ablehnend gegenüberstand, als er seine Heimatstadt verließ. Politisch aktiv scheint Josef Mengele in seinen ersten beiden Semestern in München jedoch nicht geworden zu sein. Er war damit beschäftigt, sich in seinem „neuen Lebensabschnitt" einzurichten.[61] Gleichwohl war er weiterhin politisch interessiert und dürfte die sich immer mehr zuspitzende Situation in Deutschland ebenso wie seine Kommilitonen mit Aufmerksamkeit verfolgt haben. Jedenfalls hielt er mit Blick auf sich und seinen Bekanntenkreis fest: „Parteipolitisch waren wir alle damals in keiner Form gebunden, aber nationalgesinnt mit einer Selbstverständlichkeit, deren geringste Steigerung schon die Unduldsamkeit ist."[62] Während seiner Münchner Zeit dürfte er sich auch erstmals näher mit dem Nationalsozialismus auseinandergesetzt haben, denn, so schreibt er, „die älteren meiner Studienkollegen, die das wahlfähige Alter (20) bereits erreicht hatten, durften ja auch schon wählen und bei jener denkwürdigen Septemberwahl 1930, welche der N.S.D.A.P. überraschenderweise 107 Reichstagsmandate (2.stärkste Partei) bescherte, haben auch sie wohl zu jenem Erfolg beigetragen". Er selbst „durfte damals noch nicht wählen", ohnehin sei seine „politische Orientierung [...] damals wohl aus traditionellen Gründen deutsch-national" gewesen. Zu diesem Zeitpunkt habe er nach seinem Ausscheiden aus dem GDJ noch nicht den Anschluß an eine „neue politische Formation" gefunden, „wenn auch das Programm der nationalen Sozialisten und ihre gesamte Organisation einen starken Reiz auf mich ausübten".

Zunächst allerdings schloß er sich, wie gesagt, keiner politischen Vereinigung an. „Auf die Dauer", so Mengele selbst, „konnte man sich aber in jenen politisch so bewegten Zeiten nicht abseits halten, sollte das Vaterland nicht dem marxistisch-bolschewistischen Ansturm erliegen". Mengele scheint in seiner Rückschau den Reiz, den die „nationalen Sozialisten" angeblich zu diesem Zeitpunkt auf ihn ausübten, eher überbewertet zu haben: Als er sich nach seinem Wechsel nach Bonn im Mai 1931 einem politischen Verband anschloß, entschied er sich nicht für die NSDAP, auch nicht für die SA, sondern für den Jungstahlhelm, die Jugendorganisation des national-konservativen Frontkämpferbundes Stahlhelm, dem auch schon sein Vater und viele seiner Lehrer angehört hatten. Das Gefühl der inneren Isolierung und den Mangel an tiefergehender Freundschaft, die ihn schon in München geplagt hatten und die letztendlich auch der Grund für seinen Wechsel nach Bonn

---

59 Ebenda, S. 41.
60 Ebenda.
61 Vgl. Sta F/M Az 4 Js 340/68, Aufz. Mengele, Heft 22: Studium II, S. 1–18. Vgl. außerdem: Völklein, Mengele, S. 58 ff.
62 Dieses und die folgenden Zitate: Sta F/M Az 4 Js 340/68, Aufz. Mengele, Heft 22: Studium II, S. 19.

gewesen waren, schien Josef Mengele nun, anders als in München, durch politische Betätigung zu kompensieren.[63] Ein Bonner Studienkollege erinnerte sich vor allem wegen seiner Arbeitswut an ihn: „Er war hinter Mädchen her, genau wie wir. Er hat für die Testate geackert, genau wie wir. Aber dann hat er auch noch Politik gemacht. Und alles drei hat sonst keiner auf die Reihe gebracht."[64]

Mengele selbst beschrieb den Auslöser für sein stärkeres politisches Engagement anders. Mit einem seiner früheren Mitschüler, einem Jurastudenten, habe er während des Sommers 1931 auf dem Hohen Zoll in Bonn gestanden, mit Blick über den Rhein auf das Arbeiterviertel Beuel. Von dort seien Demonstranten in Richtung Stadtmitte gezogen, von denen einer „eine große Fahne trug, die ihm blutig rot von der Schulter hing. Den fünfzackigen Stern konnte man auf die Entfernung nicht recht erkennen. Alle, die ihm folgten, waren wie [...] der Fahnenträger gekleidet, [...] auch die mitmarschierenden Frauen. Russenkittel, Schirmmütze, Koppel mit Wehrgehänge. Man [konnte] die wohleingeübte Marschordnung der ‚Roten Armee' – vierreihige Doppelrotten – erkennen."[65] Nach diesem bedrohlich wirkenden Aufmarsch habe er, Mengele, seinem Kameraden zugerufen: „Nun wissen wir wohl, was wir zu tun haben" – Partei zu ergreifen nämlich gegen die bolschewistische Gefahr.

Als Beispiel für die politischen Aktivitäten Mengeles in Bonn sei hier abschließend eine Begebenheit berichtet, die ebenfalls ein Kommilitone überliefert: Eines Tages habe ihn ein Medizinstudent angesprochen, der sich als Stahlhelmer vorgestellt und ihn gebeten habe, im Schaukasten der Fachschaft die Ankündigung einer politischen Versammlung mit General von Seeckt als Hauptredner aushängen zu dürfen. „Ich mußte dies ablehnen, da das nicht den Regeln entsprach, [...] der Student, es war Mengele, lud mich aber nichtsdestoweniger ein, doch selbst in die Versammlung zu kommen. Ich ging hin. Die Versammlung war eine Katastrophe. Von Seeckt las mühsam vom Blatt. [...] Mengele bestätigte mir später, daß von Seeckt betrunken war."[66]

Im Sommer 1932 bestand Josef Mengele in Bonn das Vorphysikum und kehrte nach einem Semester in Wien an die Universität München zurück. Dort scheint sein politisches Engagement wieder deutlich nachgelassen zu haben; sicher scheint jedoch, daß er dem Nationalsozialismus auch in dieser Phase nicht entscheidend nähergekommen ist: Als der Stahlhelm nach der Machtübernahme Hitlers geschlossen in die SA überführt wurde und Mengele so Mitglied der braunen Parteitruppe geworden war[67], trat er wenig später, 1934, unter Hinweis auf sein altes Nierenleiden aus.

---

[63] Mengele beklagte ein „Gefühl des Alleinseins" und das „Fehlen echter Freundschaft" sowie „Unruhe, Unbefriedigtsein, Unlust", die in „oberflächlicher Genußsucht und seichtem Dahinleben" Ausdruck fänden. Studienkollegen und Freunde aus Günzburg bestätigen, daß Mengele bei allerhand Aktivitäten zwar immer dabei war, aber niemals ganz dazugehörte. Er selbst erkannte, daß diese „mehr innere als äußere Isolierung weitgehend an mir" lag; überwinden habe er diese „Hemmung" nicht können, getarnt habe er dieses „Unvermögen in einer [...] Wahrung der Distanz, kühler Unpersönlichkeit und ungeselliger Arroganz". Aufzeichnungen Josef Mengeles, zit. nach: Völklein, Mengele, S. 61. Vgl. ebenda, S. 59–63.
[64] Pieter C. im Gespräch mit Ulrich Völklein, zit. nach Völklein, Mengele, S. 66.
[65] Undatierter Tagebucheintrag Josef Mengeles [1974], zit. nach: Völklein, Mengele, S. 48, S. 67.
[66] Vgl. Sta F/M Az 4 Js 340/68, Fahnd.A., Bericht von Kurt L.
[67] Vgl. Buchheim, Eingliederung.

## 2. Ehrgeiz und Antisemitismus: Anthropologe im NS-Staat (1932–1940)

Mit den beiden Semestern in Bonn brechen Mengeles Aufzeichnungen ab, um erst nach dem Krieg wieder einzusetzen. Ausgespart bleibt die Zeit von 1932 bis 1945, die seine Karriere als Rassenanthropologe und Rassenhygieniker umfaßt: zunächst als Student in München, dann als Assistent am Frankfurter Institut für Erbbiologie und Rassenhygiene, zuletzt in Auschwitz.

Zurück in München schrieb sich Mengele neben Medizin nun auch für Anthropologie an der naturkundlichen Sektion der Philosophischen Fakultät ein. Sein Hauptinteresse galt mittlerweile der theoretischen Medizin[68]; um die klinischen Fächer kümmerte er sich nur noch am Rande, vieles schien ihm dort zu wenig wissenschaftlich belegt.[69]

Schon vor dem Dritten Reich hatten sich Teilbereiche der Medizin zu rein positivistischen Wissenschaftsdisziplinen entwickelt, mit Forschern, die naturwissenschaftlich arbeiten wollten, ihre Arbeit als Selbstzweck betrieben und ethisch bindende Normen nur als hinderlich empfanden. Der wohl bekannteste zeitgenössische Exponent der deutschen Ärzteschaft, Prof. Ferdinand Sauerbruch, hatte diese Form der Medizin 1937 als einseitig rationalistisch und mechanistisch kritisiert, eben weil sie als positivistisch-wissenschaftliche Disziplin angeblich wertfrei betrieben werden sollte.[70] Dies machte sie besonders anfällig für das Angebot einer quasi-symbiotischen Beziehung mit dem NS-Regime, das ihr im Gegenzug für bedingungslose Unterordnung unter die ideologischen Prämissen die Möglichkeit bot, ihrem kompromißlosen Erkenntnisstreben gehindert durch immer weniger ethische Bindungen nachzugehen. So konnte es während des Zweiten Weltkrieges, begünstigt durch eine weitgehende Erosion der gesellschaftlichen Normen dazu kommen, daß für nicht wenige Mediziner selbst die grausamen Menschenversuche in den Konzentrationslagern Teil des Forscheralltags wurden. Dem normativ entgrenzten, positivistischen Wissensdrang waren keine Schranken mehr auferlegt.[71]

Zwei dieser positivistischen Disziplinen der medizinischen Wissenschaft waren die Anthropologie und die Genetik, und Forschung entlang „exakter" Kriterien kam Mengeles ursprünglich technischem Interesse sehr entgegen: „Da konnte er vermessen, Daten erfassen, klare Aussagen treffen, wie ein Ingenieur."[72] Dies und der von Kommilitonen mit Blick auf die Lerneffizienz nicht ohne Neid konstatierte Archivierungstick des Pedanten Mengele förderten die Begeisterung für das anthropologische Sammeln von Daten: „Das gesammelte Wissen Mengeles fand sich ordentlich abgelegt in einem Dutzend Pappkartons, jederzeit abrufbar und den verunsicherten Kommilitonen vor Prüfungen mit Siegerlächeln vorzuweisen."[73] Überhaupt beschrieben ihn seine damaligen Münchener Studienkollegen „als nicht auffällig be-

---

68 Vgl. Sta F/M Az 4 Js 340/68, Fahnd.A., Bericht von Kurt L.
69 Ebenda, und Pieter C. im Gespräch mit Ulrich Völklein, nach: Völklein, Mengele, S. 71.
70 In einer Rede auf der 49. Konferenz der Gesellschaft Deutscher Naturwissenschaftler und Ärzte, nach: Kater, Ärzte, S. 366.
71 Vgl. ebenda, S. 360–368.
72 Pieter C. im Gespräch mit Ulrich Völklein, zit. nach: Völklein, Mengele., S. 71.
73 Anton M. im Gespräch mit Ulrich Völklein, in: Völklein, Mengele., S. 70.

gabt, jedoch als außergewöhnlich fleißig"[74]. Schon damals hat der spätere Mediziner Mengele niemals seiner Intuition oder einem Gefühl vertraut, „für ihn gab es nur Fakten, und die sammelte er mit größter Technikgläubigkeit und Leidenschaft"[75].

Zur Präzisierung seien hier einige definitorische Bemerkungen[76] zur Begrifflichkeit der „Rassenforschung" eingeflochten, um zu verdeutlichen, womit Josef Mengele sich in seinem Studium von nun an mit Vorliebe beschäftigte. Denn Begriffe wie „Rassenhygiene", „Rassenanthropologie" oder „Erbbiologie" werden heute häufig wenig differenziert nebeneinander verwendet; dabei bleibt unberücksichtigt, daß es sich zeitgenössisch um durchaus verknüpfte, aber dennoch deutlich unterscheidbare Wissenschaftsdisziplinen handelte.

Die „Erbbiologen" arbeiteten im Bereich der Humangenetik; sie befaßten sich mit Fragen der Vererbung und der Erbanlagen auf Grundlage der Mendelschen Gesetze. Damit wurde die Erbbiologie zu einer der Grundlagen der „Rassenhygiene", die in etwa der Eugenik entsprach und sich unter „hygienischem", also gesundheitlichem Blickwinkel mit den Erbanlagen einer als Rasse oder Volk definierten Gruppe beschäftigte; sie sah sich als ein Teil der weltweiten eugenischen Bewegung und bot den wissenschaftlichen Hintergrund für die Ideologie der „Erbgesundheit des deutschen Volkes".

Die „Rassenanthropologie" (oder „Rassenbiologie") ist von diesen eugenisch-genetischen Disziplinen klar zu unterscheiden; sie ist eine in den 1920er Jahren aufgekommene spezifisch deutsche Weiterentwicklung der Anthropologie, die wiederum im 19. Jahrhundert zunächst als positivistische, deskriptiv-komparative medizinische Teilwissenschaft entstanden war und in Deutschland zu Beginn des 20. Jahrhunderts Erkenntnisse der Genetik übernommen hatte – die Blutgruppenbestimmung wurde eine der vorherrschenden Methoden. Die Rassenanthropologie bezog sich also wie die Rassenhygiene auf die Erbbiologie (Genetik), unterschied aber nicht wie letztere zwischen „erbgesund" und „erbkrank", sondern wollte den Nachweis führen über die genetische Höher- oder Minderwertigkeit bestimmter Rassen.

Am Münchener Anthropologischen Institut kam Mengele nun also in Kontakt mit den höheren Einsichten der wissenschaftlichen Rassentheorie und war begeistert von seinem neuen Studienfach. Hier hatte er die seinen eher technisch-systematischen Neigungen entsprechende Ergänzung der Genetik gefunden, für die er sich auf medizinischem Gebiet besonders interessierte. Der Leiter des Münchener Instituts und Mengeles erster akademischer Mentor, der „exakt-naturwissenschaftlich"[77] arbeitende Prof. Theodor Mollison[78], scheint von seinem Schüler ebenso angetan gewesen zu sein wie dieser von seinem Fach, jedenfalls betreute er dessen erste

---

[74] Völklein, Mengele, S. 70.
[75] Pieter C. im Gespräch mit Ulrich Völklein, zit. nach: Völklein, Mengele, S. 71.
[76] Vgl. Sandner, Universitätsinstitut, S. 74–76.
[77] Kater, Ärzte, S. 373.
[78] Geb. 1874; 1898 ärztliche Zulassung; nach dreijähriger Praxis in Frankfurt/Main mehrsemestriges Studium naturwissenschaftlicher Fächer in Würzburg; 1904/1905 mehrmonatige Studienreise in die Kolonie Deutsch-Ostafrika, anschließend Habilitation in Anthropologie an der Universität Zürich; 1916 außerordentliche Professur in Heidelberg; 1926 ordentliche Professur in München. Vgl. ebenda.

## 2. Ehrgeiz und Antisemitismus

Doktorarbeit über rassenmorphologische Untersuchungen des Unterkiefers[79] und empfahl ihn später seinem Kollegen von Verschuer in Frankfurt für eine Assistentenstelle an dessen Universitätsinstitut für Erbbiologie und Rassenhygiene.[80]

Prof. Otmar Freiherr von Verschuer[81], der dem Frankfurter Institut seit seiner Gründung am 1. April 1935 vorstand und der vorher am Berliner Kaiser-Wilhelm-Institut für Anthropologie, menschliche Erblehre und Eugenik unter Prof. Eugen Fischer als Abteilungsleiter tätig gewesen war, sah den Schwerpunkt seiner Forschungstätigkeit weniger im Bereich der Rassenanthropologie als vielmehr im Bereich der Erbbiologie und der Rassenhygiene – der Name des neuen Instituts entsprach den Interessen seines ersten Leiters. Untersuchungen zur Vererbbarkeit von Behinderungen oder Krankheiten, aber auch zur genetischen Prognostizierbarkeit individueller Eigenschaften (wie etwa der Intelligenz oder der Musikalität) bildeten den Kern seiner wissenschaftlichen Arbeit, und als die am besten geeignete Methode galt ihm die Zwillingsforschung.[82] Entsprechend befaßte sich Mengele in seiner zweiten medizinischen Promotion mit einem genetisch-pathologischen Thema, der Vererbung der Lippen-Kiefer-Gaumenspalte.[83]

Die Frage, wie Mengeles neuer Mentor dem Nationalsozialismus und später seiner Vernichtungspolitik gegenüberstand, war lange umstritten.[84] Tatsächlich sah sich Verschuer zusammen mit seinem Berliner Chef Eugen Fischer und seinem Kollegen Hermann Muckermann nach der Machtübernahme der Nationalsozialisten zunächst einigen Pressionen ausgesetzt. Die Genetiker und Eugeniker des Berliner KWI lehnten einige Positionen der Rassenanthropologen und der Rassenantisemiten ab und erschienen den neuen Machthabern deshalb nicht radikal genug. Der Jesuit Muckermann mußte seinen Stuhl räumen. Verschuer behielt seine Stellung, obwohl auch er es bisher abgelehnt hatte, den „wissenschaftlichen Beweis für die rassische Minderwertigkeit der Juden [...] zur Begründung des Antisemitismus"[85] anzutreten. Verschuer beeilte sich, diese Haltung zu relativieren und zu revidieren. Keinesfalls habe er die politische „Berechtigung und Notwendigkeit" des Antisemitismus bestritten, denn diese ergebe sich „unabhängig von der Bewertung der Rasse der Juden [...] aus der Bedrohung unseres Volkes durch das Judentum"[86]. Nachdem ihm

---

[79] Mengele, Untersuchungen.
[80] Vgl. Sandner, Universitätsinstitut, S. 90.
[81] Geb. am 16. 7. 1896 in Richelsdorfer Hütte, Kreis Rotenburg/Fulda; 1927 Habilitation in Tübingen mit einer Arbeit zur Zwillingsforschung, dann Abteilungsleiter am KWI für Anthropologie, menschliche Erblehre und Eugenik in Berlin; 1933 außerordentlicher Professor; 1934 Herausgeber der Zeitschrift „Der Erbarzt" (bis 1939 als Beilage zum „Deutschen Ärzteblatt").
Verschuer befaßte sich in seiner Zeit als Leiter der humangenetischen Abteilung des KWI weiterhin mit der Zwillingsforschung und dem Aufbau der Charlottenburger Erb-Poliklinik, 1942 folgte er Eugen Fischer als Leiter des KWI nach. Vgl. Klee, Auschwitz, S. 451, Lösch, Rasse, S. 393, und Kater, Ärzte, S. 375–377.
[82] Vgl. Sandner, Universitätsinstitut, S. 76–78.
[83] Mengele, Sippenuntersuchungen.
[84] Vgl. Sandner, Universitätsinstitut, S. 76.
[85] Verschuer beschreibt in seinem Aufsatz „Was kann der Historiker, der Genealoge und der Statistiker zur Erforschung des Problems der Judenfrage beitragen?" aus dem Jahr 1937 einen Vortrag vor völkischen Studenten im Jahr 1924, nach dem einige Zuhörer diese Haltung bemängelt hatten. Zit. nach: Müller-Hill, Wissenschaft, S. 106.
[86] Ebenda.

das Schicksal Muckermanns zunächst erspart geblieben war, besetzte er schnell und geradezu demonstrativ auch die rassenanthropologischen Positionen des Regimes, und sah die Bedeutung der Rasse von nun an „am klarsten, wenn wir an die Lösung des Judenproblems herantreten"[87]. Durch Bekenntnisse dieser Art empfahl er, dem eineinhalb Jahre zuvor noch „liberalistische" Tendenzen vorgeworfen worden waren[88], sich nun sogar für Höheres – wie etwa die Leitung des neuen Frankfurter Institutes. Walter Groß, der Leiter des Rassenpolitischen Amtes der NSDAP, schrieb im Oktober 1934 in Bezug auf die Berufung Verschuers an den Dekan der medizinischen Fakultät der Universität Frankfurt: „Es ist richtig, daß Professor von Verschuer nicht als Nationalsozialist, überhaupt nicht als politischer Mensch angesprochen werden kann. Vom politischen Standpunkt aus würde also seine Berufung keine Verstärkung des nationalsozialistischen Elements [...] bedeuten."[89] Weil er aber dem Nationalsozialismus „mit einer völlig ehrlichen Loyalität" gegenüberstehe und als auf seinem Gebiet anerkannter Wissenschaftler „zur Festigung wichtigster Grundlagen der nationalsozialistischen Gedankenwelt" beitragen könne, befürworte er die Berufung. „Ich kann mir außerdem denken, daß die sachliche und vorwiegend wissenschaftliche, unpolitische Art Verschuers gerade besonders überzeugend wirken kann, so daß auch im propagandistischen und werbenden Sinne seine Berufung wertvoll sein könnte."

Die Übernahme nationalsozialistischer Positionen hatte sich also ausgezahlt, und um seine Zuverlässigkeit zu belegen, stellte Verschuer sich und die Tätigkeit seines Instituts – dem binnen kurzem ja auch Josef Mengele angehören sollte – besonders ostentativ in den Dienst des Nationalsozialismus und seiner Ideologie. Es sollte der „Unterbauung der praktischen staatlichen Maßnahmen der Erb- und Rassenpflege"[90] dienen, und entsprechend entwickelte es sich zum „Prototyp der engen Verbindung von wissenschaftlicher Forschung und nationalsozialistischer ‚Rassenpolitik'" und wirkte, neben der legitimatorischen Funktion seiner Forschung, „auch aktiv an der Umsetzung politischer Vorgaben"[91] mit. Es war unter anderem für die Ausstellung von Ehetauglichkeitszeugnissen[92] zuständig, und Verschuer ordnete in seiner Funktion als Amtsarzt auch rassisch motivierte Zwangssterilisationen[93] aus vorgeschobenen medizinischen Gründen an.[94]

---

[87] Ebenda. Diese nicht näher definierte „Lösung des Judenproblems" war für Verschuer sicherlich nicht die später durchgeführte „Endlösung" im Sinne des Holocaust – eher die forcierte Auswanderung. Vgl. dazu auch Verschuers Kommentar zu den Volkszählungsergebnissen von 1939: „Es kann die erfreuliche Tatsache festgestellt werden, daß die Zahl der Juden durch die Auswanderung erheblich abgenommen hat." Zit. nach: Zofka, KZ-Arzt, S. 252. Dies entsprach auch der zu diesem Zeitpunkt üblichen Konnotation des Begriffes. Vgl. Longerich, Politik, S. 153–224.
[88] Vgl. Müller-Hill, Wissenschaft, S. 78.
[89] Dieses und die folgenden Zitate nach: Völklein, Mengele, S. 75 f.
[90] Schreiben Verschuers an das Kuratorium der Universität Frankfurt am Main, 17. 12. 1935, zit. nach: Sandner, Universitätsinstitut, S. 78.
[91] Sandner, Universitätsinstitut, S. 78.
[92] Auf Grundlage des Gesetzes zum Schutze der Erbgesundheit des deutschen Volkes (Ehegesundheitsgesetz), 18. 10. 1935.
[93] Vor allem an Sinti und Roma auf Grundlage des Gesetzes zur Verhütung erbkranken Nachwuchses, 14. 7. 1933.
[94] Vgl. Sandner, Universitätsinstitut, S. 79 und S. 84.

## 2. Ehrgeiz und Antisemitismus

Hans Grebe, der gleichzeitig mit Mengele Assistent in Frankfurt war, gab sich später überzeugt davon, daß es Antisemitismus am Institut selbstverständlich nicht gegeben und man sich im Gegenteil sogar bemüht habe, den verfolgten Juden beizustehen.[95] Doch hier scheint sich Grebe, der seine Karriere auch nach 1945 fortsetzen konnte[96], nicht richtig zu erinnern – oder sich nicht erinnern zu wollen: Verschuer und seine Mitarbeiter gutachteten in sogenannten „Rassenschandeprozessen"[97] zu Ungunsten der Angeklagten.[98] Auch Mengele war regelmäßig an diesen Prozessen beteiligt. In einem dieser Verfahren gutachteten Mengele und Verschuer für die Staatsanwaltschaft zu Ungunsten des Angeklagten, der behauptete, er sei das Ergebnis eines Seitensprunges seiner mit einem jüdischen Mann verheirateten nichtjüdischen Mutter mit einem ebenfalls nichtjüdischen Mann; folglich sei er kein Halbjude, sondern Arier. Das Gericht setzte sich über Mengeles und Verschuers „Expertise" hinweg, die anhand der Familiengeschichte und diverser Gesichtsmerkmale (Nase, Ohren etc.) zu dem Ergebnis gekommen war, der Vater des Mannes sei Jude gewesen. Von Verschuer beschwerte sich umgehend in einem Brief an den Reichsjustizminister Gürtner über diese Mißachtung wissenschaftlichen Sachverstands durch die Justiz. In der Folgezeit entwickelte Mengele sich am Frankfurter Institut geradezu zum Experten für solche „Vaterschaftsgutachten", verfaßte zu diesem Thema 1939 einen wissenschaftlichen Aufsatz[99] und wurde von Verschuer mit „einer größeren wissenschaftlichen Veröffentlichung" beauftragt, „deren Fertigstellung jedoch durch die Kriegsereignisse verschoben wurde"[100]. „Sehr zustatten" kam Mengele in den Augen Verschuers bei seinen „erb- und rassenbiologischen Begutachtungen zur Abstammungsprüfung, daß er neben der allgemeinen medizinischen Ausbildung über eine besondere anthropologische Ausbildung verfügt"[101].

Verschuer hatte die von ihm zuvor abgelehnten rassenanthropologischen Grundsätze mittlerweile reibungslos in seine ursprünglichen Überzeugungen von Volksgesundheit und Rassenhygiene integriert, der Anpassungsprozeß an die nationalsozialistische Ideologie durfte als abgeschlossen gelten.[102] Sein ehrgeiziger Assistent Mengele teilte die am Frankfurter Institut geltenden neuen Auffassungen seines Chefs: In einer 1940 veröffentlichten Buchrezension würdigte Mengele den Autor für seine Darstellung der „biologischen Gefahren, [...] die dem deutschen Volke drohen" und der durch den nationalsozialistischen Staat erlassenen Gesetze und Maßnahmen „zur Erhaltung der Rassenreinheit"[103], kritisierte dann aber: „Bei der Darstellung der Rassen wäre eine schärfere Herausarbeitung der Vorzüge und nachteiligen Eigenschaften aller europäischen Rassen zu wünschen. Ferner vermißt man

---

95 Hans Grebe im Gespräch mit Benno Müller-Hill, nach: Müller-Hill, Wissenschaft, S. 157f.
96 1942 Dozent für Erbbiologie und Rassenhygiene; Ende 1944 noch außerordentlicher Professor und Leiter des neugegründeten Instituts für Erbbiologie und Rassenhygiene an der Universität Rostock; 1953–1957 Lehrauftrag für Humangenetik an der Universität Marburg; 1957 Präsident des Deutschen Sportärzte-Verbandes. Vgl. Klee, Auschwitz, S. 473.
97 Auf Grundlage des „Nürnberger" Gesetzes zum Schutze des deutschen Blutes und der deutschen Ehre, 15. 9. 1935. Dies ist eines der „Nürnberger Gesetze".
98 Vgl. Müller-Hill, Wissenschaft, S. 39.
99 Mengele, Vaterschaftsbestimmung.
100 Verschuer, Vaterschaftsgutachten.
101 Brief Verschuers, 12. 3. 1941, zit. nach: Langbein, Menschen, S. 385.
102 Lösch, Rasse, S. 393.
103 Mengele, Rezension: Stengel von Rutkowski.

eine hinreichende Darstellung der Beziehungen der in Deutschland hauptsächlich vertretenen Rassen zu den kulturschöpferischen Leistungen des deutschen Volkes."[104] Während seines Studiums, spätestens jedoch in Frankfurt war Mengele zum überzeugten Anhänger einer von rassenanthropologischen Elementen durchsetzten Ideologie der Volksgesundheit geworden, die er im Rahmen seiner Gutachtertätigkeit auch aktiv in die Tat umsetzen konnte: Er bewertete zum ersten Mal nach rassischen Kriterien den Wert und damit den weiteren gesellschaftlichen und juristischen Status von Menschen, für die sein Urteil drastische Konsequenzen haben konnte. Er kam damit im weitesten Sinne mit einer Tätigkeit in Berührung, die er später, unter gänzlich anderen Bedingungen, noch häufig ausführen sollte: Er selektierte.

Mengele wollte Karriere machen, und Verschuer förderte ihn nach Kräften. Völklein stellt zu Recht fest, daß „der fleißige, der wohlerzogene, der wißbegierige, der anpassungsfähige Assistent und der als Polyskribent auf solche Zuarbeit angewiesene akademische Lehrer [...] sich vorzüglich ergänzten"[105]. Nach seiner ersten Dissertation wurde auch die zweite mit „summa cum laude" bewertet[106] und Verschuer ließ sich in seinen Vorlesungen 1939 bevorzugt von seinem „Lieblingsassistenten"[107] Mengele vertreten – der im Alter von 28 Jahren bereits zwei Doktortitel besaß und kaum älter als mancher der Studenten war. Verschuer bescheinigte ihm in einem Brief absolute Zuverlässigkeit; außerdem „habe er bewiesen, daß er die Fähigkeit der Darstellung auch schwierigster geistiger Gebiete besitze und für eine akademische Laufbahn geeignet sei"[108]. Der Anthropologe und Genetiker Josef Mengele, so schien es, hatte eine glänzende Karriere vor sich, und gerade in der Anthropologie konnte es sicher nicht schaden, auch politisch Flagge zu zeigen: 1937, nach der Aufhebung der Aufnahmesperre, beantragte Josef Mengele seine Aufnahme in die NSDAP, ein Jahr später in die allgemeine SS.[109]

Es wird deutlich, daß es den direkten Weg von Günzburg nach Auschwitz nicht gegeben hat. Als Josef Mengele im Frühjahr 1930 seine Heimatstadt verließ, um in München Medizin zu studieren, war er weder ein überzeugter Nationalsozialist noch ein Anhänger der Rassenideologie – der Neunzehnjährige war noch nicht der Zweiunddreißigjährige, der 13 Jahre später seinen Dienst in Auschwitz antrat. Josef Mengele mag in seiner Kindheit und Jugend mit jenen teils latent, teils offen anti-

---

[104] Ebenda, Hervorhebungen im Original.
[105] Völklein, Mengele, S. 79.
[106] Zofka betont, beide Arbeiten seien zwar methodisch sauber durchgeführt worden, böten aber „keine besonders originellen wissenschaftlichen Gedanken". Vgl. Zofka, KZ-Arzt, S. 251 (Zitat), und Völklein, Mengele, S. 79. Im Gegensatz dazu betont Roth, Mengeles zweite Dissertation habe bedeutenden wissenschaftlichen Wert gehabt und sei „keineswegs nur in den von Verschuer kontrollierten Fachblättern gefeiert" worden, sondern habe auch in international renommierten Handbüchern „die ihr gebührende Beachtung" gefunden. Vgl. Roth, Normalität, S. V f., Zitat S. VI.
[107] Roth, Normalität, S. VII.
[108] Langbein, Menschen, S. 385.
[109] Die tatsächliche Motivation Mengeles für den Beitritt kann mit letzter Sicherheit wohl nicht geklärt werden. Der Verf. stimmt eher der Interpretation Zofkas zu, der Mengeles tief verwurzeltes Karriere- und Nützlichkeitsdenken betont. Vgl. Zofka, Mengele, S. 253. Völkleins Lesart, der jeglichen Opportunismus negiert und in Anlehnung an Hans Münch Mengeles Parteieintritt als das „Gleis, das ihn im Mai 1943 schließlich nach Auschwitz führte" interpretiert, scheint in ihrem Determinismus überzeichnet. Völklein, Mengele, S. 75.

semitischen und antijudaistischen Strömungen in Kontakt gekommen sein, die zu dieser Zeit sowohl im nationalkonservativ-bürgerlichen als auch im katholischen Milieu weit verbreitet waren; in Auschwitz jedoch selektierte nicht ein neunzehnjähriger, möglicherweise latent antisemitischer Abiturient, sondern ein zweifach promovierter Anthropologe und Mediziner, der während seines Studiums die pseudo-wissenschaftlichen Grundsätze der Rassentheorie kennengelernt und sich zu eigen gemacht hatte. Mengeles Vorbereitung auf seine Tätigkeit in Auschwitz hat nicht in Günzburg stattgefunden, sondern an den Universitäten, wo er sich mit den Leitwissenschaften der NS-Rassenlehre beschäftigte, und am Frankfurter Institut seines Mentors Otmar von Verschuer, wo er das theoretische Rüstzeug seiner wissenschaftlichen Ausbildung erstmals in die schreckliche Praxis umsetzen konnte.

## 3. Kalter Zyniker und hochgebildeter Massenmörder: Eine Frage der Generation?

Erst zu Beginn der 1990er Jahre, also vor etwas mehr als einem Jahrzehnt, ist die Frage nach den Tätern in das Blickfeld der deutschen NS-Forschung gerückt.[110] Wegweisend wirkte vor allem Christopher Brownings 1992 erstmals erschienenes Buch über die „ganz normalen Männer" des Reserve-Polizeibataillons 101, die an einer Vielzahl von Massenmorden im besetzten Polen beteiligt waren.[111] Browning nutzte zur heuristischen Annäherung an die Täter einen multikausalen Erklärungsansatz, der ideologische und kulturelle Prägungen und Einflüsse ebenso zu berücksichtigen suchte wie den institutionellen und situationsbedingten Rahmen und die persönlichen Motive und individuellen Dispositionen der handelnden Personen.[112] Seit Mitte der 1990er Jahre rückten insbesondere die Eliten der Vernichtung in den Mittelpunkt des Forschungsinteresses: Die Mehrzahl dieser Täter gehörte der gleichen Altersgruppe an, und so stellte sich die Frage nach überindividuellen, generationsspezifischen Prägungen, die als Erklärungsansatz für die individuelle Disposition dieser Täter dienen können.

Die Problematik der Verwendung des Begriffs der „Generation" als Kategorie der historischen Forschung ist wiederholt thematisiert worden.[113] Sie liegt vor allem in der Unmöglichkeit, exakt zu definieren, „was eine Generation jeweils aus-

---

[110] Vgl. den ausführlichen Forschungs- und Literaturüberblick bei Paul, Psychopathen.
[111] Vgl. Browning, Männer.
[112] Mit dem gleichen Polizeibataillon befaßte sich wenig später auch Daniel J. Goldhagen, der mit seiner monokausalen Erklärung, Triebfeder der Täter sei vor allem ein allen Deutschen innewohnender „eliminatorischer Antisemitismus" gewesen, hinter den multikausalen Ansatz Brownings zurückfiel (vgl. Goldhagen, Vollstrecker). Goldhagens Buch ist auf breiten Widerspruch gestoßen, so bezog etwa Christopher Browning eine dezidierte Gegenposition (vgl. das 1998 hinzugefügte Nachwort in: Browning, Männer, S. 249–292). Zur Bewertung von Goldhagens Thesen vgl. auch Pohl, Holocaust-Forschung. Die „Goldhagen-Debatte" wirkte ebenso wie die Kontroverse um die vom Hamburger Institut für Sozialforschung erstellte Wehrmachtsausstellung sowohl innerhalb der NS-Forschung als auch in der Öffentlichkeit katalytisch auf den Täterdiskurs.
[113] Vgl. Herbert, Best, S. 42–45. Herbert hat sich im Rahmen seiner wegweisenden Biographie Werner Bests mit der Problematik der historischen Generation auseinandergesetzt. Vgl. zur Problematik des Generationsbegriffs außerdem: Spitzer, Problems und Jaeger, Generation.

macht"114 und die Auswirkungen kollektiver Generationserfahrungen von denen anderer Einflüsse, wie etwa individueller Erfahrung, präzise zu unterscheiden – insbesondere dann, wenn die „Generation" als allgemeingültige historische Kategorie konstruiert werden soll. Im Gegensatz dazu erweist sich der Ansatz als durchaus fruchtbar und gewinnbringend, wenn „seine Verwendung auf solche Fälle begrenzt wird, in denen ‚Generation' als wirkungsmächtiger Faktor hervortritt, wenn nämlich besonders bedeutsame und langfristig folgenreiche Ereignisse und Entwicklungen die Erfahrungen einer zu dieser Zeit heranwachsenden Altersgruppe geprägt"115 haben und dadurch diese konstitutiven Erfahrungen deutlich von denen anderer Altersgruppen abheben.

Daß der Erste Weltkrieg als die „Urkatastrophe des Jahrhunderts" (George F. Kennan) mit seinen unmittelbaren Folgen ein solches Ereignis war, wurde bereits von Zeitgenossen so wahrgenommen.116 Vor allem die männliche, bürgerliche Jugend117 stieß bei der Interpretation des eigenen, individuellen Lebensweges und der dabei gemachten Erfahrungen auf ein begrenztes, „kontingentes Angebot der Sinndeutung", das „die Erlebnisse des einzelnen einband in die Kategorien und Wertemuster seiner ‚politischen Generation'"118. Schon zeitgenössisch wurde zwischen drei Gruppen unterschieden: Zunächst die „junge Frontgeneration" der zwischen 1885 und 1902119 Geborenen, als den „eigentlichen Trägern des so viel diskutierten Fronterlebnisses"120, die „durch das Übermaß des allzu [...] furchtbaren Erlebnisses [als] entwurzelte Jünglinge hinausgetaumelt" seien; dann, als die wichtigste, die „Kriegsjugendgeneration" der zwischen 1902 und 1912 geborenen, für die der Krieg „zu einem [...] einzigartigen Jugenderlebnis" geworden sei, abrupt beendet durch den „Zusammenbruch der Welt der Väter" und die „Umwertung aller Werte". „Das Volk, die Nation und die bösen Feinde waren bereits aktivste Faktoren in [der] harmlosen Kinderwelt", entsprechend radikalisierend wirkte das „Nachkriegserleben"; die letzte Generation sei als „Nachkriegsgeneration" dadurch geprägt gewesen, daß sie „vom Krieg selbst keine tieferen Eindrücke mehr erfahren" habe. Ihre „ersten Eindrücke waren der Umsturz [und] die beginnenden Inflationsjahre". Insbesondere bei den Angehörigen der Kriegsjugendgeneration führte der „endgültige Bankrott jener ganzen Welt der alten Generation" und fast aller der „so viel im Munde geführten Ideale und Werte der Alten" zu einem ganz eigenen „generationellen Stil"121, dessen „vorherrschende Kennzeichen Kühle, Härte und ‚Sachlich-

---

114 Herbert, Best, S. 42.
115 Ebenda.
116 Vgl. z. B. Gründel, Die Sendung der jungen Generation.
117 Zur Problematik der nicht-bürgerlichen Jugend sowie des Klassenbegriffs als vertikaler Kategorie im Gegensatz zum Generationsbegriff als horizontaler Kategorie vgl. Götz von Olenhusen, Jugendreich, S. 21.
118 Herbert, Best, S. 42.
119 Gegenüber Gründels Eingrenzung der verschiedenen Generationen mit ihrer zu starren Orientierung an den „runden" Dekadenwechseln (1890–1900, 1900–1910, nach 1910), erscheint Götz von Olenhusens Konzept einleuchtender: Olenhusen, Jugendreich, S. 25 f. und 29.
120 Dieses und die folgenden Zitate: Gründel, Sendung, S. 23, 31–35 und 81 ff.
121 Der Begriff des generationellen Stils wurde von Karl Mannheim bereits 1928 eingeführt: „Wenn gesellschaftlich-geistige Umwälzungen ein Tempo einschlagen, das den Wandel der Einstellungen dermaßen beschleunigt, daß das latente kontinuierliche Abwandeln der her-

### 3. Kalter Zyniker und hochgebildeter Massenmörder

keit' waren"[122] und den außerdem „ein ausgesprochener Sinn für rationelle Methoden und für das Ökonomieprinzip überhaupt"[123] prägte.

Unter dem Aspekt dieser generationellen Prägung als mittlerweile besonders gut erforscht, kann das Führungspersonal des Reichssicherheitshauptamtes (RSHA) gelten.[124] 1996 legte Ulrich Herbert mit seiner Biographie über Werner Best[125] eine wegweisende Studie zu einem Vertreter dieser Tätergruppe vor, und im Jahr 2002 erschien mit Michael Wildts Buch über die „Generation des Unbedingten"[126] eine Gruppenbiographie der Führungsebene des RSHA, die den Werdegang von immerhin 221 Personen berücksichtigt. Davon gehörten rund drei Viertel der Kriegsjugendgeneration an, waren also nach 1900 geboren.[127] Die meisten von Ihnen waren Juristen, viele hatten promoviert. Diese gebildeten jungen Akademiker waren die „Kerngruppe des Genozids" (Ulrich Herbert), und aus ihren Reihen kam während des Rußlandfeldzuges das Gros der Kommandeure der berüchtigten Einsatzgruppen.[128] Schon die Richter des Nürnberger Militärtribunals hatten sich im sogenannten Einsatzgruppenprozeß entsetzt darüber gezeigt, wer dort auf der Anklagebank saß und für die Ermordung hunderttausender Menschen im von den Deutschen besetzten Gebiet der Sowjetunion verantwortlich war: „Die Angeklagten sind keine ungebildeten Wilden, unfähig, die höheren Werte des Lebens und der Lebensführung zu schätzen. Jeder der auf der Anklagebank Sitzenden hatte den Vorteil einer beträchtlichen Ausbildung genossen. Acht sind Juristen, einer Universitätsprofessor, ein anderer Zahnarzt und wieder ein anderer Kunstsachverständiger. [...] Es war in der Tat eine der vielen bemerkenswerten Seiten dieses Prozesses, daß die Schilderung ungeheurer Greueltaten ständig mit den akademischen Titeln *[der Täter]* durchsetzt war."[129]

Auch Josef Mengele, Jahrgang 1911, war Angehöriger dieser Generation; auch er war kein „ungebildeter Wilder", sondern besaß zwei Doktortitel in Anthropologie und Medizin; auch er war kein singuläres Phänomen, sondern Teil einer Gruppe.[130] Er war nicht der einzige, der die Gelegenheit nutzte, KL-Häftlinge, Gefängnisinsassen oder geistig Behinderte zu „wissenschaftlichen" Zwecken zu mißbrauchen. Natürlich gibt es keinen Automatismus, die Zugehörigkeit zur Kriegsjugendgenera-

---

gebrachten Erlebnis-, Denk- und Gestaltungsformen nicht mehr möglich wird, dann kristallisieren sich irgendwo die neuen Ansatzpunkte zu einem als neu sich abhebenden Impuls, zu einer neuen Gestalt gebenden Einheit. Wir sprechen in solchen Fällen von einem neuen Generationsstil." Mannheim, Problem, S. 550. Zu Karl Mannheims Generationstheorie vgl. auch Götz von Olenhusen, Jugendreich, S. 20–23.
122 Herbert, Best, S. 44.
123 Dies hatte Gründel schon 1932 so formuliert. Zit. nach: Ebenda.
124 Außerdem liegt mit der 2000 erschienenen Arbeit Karin Orths zum Führungspersonal der Konzentrationslager zu einem weiteren Täterkreis eine vorzügliche Gruppenbiographie vor: vgl. Orth, Konzentrationslager-SS.
125 Vgl. Herbert, Best.
126 Vgl. Wildt, Generation.
127 Vgl. Wildt, Generation, 23–29. Vgl. außerdem zu den wirkmächtigsten Prägefaktoren: Ebenda, S. 41–71.
128 Vgl. zu den Verbrechen der Einsatzgruppen: Krausnick, Truppe; Klein, Einsatzgruppen.
129 Zitiert nach: Herbert, Best, S. 13 f.
130 Leider liegt bisher zu der vergleichsweise heterogenen Gruppe der in den Konzentrationslagern tätigen Mediziner keine gruppenbiographische Studie vor.

tion disponierte nicht zwangsläufig zum Massenmord, und es gab natürlich auch NS-Verbrecher, die vor 1900 geboren waren. Michael Wildt stellt fest, daß sich „bei keinem der jungen Männer, die später im RSHA führende Positionen einnahmen, [...] zu Beginn des NS-Regimes irgendwelche Anzeichen auf einen ‚eliminatorischen Antisemitismus'" gezeigt hätten „oder auf eine Bereitschaft zur Vernichtung, die nur auf den Moment des Auslösens wartete"[131]. Daß dies auch für Mengele gilt, wurde bereits gezeigt. Ulrich Völklein schreibt in seiner Mengele-Biographie zutreffend, nicht jeder, der „sich nach seinem Medizinstudium des beruflichen Aufstiegs wegen und vielleicht auch aus politischer Überzeugung der NSDAP und der SS angeschlossen hatte", sei gleich „als Wachmann oder Todesdoktor in einem KZ"[132] gelandet.

Zdenek Zofka warnt davor, Mengele als Sadisten oder fanatischen Nationalsozialisten einzustufen und ihn damit als psychopathologischen Triebtäter oder als fanatisierten Gesinnungstäter quasi zu exkulpieren[133], wie dies wenig überzeugend der amerikanische Psychiater Robert J. Lifton tat, der Mengele per Ferndiagnose eine „psychische Dopplung" und „schizoide Tendenzen"[134] attestieren zu können glaubte. Auch Helena Kubica bemängelt, oft sei der Eindruck erweckt worden, Mengele sei „ein Sonderfall unter den vielen damaligen deutschen Ärzten" und seine Verbrechen lediglich Resultat seiner „rein individuellen Charaktereigenschaften" gewesen; sie konstatiert, „das Wichtigste" für die Erklärung der Verbrechen Josef Mengeles sei „die Analyse des Systems, in dem Dr. Mengele tätig war"[135]. Tatsächlich sind Mengeles Taten sowohl ohne die spezifische Entwicklung der medizinischen Wissenschaft vor und während des Nationalsozialismus als auch ohne den in Auschwitz gewährten grenzenlosen Handlungsspielraum undenkbar. Mengele wäre ohne Auschwitz „höchstwahrscheinlich ein emsiger und pedantischer, [...] vielleicht sogar ein anerkannter Datensammler geworden"[136], wie Völklein vermutet. Mehr noch: Nichts spricht gegen die Annahme, daß Mengele nach dem Krieg seine Karriere fortgesetzt und es zu den angestrebten höheren akademischen Weihen gebracht hätte – ganz so wie viele seiner ehemaligen Frankfurter Kollegen.[137] In letzter Konsequenz müßte man Mengele dann aber selbst als „Opfer des Nationalsozialismus" sehen, als ein „Symbol des jungen Humanwissenschaftlers, dessen Intelligenz im Nationalsozialismus mißbraucht wurde", wie Benno Müller-Hill dies getan hat.[138] Doch Mengele profitierte von seiner Tätigkeit in Auschwitz und er

---

[131] Wildt, Generation, S. 25 f.
[132] Völklein, Mengele, S. 9.
[133] Vgl. Zofka, KZ-Arzt, S. 266 f.
[134] Lifton, Ärzte, S. 444. Vgl. außerdem: Sedghi, Dopplung, der sich kritisch mit Liftons Ansatz auseinandersetzt.
[135] Kubica, Mengele, S. 369.
[136] Völklein, Mengele, S. 185.
[137] Verschuer saß seit 1951 auf dem Lehrstuhl für Humangenetik der Universität Münster; seine früheren Mitarbeiter und Assistenten waren ebenfalls gut versorgt: Hans Nachtsheim hatte seit 1949 den Lehrstuhl für Humangenetik an der neugegründeten Freien Universität Berlin inne, Heinrich Schade erhielt eine außerplanmäßige Professur in Münster, Hans Grebe einen Lehrauftrag an der Universität Marburg. Vgl. Völklein, Mengele, S. 244. Vgl. außerdem zum Thema der Karrierekontinuität: Klee, Medizin und Frei, Karrieren.
[138] Tödliche Wissenschaft. Die verdrängte Geschichte der Humangenetik unter Hitler, in: DIE ZEIT, 12. 7. 1984. Dieses völlig falsche Bild von Mengele als Opfer zeigt sich auch in Mül-

wollte von ihr profitieren; er entwickelte ein hohes Maß an Eigeninitiative, um die sich ihm bietenden Möglichkeiten für sein berufliches Fortkommen möglichst optimal zu nutzen; er wurde selbst aktiv, er war kein passives Opfer. Sind wir also doch auf die von Helena Kubica abgelehnten „rein individuellen Charaktereigenschaften" zurückverwiesen, auf seinen „ungezügelte[n] Ehrgeiz [...], in keiner Weise kontrolliert durch ethische Normen"[139]?

In der Tat spielte die Hybris des Mengele'schen Ehrgeizes eine wichtige Rolle. Doch der Ehrgeiz, den Mengele von seinem Elternhaus mit auf den Weg bekommen hatte, war zu allen Zeiten Triebfeder menschlichen Handelns (und Verbrechens) und zeichnete nicht nur Josef Mengele aus. Er allein kann als Erklärung für Mengeles Handeln in Auschwitz ebensowenig befriedigen. Um nicht einem eindimensionalen Täterbild aufzusitzen, ist es vielmehr nötig, auch den Mengele vielfach attestierten „grenzenlosen Zynismus"[140] zu hinterfragen, der es ihm ermöglichte, seine Opfer nicht mehr als Menschen, sondern als eigentlich schon totes Material zu sehen; einzige Daseinsberechtigung dieser „Meerschweinchen"[141] bestand darin, ihm als Forschungsobjekt zu dienen, bevor sie den ohnehin schon festgelegten Weg der Vernichtung zu gehen hatten. Erst dieser Zynismus ermöglichte es Mengele, Menschen seinem Ehrgeiz und der „wissenschaftlichen Forschung" bedingungs- und skrupellos zu opfern. Kälte, Mitleidlosigkeit, kompromißloser Utilitarismus – diese Eigenschaften zeichneten nicht nur Mengele allein aus, sondern waren als „generationeller Stil" symptomatisch für eine ganze Generation von „Zynikern", deren hervorstechende Eigenschaften oben schon genannt wurden: Kühle, Härte und Sachlichkeit sowie ein ausgesprochener Sinn für rationelle Methoden und für das Ökonomieprinzip überhaupt.

Mengeles Taten ragen heraus – aber er war kein singuläres Phänomen; es gab andere neben ihm, ob als Ärzte in Konzentrationslagern und Euthanasieanstalten oder als akademisch gebildete Führer eines Mordkommandos in der Sowjetunion.[142] Die Frage, wie jemand, der „kein Wilder" war, der eine „beträchtliche Ausbildung"[143] genossen hatte und der auch nicht verrückt im klinisch-pathologischen Sinne war, zu einem kaltblütigen Massenmörder werden konnte, wurde nicht nur von den oben bereits zitierten Nürnberger Richtern gestellt: Menschen, die Josef Mengele aus Kindheit und Jugend kannten, konnten nicht glauben, daß aus dem „Beppo", den sie in Erinnerung hatten, der Mengele von Auschwitz hatte werden können. Er-

---

ler-Hills Überzeugung, „daß es von Verschuer war, der es ihm einredete", diesen Schritt zu tun (zit. nach Posner/Ware, Mengele, S. 37). Unabhängig davon, daß die häufig diskutierte, letztlich nicht mehr zu klärende Frage, ob Mengele sich nun freiwillig nach Auschwitz gemeldet oder Verschuer ihn überredet hat, für die Bewertung von Mengeles Verbrechen eher nebensächlich ist, spricht alles dafür, daß keine der beiden Alternative stimmt. Am wahrscheinlichsten erscheint, daß Mengeles Versetzung vor allem Zufall war: Sein Vorgänger in Auschwitz erkrankte und wurde für erkennbar längere Zeit dienstunfähig, und Mengele stand in seinem Berliner Ersatzbataillon zur Verfügung.

[139] Zofka, KZ-Arzt, S. 266.
[140] Ebenda.
[141] Eine in den KL verbreitete Bezeichnung für die Opfer medizinischer Versuche.
[142] Vgl. ergänzend zur Frage von Medizinverbrechen durch Wehrmachtsärzte: Kudlien, Wehrmachtsärzte.
[143] So die Formulierungen der Nürnberger Richter, vgl. S. 91.

klären läßt sich dies nur durch diese ganz spezielle, auch individuelle, aber eben nicht singuläre Mischung aus individuellem Ehrgeiz, rassistischer Ideologie, systembedingten Handlungsspielräumen und generationellem Stil. Jede dieser Voraussetzungen und Faktoren war grundlegend, doch ohne Berücksichtigung des generationellen Stils muß der Versuch, das Verhalten des „Zynikers" Josef Mengele in Auschwitz erklären zu wollen, unvollständig bleiben.

## 4. Mengeles Heimatstadt – eine Hochburg des Nationalsozialismus?

Immer wieder wurde im Laufe der Jahre die Behauptung, Günzburg sei eine Hochburg der Nationalsozialisten gewesen, als Indiz für eine Mitverantwortung der Stadt an den Taten Josef Mengeles angeführt. Argumentiert wurde dabei ausschließlich a posteriori: Eine Stadt, der sowohl der Auschwitz-Mörder Mengele als auch Franz Xaver Schwarz[144], der Reichsschatzmeister der NSDAP, entstammten, müsse einfach besonders nationalsozialistisch gewesen sein, so der Rückschluß. Daß eine solche Argumentation wenig überzeugend ist, scheint offensichtlich. Für Josef Mengele wurde bereits im vorhergehenden Kapitel dargelegt, daß er zu dem Zeitpunkt, als er Günzburg verließ, zwar konservativ und nationalistisch, nicht jedoch nationalsozialistisch eingestellt war. In noch stärkerem Maße dürfte dies auch für den 1875 geborenen Schwarz gelten. Als dieser Günzburg mit zwanzig Jahren in Richtung München verließ, war der kleine Adolf Hitler gerade sechs Jahre alt geworden, und sein Aufstieg zum Reichsschatzmeister der NSDAP dürfte kaum in direktem Zusammenhang mit seinem Geburtsort gestanden haben.

Durchaus wahrscheinlich ist es dagegen, daß Schwarz auf die spätere Entwicklung der NS-Bewegung in Günzburg Einfluß genommen hat. Er vergaß seine Heimatstadt nicht und hielt Kontakt, nicht zuletzt in Form regelmäßiger Besuche bei seinen beiden Schwestern, die als Ordensfrauen im Institut der Englischen Fräulein lebten. Auch nach der Machtübernahme interessierte er sich für die Verhältnisse in seiner Heimatstadt und nahm entsprechend Einfluß: Nur durch seine Protektion konnte der angesehene Erste Bürgermeister Hanner, der kein Nationalsozialist war,

---

[144] Franz Xaver Schwarz, geb. 27. 9. 1875 in Günzburg; 1895 zum Militärdienst eingezogen, Verwaltungstätigkeit beim Stadtkommandanten München; 1899 Abschied als Sergeant, anschließend Tätigkeit in der Münchener Stadtverwaltung; 1914–1916 als Feldwebel-Leutnant an der Front; 1918 Entlassung; 1922 Eintritt in die NSDAP; 1923 Teilnahme am Hitler-Putsch; Duz-Freund Hitlers; nach Neugründung der Partei 1925 Reichsschatzmeister, im gleichen Jahr Gesuch um Versetzung in den Ruhestand als Oberamtmann, um sich ganz der Partei widmen zu können; 1931 „Generalbevollmächtigter des Führers" in allen Vermögensfragen; 1933 Reichstagsabgeordneter und Reichsleiter; 1935 Aufsicht über die Finanzen aller der NSDAP angeschlossenen Verbände; bis 1945 zuständig nicht nur für alle Fragen der Parteifinanzen, sondern der inneren Verwaltung allgemein; gest. 1947, 1948 postum als Hauptschuldiger klassifiziert, danach Vermögensentzug.
Trotz seiner durchaus bedeutenden Stellung hat das Amt des Reichsschatzmeisters bisher in der Forschung kaum Beachtung gefunden. Vgl. lediglich: Lükemann, Reichsschatzmeister, und Degreif, Dieter, Franz Xaver Schwarz. Vgl. außerdem: Das Deutsche Führerlexikon, S. 448f., und Der Großdeutsche Reichstag 1938, S. 400f. und 539.

weiterhin amtieren.[145] Noch Jahrzehnte später bescheinigten Zeitzeugen, Schwarz habe „seine schützende Hand immer über die Stadt Günzburg gehalten"[146].

Es kann angenommen werden, daß Günzburg gelegentlich von seinem Kontakt in die Führungsspitze des NS-Systems profitiert hat. Aber wiederum kann nicht ex post allein wegen des Interesses eines hohen NS-Funktionärs an seiner Heimatstadt gefolgert werden, die Bewohner dieser Stadt müßten besonders enthusiastische Anhänger des Nationalsozialismus gewesen sein. Deshalb soll hier ein kurzer Blick auf die Entwicklung der nationalsozialistischen Bewegung in Günzburg geworfen werden, die zumindest für die Jahre bis zur Machtergreifung gut verfolgt werden kann und die durchaus Rückschlüsse auf die Haltung der Günzburger gegenüber der NS-Bewegung zuläßt.

Von den Anfängen der NSDAP in Günzburg berichtete im Mai 1923 der zuständige Bezirksamtmann an die Münchener Polizei, die NSDAP habe „in der Stadt Günzburg erstmals um die Zeit des Monats Februar Fuß gefaßt"[147]. Die Errichtung der Ortsgruppe im darauffolgenden Monat sei „auf die Werbetätigkeit einiger Studierenden der Münchener Hochschule" zurückzuführen gewesen, sie zähle bereits „ungefähr 120 Mitglieder [...], die sich aus allen Ständen (Gewerbetreibenden, Handwerkern, Beamte und Arbeiter) zusammensetzen". Diesen beachtlichen Erfolg führte der Bezirksamtmann zurück auf „den vor kurzer Zeit hierher versetzten Brandversicherungsinspektor Pfaffenzeller, der als gewandter Redner geschickt und mit Erfolg die Leitung der Bewegung in die Hand genommen hat. [...] Der Ortsgruppe gehören frühere Parteianhänger so ziemlich aller Parteien an. [...] Zweifellos hat die nationalsozialistische Bewegung in Günzburg einen guten Boden gefunden." Ob der schon zu diesem frühen Zeitpunkt in der NSDAP nicht unbedeutende Schwarz auch bei der frühen Gründung einer Ortsgruppe in seiner Heimatstadt eine Rolle gespielt hat, muß offen bleiben, ist aber nicht unwahrscheinlich.

Im Jahr 1923, dem großen Krisenjahr der Weimarer Republik[148], war es der NSDAP also gelungen, in Günzburg erfolgreich Fuß zu fassen. Zunächst aber blieb

---

[145] Hanner hatte sich die Feindschaft der Günzburger Nationalsozialisten zugezogen, weil er in einer Trauersitzung des Stadtrates dem Sozialdemokraten Geiselhart, ihrem Erzfeind, nach dessen Selbstmord in der Schutzhaft im Günzburger Amtsgerichtsgefängnis die Anerkennung nicht versagt hatte; er attestierte ihm „achtunggebietenden sittlichen Pathos" in seiner politischen Haltung; er sei ein Mann von hohen Geistesgaben gewesen und „allzeit offen und ehrlich für das eingetreten, was er für richtig hielt". Rede des Bürgermeisters Hanner vor dem Stadtrat Günzburg am 20. 3. 1933, zit. nach: Köppler, Aufbruch, S. 6. Vgl. außerdem: Zofka, Ausbreitung, S. 251–257, hier insb. S. 255 f.

[146] Zit. nach: Köppler, Aufbruch, S. 8. Einer der wenigen Sätze, die der Günzburger Chronist Paul Auer in seiner Stadtgeschichte über die Zeit des Nationalsozialismus verliert, ist ausgerechnet dem Lob des Reichsschatzmeisters gewidmet: „Der Jugend seiner Vaterstadt stiftete er am Südlichen Burgfriede das HJ-Heim, das Buben und Mädchen mit weiten Sälen, mit Spiel- und Sportplatz bis in den Krieg hinein die Stätte geselliger Spiele und Abende wurde." Auer, Geschichte, S. 143.

[147] Dieses und die folgenden Zitate: StAA, BA Günzburg 3149, Schreiben des Bezirksamtes Günzburg an die Polizeidirektion München betr. national-sozialistische Bewegung in Stadt und Bezirk Günzburg, 9. 5. 1923.

[148] Vgl. zu den politischen, wirtschaftlichen und sozialen Verhältnissen in der Weimarer Republik allgemein und zu Hitlers Aufstieg im besonderen z. B. Wirsching, Weimarer Republik; Möller, Weimar; Winkler, Weimar; Mommsen, Freiheit; Kolb, Weimarer Republik und Broszat, Machtergreifung.

die Partei auch dort Episode. Als sie nach dem Hitlerputsch vom November 1923 verboten wurde, verschwand die Ortsgruppe schnell wieder.[149] Ihr kurzzeitiger Erfolg als Protestbewegung in der Krise, als viele ihre Existenz durch die galoppierende Inflation gefährdet sahen, schwand in dem Maße, in dem sich die Weimarer Republik in der Folgezeit zu stabilisieren schien und in die Phase der „Goldenen Zwanziger" eintrat. Doch die Stabilität der zweiten Hälfte der 1920er Jahre war fragil; unter der Oberfläche warteten die Gegner der demokratischen und liberalen Republik auf ihre Chance und bereiteten sich darauf vor, jede Schwäche zum Angriff zu nutzen.

Die hereinbrechende Wirtschaftskrise brachte der NSDAP gegen Ende der 1920er Jahre erneuten Zulauf. Die Günzburger Ortsgruppe war mittlerweile weitgehend bedeutungslos geworden, ein harter Kern überzeugter Anhänger, der die Partei auch in relativ „normalen" Zeiten unterstützte, war jedoch nie ganz verschwunden.[150] Mit dem erneuten Erstarken der Partei war Günzburg als das kleinstädtische Zentrum eines ländlich geprägten Bezirks der Ausgangspunkt für die weitere Ausbreitung in der Umgebung. Seit Anfang 1930 gab es im Günzburger Stadtrat eine NSDAP-Fraktion, die allerdings kein eigenständiges kommunalpolitisches Profil gewann.[151] Mit ihrem Anwachsen zur Massenpartei und der Ausdehnung auf das flache Land kam es seit 1928 zu einem Strukturwandel, in dessen Verlauf sich die NSDAP von einer eindeutig kleinstädtisch zu einer immer stärker ländlich geprägten Partei wandelte.[152] Auch der Bezirk Günzburg war von dieser Entwicklung betroffen, und mit dem Erstarken der ländlichen Ableger verlor die städtische Ortsgruppe ihre Rolle als regionaler Knotenpunkt und trat „ins zweite Glied zurück"[153]. 1932 hatte sie ihre regionale Vorherrschaft endgültig eingebüßt: Seit November stellte sie nicht mehr den Kreisleiter, und auch der Reichstagskandidat für die Wahl im April kam nicht aus Günzburg.[154]

Diese Entwicklung läßt sich auch an den Ergebnissen der fünf Reichstagswahlen ablesen, die zwischen 1928 und 1933 stattfanden (vgl. Abb., nächste Seite).[155] In den ersten beiden Wahlen (1928 und 1930) konnte die NSDAP in Günzburg noch be-

---

[149] Vgl. Zofka, Ausbreitung, S. 29.
[150] Vgl. ebenda, S. 36 und 68. Vgl. zu diesen „Years of Stagnation (1925–1927)" und der anschließenden Phase des „Expansion of the Movement (1927–1930)" in Bayern: Pridham, Rise, S. 36–73.
[151] Vgl. Zofka, Ausbreitung, S. 143–146.
[152] Vgl. ebenda, S. 57.
[153] Ebenda, S. 35. Bei dieser Wahl erreichte die NSDAP in der Stadt Günzburg 22,8 % der Stimmen, im Bezirk allerdings nur 16,6 %; dennoch war Günzburg nicht mehr, wie noch 1928, die Gemeinde mit dem höchsten NSDAP-Stimmenanteil im Bezirk. Vgl. ebenda, und Statistisches Jahrbuch für den Freistaat Bayern 19 (1930), S. 570–573.
[154] Zofka, Ausbreitung, S. 71.
[155]

| Wahl vom | Günzburg | Schwaben | Bayern | Reich |
|---|---|---|---|---|
| 20. 5. 1928 | 11,7% | 4,3% | 6,4% | 2,6% |
| 14. 9. 1930 | 22,8% | 14,3% | 17,9% | 18,3% |
| 31. 7. 1932 | 28,0% | 29,8% | 32,9% | 37,3% |
| 6. 11. 1932 | 30,6% | 29,7% | 30,5% | 33,1% |
| 5. 3. 1933 | 35,4% | 45,5% | 43,1% | 43,9% |

Daten nach: Statistisches Jahrbuch für den Freistaat Bayern 18 (1928), S. 594f. und S. 606f.; Statistisches Jahrbuch für den Freistaat Bayern 19 (1930), S. 570–573 und S. 580f.; Statistisches Jahrbuch für Bayern 20 (1934), S. 514f. und S. 524f.; Pridham, Rise, S. 322, und Köppler, Aufbruch, S. 6.

## 4. Mengeles Heimatstadt – eine Hochburg des Nationalsozialismus? 97

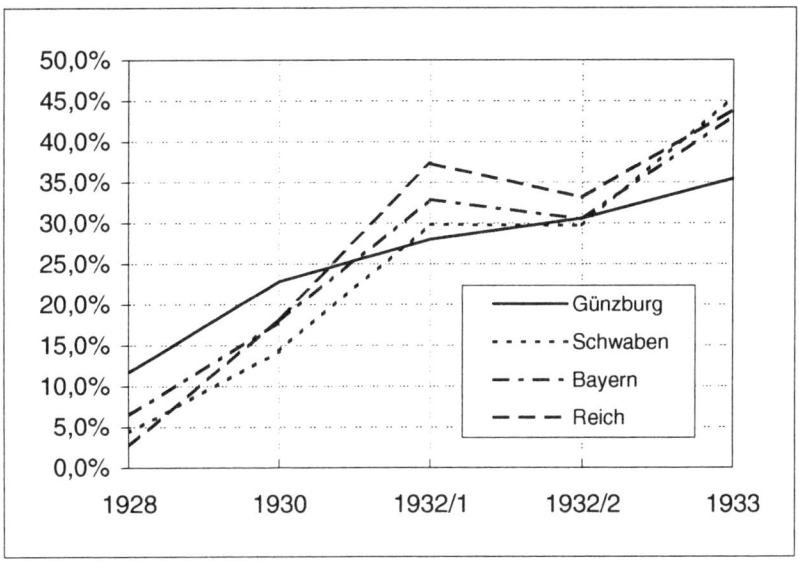

*Abbildung: Die Ergebnisse der NSDAP bei den Wahlen zum Deutschen Reichstag von 1928 bis 1933 in Günzburg, Schwaben, Bayern und im Reich im Vergleich*

achtliche Ergebnisse erzielen. 1928 war ihr Stimmanteil dort mit 11,7 Prozent fast dreimal so hoch wie in ganz Schwaben (4,3 Prozent), und Günzburg war vor Memmingen und Kempten (je 10,9 Prozent) die schwäbische Stadt mit dem besten Ergebnis für die Partei. 1930 ergab sich noch ein ähnliches, wenn auch bereits abgeschwächtes Bild.[156] Danach konnte die NSDAP in Günzburg keine spektakulären oder außergewöhnlichen Erfolge mehr feiern, und in der letzten, kaum noch frei zu nennenden Wahl vom 5. März 1933 erreichte sie in Günzburg eher enttäuschende 35,4 Prozent. Der durchschnittliche Stimmenanteil in Schwaben lag mit 45,5 Prozent über ein Viertel höher, und an der Spitze des Regierungsbezirks lagen Städte wie Memmingen, Neuburg an der Donau, Neu-Ulm und Nördlingen mit 44,3 Prozent, 46,8 Prozent, 48,5 Prozent oder sogar 52,2 Prozent der Stimmen.[157]

Meist wurde die Behauptung, Günzburg sei eine NS-Hochburg gewesen, von dem plakativen Hinweis begleitet, daß sogar Hitler selbst zweimal in Günzburg als Redner aufgetreten sei. Diese Auftritte wurden als weiteres Indiz für Günzburgs besondere Begeisterung für die NS-Bewegung gewertet. Tatsächlich konnte die Günzburger Ortsgruppe in frühen Jahren bei ihren Wahlkampfveranstaltungen auf Parteiprominenz zurückgreifen. So sprachen im April 1930 in kurzem Abstand Gregor Strasser und Julius Streicher[158], und am 6. Juli des gleichen Jahres schließ-

---

[156] Vgl. Statistisches Jahrbuch für den Freistaat Bayern 20 (1934), S. 570–573.
[157] Vgl. ebenda, S. 514f.
[158] „Es sprachen für die Partei am Samstag, 6. IV. 1930 in der neuen Turnhalle in Günzburg vor 500 Personen der Reichstagsabgeordnete Gregor Strasser und am 13. IV. 1930 in einer gut besuchten Veranstaltung in der Gastwirtschaft Schießhaus in Günzburg der Landtagsabge-

lich Hitler selbst auf einem – von Reichsschatzmeister Schwarz organisierten – „Hitlertag in Günzburg"[159]. Hitler sprach zwei Stunden lang vor etwa 1400 Zuhörern in der völlig überfüllten Turnhalle.[160] Gleichzeitig hielten der Reichstagsabgeordnete Dreher im Traubenkeller und der „Diplomlandwirt Himmler"[161] im Schießhaus Vorträge. Hitlers Rede[162] war wenig originell und diffus, und fand – angeblich auch bei NS-Sympathisanten – nur geteilte Zustimmung. Verärgerung löste das Nichterscheinen Hitlers bei der Versammlung im Schießhaus aus, wo die Besucher mit Himmlers Vortrag über „Nationalsozialismus und Landwirtschaft" allein nicht zufrieden waren und auf eine angekündigte, zweite Hitlerrede gewartet hatten. Doch Hitler war schon „zu sehr abgespannt"[163].

Erfolgreicher war Hitlers zweiter Auftritt in Günzburg, der nur wenige Wochen vor der Reichstagswahl vom 6. November 1932, nämlich am 12. Oktober stattfand. Die Günzburger NSDAP rechnete nach dem Wahlerfolg vom Juli (37,3 Prozent im Reich) mit einer weit größeren Besucherzahl und hatte sich deshalb um einen größeren Saal gekümmert. Hitler sprach in einer der Fabrikhallen der Firma Mengele[164] vor rund 7000 Zuhörern.[165] Diesmal gelang es ihm, sein Publikum zu begeistern: „In atemloser Spannung hatten [sie] den Worten des Mannes gelauscht. [...] Mit erhobenen Armen sang die Menge das Deutschlandlied."[166]

Hitler zog also auch in Günzburg die Massen an und konnte sie – nach eher mäßigem Erfolg im ersten Anlauf – begeistern. Doch eine Hitlerrede im Wahlkampf war zwar für die jeweilige Stadt eine Sensation, ein Einzelfall oder ein außergewöhnliches oder gar einzigartiges Ereignis war sie im Deutschland dieser Jahre jedoch nicht. Schon deshalb können Wahlkampfauftritte Hitlers nur bedingt als Argument für eine besondere Begeisterung der Bewohner für den Nationalsozialismus dienen. Hinzu kommt, daß weder alle noch ausschließlich Günzburger an diesen Veranstaltungen teilgenommen haben. Hitler sprach 1932 vor rund 7000 Menschen – Günzburg hatte zu diesem Zeitpunkt nur rund 6000 Einwohner.[167] Schon 1930 hatte das schwäbische Volksblatt geschrieben, daß „Günzburg [...] selten so viele Fremde in seinen Mauern gesehen"[168] habe wie anläßlich des Hitlertages. 1932

---

ordnete Julius Streicher. Beide Versammlungen verliefen ruhig." StAA, BA Günzburg 9934, Halbmonatsbericht des Bezirksamtes Günzburg an die Regierung von Schwaben, 14. 4. 1930.

[159] So die Überschrift des Artikels im Schwäbischen Volksblatt, 7. 7. 1930.
[160] Zofka weist darauf hin, daß die Sozialdemokraten bei ihren Wahlveranstaltungen in Günzburg ähnlich viele Zuhörer mobilisierten. Vgl. Zofka, Ausbreitung, S. 71.
[161] Der Hitlertag in Günzburg, in: SVB, 7. 7. 1930.
[162] Vgl. die Zusammenfassung der Rede in: Ebenda. Vgl. außerdem: Hitler. Reden, Schriften, Anordnungen 3, S. 268f.
[163] Hitlertag in Günzburg, in: SVB, 7. 7. 1930. Vgl. außerdem Zofka, Ausbreitung, S. 78.
[164] Vgl. S. 75.
[165] So die Angabe in: Bericht des Bezirksamtes Günzburg an die Regierung von Schwaben, 15. 10. 1932, in: StAA, BA Günzburg 9934. Im Schwäbischen Volksblatt ist von 6000 Zuhörern in der Halle, 1200 in einer weiteren Halle und 2000 vor der Halle die Rede, also von insgesamt 9200 Besuchern. Vgl. zum Redetext außerdem: Hitler. Reden, Schriften, Anordnungen 5, S. 15–18.
[166] Adolf Hitler in Günzburg, in: SVB, 12. 10. 1932.
[167] Wohnbevölkerung nach der Volkszählung vom 16. 6. 1925: 5977, davon 3803 Wahlberechtigte. Vgl. Statistisches Jahrbuch für den Freistaat Bayern 19 (1930), S. 568.
[168] Der Hitlertag in Günzburg, in SVB, 7. 7. 1930.

schließlich kamen „aus ganz Nordschwaben und dem angrenzenden Württemberg *[…]* so viel Menschen *[…]*, wie Günzburg wohl noch nie gesehen hat"[169]. Hinzu kommt, daß sich – wären Hitlers Wahlkampfauftritte als Beweis für die nationalsozialistische Gesinnung einer Stadt brauchbar – die Argumentation geradezu ins Gegenteil verkehren müßte: Bis 1930 erreichte die NSDAP in Günzburg überdurchschnittliche, dann immer enttäuschendere und schließlich unterdurchschnittliche Wahlergebnisse. Spräche dies nicht eher dafür, daß Günzburg *trotz* zweier Hitlerbesuche nicht zur NS-Hochburg wurde? Wollte man mit den Besuchen Hitlers argumentieren, müßte das Ergebnis konsequenterweise sogar lauten, die Reden Hitlers hätten dazu geführt, daß Günzburg sich von einer NS-Hochburg zu einer Stadt entwickelte, die der NS-Bewegung zuletzt nur noch deutlich unterdurchschnittliche Ergebnisse lieferte.

Gänzlich wirkungslos sind die Besuche Hitlers natürlich nicht geblieben. Bei den Novemberwahlen des Jahres 1932, die nur wenige Wochen nach Hitlers zweitem Besuch stattfanden, büßte die NSDAP in Günzburg im Vergleich zu den Juliwahlen anders als im Reichsdurchschnitt keine Stimmen ein, sondern konnte sogar leicht dazugewinnen. Dies war sicherlich auch eine Folge des propagandistischen Großereignisses. Dabei darf aber nicht übersehen werden, daß diese minimalen Gewinne auf vergleichsweise niedrigem Niveau erzielt wurden – das Günzburger Ergebnis der Juliwahlen hatte immerhin um 9,3 Prozentpunkte unter dem Reichsdurchschnitt gelegen, nun lag es nur noch um 2,5 Prozentpunkte zurück. Die Novemberwahl blieb allerdings die Ausnahme: Nur vier Monate später, im März 1933, betrug der Abstand wieder 8,5 Prozentpunkte. Die Auswirkungen des Hitlerbesuchs waren also kurzfristig und in ihrer Wirkung begrenzt. Längerfristig haben sie das Abschneiden der NSDAP in Günzburg nicht entscheidend beeinflußt. Die Gründe sowohl für den frühen Aufstieg als auch für das später vergleichsweise schwache Abschneiden der Nationalsozialisten in Günzburg lagen anderswo.

Ein wichtiger Faktor für die Entwicklung der NSDAP in Günzburg war der relativ hohe Arbeiteranteil an der Stadtbevölkerung. Die soziale Polarisierung war stark ausgeprägt, und so konnte sich die Partei zunächst als primär antisozialistische Kraft etablieren. Dies bestätigt auch der oben bereits zitierte Bericht des Bezirksamtes: „Das Erstarken der nationalsozialistischen Bewegung ist auch hier nicht ohne Wirkung geblieben auf die Sozialdemokratie, deren Einfluss und Bedeutung sie merklich zurückgedrängt hat. Auch das Auftreten der Sozialdemokratie ist nicht mehr so selbstherrlich wie früher, sie weiss, dass ihr Terror nicht mehr so ruhig, wie vielfach früher, hingenommen wird."[170] Von konservativ-bürgerlicher Seite wurde die antisozialistische NS-Bewegung also durchaus begrüßt. Die nach der Revolution von 1918 und der Errichtung der Republik zusehends selbstbewußter auftretende Arbeiterschaft sollte in ihre Schranken gewiesen werden.

---

[169] Adolf Hitler in Günzburg, in: SVB, 12. 10. 1930.
[170] StAA, BA Günzburg 3149, Schreiben des Bezirksamtes Günzburg an die Polizeidirektion München betr. national-sozialistische Bewegung in Stadt und Bezirk Günzburg, 9. 5. 1923.

In Günzburg war vor allem die Sozialdemokratie gut organisiert und besaß mit Otto Geiselhart[171] eine starke Identifikationsfigur. Geiselhart war dann auch einer der ersten, die wenige Tage nach der Reichstagswahl vom 6. März 1933 in Günzburg in Schutzhaft genommen wurden; er nahm sich daraufhin in der Nacht zum 18. März im Günzburger Gefängnis das Leben.[172] In den Jahren zuvor hatten sich die Sozialdemokraten mit der NSDAP heftige Auseinandersetzungen geliefert, die sich nicht nur in Versammlungen und Gegenversammlungen, Flugblattaktionen und einem regelrechten Pressekrieg geäußert hatten, sondern auch in handgreiflichen Auseinandersetzungen und Schlägereien.[173]

Die zunächst überdurchschnittlichen Erfolge der NSDAP lassen sich auf verschiedene Faktoren zurückführen. Bis 1930 hing die Entwicklung der Partei überall vom Engagement und Auftreten einzelner, in der Regel einheimischer Aktivisten ab.[174] In Günzburg war dies vor allem der eher gemäßigt auftretende NSDAP-Bezirksleiters Johann Weber[175], der auch in den nicht-nationalsozialistischen Gruppen des Bürgertums hohes persönliches Ansehen genoß und maßgeblich dazu beitrug, daß es den Nationalsozialisten gelang, als eine von mehreren Gruppierungen des Günzburger Bürgertums anerkannt zu werden.[176] Die Nationalsozialisten bemühten sich erfolgreich, nicht in den Verdacht des Rabaukentums zu geraten und so die bürgerlichen Schichten zu verschrecken.[177] Dabei konnte sie natürlich, wie überall in Deutschland, an die vorhandenen Traditionen des Nationalismus und des Militarismus anknüpfen.[178]

Die lokale Stärke der Sozialdemokratie ermöglichte es der NSDAP-Ortsgruppe außerdem, durch betont antisozialistisches und antimarxistisches Auftreten Anhänger zu gewinnen, in der Kleinstadt Günzburg vor allem bei der mittelständischen Wählerklientel.[179] Das regionale Partei-Image war zunächst eindeutig von diesem Schwerpunkt dominiert – es gab keine „verbalen Angriffe gegen den Bauernbund, keine Haßtiraden gegen die Juden, keine antiklerikalen Untertöne"[180]. Es waren diese lokalen Gegebenheiten und Besonderheiten, die der Partei überdurchschnitt-

---

[171] Mitglied des Günzburger Stadtrates; 1920–1924 Mitglied des bayerischen Landtages; 1928–1933 Mitglied des Deutschen Reichstages.
[172] Vgl. Zofka, Ausbreitung, S. 268f.
[173] Vgl. ebenda, S. 190–197.
[174] Vgl. Büttner, Volksgemeinschaft, S. 88.
[175] Weber verunglückte am Abend des Hitler-Besuchs von 1932 tödlich mit dem Motorrad. Sein Nachfolger war Georg Deisenhofer aus dem Dorf Burtenbach.
[176] Vgl. Zofka, Ausbreitung, S. 90.
[177] Vgl. ebenda, S. 142. 1932 etwa veranstaltete die NSDAP sogar ein Symphonie-Konzert, ein für eine Kleinstadt doch außergewöhnliches, „erlesenes Kulturereignis" (ebenda).
[178] Vgl. Zofka, Ausbreitung, S. 310f. Der Antisemitismus spielte für die Wahrnehmung der Partei durch die Menschen auch in Günzburg vor der Machtübernahme praktisch keine Rolle; danach war ein relativ starker „Widerstand gegenüber dem Erwartungsdruck, jede Art von Beziehungen zu Juden abzubrechen", zu spüren. Auch aktive Nationalsozialisten trieben weiterhin – heimlich – „mit ihren alten jüdischen Viehhändlern Handel", und der Günzburger Stadtrat veranlaßte am 28. 4. 1933 die NS-Fraktion, einen Antrag auf Nichtzulassung jüdischer Händler zum Jahrmarkt zunächst zurückzustellen, um ihn daraufhin stillschweigend ganz in der Versenkung verschwinden zu lassen. Vgl. ebenda, S. 311–317, Zitate S. 315f.
[179] Vgl. Zofka, Ausbreitung, S. 57f. und 133–156.
[180] Ebenda, S. 75.

### 4. Mengeles Heimatstadt – eine Hochburg des Nationalsozialismus? 101

liche Ergebnisse ermöglichten. Die gleichen lokalen Gegebenheiten waren es dann aber auch, die später verhinderten, daß die nun verstärkt mit ihrem reichsweiten Auftreten wahrgenommene NSDAP ihre starke Position in Günzburg ihren Erfolgen in Bayern und im Reich entsprechend ausbauen konnte.

Durch die starke antisozialistische Frontstellung gelang es der NSDAP in Günzburg nicht in nennenswertem Umfang, im Revier der SPD Stimmen zu gewinnen, wie das anderswo, auch in Schwaben, durchaus der Fall war.[181] Das Arbeitermilieu erwies sich als „weitgehend stabil".[182] Dennoch mußten auch die Arbeiterparteien in Günzburg Verluste hinnehmen.[183] Als noch bedeutenderes Hindernis für den Aufstieg der Nationalsozialisten in Günzburg erwies sich deshalb die katholische BVP, die in Günzburg konstant rund ein Drittel der Wählerstimmen binden konnte und sich als die stabilste der „alten" Parteien erwies; sie mußte zwischen 1930 und 1933 lediglich einen Verlust von 0,4 Prozentpunkten hinnehmen.[184] Das katholische Sozialmilieu erwies sich als starkes Hindernis für den Aufstieg des Nationalsozialismus[185], und Günzburg war hier keine Ausnahme. Weite Teile der Bevölkerung, vor allem des Mittelstandes, waren in der Kleinstadt fest in dieses Sozialmilieu integriert und entsprechend eng an die BVP gebunden. In der ersten Jahreshälfte 1932 kam es in Günzburg zu geradezu kulturkämpferischen Auseinandersetzungen: BVP-orientierte Mittelständler drohten zum Beispiel damit, Geschäfte von NSDAP-Mitgliedern zu boykottieren. Die Situation begann sich erst nach den Koalitionsverhandlungen zwischen dem Zentrum (der Schwesterpartei der BVP) und der NSDAP auf Reichsebene im Juli 1932 langsam zu entspannen.[186] Der entscheidende Wendepunkt in der Entwicklung des Verhältnisses der Katholiken zur NSDAP war erst das Konkordat zwischen dem Deutschen Reich und dem Vatikan vom 20. Juli 1933.[187]

Abschließend bleibt zu sagen, daß Günzburg auch nicht der Hort des Widerstandes war, als den mancher Verteidiger die Stadt sehen wollte.[188] Als Belege wurden meist der bereits genannte Otto Geiselhart und der in Gestapohaft in Augsburg ver-

---

[181] In Schwaben waren 1930 27,8% der Parteimitglieder Arbeiter, im Reich 26,3%; dieser Anteil stieg bis 1933 im Reich auf 31,5%, in Schwaben sogar auf 38,0%, vgl. Parteistatistik der NSDAP von 1935, zit. nach Pridham, Rise, S. 187.
[182] Vgl. Zofka, Ausbreitung, S. 177–197, Zitat S. 179. Dies bestätigen auch die Wahlergebnisse: 1930 erreichten die SPD 26,9% und KPD 2,6%, zusammen also 29,5%. 1933 waren es immerhin noch 20,8% und 4,2%, also zusammen 25%. Vgl. Statistisches Jahrbuch für den Freistaat Bayern 19 (1930), S. 570f., und Statistisches Jahrbuch für Bayern 20 (1934), S. 514f.
[183] Dies zeigen die Wahlergebnisse: 1930 erreichten SPD (26,9%) und KPD (2,6%) zusammen 29,5%, 1933 immerhin noch 20,8% und 4,2%, also zusammen 25%% Vgl. Statistisches Jahrbuch für den Freistaat Bayern 19 (1930), S. 570f., und Statistisches Jahrbuch für Bayern 20 (1934), S. 514f.
[184] Die BVP erreichte 1930 34,8% und 1933 beinahe unverändert 34,4%. Vgl. ebenda.
[185] Vgl. Büttner, Volksgemeinschaft, S. 90. Vgl. außerdem: Rauh-Kühne, Katholisches Sozialmilieu, S. 213–236.
[186] Vgl. Zofka, Ausbreitung, S. 59 und S. 157–176.
[187] Vgl. Jasper, Zähmung, S. 203–210. Vgl. zum Verhältnis von katholischer Kirche, BVP und Katholiken zum Nationalsozialismus in Bayern 1930–1933 außerdem Pridham, Rise, S. 146–183.
[188] Daß dem nicht so war, betonte auch Oberbürgermeister Köppler. Vgl. Köppler, Aufbruch, S. 6.

storbene Stadtpfarrer Adam Birner[189] ins Feld geführt: Beide taugen als Entlastungszeugen für einen Pauschal-Freispruch ebensowenig wie Schwarz oder Mengele als Belastungszeugen für eine Günzburger Kollektivschuldthese. Es gab auch in Günzburg beides, den Arbeiterführer Geiselhart und diejenigen, die ihn in den Tod getrieben haben; den renitenten Stadtpfarrer Birner, und diejenigen, die durch „eine anonyme Anzeige aus seiner näheren Umgebung"[190] für seine Verhaftung sorgten. Es hat in Günzburg zweifellos überzeugte Nationalsozialisten gegeben, und auch dort fand die NS-Bewegung im Laufe der Zeit immer mehr Anhänger; Nazis übernahmen auch in dieser Stadt die Macht, und auch hinsichtlich des Arrangements mit dem Regime und der wachsenden Begeisterung für den Führer war der Großteil ihrer Bewohner sicherlich kaum eine Ausnahme.[191] Es gab Resistenz[192], und gleichzeitig war die NSDAP „rege und stark"[193].

Erst nach der Machtübernahme gelang es der NSDAP im März 1933, etwas mehr als ein Drittel (35,4 Prozent) der Günzburger Wähler hinter sich zu versammeln. Eine Hochburg des Nationalsozialismus war die Stadt damit nicht. Sie war eingebunden in die Gesamtentwicklung in Deutschland und muß deshalb auch vor diesem Hintergrund beurteilt werden. Hinweise für eine außergewöhnliche Sonderstellung lassen sich weder in die eine noch in die andere Richtung finden.[194] Anders

---

[189] Geb. 1897; seit 1930 Domprediger in Augsburg; Verbandspräses der süddeutschen katholischen Arbeiter- und Arbeiterinnenvereine; bis zum Röhmputsch insbesondere wegen der antibolschewistischen Haltung dem Nationalsozialismus durchaus zugetan.
1934 wurde Birner verhaftet, weil er versucht hatte, einen HJ-Führer von „seinem ‚fanatischen' Kampf für den Nationalsozialismus abzubringen, damit der nicht später, wenn es wieder anders werde, unter die Räder komme"; außerdem behauptete er, „daß der Nationalsozialismus in einem halben Jahre abgewirtschaftet habe", „Göring ein Gehalt von 96000 RM" beziehe, Frick „als alter Mann mit 58 Jahren seine Frau mit 5 Kindern verlassen" habe und „Esser (oder Darré) [...] in Ehescheidung" lebe, „da könne einem der Ekel kommen. Das Buch ‚Mythus des 20. Jahrhunderts' bezeichnet er als Schmutz." Halbmonatsbericht der Regierung von Schwaben, 3. 7. 1934, in: Witetschek, Lage, S. 25 f.
Daraufhin wurde Birner als Stadtpfarrer nach Günzburg versetzt; auch dort verheimlichte er seine Abneigung gegen den Nationalsozialismus nicht, nannte Hitler nach der Rheinlandbesetzung „wahnsinnigen" und sagte in der Jahresschlußandacht von 1940, „wer Nationalsozialist ist, ist entweder ein Konjunkturritter, dumm oder ein Lump". Zit. nach Fuchs, Christus, S. 61. Am 4. 4. 1941 wurde er wegen Vergehen gegen das Rundfunkgesetz verhaftet und nach Augsburg gebracht, wo er am 13. April unter rätselhaften Umständen in der Gestapohaft starb. An der offiziellen Selbstmordversion bestehen begründete Zweifel. Vgl. Der Tod eines Widerständlers, in: GZ, 16. 4. 1981.
Vgl. außerdem: Hetzer, Kulturkampf, S. 53, und Kempner, Priester, S. 27 f.
[190] Fuchs, Christus, S. 61.
[191] Vgl. Kershaw, Hitler-Mythos.
[192] Die absolute Oppositionsquote (die Nein-Stimmen bei den im NS-Regime durchgeführten Volksabstimmungen und „Wahlen") sank in den folgenden Jahren auch in Günzburg stark, blieb aber doch überdurchschnittlich. Vgl. Zofka, Ausbreitung, S. 199–207. Zum Begriff der Resistenz vgl. Broszat, Vorwort, S. 11 f.
[193] So die Formulierung des Günzburger Stadtrates Franz Lorenz in der GZ, 31. 1. 1983, zit. nach Köppler, Aufbruch, S. 6.
[194] Für Günzburg stellt eine historisch-wissenschaftliche Aufarbeitung dieser Zeit ein Desiderat dar. Die im Stil einer Chronik verfaßte Stadtgeschichte Auers ist für diese Zeit nahezu wertlos. Die Jahre von 1933 bis 1939 werden auf gerade eineinhalb Seiten abgehandelt (man erfährt vom Umzug des Heimatmuseums und der Eröffnung einer Stadtbücherei), die

als Franz Xaver Schwarz, der Reichsschatzmeister der NSDAP, der für und wohl auch in seiner Heimatstadt politischen Einfluß ausübte, war Josef Mengele zu keinem Zeitpunkt während des Dritten Reiches Teil der Stadtgeschichte; abgesehen von gelegentlichen Besuchen bei seiner Familie gab es keinerlei Verbindung zwischen ihm und seiner Heimatstadt. Wer in Günzburg Lokalhistorie zur Zeit des Nationalsozialismus betreibt, wird keine Erkenntnisse über die Biographie Josef Mengeles gewinnen; wer sich mit Mengeles Biographie befaßt, erfährt nichts über seine Heimatstadt im Nationalsozialismus. Die Annahme, Günzburg müsse eine NS-Hochburg gewesen sein, weil Josef Mengele aus dieser Stadt stammt, ist ebenso absurd wie der Umkehrschluß, Josef Mengele sei zum Massenmörder in Auschwitz geworden, weil Günzburg eine NS-Hochburg gewesen sei.

Kriegszeit auf immerhin zweieinhalb Seiten, von denen sich zwei mit den Opfern und Kriegsschäden der Stadt und der Eroberung durch die Amerikaner befassen. Vgl. Auer, Geschichte, S. 143–147.

# IV. Die Mengeles:
# Soziale Ausnahmestellung einer Familie

Josef Mengeles Großeltern, Alois und Theresia Mengele, waren 1871 aus dem nahe gelegenen Höchstädt an der Donau nach Günzburg gezogen, nachdem Alois im Deutsch-Französischen Krieg 1870/71 ein Bein verloren hatte. Die Großmutter mußte den Unterhalt der Familie bestreiten und tat dies mit einigem Erfolg[1] – jedenfalls konnte sie ihrem Sohn Karl die Übernahme einer kleinen, in Konkurs gegangenen Maschinenfabrik ermöglichen.[2] In der stark bäuerlich geprägten Günzburger Gegend lag es nahe, sich auf die Fabrikation und die Reparatur von Landmaschinen zu spezialisieren, und sieben Jahre später – bei Ausbruch des Ersten Weltkrieges – beschäftigte die Firma bereits über zwanzig Mitarbeiter. Bald wurde die Fabrik zu Heereslieferungen herangezogen und stellte ihre Produktion auf kriegswichtige Güter wie Munitionskarren und Pionierfahrzeuge um. Karl Mengele, zunächst an die Front geschickt, kehrte nach 28 Monaten zurück. Die Zahl der Beschäftigten, die von 25 im Jahr 1914 im zweiten Kriegsjahr auf acht gefallen war, stieg bis 1918 auf 91 an.[3]

Die weitere Entwicklung der Beschäftigtenzahl zeigt, daß die Firma Mengele nicht von den wirtschaftlichen Schwierigkeiten der Nachkriegszeit und, nach einer kurzen Erholungsphase, der Krise von 1923 verschont blieb, und die Aussage, daß „zu Beginn der zwanziger Jahre Karl Mengele der mit Abstand größte Arbeitgeber am Ort"[4] gewesen sei, ist unzutreffend.[5] Immerhin, der Betrieb wuchs weiter und überstand auch die Weltwirtschaftskrise; 1936 erreichte der Umsatz eine Million Reichsmark und drei Jahre später, am Vorabend des Zweiten Weltkrieges, beschäftigte die Firma 350 Mitarbeiter. Während des Krieges wurde die Landmaschinenfabrik erneut zur Produktion kriegswichtigen Materials herangezogen („RAD-Baracken, Grana-

---

[1] Sie arbeitete als Hutmacherin und führte einen offenbar sehr günstig gelegenen Laden nahe einer Brücke, die jeder, der die Stadt aus den nördlich und östlich gelegenen Dörfer besuchen wollte, überqueren mußte. Vgl. Völklein, Mengele, S. 38.
[2] Es handelte sich um die 1872 gegründete Eisenlauer'sche Maschinenwerkstätte am Sternwinkel. Diese und die folgenden Angaben zur Firmengeschichte stammen, soweit nicht anders angegeben, aus: 80 Jahre Mengele und 100 Jahre Mengele.
[3] Beschäftigte der Maschinenfabrik Mengele:

| 1913 | 1914 | 1915 | 1916 | 1917 | 1918 | 1919 | 1920 | 1921 | 1922 | 1923 | 1924 |
|------|------|------|------|------|------|------|------|------|------|------|------|
| 27   | 25   | 8    | 28   | 88   | 91   | 55   | 36   | 47   | 82   | 66   | 29   |

Quelle: StAGz, 822/6, Akten der königlichen Stadt Günzburg, Übersichten über die in der Stadt befindlichen Fabriken und Handwerksbetriebe und die Zahl der Arbeiter in denselben nach Alter und Geschlecht ausgeschieden, 1913–1924.
[4] Zofka, KZ-Arzt, S. 42.
[5] Größter Arbeitgeber am Ort war die Fabrik der Süddeutschen Baumwolle-Industrie, die 1922 immerhin 394 Personen beschäftigte. Vgl. StAGz, 822/6, Übersichten über die in der Stadt befindlichen Fabriken und Handwerksbetriebe.

tendreherei, Voreilgewichte für Marine"⁶), beschäftigte rund 250 Zwangsarbeiter⁷ und blieb von Kriegsschäden weitgehend verschont.

Am Abend des 25. April 1945 wurde die Stadt Günzburg den Amerikanern übergeben.⁸ Bereits drei Tage später internierten die Amerikaner Karl Mengele, der den Kriterien des von den Amerikanern gegen bestimmte Personengruppen verhängten automatischen Arrests entsprach⁹, im nordöstlich von München gelegenen Lager Moosburg.¹⁰ Der jüngste Sohn Alois befand sich bis 1948 in jugoslawischer Kriegsgefangenschaft, Karl jun. war wegen seiner Mitarbeit im elterlichen, als kriegswichtig eingestuften Betrieb ein vorläufiges Berufsverbot auferlegt worden. Die Führung der Firma wurde deshalb offiziell in die Hände des treuen Hans Sedlmeier gelegt.¹¹

Zuvor hatte Karl Mengele jun. am 11. Mai 1945 ein Schreiben an die amerikanische Stadtkommandantur gerichtet, in dem er mit dem Hinweis auf dringend benötigte landwirtschaftliche Maschinen um die „Freigabe unserer Fabrikanlagen" gebeten hatte, „damit wir unverzüglich im Interesse der Ernährung mit diesen Arbeiten beginnen können"¹². Der neu eingesetzte Landrat unterstützte den Antrag¹³, und wenig später konnte die Firma Mengele die Produktion wieder aufnehmen.¹⁴ Als

---

⁶ StAGz 23/2 (11), Ehrenbürger Ing. Karl Mengele, Auszug aus der Geschichte der Firma Mengele.
⁷ Die Zwangsarbeiter sollen vergleichsweise gut behandelt worden sein. Zu diesem Ergebnis kam zumindest 1947 die Spruchkammer des Internierungslagers Moosburg auf Grund von Zeugenaussagen Betroffener: „Die in dem Betrieb des Betroffenen tätigen Ausländer wurden mit zusätzlich besorgten Lebensmitteln verpflegt, stets anständig und gerecht behandelt. Einigen Fremdarbeitern hat Mengele aus seinem Privatbesitz Kleidungsstücke geschenkt." StAA, Spruchkammer Günzburg, M 189: Karl Mengele, Bl. 23, Beglaubigte Abschrift des Spruchs der Spruchkammer V des Arbeits- und Interniertenlagers Moosburg, 24. 7. 1947. Diese Feststellung kann hier nur wiedergegeben, nicht aber verifiziert oder falsifiziert werden. Die Zwangsarbeiter finden in den beiden Jubiläumspublikationen der Firma keine Erwähnung.
⁸ Auer, Geschichte, S. 146.
⁹ Das Hauptquartier der amerikanischen Streitkräfte hatte am 9. März 1945 die Personengruppen festgelegt, die unter den automatischen Arrest fallen und in Internierungslager eingeliefert werden sollten. Dies betraf die Angehörigen der Polizeien (Gestapo, Kripo, Ordnungspolizei) und der Geheimdienste (SD, Abwehr, Geheime Feldpolizei), Unteroffiziere und Führer paramilitärischer Vereinigungen (SA, SS, Waffen-SS, HJ, NSKK, NSFK, RAD), Inhaber von Parteiämtern und bestimmte politische Amtsträger. Vgl. Befehl der Supreme Headquarters Allied Expeditionary Force, 9. 3. 1945 betr. Arrest and Detention – Germany sowie den zugehörigen Anhang, Kopie in: In the Matter of Josef Mengele 2, S. 92–95.
¹⁰ Vgl. StAA, Spruchkammer Günzburg, M 189: Karl Mengele, Bl. 20, Beglaubigte Abschrift des Spruchs der Spruchkammer V des Arbeits- und Interniertenlagers Moosburg, 24. 7. 1947. Dies bestätigt auch die Karteikarte des Einwohnermeldeamts Günzburg, Kopie in: StAGz 023/2 (14), Ehrenbürger Alois Mengele.
¹¹ In the Matter of Josef Mengele, Bd. 1, S. 55.
¹² StAA, BA Günzburg 10545, Schreiben der Fa. Karl Mengele an den Stadtkommandanten, 11. 5. 1945 betr. Wiederzulassung.
¹³ Ebenda, verso: Vermerk des Landrats, 12. 5. 1945.
¹⁴ Am 9. Juli heißt es im Kriegstagebuch der amerikanischen Stadtkommandantur: „Since beginning operations more than a month ago the Mengele factory of Stadt Günzburg has repaired 18 threshing machines and 60 grass cutters and manufactured 50 hay lifters." IfZ-Archiv, OMGUS CO/457/1, War Diary of Military Government Detachment I603, Eintrag vom 9. 7. 1945. Am 22. Juli: „A small amount of coal has been authorized [to] the Karl Mengele Factory of Gunzburg for the production and repair of farm machinery. Industrial

## IV. Die Mengeles: Soziale Ausnahmestellung einer Familie

Karl Mengele sen. am 23. Juni 1947[15] aus der Internierungshaft entlassen und wenig später von der Spruchkammer als Minderbelasteter (Gruppe III)[16] eingestuft wurde, florierte die Firma bereits wieder. Als neues Produkt waren Schubkarren in das Sortiment aufgenommen worden, und angesichts der überall in Deutschland sich türmenden Schuttberge war die Nachfrage enorm. 1950 betrug der Umsatz bereits 5,4 Mio. DM und 1952 waren fast 600 Mitarbeiter bei der Firma Mengele beschäftigt. Die Zahl der Mitarbeiter stieg auf fast 2000[17] an und betrug 1985 noch 1300. Damit war sie der größte Arbeitgeber der Stadt und der ganzen Region.[18]

Anfang 1949 hatte Karl Mengele seine beiden Söhne Karl jun. und Alois an der Firma beteiligt, die von nun an den Namen „Karl Mengele & Söhne" trug. Der ältere der beiden, Karl jun., starb bereits am zweiten Weihnachtsfeiertag des gleichen Jahres. Zehn Jahre später, 1959, verstarb auch Karl Mengele sen. und Alois übernahm die alleinige Geschäftsführung. In den folgenden Jahren expandierte das Unternehmen im In- und Ausland, so in Österreich, Italien und Frankreich. Nach dem Tod Alois Mengeles übernahmen 1974 der Sohn und der Neffe des Verstorbenen, Dieter und Karl-Heinz Mengele, gemeinsam die Firma, konnten aber auf Dauer nicht an die erfolgreiche Unternehmensführung der ersten beiden Generationen anschließen. Am 12. Juli 1991 machte in Österreich die spektakuläre Pleite der Mengele-Tochterfirma Mengele-Epple Schlagzeilen, und zwei Monate später wurde das Unternehmen, das mittlerweile in Günzburg nur noch rund 650 Mitarbeiter beschäftigte, von der Firmengruppe Bidell aufgekauft.[19] Im Oktober 1998 war die Firma endgültig insolvent, zum Jahresende wurde allen Mitarbeitern gekündigt und die Produktion im März 1999 eingestellt.[20]

Karl Mengele war als einer der größten Arbeitgeber am Ort und als tüchtiger Fabrikant spätestens seit den 1920er Jahren einer der angesehensten Bürger Günzburgs, der die Stadt zu dieser Zeit aber keineswegs, wie oft behauptet, dominiert hat. Dies belegen allein schon die beiden erfolglosen Kandidaturen für den Günz-

---

representatives of Hqrs. Third United States Army ordered that this firm be kept in production as it is the only firm in this area capable of producing threshing machines and hay lifters". Ebenda, Eintrag vom 22. 7. 1945.

15 Vgl. StAA, Spruchkammer Günzburg, M 189, Bl. 29: Karl Mengele, Gesuch des Rechtsanwalts Nusser um Abkürzung der Bewährungsfrist für Karl Mengele, 30. 6. 48.
16 Vgl. ebenda, Bl. 20, Beglaubigte Abschrift des Spruchs der Spruchkammer V des Arbeits- und Interniertenlagers Moosburg, 24. 7. 1947. Die Bewährungsfrist betrug zwei Jahre. Während dieser Zeit war ihm jede wirtschaftliche Tätigkeit untersagt, außerdem wurde ihm eine Geldbuße von 15 000 RM auferlegt. Rund ein Jahr später revidierte die Spruchkammer Günzburg das Urteil und stufte ihn in die Gruppe IV („Mitläufer") ein, die Bewährungsfrist wurde zum 1. 9. 1948 aufgehoben. Ebenda, Entscheidung der Spruchkammer Günzburg, 27. 8. 1948.
17 Vgl. StAGz 23/2 (14), Ehrenbürger Alois Mengele, Bd. II, Niederschrift der Verleihung des Ehrenbürgerrechtes an Alois Mengele, 15. 6. 1972, S. 2.
18 Die Süddeutsche Baumwolle-Industrie, deren Werk zu 80% im Krieg zerstört worden war, beschäftigte 1955 420 Mitarbeiter, die Oblatenfabrik W. und H. Küchle etwa 150. Vgl. Auer, Geschichte, S. 154.
19 Vgl. Bidell-Gruppe kauft Mengele auf, in: GZ, 4. 9. 1991; Bidell will neue Arbeitsplätze schaffen, in: GZ, 5. 9. 1991.
20 Vgl. Mengele: Jetzt droht Konkurs, in: GZ, 27. 11. 1998; „Laßt uns nach Arbeit schreien", in: GZ, 28. 11. 1998; „Jeder feiert, doch wir müssen weinen", in: GZ, 30. 11. 1998; „Es war wie bei Schindlers Liste", in: GZ, 2. 12. 1998; „Das häßlichste Geschenk meines Lebens", in: GZ, 3. 12. 1998 und „Blaue Briefe" nun für alle, in: GZ, 10. 12. 1998.

burger Stadtrat in den 1920er Jahren. 1933 beeilte sich der Geschäftsmann Mengele, sich mit den neuen Machthabern zu arrangieren und ließ sich von den Nationalsozialisten als „Aushängeschild" benutzen, was ihm geschäftliche Vorteile eingetragen haben dürfte. Endlich erhielt er das langersehnte Ratsamt und einige weitere Ehrenämter, die ihm eine tatsächliche Machtstellung aber nicht eingebracht haben.[21] Die Motive, die Karl Mengele bewogen, sich nach dem Krieg erneut politisch in seiner Heimatstadt zu engagieren, dürften die gleichen gewesen sein wie in den 1920er Jahren, als es ihm vor allem darum ging, direkten Einfluß auf Entscheidungen zu nehmen, die die Standortbedingungen seiner Firma betrafen.[22] Seit März 1952 gehörte er als Vertreter des Unabhängigen Wählerblocks (UWB) wieder dem Stadtrat an und wurde am 6. Mai 1952 zum Zweiten Bürgermeister gewählt.[23] Dieses Amt bekleidete er bis zu seinem Rücktritt aus gesundheitlichen Gründen im Juni 1955.[24]

Die Stadt Günzburg profitierte in besonderem Maße von dem enorm schnellen Aufstieg der Firma Mengele in der Nachkriegszeit und den Jahrzehnten danach; Karl und Alois Mengele schufen Arbeitsplätze, bescherten der Stadt Steuereinnahmen und zeigten sich gegenüber der Kommune, insbesondere hinsichtlich sozialer Belange, äußerst spendabel. Abgesehen von mehrfachen, nicht unerheblichen Geldspenden an die städtischen Sozialkassen[25] ließ Mengele eine Reihenhaussiedlung errichten, die Mitarbeitern seines Betriebes zur Verfügung stehen sollte. Sie wurde 1956 eingeweiht und trug zu Ehren des Stifters und seiner bereits 1946 verstorbenen Frau den Namen „Karl und Wally Mengele-Siedlung".[26] Anläßlich der Fertigstellung des neuen Wohngebietes verlieh der Günzburger Stadtrat Karl Mengele „in Anerkennung seiner hervorragenden Verdienste auf wirtschaftlichem, sozialem und kommunalem Gebiet"[27] die Ehrenbürgerwürde, nachdem er bereits 1952 anläßlich des 80-jährigen Betriebsjubiläums die Goldene Bürgermedaille erhalten hatte.[28] 1957 stiftete Mengele 30 000 DM als finanziellen Grundstock für die Errichtung eines städtischen Freibades.[29]

Hervorgehoben wurde bei vielen Gelegenheiten Karl Mengeles „Beliebtheit, deren er sich in allen Kreisen erfreut"[30] sowie die „herzliche Verbundenheit mit allen

---

[21] Vgl. S. 74f.
[22] Vgl. ebenda.
[23] Vgl. StAGz P/SZ/M, I, Karl Mengele, Sitzungsprotokoll des Stadtrates betr. Wahl der weiteren Bürgermeister, 6. 5. 1952.
[24] Vgl. ebenda, Rücktrittsschreiben Karl Mengeles an den Günzburger Stadtrat, 1. 6. 1955 und Mengele zurückgetreten, in: GZ, 22. 6. 1955.
[25] So z.B. 5000 RM 1944 und 5000 DM 1949. Vgl. ebenda, Zusammenstellung: Zum 65. Geburtstag des Fabrikbesitzers Karl Mengele, undatiert *[1949]*.
[26] Vgl. Auer, Geschichte, S. 152.
[27] StAGz 23/2 (11), Ehrenbürger Ing. Karl Mengele, Sitzungsprotokoll des Stadtrates betr. Beschluß zur Verleihung des Ehrenbürgerrechtes an Karl Mengele, 13. 9. 1956, und Niederschrift der Verleihung des Ehrenbürgerrechts an Karl Mengele, 17. 10. 1956. Vgl. außerdem Karl Mengele Ehrenbürger von Günzburg, in: GZ, 19. 10. 1956.
[28] Vgl. Ein Leben im Dienste des Gemeinwohls, in: GZ, 19. 3. 1954.
[29] Vgl. StAGz P/SZ/M, I, Karl Mengele, Sitzungsprotokoll des Stadtrates betr. Schenkung, 1. 3. 1957. Vgl. auch die Stadtchronik Auers, der vor allem von den technischen Einzelheiten der modernen Wasseraufbereitungsanlage fasziniert gewesen zu sein scheint: Auer, Geschichte, S. 161f.
[30] Ein Leben im Dienste des Gemeinwohls, in: GZ, 19. 3. 1954.

## IV. Die Mengeles: Soziale Ausnahmestellung einer Familie 109

seinen Mitbürgern"[31]. Diese Bewunderung erwuchs zum einen aus der Anerkennung seines Lebenswerkes und seiner sozialen Leistungen, zum anderen aus seinem Auftreten und der besonderen Fürsorge, die er gegenüber seinen Arbeitern und Angestellten erkennen ließ. Seine Firma leitete er als Patriarch, immer wieder wurde der Betrieb geschildert als „eine einzige große Familie, deren Vater er ist", mit der er „jede Arbeit teilt, für deren Nöte und Sorgen er stets ein empfindsames Herz und eine offene Hand besitzt"[32]. Die Belegschaft nannte ihn den „Ersten Arbeiter des Betriebes, den treusorgenden Vater des Werkes"[33]. Als Mengele 1958 mit dem Bayerischen Ehrenabzeichen der Arbeit in Gold ausgezeichnet wurde, geschah dies unter besonderer Hervorhebung der „umfangreichen sozialen Leistungen" und der „ständig um das Wohl seiner Mitarbeiter besorgten Persönlichkeit"[34] des Unternehmers. Der Betriebsratsvorsitzende betonte, Mengele gehöre noch „zu jener Unternehmergeneration, die unmittelbare Verbindung zur werktätigen Arbeit hat. Er stand selbst am Amboß und Schraubstock, an der Drehbank und am Zeichentisch und war selbst Verkäufer seiner Maschinen."[35] Dies ermöglichte ihm bis zu einem gewissen Grade den Umgang mit seinen Beschäftigten von gleich zu gleich, auf Augenhöhe. Bei anderer Gelegenheit stellte der Arbeitervertreter fest: „Alle Angehörigen des Werkes achten und verehren H. Karl Mengele und viele lieben ihn."[36]

Mengele engagierte sich stark im öffentlichen Leben: Er betreute als Referent den Neubau des Krankenhauses (und stiftete gleich noch eine Orgel für die zugehörige Kapelle), saß dem Aufsichtsrat der gemeinnützigen Baugenossenschaft vor und sorgte für den Ausbau des Feuerlöschwesens in der Stadt, weshalb ihn „die Männer der Freiwilligen Feuerwehr als einen ihrer größten Gönner verehren"[37]. Besondere Betonung fand seine „große Liebe zu den Kindern der Stadt"[38]. Bei jedem Volksfest hefte sich „ein Schwarm von Kindern an [die] Rockschöße"[39] des „verehrten Opa Mengele"[40], wohl wissend, „daß sie von ihm mancherlei Geschenke und Festüberraschungen zu erwarten haben"[41]. Auch „die eigenhändige Bescherung der Kinder seiner Belegschaft an Weihnachten" sei ihm immer „ein Herzensbedürfnis"[42] gewesen. Anläßlich seines 75. Geburtstages ließ er an „alle volksschulpflichtigen Kinder der Stadt [...] ein Paar Würstel mit Brezen"[43] verteilen.

---

[31] Ing. Karl Mengele wird heute 75 Jahre alt, in: GZ, 20. 3. 1959.
[32] Ein Leben im Dienste des Gemeinwohls, in: GZ, 19. 3. 1954.
[33] „Denkmal in den Herzen vieler Hunderte" *[sic!]*, in: GZ, 22. 3. 1954.
[34] Prototyp des Unternehmers: H. Karl Mengele mit dem Bayer. Ehrenabzeichen der Arbeit in Gold ausgezeichnet, in: GZ, 1. 7. 1958. Tatsächlich wurde – neben der bereits genannten Siedlung – der soziale Wohnungsbau gefördert, eine Werksküche versorgte die Mitarbeiter, und alle Betriebsangehörigen wurden mit einer Lebensversicherung, einer zusätzlichen Unfallversicherung und einer Zusatzrente ausgestattet. Darüber hinaus gab es eine Unterstützungskasse für in Not geratene Arbeitnehmer und die Möglichkeit, günstige Darlehen zu erhalten. Vgl. 80 Jahre Mengele, und 100 Jahre Mengele.
[35] „Denkmal in den Herzen vieler Hunderte" *[sic!]*, in: GZ, 22. 3. 1954.
[36] Ehrenbürger-Urkunde feierlich überreicht, in: GZ, 7. 7. 1955.
[37] Hohe Verdienste um Günzburg und seine Bürger, in: GZ, 22. 6. 1955.
[38] Karl Mengeles letzter Weg durch die Stadt, in: GZ, 23. 11. 1959.
[39] Ein Leben im Dienste des Gemeinwohls, in: GZ, 19. 3. 1954.
[40] Ing. Karl Mengele wird heute 75 Jahre alt, in: GZ, 20. 3. 1959.
[41] Ein Leben im Dienste des Gemeinwohls, in: GZ, 19. 3. 1954.
[42] Ebenda.
[43] Ing. Karl Mengele wird heute 75 Jahre alt, in: GZ, 20. 3. 1959.

## IV. Die Mengeles: Soziale Ausnahmestellung einer Familie

Indes war Karl Mengele nicht die Lichtgestalt, als die ihn die Jubiläumspanegyrik der Lokalpresse darstellte. Der erfolgreiche Fabrikant hatte stets das Wohl seiner Firma im Auge. Die Stadt befand sich de facto in einer Abhängigkeitssituation, denn „ohne die Förderung durch eine steuerkräftige Industrie wie die Firma Mengele hätte die Stadt ihre weitgespannten Unternehmungen wohl kaum in diesem Ausmaße durchführen können"[44]. Karl Mengele wäre nicht der zielstrebige und ehrgeizige Pragmatiker, ja Utilitarist gewesen, als der er seine Firma groß gemacht hatte, wenn er diese Machtposition nicht auch zu seinen Gunsten und zu Gunsten der Fabrik genutzt hätte. Die Frage ist jedoch, wie sich den Zeitgenossen in den 1950er Jahren diese Machtstellung dargestellt hat. Es droht die Gefahr, Karl Mengeles Ansehen und seinen Einfluß auf rein wirtschaftlich-fiskalische Abhängigkeiten zu reduzieren. Die Erklärung für die besondere Stellung sowohl der Firma als auch der Familie Mengele, die sich unter Anknüpfung an die Vorkriegsgegebenheiten vor allem an der Person des Familien- und Firmenpatriarchen kristallisierte und in den 1950er Jahren verfestigte, ist vielschichtiger.

In den 1950er Jahren hatte sich die westdeutsche Gesellschaft von der ehemaligen Volksgemeinschaft der NS-Zeit in die Wiederaufbaugesellschaft der frühen Bundesrepublik gewandelt.[45] Der wirtschaftliche Aufschwung hatte – zusammen mit anderen Faktoren – eine zügige Erholung vom Schock des Zusammenbruchs ermöglicht, versinnbildlicht durch die Einlösung des einstigen KDF-Versprechens vom Auto für jedermann in Gestalt des endlich allgemein erschwinglichen Volkswagens.[46] Im stark gegenwartsorientierten Bewußtsein einer Gesellschaft des „motorisierten Biedermeier" (Erich Kästner), die vor allem an Wiederaufbau und Wirtschaftswachstum dachte, verblaßten schnell die Schreckensbilder der Vergangenheit.

In Günzburg geriet der phönixgleiche Wiederaufstieg der bereits vor dem Krieg erfolgreichen Landmaschinenfabrik gleichsam zum Symbol für den Anteil der Stadt am wirtschaftlichen Neubeginn. Das Gefühl des „Wir sind wieder wer!" der deutschen Wirtschaftswundergesellschaft knüpfte sich in besonderem Maße an die Firma Mengele, die den Namen der Stadt, der zuvor „über die Grenzen unseres Bayernlandes hinaus nur wenig bekannt" gewesen war, überhaupt erst „zu einem Begriff in ganz Europa und Übersee"[47] gemacht hatte. Dank seiner „persönlich verbindliche[n] Art"[48] konnte sich Karl Mengele großer Beliebtheit erfreuen, zudem genoß er aufgrund seines sozialen Engagements großes Ansehen, und nicht zuletzt hatte ein großer Teil der Menschen in der Stadt direkt oder indirekt Anteil an diesem Erfolg.[49] Die Menschen identifizierten sich mit dem Glanz des international er-

---

[44] Ein Leben im Dienste des Gemeinwohls, in: GZ, 19. 3. 1954. OB Dr. Josef Seitz sprach bei der Verleihung der Goldenen Bürgermedaille an Alois Mengele 1972 von einer „exzellente[n] Steuerleistung". StAGz 23/4 (6), Goldene Bürgermedaille Alois Mengele, Niederschrift der Verleihung der Goldenen Bürgermedaille an Alois Mengele, 21. 10. 1966.
[45] Vgl. Reichel, Vergangenheitsbewältigung, S. 18.
[46] Vgl. Reichel, Dämonisierung, S. 688.
[47] Ein Leben im Dienste des Gemeinwohls, in: GZ, 19. 3. 1954.
[48] So erklärte sich Josef Mengele in seinen Aufzeichnungen einen Teil des Erfolges seines Vaters. Zit. nach: Völklein, Mengele, S. 41.
[49] Mitte der 1950er Jahre hatte die Firma Mengele rund 1000 Mitarbeiter; dazu kamen – bei einer zu dieser Zeit noch vorherrschenden alleinigen Berufstätigkeit der Ehemänner – deren Familienangehörige und die Mitarbeiter verschiedener Zulieferfirmen sowie deren Ange-

folgreichen Unternehmers und sahen ihn „mit dem Wohl und Wehe der Stadt aufs engste verbunden"[50]. So wurde die besondere Stellung und der stellenweise beherrschende Einfluß Karl Mengeles auch weniger als einseitiges Abhängigkeitsverhältnis, sondern eher als Partnerschaft zum gegenseitigen Nutzen verstanden – zumal es Karl Mengele ja meisterlich gelang, gerade diesen Aspekt durch sein soziales Engagement immer wieder zu betonen.

Oft ist – zu Recht – festgestellt worden, in den 1950er Jahren sei es um die Verbrechen des Dritten Reiches „merkwürdig still"[51] geworden. Nach der Konfrontation mit den nationalsozialistischen Verbrechen durch die Besatzungsmächte in den unmittelbaren Nachkriegsjahren hatte sich in der deutschen Gesellschaft schnell das Gefühl ausgebreitet, selbst Opfer des Nationalsozialismus gewesen zu sein. Es herrschte eine „Mentalität der Aufrechnung"[52]: Der überall gewitterte Kollektivschuldvorwurf gegen die Deutschen wurde ganz im Stile des ehemaligen Propagandaministers Goebbels mit dem Hinweis auf den „Bombenterror" der Alliierten und die Opfer von Flucht, Vertreibung und Gefangenschaft beantwortet.[53] Ohnehin fühlte man sich verraten von der nationalsozialistischen Führungsclique, die Deutschland in den Untergang geführt habe[54] und nicht zuletzt als Opfer der fast zwangsläufigen Mängel und Ungereimtheiten, die mit dem historisch einmaligen Versuch der Besatzungsmächte einhergegangen waren, mittels gerichtlicher Verfahren den Nationalsozialismus zu bewältigen.[55]

Karl Mengeles enge Verbindung mit dem Wohl und Wehe der Stadt war zwar hauptsächlich konstituiert durch seinen wirtschaftlichen Erfolg in der Gegenwart und den Hoffnungen für die Zukunft, die sich mit diesem Erfolg verbanden; gleichzeitig erstreckte sich diese Verbundenheit aber auch in die Vergangenheit: Als Günzburg und die Nachbargemeinde Denzingen Opfer des alliierten „Bombenterrors" geworden waren, hatte er „entschlossen seine Belegschaft und seine Vorräte, besonders das so nötige Bauholz, in selbstloser Weise zur Verfügung"[56] gestellt, was noch ein Jahrzehnt später nicht in Vergessenheit geraten war und dankbar vermerkt wurde. Auch er, der „zeitlebens ein überzeugter Verfechter vaterländischer Belange,

---

hörige; darüber hinaus könnte man auch noch all die Einzelhändler, Firmen und Dienstleister zählen, die von der Kaufkraft der Mitarbeiter profitierten.
50 Ein Leben im Dienste des Gemeinwohls, in: GZ, 19. 3. 1954.
51 Schwarz, Ära, S. 208. Diese „Stille" ist sehr unterschiedlich interpretiert worden: Der Philosoph Hermann Lübbe etwa war davon überzeugt, daß diese Phase funktional notwendig gewesen sei, um die Gruppe der NS-Belasteten in den neuen Staat integrieren und mit ihm aussöhnen zu können, während z. B. Alexander und Margarete Mitscherlich von der „Unfähigkeit zu trauern" sprachen angesichts des gestörten kollektiven historischen Bewußtseins einer ganzen Generation. Vgl. zusammenfassend: Reichel, Dämonisierung.
52 Schildt, Umgang, S. 30.
53 Vgl. ebenda.
54 Die Ansicht, „die deutsche Gesellschaft sei allein durch den Gestapo-Terror in Schach gehalten worden und habe ‚bis in die Kreise der Reichsminister hinein' von den Verbrechen des Regimes erst nach 1945 erfahren", wurde z.B. in einem unter Pädagogen viel beachteten, in einer Fachzeitschrift erschienenen Aufsatz resümiert. Schildt, Umgang, S. 40.
55 Vgl. Reichel, Vergangenheitsbewältigung, S. 18, und Steinbach, Gewaltverbrechen, S. 41 f. Vgl. zum Komplex der Entnazifizierung: Niethammer, Entnazifizierung.
56 Ein Leben im Dienste des Gemeinwohls, in: GZ, 19. 3. 1954. Vgl. auch: Hohe Verdienste um Günzburg und seine Bürger, in: GZ, 22. 6. 1955.

ein warmer Freund deutschen Wesens und deutscher Art" gewesen war, sei von den Nationalsozialisten über die wahren Ziele der Bewegung getäuscht worden. Er habe „seine einflußreiche Stellung [...] nie zu politischen Zwecken mißbraucht", und deshalb sei ihm auch „großes Unrecht" geschehen, als die Amerikaner „nach dem 2. Weltkrieg ihn der Freiheit beraubte[n] und damit seiner unmittelbaren Arbeit entzog[en]"[57]. Zwei seiner Söhne hatten im Feld gestanden; von dem einen, Josef, wird noch ausführlich zu sprechen sein, Alois hatte lange Jahre in jugoslawischer Kriegsgefangenschaft verbracht. Die Ehefrau Wally war während seiner Internierungshaft Ende 1946, sein Sohn Karl 1949 gestorben. Karl Mengele personifizierte auf geradezu ideale Weise das Opferselbstbild vieler Deutscher und damit das Bild von der eigenen Vergangenheit. Gleichzeitig verkörperte er den Neubeginn und die Überwindung der Katastrophe und den fast trotzigen Stolz auf das erreichte und die Hoffnungen für die Zukunft.

Als Karl Mengele 1959 starb, führte sein Sohn Alois schon seit einigen Jahren den Betrieb und war dabei ähnlich erfolgreich wie sein Vater. Auch hinsichtlich des sozialen Engagements blieb er nicht zurück: Traditionsgemäß spendete er regelmäßig an die Sozialkasse der Stadt zu Gunsten Bedürftiger.[58] 1966 stiftete er einen komplett eingerichteten Kindergarten, der zu Ehren seiner Ehefrau den Namen „Ruth-Mengele-Kindergarten" erhielt, und anläßlich der Einweihung des Gebäudes wurde ihm die Goldene Bürgermedaille verliehen.[59] Wie sein Vater wurde Alois Mengele nicht nur in Günzburg ausgezeichnet: 1967 erhielt er die renommierte Dieselmedaille in Gold[60], 1970 wählte ihn die IHK Augsburg zum Vizepräsidenten[61]. Ebenso wie sein Vater war er Ehrenbürger der Stadt Höchstädt[62], aus der die Familie Mengele ursprünglich stammte, und 1972 wurde ihm aus Anlaß des 100-jährigen Firmenjubiläums der Bayerische Verdienstorden verliehen, wodurch sich die Stadt Günzburg veranlaßt sah, „auch seitens der Stadt Überlegungen zur Frage einer Ehrung des Fabrikanten Alois Mengele [...] anzustellen"[63]. Am 15. Juni 1972 wurde ihm das

---

57 Ebenda.
58 Vgl. z.B. StAGz 23/4 (6), Goldene Bürgermedaille Alois Mengele, Schreiben des Oberbürgermeisters an Alois Mengele betr. Zusatzstiftung von 5000 DM, 18. 12. 1967.
59 Vgl. ebenda, Beschluß des Stadtrates Günzburg zur Verleihung der Goldenen Bürgermedaille an Alois Mengele, 6. 6. 1966, und Niederschrift über die Aushändigung der Goldenen Bürgermedaille an Alois Mengele, 21. 10. 1966. Vgl. außerdem Goldene Bürgermedaille für Alois Mengele, in: GZ, 21. 7. 1966, und Goldene Bürgermedaille für A. Mengele, in: GZ, 22./23. 10. 1966.
60 Dieselmedaille in Gold für Pionierleistungen, in: GZ, 14./15./16. 10. 1967.
61 Alois Mengele Vizepräsident der IHK Augsburg, in: GZ, 6. 11. 1970.
62 Würdig in die Fußstapfen des Vaters getreten, in: GZ, 20. 9. 1967.
63 StAGz 23/2 (14), Ehrenbürger Alois Mengele, Bd. I, Vertrauliche Sitzungsvorlage betr. Bitte der Regierung von Schwaben um Stellungnahme, 24. 2. 1972. Vorgeschlagen hatte Alois Mengele der Bayer. Innenminister Merk, der von 1960 bis 1966 Landrat des Landkreises Günzburg gewesen war und nun „nebenbei bemerkt" mitteilte, daß Mengele dem Bayer. Roten Kreuz einen Rettungswagen schenken wolle (ebenda, Schreiben des Bayer. Innenministers an den Bayer. Ministerpräsidenten betr. Vorschlag zur Verleihung, 2. 2. 1972 *[Kopie]*). Vgl. außerdem: Ebenda, Schreiben des Oberbürgermeisters an die Regierung von Schwaben betr. Stellungnahme zum Verleihungsvorschlag, 23. 2. 1972.

Ehrenbürgerrecht seiner Heimatstadt verliehen[64], und der Geehrte zeigte sich durch eine Spende von 50 000 DM für den Bau einer neuen Sporthalle erkenntlich.[65]

Die Biographie Karl Mengeles machte es vielen Günzburgern leicht, sich mit ihm zu identifizieren; trotz aller Widrigkeiten und Schicksalsschläge („so hart packte ihn zuweilen das Schicksal an"[66]) hatte er es geschafft. Der erfolgreiche „Self-mademan" konnte geradezu als Personalisierung der eigenen Vergangenheit und vor allem der eigenen Hoffnungen für die Gegenwart und Zukunft gelten. Er war der „Prototyp des Unternehmers"[67] in der noch neuen, aber bereits erfolgreichen Sozialen Marktwirtschaft, der sich seiner gesellschaftlichen Verantwortung bewußt war und sie großzügig wahrnahm. Dies begründete zusammen mit der überragenden wirtschaftlichen Bedeutung der Firma eine soziale Ausnahmestellung der Familie Mengele innerhalb der Stadt, die auch zu Lebzeiten seines Sohnes Alois noch lange Zeit erhalten blieb; dies mag in der Tat dazu geführt haben, daß „ohne und gegen Mengele [...] in Günzburg lange Zeit so gut wie nichts"[68] lief und der Name Mengele, vor wie nach dem Krieg, eine fast mythische Qualität[69] hatte.

---

[64] Vgl. ebenda, Bd. II, Niederschrift über die Verleihung des Ehrenbürgerrechts an Alois Mengele, 15. 6. 1972. Vgl. außerdem: Alois Mengele Ehrenbürger der Stadt Günzburg, in: GZ, 14. 7. 1972.
[65] Vgl. StAGz 023/2 (14), Ehrenbürger Alois Mengele, Bd. II, Schreiben des Oberbürgermeisters an den Stadtrat betr. Spende, 19. 9. 1972, und ebenda, Aktennotiz der Stadtverwaltung betr. Spende, 18. 9. 1972.
[66] Ing. Karl Mengele wird heute 75 Jahre alt, in: GZ, 20. 3. 1959.
[67] Prototyp des Unternehmers. H. Karl Mengele mit dem Bayer. Ehrenabzeichen der Arbeit in Gold ausgezeichnet, in: GZ, 1. 7. 1958
[68] Bidell-Gruppe kauft Mengele auf, in: GZ, 4. 9. 1991.
[69] „Despite the post-war absence of anyone from the Mengele family in a position of power, the Mengele name still held an almost mythic quality." In the Matter of Josef Mengele 1, S. 55. Der Ermittlungsbericht des OSI bezieht diese Aussage zwar auf die unmittelbare Nachkriegszeit, für die Zeit nach Einsetzen des Wirtschaftswunders gilt sie aber ebenso, wenn nicht noch viel mehr.

# V. Die Günzburger Öffentlichkeit und der Fall Mengele 1945–1959

„Fünf schöne Jahre verlebte Mengele seelenruhig in Günzburg; er fuhr oft nach München und in andere Städte. Niemand behelligte ihn. Erst *[...]* 1951 floh er über die Route Reschenpaß-Meran nach Italien, von dort nach Spanien und später weiter nach Südamerika."[1] Von solcher Diskretion und Protektion wußte 1967 Simon Wiesenthal zu berichten – nichts davon stimmte. Doch auch wenn die Günzburger Josef Mengele nach dem Krieg nachweislich nicht jahrelang versteckt hielten oder er gar offen dort leben konnte[2], bleibt dennoch die Frage, ob und wie viel die Günzburger von den Verbrechen Josefs, des Sohnes des angesehenen und bewunderten Fabrikanten Karl Mengele, wußten und wie sie mit diesem Wissen umgegangen sind.

Am 3. Mai 1945 zählten die Alliierten in einer Rundfunkmeldung die Verbrechen auf, die Josef Mengele zur Last gelegt wurden[3]: „He was one of the Chief selectors in the camp. *[...]* He also used *[twins and liliputians]* for his famous experiments."[4] Ob und in welchem Ausmaß die Günzburger zu diesem Zeitpunkt diese Vorwürfe zur Kenntnis genommen haben, ist nicht bekannt. Als gesichert kann jedoch gelten, daß die amerikanischen Besatzungstruppen während ihres gesamten Aufenthalts nicht außergewöhnlich intensiv nach Mengele gesucht haben. Der Besuch eines amerikanischen Militärpolizisten und seines Übersetzers bei Irene Mengele in Autenried (einem kleinen Ort in der Nähe von Günzburg, wo Irene mit ihrem kleinen Sohn Rolf mittlerweile lebte) am 11. Juni 1945 war „the only U.S. effort to locate Josef Mengele in occupied Germany"[5]. Dabei scheint es sich aber nicht um die Fahndung nach einem gesuchten Kriegsverbrecher gehandelt zu haben. In diesen Tagen wurde in der Gegend um die Stadt eine ganze Reihe von NS-Funktionären verhaftet, die unter die Kriterien des automatischen Arrests fielen.[6] „Information available locally as well as information gleaned from an interrogation of Karl Mengele, Sr. would likely have given sufficient cause for Josef Mengele to be picked

---

1 Wiesenthal, Mörder, S. 206.
2 Auch das OSI, das das Verhalten der Amerikaner im Fall Mengele untersuchte, widmete dieser Frage eine ausführliche Betrachtung: „This claim implies at least ignorance and at worst acquiescence or complicity on the part of the U.S. authorities stationed there", and therefore „considerable resources were devoted to determining the facts behind the allegation". Vgl. In the Matter of Josef Mengele 1, S. 53–62, Zitate S. 53 und 58.
3 Vgl. Tagebucheintrag Irene Mengeles, nach: Posner/Ware, Mengele, S. 91.
4 In the Matter of Josef Mengele 1, S. 99. Dort wird ein Radioskript des Psychological Warfare Department der 9. US-Armee, 28. 4. 1945, zitiert, das nicht unbedingt mit der Radiosendung identisch sein muß, die Irene Mengele fünf Tage später in Günzburg gehört hat.
5 Ebenda, S. 94.
6 So etwa am 11. 6. 1945, also dem gleichen Tag, an dem die Militärstreife auch Irene Mengele befragte, außerdem am 4. und am 18.6. Vgl. ebenda.

up and his wife questioned."⁷ Die Amerikaner suchten Mengele also nicht wegen seiner Verbrechen in Auschwitz, sondern allein wegen seines Ranges als Hauptsturmführer in der Waffen-SS.⁸

Dies bestätigten auch die wenigen Angehörigen der amerikanischen Stadtkommandantur, die sich bei der Befragung durch das OSI an den Namen Mengele erinnern konnten, darunter auch ein Emigrant jüdischer Herkunft, der nach eigenen Angaben „particularly sensitive to war crime matters"⁹ war. Das erklärt, warum sich die Amerikaner mit der Erklärung Irene Mengeles zufrieden gaben, sie habe keine Nachricht von ihrem Mann, er sei im Osten vermißt und wahrscheinlich tot. Im Juni 1945 mag sie dies möglicherweise tatsächlich geglaubt haben. Als sie spätestens Mitte August erfuhr, daß ihr Mann lebte, gab sie dennoch weiterhin die Soldatenwitwe – und zwar nicht nur gegenüber den Amerikanern, sondern auch gegenüber ihren Freunden und Bekannten und erst recht gegenüber der Günzburger Öffentlichkeit, immer in der Angst, jemand könnte die Amerikaner informieren. In den Briefen, die sie in dieser Zeit schrieb, sprach sie von ihrer „feste[n] Annahme, daß ich meinen Mann nie mehr lebend sehen werde", sie trug schwarze Kleidung und bat den Pfarrer, für das Seelenheil ihres Mannes zu beten.¹⁰ Der Rest der Familie Mengele dürfte sie in ihrer Rolle als trauernde Witwe nach Kräften unterstützt haben.

Das Mengele'sche Theaterstück war ein voller Erfolg. Dies zeigte sich – sozusagen auf höchster Ebene – 1948, als sich die Fehlinformation bis zu Telford Taylor, dem amerikanischen Chefankläger vor dem Internationalen Militärtribunal (IMT) in Nürnberg, herumgesprochen hatte. Der Name Josef Mengele war mittlerweile in mehreren Nachkriegsprozessen, so etwa noch 1945 im Bergen-Belsen-Prozeß oder 1946 vor dem IMT, gefallen.¹¹ Dennoch suchten die Amerikaner auch weiterhin nicht nach Mengele. Den Grund hierfür schrieb Taylor Anfang 1948 an die Schriftstellerin Gisella Perl, die selbst ein Opfer Mengeles war und sich nach einer falschen Verhaftungsmeldung¹² als Zeugin zur Verfügung stellen wollte: „With reference to your letter dated 8 December 1947 [...] we wish to advise our records show Dr. Mengerle [sic!] is dead as of October 1946."¹³

Die Amerikaner in Günzburg interessierten sich also nicht besonders für Josef Mengele, er hatte keinen Status oder gar Priorität; entsprechend sahen sie auch keinen Grund, die Auskunft, er sei tot, zu hinterfragen. Auch die Günzburger dürften das dank des schauspielerischen Talents von Irene Mengele zunächst geglaubt haben – soweit sie sich denn überhaupt dafür interessierten. Sie hatten, wie die Amerikaner, zunächst andere Sorgen in einer Stadt, deren Bevölkerung durch Evakuierte, Flüchtlinge und Vertriebene im Vergleich zu 1939 um

---

⁷ Ebenda, S. 94f.
⁸ Vgl. ebenda, S. 90–101.
⁹ Ebenda, S. 60.
¹⁰ Vgl. Posner/Ware, Mengele, S. 108, Zitat ebenda.
¹¹ Vgl. die Prozeßprotokolle: Trial of Josef Kramer, S 130f. und 250f., sowie Prozeß gegen die Hauptkriegsverbrecher 11, S. 448.
¹² Die Meldung stand im Zusammenhang mit dem „Gorby-Memorandum", vgl. In the Matter of Josef Mengele 1, S. 70–90, und Bd. 2, S. 86–90.
¹³ Brief Telford Taylors an Gisella Perl betr. Information regarding Dr. Mengerle [sic!], 19. 1. 1948, in: In the Matter of Josef Mengele 2, S. 91.

rund 50 Prozent zugenommen hatte.[14] Dazu kam, daß die Informationen über die Shoa in Deutschland zwar schnell bekannt und in nuce auch als wahr akzeptiert wurden, die Bevölkerung aber gleichzeitig vieles von dem, was an Schrecklichem aus den Lagern berichtet wurde, für überzogene alliierte Greuelpropaganda hielt.[15] Sowohl die „alten" als auch die „neuen" Günzburger dürften dem Schicksal des Josef Mengele angesichts der eigenen existentiellen Sorgen kaum Aufmerksamkeit geschenkt haben – ebenso wenig wie im Deutschland dieser Zeit die Opfer der rassischen oder politischen Verfolgung mit besonderer Anteilnahme rechnen konnten.[16]

Die sich langsam bessernde wirtschaftliche Lage änderte das verbreitete Desinteresse an der jüngsten Vergangenheit zunächst nicht. Die Entnazifizierung wurde beendet, Belastete auf breiter Basis rehabilitiert.[17] Wenn die Deutschen in den 1950er Jahren überhaupt zurückschauten, dann sahen sie sich selbst als Opfer – obwohl in der publizistischen Öffentlichkeit sehr wohl über die NS-Vergangenheit und die Schuld der Deutschen gestritten wurde und immer wieder Skandale die junge, noch nicht gefestigte Republik erschütterten.[18] Aleida Assmann hat in diesem Zusammenhang von „zwei Kulturen" gesprochen, die im Nachkriegsdeutschland und der frühen Bundesrepublik existierten: „Eine vom Paradigma der Schuld geprägte Öffentlichkeitskultur und eine vom Paradigma der Scham geprägte Kultur des Schweigens"[19] im privaten Bereich. Es herrschte, so Norbert Frei, eine „Atmosphäre des bereitwilligen Beschweigens individueller NS-Vergangenheit"[20]. Der Ruf nach einem Schlußstrich wurde lauter, und die Mehrheit, die sich selbst als Opfer sah, wollte von den Verbrechen, die Deutsche im Namen des Nationalsozialismus begangen hatten, nichts mehr hören und wissen.[21]

Günzburg bildete hier keine Ausnahme; das belegt nicht zuletzt das Schicksal Richard Böcks, der ebenfalls aus Günzburg stammte und als Kraftfahrer in Auschwitz gewesen war. Böck sprach öffentlich über seine Erlebnisse und wurde daraufhin in seiner Heimatstadt geschnitten.[22] Der Schluß, daß eine solche Stadt dann auch Josef

---

14 Von 6986 am 17. 5. 1939 auf 10425 am 1. 7. 1948. Von den Neubürgern waren 1823 Flüchtlinge, 473 Evakuierte und 147 Ausländer. Vgl. Sallinger, Integration, S. 290.
15 Schildt, Umgang, S. 28.
16 Vgl. ebenda, S. 30.
17 Zu nennen wären hier neben der Liquidation der Entnazifizierung die Straffreiheitsgesetze von 1949 und 1954 und die „131er"-Regelung. Vgl. Frei, Vergangenheitspolitik, S. 25–131.
18 Zu denken wäre hier etwa an den Remer-Prozeß, das Verbot der neonationalsozialistischen SRP, die Wiederbewaffnungsdebatte, die Kriegsverbrecherfrage oder die Bewertung des 20. Juli sowie an zahlreiche Skandale, die sich an den Biographien einzelner Personen entzündeten (Hans Globke, Theodor Oberländer, Veit Harlan, Werner Heyde/Sawade). Vgl. Reichel, Vergangenheitsbewältigung, S. 19 und 138–152; Steinbach, S. 38–40, und Frei, Vergangenheitspolitik.
19 Assmann/Frevert, Geschichtsvergessenheit, S. 111.
20 Frei, Vergangenheitspolitik, S. 405.
21 Vgl. Schildt, Umgang, S. 34–36.
22 Viele derer, die über die NS-Verbrechen sprechen wollten, teilten dieses Schicksal: Sie wurden für die Mehrheit der Deutschen zu Nestbeschmutzern. Hermann Langbein schildert in seinem Buch „Menschen in Auschwitz" mehrere solcher Fälle. Vgl. Langbein, Menschen, insb. S. 481 und 573 f.; vgl. außerdem: „Wenn er kam, waren wir vor Angst wie gelähmt", in: GZ, 6. 11. 1984.

Mengele versteckt, protegiert oder gar bewundert hätte, geht allerdings fehl. Die NS-Verbrechen waren während der 1950er Jahre schlicht ein Thema, mit dem die Menschen nicht nur in Günzburg nichts zu tun haben wollten, das „beschwiegen" wurde. Sie interessierten sich nicht dafür, und damit auch nicht für die Verbrechen Josef Mengeles in Auschwitz. Das bedeutete jedoch nicht, daß sich so mancher Günzburger nicht hinter vorgehaltener Hand gefragt hätte, was denn nun aus dem Beppo, dem ältesten Sohn des angesehenen Fabrikbesitzers, geworden war. In der Kleinstadt machten Gerüchte schnell die Runde. So manche Information scheint ihren Ursprung auch direkt bei der Familie Mengele gehabt zu haben[23], die bald, genau wie Josef Mengele in Argentinien[24], keine Veranlassung mehr sah zu übertrieben strenger Geheimhaltung. Dies lag aber keineswegs daran, daß sie an eine besondere Verschwiegenheit ihrer Mitbürger geglaubt oder es gar heimliches Komplizentum gegeben hätte; vielmehr schien sich Mitte der 1950er Jahre in Deutschland schlicht niemand mehr – und das schließt die Justiz ausdrücklich ein – für Josef Mengeles Verbrechen zu interessieren.

Seit 1953 war die Verfolgung von NS-Verbrechern durch deutsche Gerichte fast völlig zum Erliegen gekommen[25], die NS-Belasteten waren zum allergrößten Teil in den neuen Staat integriert worden und gerade bei den gesellschaftlichen Eliten war eine weitgehende personelle Kontinuität zum Dritten Reich festzustellen.[26] Gegen Ende der 1950er Jahre hatte sich die Bundesrepublik als stabiler Staat erwiesen. Die Deutschen hatten sich in ihrem neuen Wohlstand und in ihrer neuen politischen Stellung in der Welt eingerichtet und eine neue Generation derer, die bei Kriegsende noch Kinder gewesen waren, begann, sich zu artikulieren. Die „Kultur des Schweigens" wurde erstmals nicht mehr nur durch einzelne Mahner hinterfragt.[27]

Am Beginn dieser Entwicklung stand vor allem ein spektakuläres Ereignis: Der sogenannte Ulmer Einsatzgruppenprozeß[28] von 1958, der die „gravierenden Unter-

---

[23] Daß Martha Mengele mit ihrem Sohn Karl-Heinz plötzlich nach Südamerika ging, dürfte in einer Kleinstadt wie Günzburg kaum verborgen geblieben sein; daraus konnte man natürlich Schlüsse ziehen, und Karl Mengele selbst scheint sich dahingehend gegenüber seiner Haushälterin geäußert zu haben. Vgl. S. 121.

[24] Vgl. S. 52f.

[25] Nach einem Höchststand von 1819 Verfahren im Jahr 1948 hatte es 1950 noch 809 und 1953 noch 123 Verfahren gegeben; danach schwankte die Zahl bis 1961 zwischen etwa 20 und 40, der Tiefstand war 1959 mit 15 Verfahren erreicht. Vgl. Garbe, Abkehr, S. 703. Zur Geschichte der NS-Prozesse vgl. Rückerl, NS-Verbrechen und zu ihren gesellschaftlichen Auswirkungen Steinbach, Gewaltverbrechen.

[26] Deshalb war schnell die Rede von einer „Renazifizierung"; dieser Begriff sorgte in späteren Jahren für Mißverständnisse: „Denn [...] zum einen hatte ein Großteil der begünstigten Personen bereits vor 1933 wie im NS-Regime funktioniert, zum zweiten bildete deren strenge Abgrenzung von rechtsextremer Aktivität eine Bedingung für die soziale Integration als Chance einer zweiten Sozialisation." Schildt, Umgang, S. 38. Vgl. zum Thema der Integration der NS-Eliten in die bundesrepublikanische Gesellschaft Herbert, NS-Eliten.

[27] Vgl. Schildt, Umgang, S. 45 und 49; Garbe, Abkehr, S. 707ff., und Miquel, NS-Prozesse, S. 112.

[28] Ein ehemaliger SS-Oberführer (ein Rang ohne Wehrmachtspendant zwischen Oberst und Generalmajor), der Polizeidirektor von Memel gewesen und dort 1941 an Massenerschießungen von Juden beteiligt gewesen war, war bereits 1956 verhaftet worden und wurde vom Schwurgericht Ulm 1958 neben weiteren Gestapomitgliedern zu einer Freiheitsstrafe von 12 Jahren verurteilt. Nach dem Krieg hatte der Angeklagte unter falschem Namen ein Flücht-

lassungen und skandalösen Fehlleistungen"²⁹ bei der Verfolgung von NS-Verbrechern durch die Ermittlungsbehörden offenlegte.³⁰ Bereits 1955 waren alle Straftaten, die mit bis zu zehn Jahren Gefängnis belegt waren, verjährt – darunter fiel z. B. auch die schwere Körperverletzung. 1960 nun drohten auch Straftaten wie Totschlag und Körperverletzung bzw. Freiheitsberaubung mit Todesfolge zu verjähren. Nachdem im Ulmer Einsatzgruppenprozeß offenbar geworden war, daß viele der im Osten begangenen NS-Verbrechen noch nicht gesühnt, ja manche Täter im Entnazifizierungsverfahren sogar als „nicht betroffen" eingestuft worden waren, entschlossen sich die Justizminister der Länder im Oktober 1958, die Zentrale Stelle der Landesjustizverwaltungen zur Aufklärung von nationalsozialistischen Gewaltverbrechen³¹ ins Leben zu rufen. Diese nahm am 1. Dezember in Ludwigsburg ihre Arbeit auf und hatte den Auftrag, alle verfügbaren Unterlagen über NS-Verbrechen zu sammeln, Tatkomplexe herauszuarbeiten und die Täter zu ermitteln. Dadurch sollte ermöglicht werden, noch vor Ablauf der anstehenden Verjährungsfristen möglichst viele Verfahren einzuleiten.

Gleichzeitig erschütterten verschiedene Skandale die Republik, die besonders die Frage aufwarfen, wie es die Deutschen 15 Jahre nach Ende des Dritten Reiches mit dem Antisemitismus hielten. Die Medien berichteten das ganze Jahr 1959 hindurch von antisemitischen Vorfällen: In Düsseldorf beschmierten Unbekannte die Synagoge mit Hakenkreuzen, in Freiburg wurde ein jüdischer Friedhof geschändet. In Hamburg wurde ein Kaufmann wegen antisemitischer Äußerungen zu einer Haftstrafe verurteilt, und in Frankfurt mußten sich die sogenannten Köpperner Antisemiten, die ein jüdisches Ehepaar beleidigt, bedroht und verfolgt hatten, vor Gericht verantworten. Bereits in den Jahren zuvor hatte es ähnliche Fälle gegeben, und es war nicht mehr zu übersehen, daß in der Gesellschaft antisemitisches Potential vorhanden war.³² Der Publizist Georg von Studnitz prophezeite, das Jahr 1959 werde in die Geschichte eingehen als das Jahr, in dem „das Problem des Antisemitismus"³³ erstmals seit 1933 wieder in der breiten Öffentlichkeit debattiert worden sei. Doch das Jahr war noch nicht zu Ende: Am Heiligabend wurde die Kölner Synagoge durch Hakenkreuzschmierereien geschändet, und die Empörung war diesmal – nicht zuletzt durch den besonderen Tatzeitpunkt – größer als jemals zuvor, sie war „allgemein und parteiübergreifend, [...] international und bemerkenswert nachhaltig"³⁴. Gleichzeitig geriet die Regierung Adenauer ob ihres belasteten Personals immer stärker unter Druck, nicht zuletzt durch die Propaganda der SED-Führung in Ost-Berlin.³⁵

---

lingslager geleitet und war, als man ihn erkannt hatte, entlassen worden. Später klagte er auf Wiedereinstellung in den Staatsdienst; im Verlauf dieses Verfahrens wurde er als Polizeichef von Memel identifiziert. Vgl. Reichel, Vergangenheitsbewältigung, S. 145, und Steinbach, Gewaltverbrechen, S. 46 ff.
29 Garbe, Abkehr, S. 707.
30 Vgl. zu den Auswirkungen des Prozesses auch: Miquel, NS-Prozesse, S. 100 f.
31 Zu Gründung und Tätigkeit der Zentralen Stelle vgl. Dreßen, Zentrale Stelle, und Steinbach, Gewaltverbrechen, S. 48 ff.
32 Reichel, Vergangenheitspolitik, S. 147.
33 Zit. nach Reichel, Vergangenheitspolitik, S. 147.
34 Vgl. Reichel, Vergangenheitspolitik, S. 147 f.
35 Vgl. Schildt, Umgang, S. 50–52.

Die Deutschen sahen sich erneut mit ihrer bereits bewältigt geglaubten Vergangenheit konfrontiert (das Schlagwort der „Vergangenheitsbewältigung" stammt aus der Mitte der 1950er Jahre[36]) und mußten feststellen, „daß die Nazis Deutsche, und daß sehr viele Deutsche Nazis gewesen waren"[37]. Politische Bildung und Wissenschaft[38] nahmen sich nun verstärkt des Themas an, und auch die Presse, Film, Rundfunk und Fernsehen beteiligten sich an dieser „zeithistorischen und geschichtspolitischen Offensive"[39]. Im September 1959 hatte der Film „Rosen für den Staatsanwalt" Premiere, 1960 zeigte der WDR-Mehrteiler „Am Grünen Strand der Spree" erstmals – fiktionale – Bilder der Judenvernichtung in Polen und von Oktober 1960 bis Mai 1961 sahen rund 15 Mio. Fernsehzuschauer jeden Freitagabend zur besten Sendezeit die mehrteilige Dokumentation „Das Dritte Reich". Rund 180 Sendungen haben ARD und ZDF in dieser Zeit über den Nationalsozialismus ausgestrahlt.[40] Besonders bedeutsam jedoch wurde ein schmales Buch, dessen 1955 erstmals publizierte Taschenbuchausgabe nach 40 000 verkauften Büchern im ersten Jahr drei Jahre später bereits eine Auflage von rund 750 000 erreicht hatte.[41] Es war dieses Einzelschicksal eines kleinen jüdischen Mädchens, das sich mit seiner Familie in Amsterdam versteckt gehalten und zwischen 1942 und 1944 Tagebuch geführt hatte, das die Menschen bewegte: Das Tagebuch der Anne Frank.[42]

Das große Interesse, auf das die Aufzeichnungen Anne Franks stießen, sollte für Josef Mengele Folgen haben. Der Journalist Ernst Schnabel verfolgte die Spur des Kindes, um so viel wie möglich über ihr Leben und Sterben herauszufinden. Sein im März 1958 erschienenes Buch „Anne Frank. Spur eines Kindes"[43] wurde viel beachtet und eine ganze Reihe von Zeitungen druckte es in Fortsetzungen. Unter anderem beschrieb Schnabel die mörderischen Bedingungen in Auschwitz und beklagte, daß von den SS-Leuten viele einfach verschwinden konnten: „Keiner weiß zum Beispiel, wo Dr. Mengele ist, ob er umkam oder ob er heute noch irgendwo lebt. Dr. Mengele war der Arzt, der bei den Selektionen unter dem Scheinwerfer stand und [...] nach rechts schickte oder nach links, je nachdem..."[44]

Eine der Zeitungen, die Auszüge aus Schnabels Buch druckten, waren die Ulmer Nachrichten, und der oben zitierte Absatz war in der Ausgabe vom 1. Juli 1958 zu lesen. Wenige Tage später erreichte die Redaktion ein anonymer Brief einer „junge[n] Leserin", die schrieb, daß „scheinbar [...] doch einige Leute" wüßten, wo sich Mengele aufhalte: „Sonst hätte nicht der alte Herr Mengele in Günzburg

---

[36] Auf den schwierigen Versuch, diesen Begriff zu definieren, soll hier verzichtet werden; ohnehin steht seine geradezu inflationäre Nutzung im Gegensatz zu seiner begrifflichen Schärfe. Statt dessen sei hier verwiesen auf: Dudek, Vergangenheitsbewältigung, S. 44–53, sowie die Anmerkungen Ulrich Brochhagens in: Brochhagen, Nürnberg, S. 11 f. Dennoch kommt auch diese Arbeit um die Verwendung dieses Begriffes nicht herum.
[37] Vgl. Reichel, Vergangenheitspolitk, S. 147.
[38] Vgl. zur Bedeutung des zunehmenden Interesses der Geschichtswissenschaft an der Thematik des Dritten Reiches: Schildt, Umgang, S. 45 f.
[39] Ebenda, S. 149.
[40] Vgl. ebenda, S. 149 f.
[41] Vgl. Mit Anne Frank begann die Erinnerung, in: Die Welt, 7. 5. 2002. Die Erstausgabe von 1950 hatte sich dagegen so gut wie gar nicht verkauft.
[42] Frank, Tagebuch.
[43] Schnabel, Anne Frank.
[44] Ebenda, S. 138.

*[Randbemerkung: bei Ulm]* seiner ehemaligen Hausgehilfin Frau Angela K. in Steinheim/Neu-Ulm erzählt, daß sein Sohn, der Arzt bei der SS war, in Südamerika unter einem anderen Namen eine Praxis ausübt. Und weil er so Heimweh habe, hat Herr Mengele die Witwe seines anderen Sohnes nach drüben geschickt."[45] Die Redaktion leitete den Brief weiter an Schnabel, der ihn kurz darauf seinerseits an die Staatsanwaltschaft in Ulm sandte. Der dortige Oberstaatsanwalt Schüle interpretierte Schnabels Begleitbrief als Strafanzeige und gab die Schriftstücke wenige Tage später zuständigkeitshalber an die Staatsanwaltschaft Memmingen weiter, die für Günzburg örtlich zuständig war.[46] Von nun an gab es einen Fall Josef Mengele.[47]

Noch im gleichen Monat wandte sich die Staatsanwaltschaft Memmingen an die „Kriminals-Außenstelle *[sic!]* Günzburg" mit dem „Ersuchen, die Personalien des Beschuldigten und, wenn möglich, seinen derzeitigen Wohnsitz [...] festzustellen"[48]. Der Brief schloß mit der Anweisung, „die Ermittlungen so durchzuführen, daß sie den Angehörigen nicht zur Kenntnis kommen"[49] – eine Aufforderung, die von zumindest einem Günzburger Beamten ignoriert wurde. Rolf Mengele hat die Existenz eines Informanten bei der Günzburger Polizei später bestätigt.[50] Kaum hatten die Ermittlungen begonnen, waren die Familie in Günzburg und Josef Mengele in Buenos Aires gewarnt.

Die Günzburger Polizei wandte sich an die Stadtverwaltung und erhielt, wie explizit festgehalten wurde, „vertrauliche Auskunft von Oberbürgermeister Dr. Josef Seitz persönlich"[51]. „Zusammenfassend" konnten die Günzburger Beamten Ende August nach Memmingen melden, daß „der letzte polizeiliche Meldeort des Dr. Josef Mengele von 1943 bis 1944 der Wohnsitz seiner Familie in Freiburg/Breisgau, Sonnenhalde Nr. 87 war, und daß sich dieser zuletzt im Jahre 1954 aus der Hauptstadt von Argentinien, Buenos Aires, Sarmiento 1875 Olivos, meldete"[52]. In Freiburg hatte Mengele im November 1944 seinen letzten Heimaturlaub bei seiner Frau Irene verbracht, die Adresse in Argentinien dürfte den Günzburgern aus den Vorgängen um Josef Mengeles Ehescheidung im Jahr 1954 bekannt gewesen sein. Jedenfalls stand nun fest, daß die Staatsanwälte in Memmingen für den Fall nicht zuständig waren. Noch Ende August gaben sie den Fall ab an ihre Kollegen in

---

45 Sta F/M, Az 4 Js 340/68, Ermittlungsakten, Bd. I, Bl. 7, Anonymer Leserbrief, 8. 7. 1958.
46 Ebenda, Bl. 3–5, Schreiben Schnabels an die Staatsanwaltschaft Ulm, 3. 8. 1958, weitergeleitet an die Staatsanwaltschaft Memmingen am 12. 8. 1958. Vgl. hierzu auch Völklein, Mengele, S. 251 f.
47 Die von Posner und Ware geschilderte Version, wonach Bemühungen Hermann Langbeins, des Generalsekretärs des Wiener Auschwitz-Komitees, zur Einleitung des Strafverfahrens geführt hätten, können dagegen in den Akten nicht nachvollzogen werden und sind deswegen – trotz des verdienstvollen Engagements Langbeins – wohl falsch. Vgl. Posner/Ware, Mengele, S. 151–154.
48 Sta F/M, Az 4 Js 340/68, Erm.A., Bd. I, Bl. 11, Schreiben der Staatsanwaltschaft Memmingen an die Landpolizei Günzburg, August 1958.
49 Ebenda.
50 Vgl. Posner/Ware, Mengele, S. 378. Vgl. außerdem Völklein, Mengele, S. 252 f.
51 Sta F/M, Az 4 Js 340/68, Erm.A., Bd. I, Bl. 15, Protokoll der Bayerischen Landpolizei, Kriminalaußenstelle Günzburg, 23.8.58.
52 Ebenda, Bl. 33–36, Bericht der Polizei Günzburg an die Staatsanwaltschaft Memmingen über die bisherigen Ermittlungsergebnisse, 25. 8. 1958.

Freiburg[53], und der dortige Oberstaatsanwalt Schabinger Freiherr von Schowingen entwickelte eine für die – bisher an der Verfolgung von NS-Verbrechern wenig interessierte – deutsche Justiz durchaus bemerkenswerte Initiative, die rund ein halbes Jahr später, am 25. Februar 1959, zum ersten Haftbefehl gegen Josef Mengele führte.[54]

---

[53] Vgl. ebenda, Bl. 37, Schreiben der Staatsanwaltschaft Memmingen an die Staatsanwaltschaft Freiburg i. Br. betr. Übernahme zuständigkeitshalber, 30. 8. 1958.
[54] Vgl. ebenda, Bl. 287, Haftbefehl d. Amtsgerichts Freiburg, 25. 2. 1959.

## VI. Die sechziger Jahre: Die Entstehung des Günzburg-Mythos

### 1. Der Frankfurter Auschwitz-Prozeß und seine Auswirkungen auf den Fall Mengele

Anfang 1958 hatte ein ehemaliger Auschwitz-Häftling, der wegen eines Betrugsdeliktes eine Haftstrafe verbüßte, bei der Staatsanwaltschaft Stuttgart Anzeige wegen Mordes gegen einen gewissen Wilhelm Boger erstattet. Zunächst maß man der Angelegenheit keine besondere Bedeutung bei, da der Zeuge wenig glaubwürdig erschien, doch die Erkenntnisse des Ulmer Einsatzgruppenprozesses gaben zu ernsthaften Untersuchungen Anlaß. Ein halbes Jahr nach der Anzeige wurde Haftbefehl gegen Boger erlassen, der als SS-Hauptsturmführer in der Politischen Abteilung in Auschwitz tätig gewesen war. Die mittlerweile eingerichtete Zentrale Stelle in Ludwigsburg ermittelte parallel, und zufällig erhielt zu Beginn des Jahres 1959 der Frankfurter Generalstaatsanwalt Fritz Bauer von einem Auschwitz-Überlebenden Dokumente, unter denen sich ein Verzeichnis der in Auschwitz eingesetzten SS-Angehörigen befand. Bauer wandte sich an den Bundesgerichtshof, der wenig später entschied, alle Ermittlungen im Auschwitz-Komplex der Staatsanwaltschaft Frankfurt am Main zu übertragen.[1]

Nun begannen umfangreiche Untersuchungen, die noch im gleichen Jahr zu ersten weiteren Verhaftungen führten. Allein bis Anfang 1960 wurden im In- und Ausland über 350 Zeugen befragt, während der insgesamt fast vier Jahre dauernden Ermittlungen waren es rund 1300, darunter Hunderte ehemalige Häftlinge. Die Anklageschrift umfaßte 700, die 128 Hauptakten-Bände kamen auf 21000 Seiten. Beschuldigt wurden 24 Personen. Die Anklage lautete auf Mord und Beihilfe zum Mord in einer nicht genau zu bestimmenden Zahl von Fällen. Als Hauptangeklagter war zunächst der letzte Lagerkommandant von Auschwitz, Richard Baer, vorgesehen. Als dieser noch vor Prozeßbeginn in Untersuchungshaft starb, rückte der ehemalige SS-Hauptsturmführer Robert Mulka, Adjutant des Lagerkommandanten Höß, an seine Stelle. Entsprechend hieß der Prozeß offiziell „Strafsache gegen Robert Mulka und andere".[2]

Am 20. Dezember 1963 eröffnete der Vorsitzende Richter Hans Hofmeyer den Prozeß. Das Gericht tagte in Ermangelung eines geeigneten Sitzungssaales zunächst

---

[1] Vgl. Reichel, Vergangenheitspolitik, S. 158f., und Renz, Auschwitz-Prozeß. Vgl. außerdem: Sta F/M, Az 4 Js 340/68, HandA., Bd. I, Bl. 98, Mitteilung des Generalstaatsanwalts Karlsruhe an die Sta Freiburg betr. Zuständigkeitsentscheidung des BGH, 8. 7. 1959.
[2] Vgl. Reichel, Vergangenheitspolitik, S. 159f. Auf der Anklagebank saßen neben Mulka u. a. Oswald Kaduk, Rapportführer in Auschwitz, Lagerapotheker Dr. Victor Capesius und der Sanitätsdienstgrad Josef Klehr.

im geschichtsträchtigen Frankfurter Römer.[3] Das Medieninteresse war außerordentlich, mehr als 200 Journalisten, dazu Fotografen und Fernsehteams[4], verfolgten die Verhandlung. Alle großen deutschen Tageszeitungen berichteten über nahezu jeden einzelnen der auf 20 Monate verteilten 183 Verhandlungstage[5], und insgesamt etwa 20000 Besucher, darunter viele Schulklassen, sollen einen der Verhandlungstage im Gerichtssaal miterlebt haben.[6]

Die Vernehmung der Angeklagten zur Sache, die zunächst stattfand, blieb weitgehend ohne Ergebnis – die meisten schwiegen ganz oder wollten sich an nichts mehr erinnern. Im Anschluß daran trugen die Historiker Hans Buchheim, Helmut Krausnick und Martin Broszat vom Münchener Institut für Zeitgeschichte sowie Hans-Adolf Jacobsen von der Universität Bonn ihre für den Prozeß angefertigten Gutachten vor, die sowohl für den Prozeß als auch für die weitere Erforschung der NS-Vergangenheit von großer Bedeutung waren.[7] Danach, von Februar 1964 bis Mai 1965, wurden die Zeugen gehört, darunter mehr als 350 ehemalige Häftlinge. Eine Gruppe von Häftlingen des „Sonderkommandos", das in den Krematorien und Gaskammern eingesetzt war, wurde Anfang Oktober 1964 befragt, und Mitte Dezember reiste das Gericht zum Ortstermin nach Auschwitz. Am 6. Mai 1965 wurde die Beweisaufnahme abgeschlossen, es folgten die Plädoyers der Ankläger und – besonders umfangreich – der Verteidiger, bevor am 19. und 20. August 1965 die Urteile gesprochen wurden.[8]

Nach und nach war vor dem Gericht in einer zunächst emotional angespannten, später durch die sich vielfach bestätigenden Aussagen der Zeugen sachlicher werdenden Atmosphäre ein detailliertes Bild des Auschwitzer Lagerregimes entstanden. Die ausführliche Berichterstattung sorgte dafür, daß auch die breite Öffentlichkeit mit diesem Bild konfrontiert wurde. Der zynische Lagerjargon hielt Einzug in den Gerichtssaal und über die Medien auch in die deutschen Wohnzimmer. Worte wie „Rampe" und „Selektion", „Muselmann"[9] oder „Abspritzen"[10] wurden schnell zu geläufigen Begriffen. Schon in den ersten Prozeßtagen stellten viele Beobachter die Frage, „wieso zumeist unbescholtene Bürger – Akademiker, Beamte, Kaufleute, Handwerker – plötzlich zu unvorstellbaren Greueltaten fähig waren und nach Kriegsende wieder zu ‚harmlosen' Bürgern wurden"[11].

---

[3] Vgl. zum Frankfurter Auschwitz-Prozeß: Langbein, Auschwitz-Prozeß; Werle/Wandres, Auschwitz und Wojak, Gerichtstag.

[4] Zur westdeutschen Fernsehberichterstattung über den Auschwitz-Prozeß vgl. Horn, Thema.

[5] Viel beachtet wurden etwa die später in Buchform veröffentlichten Berichte und Betrachtungen von Bernd Naumann in der Frankfurter Allgemeinen Zeitung. Vgl. Naumann, Auschwitz. Zum chronologischen Ablauf des Prozesses vgl. die Aufstellung in: Langbein, Auschwitz-Prozeß, S. 937–991.

[6] Vgl. Wojak, Mauer, S. 23. Vgl. zur Wirkung des Prozesses auf die deutsche Öffentlichkeit die Ergebnisse verschiedener Meinungsumfragen bei: Miquel, NS-Prozesse, S. 103 f.

[7] Die Gutachten wurden veröffentlicht in: Buchheim u. a., Anatomie. Vgl. außerdem Wojak, Verschmelzung, S. 29–45.

[8] Vgl. Reichel, Vergangenheitspolitik, S. 171–175.

[9] Lagerjargon für ausgemergelte, hungerkranke, völlig apathische Häftlinge. Vgl. die eindringliche Beschreibung bei Langbein, Menschen, S. 111–128.

[10] Töten eines Häftlings durch Einspritzen eines Giftes ins Herz (in der Regel Phenol).

[11] Das Unfaßbare vor Gericht. Vor dreißig Jahren endete der Auschwitz-Prozeß, in: FAZ, 19. 8. 1995, zit. nach: Ebenda, S. 161.

## 1. Der Frankfurter Auschwitz-Prozeß

Am Ende des Prozesses stellte der Vorsitzende Hofmeyer zu Recht fest, er habe keinen Schauprozeß geführt, seine Aufgabe sei es nicht gewesen, die nationalsozialistische Vergangenheit zu bewältigen. Doch gerade dadurch, daß der Prozeß nicht zu einer politischen Abrechnung geriet, erzielte er seine Wirkung. „Mit glasklarer Härte" zeigte der Prozeß den Deutschen, „daß wir es mit *[sic!]* Auschwitz mit einem Mordzentrum von unvorstellbarer Entsetzlichkeit zu tun haben und daß dessen Funktionieren von dem bewußten und gewollten Zusammenwirken der Angeklagten und Tausender anderer abhing."[12] Die Straftaten einzelner standen im Mittelpunkt, und doch wies der Prozeß weit über die verhandelten persönlichen Verbrechen hinaus. „Erstmals wurde vor einem deutschen Gericht festgestellt, wie die Vernichtungsmaschinerie Auschwitz funktionierte. Die Angeklagten hatten sich alle als Rädchen dieser Maschinerie dargestellt, deren Existenz keiner von ihnen bestritt. Von der täglichen Vergasung sprachen sie wie selbstverständlich."[13] In Frankfurt gelang, um mit Hannah Arendt[14] zu sprechen, die Rückverwandlung dieser Rädchen in Menschen, und gerade die Erkenntnis, daß die bürgerlichen Biographien dieser Menschen erschreckend „normal" waren, zwang die deutsche Gesellschaft zu einer neuen Sicht auf die Verbrechen der NS-Zeit. Zunächst führte dieser Zwang aber zu durchaus wahrnehmbaren Abwehrreaktionen der Deutschen, wie Meinungsumfragen bestätigen: Zwar bekundeten 1964/65 60 Prozent der Befragten Interesse an dem Verfahren, gleichzeitig votierten aber zwischen 52 Prozent und 69 Prozent für ein Ende der Strafverfolgung. Anfang 1958 hatten dafür nur 34 Prozent der Befragten gestimmt, und 1966, nach Prozeßende, war diese Zahl mit 44 Prozent erneut rückläufig.[15] Gerade die intensive Berichterstattung, die die Menschen fast täglich mit den Schrecken von Auschwitz konfrontierte, aktivierte eine überdurchschnittlich starke Ablehnung der Ahndungsbemühungen während des Auschwitz-Prozesses.[16]

Als 1958 die Vorermittlungen im Frankfurter Auschwitz-Prozeß begannen und in großem Umfang ehemalige Häftlinge als Zeugen vernommen wurden, wurden auch gegen Josef Mengele immer neue Anschuldigungen erhoben; schon am 5. Juni 1959 erging deshalb ein neuer, auf fünf Seiten angewachsener Haftbefehl, der die neuen Vorwürfe berücksichtigte.[17] Medien und Öffentlichkeit wurden sowohl in Deutschland als auch international auf den Fall Mengele aufmerksam. Anlaß für neue Ermittlungen in Günzburg war ein 1960 in einer deutschsprachigen argentinischen Zeitung erschienener Artikel, in dem unter anderem berichtet wurde, Josef Mengele erhalte Unterstützung von seiner Familie. Erneut wurde die Günzburger Stadtpolizei eingeschaltet, und erneut verlief die Untersuchung ergebnislos: Die Polizei meldete Ende Oktober, daß bei den „vertraulich durchgeführten Ermittlungen" nicht festgestellt werden konnte, „daß der Maschinenfabrikbesitzer Alois

---

[12] Staatsanwalt Kügler in seinem Schlußplädoyer, zit. nach: Werle/Wandres, Auschwitz, S. 81.
[13] Reichel, Vergangenheitspolitik, S. 176 f.
[14] Vgl. ebenda, S. 177.
[15] Umfragen der Wickert-Institute Tübingen und des Instituts für Demoskopie Allensbach, zit. nach: Miquel, NS-Prozesse, S. 103 f.
[16] Vgl. Ebenda.
[17] Sta F/M, Az 4 Js 340/68, HandA., Bd. I, Bl. 1–5, Haftbefehl des Amtsgerichts Freiburg, 5. 6. 1959.

MENGELE seinen Bruder oder dessen Ehefrau Martha durch Zuwendungen aus dem Unternehmen irgendwie unterstützt"[18].

Als im Dezember 1963 der Prozeß eröffnet wurde, wurde gegen Josef Mengele auch in absentia nicht verhandelt. Zwar hatte die Freiburger und vor allem die Frankfurter Staatsanwaltschaft in ihren Zeugenbefragungen genug belastendes Material gesammelt, die Frankfurter Behörde (die den Fall im März 1961 offiziell übernommen hatte[19]) mußte auf eine Anklageerhebung aber dennoch verzichten, weil Mengeles Aufenthaltsort nicht festzustellen gewesen war. Dennoch fiel sein Name im Prozeßverlauf immer wieder, und immer wieder kamen seine Taten in Auschwitz zur Sprache. Gerade die Tatsache, daß man diesen Josef Mengele nicht hatte anklagen können, obwohl man mittlerweile wußte, daß er das Kriegsende überlebt hatte und nach Südamerika entkommen war, machte ihn für die Medien interessant. In der Prozeßberichterstattung fiel der Name Mengele immer wieder. Parallel zum Frankfurter Verfahren wurde immer wieder über Gerüchte, angebliche Aufenthaltsorte, benutzte Falschnamen oder heiße Spuren berichtet.[20] Angesichts des gesteigerten Interesses an Josef Mengele war es nur eine Frage der Zeit, bis die Presse auf seine Geburtsstadt aufmerksam wurde.

## 2. Der Günzburg-Mythos

*Definition durch Fritz Bauer und Anton Seitz*

Am 7. Juli 1964 erschien in der Bild-Zeitung unter der Schlagzeile „Blieb in Günzburg die Zeit stehen?" ein Artikel, der eine Invasion von Journalisten in die Stadt auslöste. Am 16. Juni 1964 hatte der Journalist Willy Schwandes in Frankfurt mit Generalstaatsanwalt Fritz Bauer gesprochen.[21] Bauer sagte dem Bild-Reporter, daß Mengele „offenbar über Millionen"[22] verfüge und das Geld „zweifellos von seinem Bruder Alois Mengele aus Günzburg" stammen müsse. „Mengele wird auch weiterhin ein Gejagter bleiben", so Bauer, doch „in der Bundesrepublik wird es sehr schwer sein, etwas Neues über Mengele in Erfahrung zu bringen. In seiner Heimatstadt wird er gedeckt. Er war das Lieblingskind des Ortes. Sie werden noch ihr blaues Wunder in Günzburg erleben. Dort ist die Zeit stehen geblieben. Diese Stadt will ihre Vergangenheit nicht bewältigen. Wer Mengele von früher noch kennt, ist

---

[18] Sta F/M, Az 4 Js 340/68, Erm.A., Bd. V, Bl. 1077, Bericht der Stadtpolizei Günzburg, 27. 10. 1960 (Hervorhebung im Original).
[19] Sta F/M, Az 4 Js 340/68, HandA., Bd. II, Bl. 2, Mitteilung der Staatsanwaltschaft Frankfurt an die Staatsanwaltschaft Freiburg betr. Verfahrensübernahme, 28. 3. 1961.
[20] Vgl. z.B. die entsprechenden Berichte im Spiegel: Nr. 293384, in: Der Spiegel, 3. 8. 1964; Immer ein Expreßboot, in: Der Spiegel, 21. 9. 1964 und Ein halbes Schwein für den Totengräber, in: Der Spiegel, 28. 9. 1964.
[21] Auf welche Informationen sich Schwandes bei der Niederschrift seines späteren Artikels stützte, läßt sich anhand eines rund 25-seitigen Schreibens des Journalisten an den Frankfurter Staatsanwalt Kügler rekonstruieren, in dem er seine Rechercheergebnisse wenige Tage vor Erscheinen des Artikels detailliert zusammenfaßte. Vgl. Sta F/M, Az 4 Js 340/68, Fahnd.A., Bd. K1, Schreiben Willy Schwandes an Staatsanwalt Kügler betr. Rechercheergebnisse, 3. 7. 64.
[22] Dieses und die folgenden Zitate: Ebenda.

## 2. Der Günzburg-Mythos

entweder tot oder schweigt beharrlich. *[...]* Von den Günzburgern wird auch niemand etwas sagen. Auch wenn er etwas weiß. Sie haben alle Angst. Schließlich lebt fast der ganze Ort von der Maschinenfabrik Mengele. Die Mengeles selbst schließlich wissen ganz genau Bescheid. Aber sie schweigen."

Das Interesse Willy Schwandes' und der Bild-Zeitung am Verhältnis Günzburgs zu dem mittlerweile berüchtigten KZ-Arzt war nach diesen mehr als deutlichen Aussagen des angesehenen Frankfurter Generalstaatsanwalts natürlich geweckt. Doch zunächst muß die Frage beantwortet werden, wie Bauer zu seinem Urteil gekommen war, und dazu finden sich in den Akten der Frankfurter Staatsanwaltschaft einige Hinweise. Der erste stammte immerhin von der Günzburger Polizei. Zwar deutet nichts darauf hin, daß die Frankfurter Staatsanwälte wußten, daß einer der Günzburger Beamten die Familie Mengele über die Ermittlungen auf dem laufenden hielt – eine Ahnung mag zumindest vorhanden gewesen sein.[23] Der oben bereits zitierte Ermittlungsbericht aus dem Jahr 1960 sprach ohnehin eine deutliche Sprache: „Die breite Öffentlichkeit glaubt heute noch nicht, daß die schweren Beschuldigungen von Dr. Mengele selbst direkt begangen worden sind *[sic!]*", schrieb der Günzburger Polizeiobermeister Z., bevor er anschließend die überragende Stellung des Firmengründers Karl Mengele hervorhob, „der Ehrenbürger der Stadt und Inhaber der goldenen Bürgermedaille *[...]*, sowie mehrere Jahre 2. Bürgermeister gewesen ist *[und]* unendlich viel für die Armen der Stadt getan hat"[24].

Hinzu kamen zwei „Kronzeugen", die die Verhältnisse in der Stadt gut zu kennen schienen. Zunächst meldete sich bei den Frankfurter Ermittlungsbehörden Richard Böck, ein Günzburger, der ebenfalls als SS-Mann in Auschwitz tätig gewesen war. In seinem Schreiben kolportierte er neben Klatsch und Tratsch über die Familie Mengele[25] hauptsächlich Gerüchte, die seiner Erinnerung nach seit 1958 in Günzburg die Runde gemacht hatten. Er schilderte den Ermittlern das ohnehin bereits als Tatsache bekannte Gerücht, daß Martha Mengele in Südamerika Josef geheiratet habe, und wußte außerdem zu berichten, daß der „Pepo seinen Vater besucht"[26] habe, als dieser 1959 schwer krank gewesen sei. Bei dieser Gelegenheit soll er „durch den Fabrikbetrieb gegangen sein. Er hätte einen Spitz- oder Knebelbart und eine dunkle Brille getragen. Vielleicht blau? Trotzdem sollen ihn ältere Betriebsangehörige *[...]* erkannt haben"[27]. Dies dürfte eine Variante der hartnäckigen Gerüchte um Josef Mengeles angeblichen Besuch der Beerdigung seines Vaters im gleichen Jahr gewesen sein.[28] Zu guter Letzt äußerte Böck die „sehr starke" Vermutung,

---

[23] Irgendwann 1961 hatte die Staatsanwaltschaft Frankfurt eine anonyme Zuschrift mit folgendem Wortlaut erhalten: „Sie dürfen im Falle Günzburg niemals Günzburger Polizei einsetzen, dort ist alles mit ihm unter einer Decke – Geld riecht nicht." Sta F/M, Az 4 Js 340/68, Fahnd.A., FO Deutschland I, Bl. 11–12, Anonymes Schreiben, undatiert *[1961]*.
[24] Sta F/M, Az 4 Js 340/68, Erm.A., Bd. V, Bl. 1077, Bericht der Stadtpolizei Günzburg, 27. 10. 1960.
[25] So habe etwa Karl jun. erst einem anderen die Frau ausgespannt und sei dann „bald darauf an Weihnachten gestorben, *[...]* weil angeblich sehr gefeiert wurde". Sta F/M, Az 4 Js 340/68, Fahnd.A., FO Deutschland I, Bl. 7, Schreiben Richard Böcks an Oberstaatsanwalt Krüger, undatiert *[ca. 25. 2. 1961]*.
[26] Ebenda.
[27] Ebenda.
[28] Vgl. S. 130f. und 167–170.

„daß der hiesige Chef der Maschinenfabrik Mengele Söhne, Ludwig Mengele *[sic!]* (Solo genannt) auch mit seinem Bruder *[...]* in Verbindung steht"29.

Böcks Brief brachte den Ermittlern keine verwertbaren Erkenntnisse (zumal dieser nicht einmal den Vornamen des Firmenchefs zu kennen schien), verstärkte aber den Eindruck, daß die Günzburger einiges wußten. Dies schien auch ein Schreiben zu bestätigen, das immerhin von einem ehemaligen Bürgermeister der Stadt Günzburg stammte, nämlich von Anton Seitz (nicht zu verwechseln mit dem späteren Bürgermeister Dr. Josef Seitz), der sich 1961 in einem Schreiben an die Frankfurter Staatsanwaltschaft gewandt hatte: „Als Antifaschist war ich nach dem Kriege kommissarischer Bürgermeister der Nazihochburg Günzburg. Es ging damals in der Stadt das Gerücht, Mengele habe sich erschossen. *[...]* Dann wurde bekannt, daß ihn sein Vater *[...]* in Argentinien besucht hat und voraussichtlich auch mit dem nötigen Geld versorgte. *[...]* Die Maschinenfabrik war vor dem ersten Weltkrieg eine kleine Bude, dann floß im ersten Weltkrieg das Blut der Gefallenen als rotes Gold in die Kassenschränke. *[...]* Die Herren von einst sind doch schon wieder die Herren von heute."30

Es ist sehr wahrscheinlich, daß Fritz Bauer den Bild-Redakteur Schwandes auf Anton Seitz aufmerksam gemacht hat. Drei Tage nachdem die beiden in Frankfurt miteinander gesprochen hatten, führte Schwandes das nächste Interview im Rahmen seiner Recherchen mit Anton Seitz in Geislingen an der Steige. Wie sich zeigen wird, gingen viele der in dem Bild-Artikel später erhobenen Vorwürfe auf dieses Gespräch mit Seitz zurück. Deshalb lohnt es sich, durch einen Blick auf Seitz' Amtszeit – oder vielmehr ihr Ende – das Verhältnis des ehemaligen Stadtoberhauptes zu Günzburg näher zu betrachten.

Nach der Kommunalwahl im Januar 1946 war in Günzburg ein heftiger Streit um das Bürgermeisteramt entbrannt, der eineinhalb Jahre andauerte und erst am 13. Juni 1947 mit der Wahl von Dr. Josef Seitz beendet werden konnte. In der Zwischenzeit waren Bürgermeister von den Besatzungsbehörden abgesetzt worden, eine vom Bayerischen Innenministerium gestellte Frist verstrichen und der Landrat hatte die Stadt kommissarisch verwaltet; schließlich wurde der Stadtrat zwangsweise aufgelöst und neu gewählt.31 Anton Seitz war an diesem Streit um das höchste Amt der Stadt direkt beteiligt – nur allzu gerne hätte er das Amt auch weiterhin bekleidet. Zu diesem Zweck hatte er sich frühzeitig an die Günzburger CSU gewandt mit dem Ansinnen, von der Partei als Kandidat für das Bürgermeisteramt aufgestellt zu werden. Die Christsozialen allerdings lehnten ab. Der Grund dafür war, so Michael Salbaum in seiner Promotion über die Anfänge der CSU im Landkreis Günzburg, daß Seitz offenbar selbst Mitglied der NSDAP gewesen und nach Meinung

---

29 Sta F/M, Az 4 Js 340/68, Fahnd.A., FO Deutschland I, Bl. 8, Schreiben Richard Böcks an Oberstaatsanwalt Krüger, undatiert *[ca. 25. 2. 1961]*.
30 Ebenda, FO Deutschland SO, Bl. 67, Schreiben Anton Seitz an Oberstaatsanwalt Krüger, 11. 6. 1961.
31 Vgl. dazu IfZ-Archiv, OMGUS CO/457/1, Annual Historical Report, 29. 6. 1946; Monthly Political Activity Report, 1. 5. 1946 und für den Oktober 1946 *[undatiert]*; StAA, BA Günzburg, 9941, Wochenberichte des Bezirksamtes Günzburg an die Militärregierung, 28. 10. 1946, 27. 1. 1947, 28. 3. 1947 und 29. 4. 1947 sowie ebenda, BA Günzburg 9936, Monatsberichte des Bezirksamtes Günzburg an die Regierung von Schwaben, 27. 2. 1947, 28. 3. 1947, 29. 4. 1947 und 30. 6. 1947. Vgl. außerdem: Salbaum, Geschichte, S. 40–44, 65, 75–81 und 87–89.

des damaligen Parteivorsitzenden sein Verhältnis zum Nationalsozialismus nicht eindeutig geklärt war.[32]

Nach der erlittenen Abfuhr in der Kandidatenfrage begann Seitz, die Partei, für die er kurze Zeit zuvor noch selbst gerne ins Rathaus eingezogen wäre, als ein „Sammelbecken aller Nazistimmen" zu bezeichnen und nannte den Vorsitzenden Riemer einen „Nazifreund"[33]. Nach der Kommunalwahl und dem damit verbundenen Amtsverlust erhob Seitz bei den Besatzungsbehörden schwere Anschuldigungen gegen seinen Nachfolger Georg Sutor (CSU), der daraufhin wieder aus dem Amt entfernt wurde.[34]

Zunächst hatte Seitz als direkte Folge seiner politischen Niederlage vor allem die CSU angegriffen mit dem offensichtlichen Ziel, den Ruf der Partei zu schädigen. Als er fast zwanzig Jahre später mit dem Journalisten Schwandes sprach, hatten sich die Vorwürfe zu einer veritablen Verschwörungstheorie ausgeweitet: „Bei der ersten Bürgermeisterwahl nach dem Krieg traten die Nazis als Partei auf und setzten die CSU so massiv unter Druck, daß man mich nicht auf die Kandidatenliste setzte"[35], so die Erklärung des Altbürgermeisters, der großen Wert auf die Betonung seiner „anti-nazistischen Gesinnung" legte. Mittlerweile wähnte Seitz die alten Nazis also nicht mehr nur in der CSU; vielmehr sprach er nun von einer „verschworenen Gemeinschaft", geradezu sektiererisch sah er die wahrhaft Mächtigen „an Stammtischen" sitzen und in Günzburg im Hintergrund die Fäden ziehen, während „jeder Angst vor der Rache der Nazis" habe.

Er selbst war fest überzeugt, daß er während seiner Zeit als Bürgermeister in Günzburg „sehr beliebt war". Daß diese Beliebtheit keineswegs uneingeschränkt gewesen war, nahm er nicht wahr oder verdrängte er; schon 1945/46 glaubte oder behauptete er, hinter gegen seine Person gerichteten Unmutsäußerungen stecke eine groß angelegte Nazi-Verschwörung.[36] Dementsprechend lautete 1964 seine wenig

---

[32] Die Frage, warum die Amerikaner Seitz dennoch als kommissarischen Bürgermeister einsetzten, beantwortet Salbaum leider nicht. Vgl. Salbaum, S. 40 und 76.

[33] Zit. nach: Ebenda, S. 41. Vgl. ähnlich in IfZ-Archiv, OMGUS CO/457/1, z.B. Intelligence Annex to Weekly Military Government Detachment Reports, 29. 12. 1945.

[34] Dieser habe am Tag seiner Amtsübernahme die Besatzungsbehörden angegriffen und behauptet, sie hielten die eigentlich vorhandenen Kohlevorräte zurück, „damit [die Bevölkerung] die Niederlage richtig empfindet". Zit. nach: Salbaum, Geschichte, S. 41. Vgl. außerdem IfZ-Archiv, OMGUS CO/457/1, Annual Historical Report, 29. 6. 1946.

[35] Dieses und die folgenden Zitate: Sta F/M, Az 4 Js 340/68, Fahnd.A., Bd. K1, Schreiben Willy Schwandes an Staatsanwalt Kügler betr. Recherceergebnisse, 3. 7. 1964.

[36] Als im November 1945 immer wieder Ankündigungsplakate des Bürgermeisters beschädigt wurden, witterte Seitz hinter dieser Aktion die Insubordination alter Nazis und veröffentlichte eine pathetische Proklamation im Günzburger Amtsblatt. Auch die Amerikaner hielten es zunächst für möglich, „that behind this action is a systematic, Nazi-inspired attempt at causing disturbances to governmental procedures". Bereits eine Woche später allerdings notierte der Berichterstatter, daß in Günzburg verschiedentlich geäußert worden sei, „that the real motives behind the accusations of the Burgermeister were of a personal [rather] than of a public nature". Der neue Landrat Deml wurde mit folgenden Worten zitiert: „The Burgermeister sees political implications in these acts. I believe however that these demonstrations are against the person of the Burgermeister and not against the contents of the proclamations. This assumption is based on two facts. Often the damage to the signs involves only the signature of the Burgermeister. Furthermore no damage to proclamations of the Military Government or of the Landrat has been reported." IfZ-Archiv, OMGUS CO/457/1,7, Intelligence Annex to Weekly Military Government Detachment Reports, 17. 11. 1945 und 24. 11. 1945.

schlüssige Erklärung für die Abfuhr, die er 1945 von der CSU erhalten hatte, daß die Nazis sehr genau gewußt hätten, daß er „ihnen in Zukunft auch hätte schaden können, weil ich sie alle genau kannte"[37].

Auch als die Bild-Zeitung Seitz 1964 die Gelegenheit bot, das an ihm angeblich begangene Unrecht in aller Öffentlichkeit anzuprangern, mußte er sich auf den dunklen Hinweis beschränken, daß ihm, dem ehemaligen Bürgermeister, die „schmutzigen Zustände in dieser Stadt haargenau" bekannt seien. Eine „NS-Hochburg, schlimmer als München es jemals war," sei sie gewesen. Was Seitz den Bewohnern dieser Stadt an Untaten wenige Sätze später dann tatsächlich vorwarf, war – verglichen mit den von ihm geweckten Erwartungen – doch eher dürftig: Neben der Begeisterung bei den beiden („mehrfach") Hitlerbesuchen hatte ihn vor allem die Tatsache gestört, daß die Nationalsozialisten „mit ihren Uniformen herumprahlten".

*Günzburger Gerüchte: Die Begräbnis-Legende*

Im Oktober 1960 berichtete die Günzburger Polizei der Staatsanwaltschaft, daß „erstmals [...] der Fall Mengele vor Monaten im Deutschen Fernsehen beim ‚internationalen Frühschoppen mit 6 Journalisten aus 5 Ländern, mit Werner Höfer als Gastgeber' in Günzburg bekannt" geworden sei, und auch „die erwähnte argentinische Presseveröffentlichung", die zu den neuerlichen Ermittlungen in Günzburg geführt hatte, „ist sogar auch vor Wochen in der Günzburger Zeitung erschienen"[38]. Damit war auch in Günzburg die „merkwürdige Stille", die in den 1950er Jahren in der deutschen Gesellschaft mit Blick auf die NS-Vergangenheit geherrscht hatte, einer gewissen Unruhe gewichen. Spätestens um das Jahr 1958 waren in Josef Mengeles Heimatstadt Gerüchte um sein Schicksal aufgekommen.[39] Eines dieser Gerüchte wurde später zu einem der elementaren Bestandteile des Günzburg-Mythos: Josef Mengele sei Ende 1959 nach Günzburg gekommen, um dort an der Beerdigung seines Vaters teilzunehmen.

Als Karl Mengele am 17. November 1959 verstarb, lag bereits der zweite Haftbefehl gegen Josef Mengele vor. Es wurde nach ihm gefahndet, er und seine Familie wußten von den laufenden Ermittlungen, und er wartete noch immer auf seine Einbürgerung in Paraguay, die ihn vor einer Auslieferung nach Deutschland schützen sollte.[40] Die Behörden hatten sich auf die Möglichkeit eines Besuches vorbereitet und ließen die Beerdigung am 21. November überwachen – eine Tatsache, die der Familie vermutlich bekannt war.[41] Hätte wenig mehr als ein Jahr zuvor eine solche

---

[37] Dieses und die folgenden Zitate: Sta F/M, Az 4 Js 340/68, Fahnd.A., Bd. K1, Schreiben Willy Schwandes an Staatsanwalt Kügler betr. Rechercheergebnisse, 3. 7. 64.
[38] Sta F/M, Az 4 Js 340/68, Erm.A., Bd. V, Bl. 1077, Bericht der Stadtpolizei Günzburg, 27. 10. 1960.
[39] Richard Böck erinnerte sich in seinem Schreiben an die Frankfurter Staatsanwaltschaft, daß Gerüchte etwa zu diesem Zeitpunkt aufgekommen seien. Vgl. Sta F/M, Az 4 Js 340/68, Fahnd.A., FO Deutschland I, Bl. 7, Schreiben Richard Böcks an Oberstaatsanwalt Krüger, undatiert *[ca. 25. 2. 1961]*.
[40] Vgl. S. 54.
[41] Zoll und Grenzpolizei waren alarmiert, mit der Überwachung der Beerdigung selbst wurde die Günzburger Stadtpolizei betraut. Auf Grund des Informanten ist es wahrscheinlich, daß die Mengeles von der Überwachung wußten. Vgl. Sta F/M, Az 4 Js 340/68, Erm.A., Bd. III, Bl. 619, Schreiben Henry Ormonds an die Staatsanwaltschaft Freiburg i. Br., 20. 11. 1959

Reise noch im Bereich des Möglichen gelegen, war sie mittlerweile durch die veränderten Rahmenbedingungen de facto unmöglich geworden. Es gibt in Mengeles Aufzeichnungen keinerlei Indizien, die dafür sprechen, daß er die Beerdigung besucht hat. Selbst unter der Voraussetzung, daß er innerhalb kürzester Zeit vom Tod seines Vaters erfahren hätte, hätte er in der Kürze der Zeit kaum die nötigen Vorbereitungen für eine solche Reise treffen können. Zudem gibt es keinerlei Hinweis darauf, daß Mengele überhaupt in Erwägung gezogen hat, wegen einer Sentimentalität, die der Besuch einer Beerdigung, und sei es die seines Vaters, in seiner Situation zweifelsohne darstellte, ein derartiges Risiko einzugehen. Entsprechend sahen die Günzburger am Grab „nur einen Kranz mit der Aufschrift: ‚Aus der Ferne‘"42.

Die Begräbnis-Legende hat ihren Ursprung in Günzburg selbst, wo viele, nicht anders als die Ermittlungsbehörden, ein Kommen Mengeles für möglich hielten. Die Kleinstadt wartete auf die Sensation, und so kam es, daß „die ganze Stadt aufpaßte, ob der Bebbo kommt"43. Nach der Beerdigung scheinen denn tatsächlich einige geglaubt oder zumindest vorgegeben zu haben, den KZ-Arzt erkannt zu haben – man muß keinen bösen Willen unterstellen, wenn man bedenkt, daß die potentiellen Zeugen Mengele seit mindestens zwei, eher drei Jahrzehnten nicht mehr gesehen hatten. Für das Günzburger Stadtgespräch war diese Geschichte jedenfalls ein gefundenes Fressen, und 1964 bestätigten Oberbürgermeister Seitz und Amtsgerichtsdirektor Münz arglos die Verbreitung des Gerüchts, „das jedem in Günzburg [...] bekannt sei"44. Der Kleinstadtklatsch wußte mittlerweile sogar Details zu berichten und Seitz fügte hinzu, „er habe gehört, daß Mengele mit einem falschen Bart [...] erschienen sei". Für alle die, die Indizien für die These suchten, Günzburg schütze Josef Mengele, war dies die Bestätigung: Das Gerücht, das in der Stadt seit Jahren die Runde machte, wurde für sie zur Tatsache. Sie waren überzeugt, daß die Günzburger 1959 Josef Mengele gedeckt und nicht an die Polizei verraten hatten, und 1964 tauchten erstmals entsprechende, später immer wiederkehrende Schlagzeilen auf. So war beispielsweise 1967 im Spiegel zu lesen, ein Bursche habe „beim siebenten Bier" bekannt: „Der Mengele [...] war hier in 59 zum Begräbnis seines Alten."45

*„Bebbo" Mengele – ein Massenmörder?*

Auch wenn sich mittlerweile Gerüchte um den gesuchten KZ-Arzt rankten, war der Fall Mengele in der – angesichts eines nur wenige Seiten umfassenden Lokalteils ohnehin nicht besonders großen – publizistischen Öffentlichkeit vor Ort zunächst kein Thema. Der regionale Mantelteil der Zeitung informierte die Leser natürlich über die neuesten Meldungen, was Spekulationen über seinen Aufenthaltsort oder

---

    und Völklein, Mengele, S. 258. Ebenfalls überwacht wurde übrigens die Beerdigung Alois Mengeles 1974. Vgl. Sta F/M, Az 4 Js 340/68, Fahnd.A., FO Deutschland II, Unterlagen und Fotos betr. Überwachung der Beerdigung Alois Mengeles durch Polizei und Verfassungsschutz.

42 Die zwei Gesichter des KZ-Arztes Mengele, in: GZ, 25. 7. 1964. Vgl. außerdem: Posner/Ware, Mengele, S. 165.
43 So eine „alte Günzburgerin" in: Die zwei Gesichter des KZ-Arztes Mengele, in: GZ, 25. 7. 1964.
44 KZ-Arzt Mengele mit falschem Bart in Günzburg, in: Frankfurter Neue Presse, 9. 7. 1964.
45 Spur nach Eldorado, in: Der Spiegel, 19. 6. 1967.

seine Verbrechen betraf. Wie viele andere Zeitungen berichtete auch die GZ über nahezu jeden Verhandlungstag des Frankfurter Auschwitz-Prozesses.[46] Erst als im Sommer 1964 die nationale Presse auf die Heimatstadt Mengeles aufmerksam wurde, sah sich die Günzburger Zeitung in ihrem Lokalteil veranlaßt, sich mit dem Verhältnis der Stadt und ihrer Bürger zum Fall Mengele zu befassen. Vor allem eines wurde dabei deutlich: ein großer Teil der Bürger wollte oder konnte an die Vorwürfe, die gegen den Mediziner erhoben wurden, nicht glauben.

Auch der schon mehrfach zitierte Bericht der Günzburger Polizei vom Oktober 1960 konstatierte, daß in Günzburg die „breite Öffentlichkeit [...] bis heute noch nicht [glauben kann], daß die schweren Beschuldigungen von Dr. Mengele selbst direkt begangen worden sind [sic!]"[47]. Die Günzburger Beamten betonten, daß man wisse, „wie streng der Ing. u. Inhaber der Maschinenfabrik Karl Mengele seine 3 Söhne erzogen hat [...] Die Söhne wurden von ihm [...] genau so behandelt, wie seine Arbeiter. Dabei war das Verhältnis zum Vater von grenzenlosem Respekt erfüllt. Weil der Senior der Fa. Mengele unendlich viel für die Armen der Stadt getan hat, meint die Öffentlichkeit, daß sein Sohn damals zu Handlungen bestimmt worden ist, die er nie gewollt hatte."[48]

In der Tat war es für viele Menschen in Günzburg lange Zeit unmöglich, die Person des akademisch gebildeten, humanistisch und katholisch erzogenen, aus bürgerlichen, gesicherten Verhältnissen stammenden „Bebbo" in Verbindung zu bringen mit den unglaublichen Verbrechen, die er in Auschwitz begangen haben sollte. Mit diesem kognitiven Problem standen die Günzburger nicht allein, vielmehr handelte es sich um ein gesamtgesellschaftliches Phänomen: Selbst Menschen, an deren Ablehnung des NS-Regimes kein Zweifel bestehen konnte, war es kaum möglich, die Verbindung herzustellen zwischen dem enttarnten Mitbürger, den man zu kennen glaubte, und den als abnorm wahrgenommenen nationalsozialistischen Gewaltverbrechen. In einem Prozeß der „Abstraktion und Entsinnlichung" wurde die Geschichte quasi „ihres Personals [...] beraubt"[49]; dies hatte zur Folge, daß man sich auf der einen Seite ehrlich gegen den Nationalsozialismus aussprechen konnte, ohne sich auf der anderen Seite mit konkreten Menschen befassen und sich von diesen distanzieren zu müssen.

Selbst wenn man nicht umhin konnte, die Beteiligung solcher Personen an den Verbrechen zu konzedieren, gestand man den Tätern eine „innere Distanz"[50] zu, eine emotionale Unbeteiligtheit an den begangenen Taten. Im Falle Josef Mengeles äußerte sich dies in der Überzeugung, er sei „damals zu Handlungen bestimmt worden [...], die er nie gewollt hatte"[51]. Ähnlich exkulpierend wirkte die Formel der

---

[46] Vgl. die einschlägigen Artikel in den Jahrgängen 1963–1965. Mehr über die Tätigkeit Josef Mengeles in Auschwitz konnten die Günzburger in den folgenden Ausgaben erfahren: 28. 1. 1964, 3. 3. 1964, 17. 4. 1964, 10. 7. 1964, 4. 8. 1964, 8. 8. 1964, 18. 8. 1964, 25. 8. 1964, 20. 11. 1964.
[47] Sta F/M, Az 4 Js 340/68, Erm.A., Bd. V, Bl. 1077, Bericht der Stadtpolizei Günzburg, 27. 10. 1960.
[48] Ebenda.
[49] Herbert, NS-Eliten, S. 110.
[50] Ebenda, NS-Eliten, S. 111.
[51] Sta F/M, Az 4 Js 340/68, Erm.A., Bd. V, Bl. 1077, Bericht der Stadtpolizei Günzburg, 27. 10. 1960.

## 2. Der Günzburg-Mythos

„Anständigkeit"[52]: Der Betroffene sei zwar dabei gewesen, aber dennoch anständig geblieben. So auch im Falle Mengele: Es seien „vereinzelt immer wieder ehemalige Konzentrationslagerinsassen unaufgefordert nach Günzburg" gekommen, „die Josef Mengele als ihren Lebensretter bezeichnen und dies vor jedem Gericht beschwören wollen"[53], so Alois Mengele in der Günzburger Zeitung. Dr. Hans Münch[54], der ebenfalls als Arzt in Auschwitz gewesen und im polnischen Auschwitz-Prozeß freigesprochen worden war, bescheinigte seinem gesuchten Kollegen, er „habe für das Zigeunerlager in Auschwitz viel getan"; außerdem habe er „für seine wissenschaftlichen Versuche nur Leute genommen, die den Gaskammern nicht mehr entrinnen konnten"[55]. Mengele selbst stilisierte sich sogar zum Retter, der laut Hans Sedlmeier „bei den Selektionen nicht die Kranken für die Gaskammern, sondern die Gesunden für die Rüstungsindustrie ausgesucht haben"[56] wollte. Außerdem, so der „Nicht-Parteigenosse und väterliche Freund" Mengeles weiter, habe er ihm bei seinen Besuchen „in den Jahren 1957 und 1960" gesagt, durch ihn sei „in Auschwitz kein Tropfen Blut geflossen", er „persönlich habe niemand getötet, verletzt oder körperlich geschädigt"[57]. Mit anderen Worten: Er war anständig geblieben.

Das Bild des NS-Verbrechers prägte in der deutschen Öffentlichkeit lange Zeit nicht der „Gestapochef oder der Einsatzgruppenkommandant, sondern der SA-Schläger und KZ-Bewacher"[58]. Dem Akademiker, sei es nun der womöglich promovierte Jurist, der im Osten Massenerschießungen geleitet hatte, oder der Arzt und Wissenschaftler, der Behinderte getötet und an Menschen experimentiert hatte, „fehlten alle Eigenschaften, die zum [...] Bild eines ‚Verbrechers' gehörten"[59]. Dies änderte sich nur langsam, die spektakulären Justizverfahren wie der Ulmer Einsatzgruppenprozeß oder der Eichmann-Prozeß in Jerusalem (1961/62) brachten erste Anstöße, und von besonderer Bedeutung war der Frankfurter Auschwitz-Prozeß.[60]

---

52 Begriffe nach: Herbert, NS-Eliten, S. 110.
53 Die zwei Gesichter des KZ-Arztes Mengele, in: GZ, 25. 7. 1964.
54 Münch war als Arzt beim Hygiene-Institut der Waffen-SS eingesetzt und hatte allen Grund, Mengeles Tätigkeit in Auschwitz positiv zu beurteilen: Er selbst hatte, wie er in einem Spiegel-Interview im Juni 2000 freimütig schilderte, an „Menschen Versuche [gemacht], die sonst nur an Kaninchen möglich sind. Das war wichtige Arbeit für die Wissenschaft". Das „Menschenmaterial" habe aus Frauen bestanden, „die sonst vergast worden wären." Im Plauderton schilderte er die technischen Probleme bei der Verbrennung von übereinandergestapelten Leichen. Wie er auf die Begegnung mit einem Juden reagieren würde, wußte er nicht zu sagen, denn er „kenne keine freilebenden Juden. Ich kenne nur Auschwitz-Juden". Die Vergasungen verteidigte er als geradezu humanen Akt, als „die einzige Möglichkeit, um zu verhindern, daß das Lager zugrunde geht", denn „die wären vielleicht nicht vergast worden, aber sie wären jämmerlich an Seuchen krepiert". Josef Mengele war für ihn in Auschwitz der „sympathischste Lebensgenosse. Da kann ich nur das Beste sagen". Vgl. Die Erinnerung der Täter, in: Der Spiegel, 20. Juni 2000.
55 Die zwei Gesichter des KZ-Arztes Mengele, in: GZ, 25. 7. 1964.
56 Ebenda.
57 Ebenda.
58 Herbert, NS-Eliten, S. 112.
59 Ebenda. Ein Paradebeispiel für diese Problematik ist der Fall Martin Sandberger, der im Nürnberger Einsatzgruppenprozeß zum Tode verurteilt worden war. Vgl. Frei, Vergangenheitspolitik, S. 297–302.
60 Vgl. S. 123–126.

Die Menschen in Deutschland und weltweit kannten Josef Mengele nur als den SS-Arzt schlechthin, der Tausende ins Gas geschickt und grausame Experimente durchgeführt hatte. In Günzburg dagegen überstiegen „die Vorwürfe gegen den KZ-Arzt Mengele [...] das Vorstellungsvermögen der meisten Leute, die ihn als Bub oder Jungen gekannt haben und für die er immer noch der ‚Bebbo' ist"[61]. Ein „immer freundlicher, aufgeweckter und intelligenter Musterknabe" – und „dieser Bub aber soll brutal gemordet haben? Ein Kind aus einer so guten, ehrsamen und christlichen Familie soll ein tausendfacher Massenmörder sein? Das will nicht recht hinein in die Köpfe der wackeren Nordschwaben. Immer wieder kommen im Gespräch die Gegenargumente: ‚Er soll doch nur wissenschaftliche Versuche gemacht und hochinteressante Zwillingsforschung getrieben haben. Ob ihn dabei die Besessenheit des ehrgeizigen Forschers schuldig werden ließ?'"[62]

Hinzu kamen die besondere Stellung und das große Ansehen, das die Familie Mengele in Günzburg genoß. Viele, die die Mengeles kannten, konnten nicht glauben, daß ein Sohn dieser Familie solche Untaten hatte vollbringen können. Persönlich gekannt hatten Josef Mengele ohnehin die wenigsten. Dies galt für die Heimatvertriebenen ebenso wie für die später anderweitig Zugezogenen (die Günzburger Bevölkerung hatte sich seit 1930 fast verdoppelt), und wer unter vierzig Jahre alt war, war schlicht zu jung. Diejenigen aber, die ihn gekannt hatten, gehörten zu den Alteingesessenen und verfügten über eine gewisse Meinungsführerschaft in der Kleinstadt: Darunter waren ehemalige Schulkameraden, die mit ihm das Gymnasium besucht und wie er später studiert hatten, und nun als Akademiker in der Mitte ihrer Fünfziger zur sozialen Elite der Stadt gehörten, aber auch Persönlichkeiten wie der mittlerweile achtzigjährige Paul Auer, der den „Bebbo" als Lehrer unterrichtet und gerade erst seine Stadtgeschichte fertiggestellt hatte. Diese Personengruppe war es, die Josef Mengele als „freundlichen, aufgeweckten und intelligenten Musterknaben" in Erinnerung hatte, und ihr fiel die Akzeptanz der Taten Mengeles natürlich besonders schwer.

Die Menschen in Günzburg leugneten nicht einfach, daß Josef Mengele die Taten, die ihm vorgeworfen wurden, begangen hatte – sie konnten nicht glauben, daß er sie begangen haben konnte. Das lag nicht etwa an einer besonderen Verstocktheit, einer geheimnisvollen Verschwörung oder an Druck der Familie Mengele, sondern an der kognitiven Unfähigkeit, den Musterknaben, den man gekannt hatte und der aus einer Familie stammte, die man bewunderte, mit solchen Verbrechen in Verbindung zu bringen.

### Das Verhalten der Familie Mengele

Diese Sichtweise wurde von der Familie Mengele nach Kräften gestützt. Alois Mengele äußerte gegenüber der Günzburger Zeitung, „er halte seinen Bruder auf Grund seiner Erziehung im Elternhaus, auf Grund seines ganzen Wesens nicht für fähig, die Scheußlichkeiten begangen zu haben, die von ihm berichtet werden. Allein der Gedanke [...] sei ihm ungeheuerlich, unfaßbar"[63]. Dem Bild-Redakteur Schwandes

---

[61] Die zwei Gesichter des Josef Mengele, in: GZ, 25. 7. 1964.
[62] Ebenda.
[63] In Günzburg blieb die Zeit nicht stehen, in: GZ, 16. 7. 1964.

gegenüber hatte er zuvor schon gesagt, er sei überzeugt, „mein Bruder ist damals verführt worden"[64].

Alois Mengele warb in Günzburg um Verständnis: „Er ist immerhin mein Bruder." Pathetisch klagte er, die Vorstellung, daß dieser sich „von Baumrinden ernähren" müsse, bedrücke ihn; „seelisch belasten" den Fabrikbesitzer „auch die Vorwürfe und Verbrechen", die man seinem Bruder zur Last legt und die er „verständlicherweise nicht glauben"[65] kann. Die Familie „distanziert sich heftig" von „den Verbrechen, die Dr. Mengele zur Last gelegt werden"[66]. Die Zweideutigkeit der von der GZ „sinngemäß"[67] gewählten Formulierung der Aussagen Alois Mengeles mag Zufall gewesen sein, ist für seine Haltung aber durchaus bezeichnend: Mengele dachte weniger an eine Distanzierung von den Verbrechen (die ja deren Anerkennung als Tatsache vorausgesetzt hätte), sondern vielmehr an eine Distanzierung von den Vorwürfen. Erst „wenn jemand kommt, dem ich glauben kann, [...] dann trenn' ich mich sofort innerlich von meinem Bruder"[68], dann „breche ich sofort mit ihm"[69].

Während eine gewisse innere Verbindung („Bruderliebe"[70]) von Alois Mengele also ebensowenig geleugnet wurde wie die ohnehin allgemein bekannte Tatsache, daß die Familie in den 1950er Jahren Kontakt zu Josef gehabt hatte, bestritt er heftig, immer noch in Verbindung mit ihm zu stehen oder diesen gar finanziell zu unterstützen. „Der Josef bekommt von mir keinen Pfennig. Das kann ich schwören. Ich wüßte auch gar nicht, wohin ich etwas überweisen sollte. Denn ich weiß nicht, wo mein Bruder sich aufhält."[71] Auch der Günzburger Zeitung sagte er, er wisse „nicht, wo mein Bruder ist" und er habe „keine Verbindung mehr zu ihm", und dies gelte auch für „Martha Mengele [...], seit sie 1960 Südamerika wieder verließ"[72].

*Urteile, Vorurteile, Mißverständnisse*

Die Journalisten, die nach Günzburg kamen, brachten eine bereits weitgehend gefestigte Vorstellung von den Verhältnissen in Günzburg mit. Der Bild-Redakteur Willy Schwandes war der erste in einer langen Reihe, und aus seinem am 7. Juli 1964 erschienenen Artikel geht deutlich hervor, mit welchen Erwartungen er nach Günzburg gekommen war. Ausführlich berichtete er von den Warnungen Fritz Bauers („In Günzburg werden sie noch ihr blaues Wunder erleben"[73]) und – anonym – von den Nazi-Verschwörungstheorien des Anton Seitz („Diesem Mann saß [...] die nackte Angst im Nacken. Angst vor Racheakten. ‚Bitte veröffentlichen sie meinen

---

64 Blieb in Günzburg die Zeit stehen?, in: Bild-Zeitung, 7. 7. 1964.
65 Die zwei Gesichter des KZ-Arztes Mengele, in: GZ, 25. 7. 1964.
66 In Günzburg blieb die Zeit nicht stehen, in: GZ, 16. 7. 1964.
67 Ebenda.
68 Die zwei Gesichter des KZ-Arztes Mengele, in: GZ, 25. 7. 1964.
69 Blieb in Günzburg die Zeit stehen?, in: Bild-Zeitung, 7. 7. 1964.
70 Ebenda.
71 Ebenda.
72 Dieses und die nächsten Zitate: Die zwei Gesichter des KZ-Arztes Mengele, in: GZ, 25. 7. 1964.
73 Blieb in Günzburg die Zeit stehen?, in: Bild-Zeitung, 7. 7. 1964

Namen nicht!'"[74]). Die Erwartungen der Journalisten, die nach Schwandes kamen, waren bereits von dessen Bericht geprägt.

Zunächst war die Mehrheit der Günzburger „über die Intensität der derzeitigen Recherchen verwundert"[75]. Offenbar konnte man sich nicht so recht erklären, was die Reporter in der Stadt denn eigentlich suchten. Die Günzburger Zeitung sah sich veranlaßt, darauf hinzuweisen, daß „Herkunft, Charakterbild, Weltanschauung und Verhaltensweisen" zum „Background [...] des gesamten Fragenkomplexes" gehörten und es die „legitime Aufgabe der Presse" sei, „an der Aufklärung mitzuwirken". Gleichzeitig äußerte Julius Diesbach, der Autor des Artikels, aber Zweifel, „ob die *[Günzburger]* Öffentlichkeit und ihre Sprecher" überhaupt „entscheidendes zur Aufklärung des Falles beitragen können". Schließlich gehe es „um Tatsachen, nicht um bloße Meinungen". Und da „niemand, der Aussagen machen kann, damit zurückhalten" solle, versuchte Diesbach, der mit Josef Mengele das Gymnasium besucht hatte, in seinem Artikel summarisch einige der Fragen, „wie sie an zahlreiche Bürger gestellt wurden", zu beantworten.

Seit 1932 habe er Mengele nicht mehr gesehen, so Diesbach, „ein Pennäler wie die anderen" sei er gewesen und dabei nicht besonders aufgefallen. Über seinen späteren Werdegang könne er nichts berichten, daß er beim Jungstahlhelm gewesen sei, dagegen bestätigen. Der Vater sei ein „Selfmademan" gewesen, und während der Hitlerzeit „stand Mengele sen. wohl nie ideologisch auf der Seite des ‚Führers'". Gesperrt habe er sich gegen das Regime nicht, sondern „nach dem Grundsatz ‚make the best of it'" gehandelt. Die Hitler-Rede 1932 in der Mengele-Werkshalle habe auf Bitte der Kreisleitung dort stattgefunden, weil alle anderen Säle zu klein gewesen seien. Diesbach widersprach den Vermutungen, Josef Mengele habe sich mehrmals und über längere Zeiträume ganz offen in Günzburg aufgehalten: Seines Wissens sei er nach dem Krieg zweimal in der Stadt gewesen, jeweils für nur einen Tag. Er bestätigte, daß die Familie Mengele in Günzburg eine besondere Stellung einnehme – schließlich wüßten „die meisten Günzburger zwischen dem Gesuchten und seiner Familie zu unterscheiden" und „eine notarielle Urkunde" beweise, „daß Dr. Josef Mengele nicht Mitgesellschafter" der Firma Karl Mengele & Söhne sei. Abschließend plädierte Diesbach dafür, nicht alle 12 000 Günzburger in einen Topf zu werfen und ihnen „eine gemeinsame Haltung pro Josef Mengele zu unterstellen". Dies sei „absurd, ebenso absurd wie die Ansichten, daß ‚1200 Menschen in Günzburg für einen Massenmörder arbeiten' oder daß in Günzburg ‚die Zeit stehengeblieben' sei." Eine „Hochburg des Nazismus" sei die Stadt wahrlich nicht und sie verfolge „den ‚Fall Mengele' wie die Bürger überall im Lande, nur vielleicht mit etwas größerer Aufmerksamkeit".

Die Angaben Diesbachs waren im wesentlichen richtig, und sie entsprachen dem, was die Menschen in Günzburg wissen und zur Aufklärung beitragen konnten. Auf Fragen wie „Kennen Sie den KZ-Arzt Mengele? Was wissen sie von ihm?" konnten sie beim besten Willen nicht mehr sagen als Diesbach, die meisten sicherlich nicht einmal so viel. Und auf die Frage „Kennen Sie seinen derzeitigen Aufenthaltsort?" hatten sie selbstverständlich keine Antwort. Sie wußten – abgesehen von ein paar Gerüchten – nicht mehr und nicht weniger über den Aufenthaltsort Josef Mengeles

---

[74] Ebenda.
[75] Dieses und die folgenden Zitate: In Günzburg blieb die Zeit nicht stehen, in: GZ, 16. 7. 1964.

als die Reporter selbst oder die Ermittlungsbehörden. Die Journalisten dagegen waren davon überzeugt, daß jedermann in Günzburg Auskunft geben könnte – wenn er denn nur wollte. Schwandes schrieb in dem Bild-Artikel, er habe in Günzburg „mit Dutzenden von Leuten" gesprochen, die „Dr. Josef Mengele genau kennen mußte[n]"[76], über ihn gesprochen aber habe niemand mit ihm. „Ja, hatte denn der alte Mengele drei Söhne?", habe ihn einer sogar „steif und herausfordernd"[77] gefragt.

Die Journalisten glaubten, die Günzburger wüßten sehr wohl die Antworten auf ihre Fragen und schwiegen nur, um Josef Mengele zu decken. Noch dazu schienen die meisten fest von der Unschuld ihres „Bebbo" überzeugt: „Nix Massenmörder. Der hat nur a bisserl experimentiert", habe ihm eine alte Frau auf dem Günzburger Marktplatz „mürrisch" geantwortet, so Schwandes, nachdem er sie mehrfach („Ich ließ nicht locker"[78]) mit einem alten Foto Josef Mengeles konfrontiert hatte. Und selbst die, die sich bereit erklärten, mit ihm zu sprechen, wollten offensichtlich das, was sie seiner Überzeugung nach doch wissen mußten, nicht preisgeben.[79] Die Theorie von der verschworenen Gemeinschaft schien sich allenthalben zu bestätigen: In seinem Schreiben an die Staatsanwaltschaft Frankfurt berichtete der Journalist, der Wirt Gerhard W. und seine Stammtischgäste hätten ihn verprügeln wollen, er habe sich aber geschickt und rasch absetzen können.[80] Damit schien sich Seitz' Warnung vor der verschworenen Gemeinschaft an den Stammtischen geradezu handgreiflich bestätigt zu haben. Später am gleichen Abend wurde Schwandes nach eigenen Angaben dann nochmals angegriffen, „gar nicht weit von der Polizeiwache. Plötzlich sprangen vier junge Burschen aus dem Dunkel. Einer von ihnen zischte: ‚Da ist der Mengele-Schnüffler. Auf ihn!'"[81]

Tatsächlich gab es neben denen, die zwar mit den Reportern sprachen, diese in ihren überzogenen Erwartungen aber enttäuschen mußten, viele Günzburger, die gar nicht erst mit den Fremden reden und diese schnellstmöglich wieder loswerden wollten – einige notfalls auch mit handfesteren Argumenten. Die von den Reportern konstatierten Symptome – das zumindest reservierte, oft offen ablehnende und zuweilen auch aggressive und wenig kooperative Verhalten – lagen sicherlich vor. Die Ursachen dafür waren freilich andere, als die von den Journalisten vermuteten.

Während die Journalisten völlig auf die Person Josef Mengeles fixiert waren, stand diese für die Günzburger eher im Hintergrund. Die Frage etwa, ob der Arzt die ihm angelasteten Verbrechen begangen hatte oder nicht, wurde in Günzburg

---

[76] Blieb in Günzburg die Zeit stehen?, in: Bild-Zeitung, 7. 7. 1964.
[77] Ebenda.
[78] Ebenda.
[79] Wohl deshalb entschied sich Schwandes, in seinem Artikel völlig zu verschweigen, daß es in Günzburg sehr wohl Menschen gab, die mit ihm gesprochen hatten. Vgl. Sta F/M, Az 4 Js 340/68, Fahnd.A., Bd. K1, Schreiben Willy Schwandes an Staatsanwalt Kügler betr. Rechercheergebnisse, 3. 7. 64 und Blieb in Günzburg die Zeit stehen?, in: Bild-Zeitung, 7. 7. 1964.
[80] Sta F/M, Az 4 Js 340/68, Fahnd.A., Bd. K1, Schreiben Willy Schwandes an Staatsanwalt Kügler betr. Rechercheergebnisse, 3. 7. 64
[81] Blieb in Günzburg die Zeit stehen?, in: Bild-Zeitung, 7. 7. 1964. In seinem Rechercheericht an die Staatsanwaltschaft schildert Schwandes den weiteren Ablauf: „Ich konnte die vier Burschen aber zum Glück davon überzeugen, dass unüberlegt geschwungene Bayernfäuste nicht unbedingt beeindruckende Argumente sein müssen. Einer lief fort. Von den anderen drei müssen zwei erheblich gezeichnet sein." Sta F/M, Az 4 Js 340/68, Fahnd.A., Bd. K1, Schreiben Willy Schwandes an Staatsanwalt Kügler betr. Rechercheergebnisse, 3. 7. 64.

zwar diskutiert, für die meisten war sie aber von eher zweitrangiger Bedeutung: Die Wahrheitsfindung sei „letztlich Aufgabe des Gerichts"[82]. Selbst die Günzburger, die ihn gekannt hatten, als er über drei Jahrzehnte zuvor die Stadt verlassen hatte, sorgten sich eher wenig um das persönliche Schicksal Josef Mengeles. Die große Mehrheit stand ihm so interessiert oder indifferent gegenüber wie anderswo auch.

Viele dachten wie Paul Auer, der dem Bild-Journalisten Schwandes sagte, er glaube zwar, daß Josef Mengele „aus Interesse an der Wissenschaft in alles hineingeschliddert" sei; dies wollte er aber als den Versuch einer Erklärung, nicht der Rechtfertigung oder gar Entschuldigung verstanden wissen: „Dennoch hätte er es nicht tun dürfen"[83]. Angeblich waren „fast alle Günzburger" der Meinung, „er solle für das geradestehen, was er getan hat"[84]. Dabei ging es weniger um Gerechtigkeit oder Sühne; diejenigen, die erkannten, daß ein öffentlicher, langwieriger Prozeß die Stadt nicht von der Verbindung mit Josef Mengele erlösen würde, formulierten deshalb weit drastischer: „Wenn Mengele in Günzburg gefaßt werden sollte, dann sollte man ihn mit einem nassen Sack erschlagen."[85] Die beste Lösung für das Problem des großen öffentlichen Interesses, das den Ruf der Stadt bedrohte, schien aber ein „ehrenhafter" Selbstmord Mengeles zu sein. Deshalb meinten einzelne Günzburger, Mengele solle sich endlich „eine Kugel in den Kopf"[86] schießen oder „doch eine Pille nehmen" (letzteres empfahl Auer dem „sehr lieben Schüler", den er als Lehrer unterrichtet hatte). Es ging vor allem darum, „die Schande von [s]einer Familie fernzuhalten"; denn „dann hätten alle Ruhe."

Nicht die Person und das Geschick des Auschwitz-Arztes standen also im Vordergrund, sondern die „Ruhe", sowohl der Stadt als auch und gerade die der Verwandten. Das enorm hohe Ansehen der Familie, das seine Basis eben nicht nur in der ökonomischen Bedeutung hatte, spielte eine wichtige Rolle. An einer Beschädigung des Namens Mengele konnten die meisten Günzburger kein Interesse haben, und deshalb hätten es sicherlich viele begrüßt, wenn Mengele sich das Leben genommen hätte. Mit dem Ruf der Familie sahen viele das Ansehen der Stadt aufs engste verknüpft; mit ihr und ihrer Firma hatte die Stadt sich identifiziert, mit einem Namen also, der nun plötzlich nicht mehr nur für hochqualitative Landmaschinen stand, sondern immer mehr für den Prototyp des SS-Arztes. Günzburg drohte von der Stadt der erfolgreichen Landmaschinenfabrik zur Stadt des Massenmörders von Auschwitz zu werden.

Völlig unabhängig davon, ob sie nun glaubten, Mengele habe die ihm vorgeworfenen Verbrechen begangen oder nicht, lehnten die Günzburger eine Verurteilung der Familie oder gar der ganzen Stadt vehement ab. „Ein alter SPD-Stadtrat" etwa glaubte zwar sehr wohl, daß Mengele die ihm vorgeworfenen Taten begangen haben könnte, und lehnte, „was der Josef Mengele getan hat, [...] scharf ab"[87]. Gleichzeitig

---

[82] In Günzburg blieb die Zeit nicht stehen, in: GZ, 16. 7. 1964.
[83] Sta F/M, Az 4 Js 340/68, Fahnd.A., Bd. K1, Schreiben Willy Schwandes an Staatsanwalt Kügler betr. Rechercheergebnisse, 3. 7. 64.
[84] Die zwei Gesichter des KZ-Arztes Mengele, in: GZ, 25. 7. 1964.
[85] KZ-Arzt mit falschem Bart in Günzburg?, in: Frankfurter Neue Presse, 9. 7. 1964.
[86] Dieses und die folgenden Zitate: Sta F/M, Az 4 Js 340/68, Fahnd.A., Bd. K1, Schreiben Willy Schwandes an Staatsanwalt Kügler betr. Rechercheergebnisse, 3. 7. 64.
[87] Dieses und die folgenden Zitate: Die zwei Gesichter des KZ-Arztes Mengele, in: GZ, 25. 7. 1964.

gehe es aber nicht, „daß man in einer Art von Sippenhaft dafür auch seinen Bruder anfeindet. Hier werden die bösen Taten eines Mannes mit dessen Familie, ja mit dessen Heimatstadt identifiziert."

Die Günzburger hatten den fremden Journalisten von Anfang an skeptisch gegenübergestanden, weil sie nicht so recht verstanden, was diese überhaupt in ihrer Stadt suchten. Je mehr und je offensiver die Reporter fragten, desto weniger waren die Menschen bereit, mit ihnen zu sprechen – und je weniger die Günzburger mit ihnen sprachen, desto offensiver fragten die Reporter. Schnell merkten die Günzburger, daß die Journalisten mit einer bereits weitgehend gefestigten Meinung in ihre Stadt kamen. Beinahe trotzig verteidigte der Bundestagsabgeordnete Leo Wagner die Günzburger, es sei falsch, sie „zu beschuldigen, daß sie den KZ-Arzt Mengele decken wollen". Der Grund dafür, „daß sie nichts sagen", sei schlicht, daß „sie nichts wissen"; und wenn sie „mit Fremden ungern über [...] Mengele reden", geschehe das „einfach aus Mitleid mit der angesehenen Familie". Ein Günzburger faßte das Empfinden seiner Mitbürger zusammen: „Warum macht man uns zum Prügelknaben dafür, daß die Justiz bisher nicht in der Lage war, Mengele zu fassen?"[88]

Die Verschwörung, die die Journalisten in Günzburg vermuteten, gab es tatsächlich. Nur waren die Verschwörer nicht Tausende, quasi unter Generalverdacht gestellte Günzburger, sondern ein kleiner Kreis um die Familie Mengele und den Hauptverbindungsmann Hans Sedlmeier. Fast schon absurd ist die Voraussetzung für die Annahme, viele Günzburger hätten von Mengeles Aufenthaltsort gewusst und versucht, ihn zu schützen: Warum hätte die Familie das zwecklose Risiko eingehen sollen, Details über Mengeles Versteck in einer Kleinstadt mit mehreren Tausend Einwohnern öffentlich bekannt werden zu lassen? Die Tatsache, daß die Mengeles in der Stadt über nicht unerheblichen Einfluß und besonderes Ansehen verfügten, daß alle irgendwie miteinander bekannt, bei der Firma beschäftigt oder auf andere Weise „abhängig" zu sein schienen, war den Journalisten Beweis genug dafür, daß die Familie auch ihr dunkles Geheimnis mit den Bewohnern teilte.

Die Günzburger andererseits hatten zu diesem Zeitpunkt wenig Grund, den wortreichen Versicherungen des angesehenen Fabrikanten Alois Mengele zu mißtrauen. Viele sahen sich von der Familie in ihrer eigenen Überzeugung bestätigt, daß Mengele die ihm vorgeworfenen Taten nicht begangen haben konnte oder daß er keine andere Wahl gehabt hatte. Dafür bedurfte es keiner Verschwörung alter Nazis, keiner ökonomischen Abhängigkeit und keines direkten Drucks von Seiten der Mengeles. Durch das große Ansehen, das sie und insbesondere Josefs Vater in der Stadt genossen und die durchaus emotionale Bindung vieler Günzburger an Firma und Familie war es für diese ungleich schwerer, die Angaben der Mengeles in Zweifel zu ziehen – zumal zwar außerhalb Günzburgs viele vermuteten, daß die Mengeles immer noch Kontakt hatten zu Josef, Beweise dafür aber nicht vorlagen. Daß es bis 1985 dauerte, bis die Fahnder in Günzburg erfolgreich waren, lag nicht an den Bürgern der Stadt – sie konnten zur Fahndung nach Josef Mengele nichts beitragen.

---

[88] Ebenda. Der Günzburger Amtsgerichtsdirektor Münz äußerte sich ähnlich und wertete die Äußerungen Bauers gegenüber der Bild-Zeitung „als den Ausdruck einer Verbitterung über die erfolglose Fahndungsarbeit". KZ-Arzt Mengele mit falschem Bart in Günzburg, in: Frankfurter Neue Presse, 9. 7. 1964.

Ein Geheimnis des Erfolgs der Flucht Josef Mengeles lag vielmehr darin, daß seine Familie den Kreis der Mitwisser aufs engste beschränkte und er „in der Heimat einen engen, aber festgefügten Freundes- und Unterstützerkreis"[89] hatte, wie die Staatsanwaltschaft selbst in ihrem Schlußbericht einräumte.

*Viel Dichtung, wenig Wahrheit*

Aus der Perspektive der Journalisten, die 1964 nach Günzburg kamen, stellte sich das Verhalten der Günzburger freilich ganz anders dar, und in ihrer Bewertung der Situation fühlten sich die Journalisten auch von der Frankfurter Staatsanwaltschaft bestätigt.[90] Die Zweifel an Mengeles Schuld, die Verteidigung der Familie Mengele, die unkooperative Haltung gegenüber den Journalisten – dies alles schien das Bild, das man von Günzburg und seinen Bewohnern hatte, voll und ganz zu bestätigen. Das Ergebnis dieses ersten Presseansturms, der vor allem im Juli 1964 die Stadt heimsuchte, war eindeutig und stand weitgehend schon fest, bevor die Journalisten überhaupt nach Günzburg kamen; es war maßgeblich beeinflußt durch den ersten Artikel von Willy Schwandes in der Bild-Zeitung. Genaugenommen waren die Günzburger auf die Rolle der Mengele-Verschwörer schon festgelegt, noch bevor Schwandes überhaupt einen Fuß in die Stadt setzte – daß er sich in seinem Artikel hauptsächlich der Aussagen von Fritz Bauer und Anton Seitz bediente, mit denen er vor seinen Recherchen in der Stadt gesprochen hatte, ist bezeichnend. Dem Artikel ist, will man das Bild der Stadt in den Augen der breiten, nationalen wie internationalen Öffentlichkeit während der folgenden Jahrzehnte beschreiben, kaum etwas hinzuzufügen:

Unter der plakativen Feststellung „Keiner will den KZ-Arzt Dr. Mengele gekannt haben"[91] hieß es dort, Mengele sei „nach dem Kriege [...] noch in seiner Heimatstadt" gewesen. „Dort hat er viele Freunde. Auch heute noch!" In Günzburg „ist offenbar die Zeit stehengeblieben. [...] In Günzburg sind die Nazis los. Diese Stadt ist eine NS-Hochburg, schlimmer als München es je war." Und weiter: „Die Günzburger selbst werden aber kaum etwas zur Verhaftung Mengeles beitragen. Die decken ihn alle. Die alten Nazis würden ihn auch sofort warnen. Sie halten heute noch wie Pech und Schwefel zusammen. Sie treffen sich an Stammtischen und bilden eine verschworene Gemeinschaft, gegen die einzelne, aufrechte Männer heute nichts mehr ausrichten können."

---

[89] Sta F/M, Az 4 Js 340/68, Schlußvermerk, 14. 7. 1986.
[90] Am 7. Juli 1964, dem Tag, an dem auch Schwandes Artikel in der Bild-Zeitung erschien, äußerte sich der Frankfurter Oberstaatsanwalt Rahn in einer Pressekonferenz ähnlich wie zuvor schon Fritz Bauer: Nachdem er die Erhöhung der Belohnung für die Ergreifung Mengeles auf 50 000 DM verkündet hatte, sagte Rahn den anwesenden Journalisten, daß „bei dem Zusammenhalt unter der Günzburger Bevölkerung [...] mit einer Unterstützung der Ermittlungsarbeit nicht zu rechnen" sei. Sta F/M, Az 4 Js 340/68, Fahnd.A., Berichte an den Hessischen Minister der Justiz I, Bl. 212e, Schreiben Bauers an den Hessischen Minister der Justiz. Vgl. außerdem ebenda, Erm.A., Bd. XIX, Bl. 160, Presseerklärung, 7. 7. 1964 und StAGz 130/1 (12), Josef Mengele, Bd. I, Schreiben des Hessischen Ministers der Justiz an Hans Reile, 5. 8. 1964.
[91] Dieses und die folgenden Zitate: Blieb in Günzburg die Zeit stehen?, in: Bild-Zeitung, 7. 7. 1964.

## 2. Der Günzburg-Mythos

Davon waren auch die Nazi-Jäger überzeugt – allen voran wiederum Simon Wiesenthal. Neben der falschen Behauptung, Mengele habe bis 1951 offen in Günzburg gelebt, finden sich in seinem 1967 erschienenen Buch „Doch die Mörder leben" auch alle anderen Günzburg-Klischees, von den „Verschwörern" bis zur „Gruppe alter Nazis"[92]. Und wieder hatte Wiesenthal eine spannende Geschichte zu bieten, die all das eindrucksvoll belegen sollte: Im April 1964 habe ihn eine „Dame mittleren Alters"[93] in seinem Wiener Büro aufgesucht, um sich nach im Krieg verschollenen Bekannten zu erkundigen. Leider habe er ihr nicht weiterhelfen können; anschließend habe ihm „Frau Maria" erzählt, daß sie ihr wenig abwechslungsreiches Leben langweile. Wenigstens hier wußte Wiesenthal Abhilfe, denn „es war mir aber zu Ohren gekommen", daß Josef Mengele jemanden brauche, „der sich um ihn kümmert [...], der für ihn kochte und ihm den Haushalt führte". Wiesenthal behauptete allen Ernstes zu wissen, daß seine „Verwandten in Günzburg darüber gesprochen hatten und eine Frau suchten", die „man nach Paraguay schicken konnte". Sofort habe er an Frau Maria gedacht.

Natürlich wußte Wiesenthal nicht, was Mengeles Verwandte planten. Hätte er so gut informierte Quellen besessen, hätte es kaum bis 1985 gedauert, bis man Mengele, mittlerweile tot, in Brasilien entdeckte – und eben nicht in Paraguay; dieses Land hatte er schon 1960 verlassen, und doch wollte Wiesenthal erfahren haben, daß seine Familie vier Jahre später immer noch eine Haushälterin dorthin schicken wollte. Es gibt nicht den geringsten Hinweis dafür, daß die Familie das Risiko eingegangen wäre, Fremde einzuweihen und nach einer Haushälterin oder Gesellschafterin zu suchen, zumal das völlig sinnlos gewesen wäre: Mengele lebte zu diesem Zeitpunkt mit Gitta und Geza Stammer auf deren Farm und unterhielt zu Gitta ein enges und vertrautes Verhältnis. Doch Wiesenthal wußte zu berichten, daß man eben nicht nur eine Haushaltshilfe, sondern gleichzeitig eine Gesellschafterin für den einsamen Massenmörder brauche, weil „seine Gesundheit nicht eben die beste war". Auch „seine Frau und seinen Sohn vermisse er sehr".

Damit hatte Wiesenthal den Rahmen gesteckt für seine Günzburg-Episode. Nachdem er sich in München und Salzburg geradezu konspirativ mit Maria getroffen und außerdem ihren Hintergrund „eingehend" überprüft habe, habe er sie in seinen Plan eingeweiht. Sie sollte als Spionin in Günzburg eingeschleust werden, um dann zu Josef Mengele nach Südamerika geschickt zu werden und so den Aufenthaltsort des KZ-Arztes in Erfahrung zu bringen. Zunächst mußte das Vertrauen der Familie gewonnen werden. Dazu hatte Wiesenthal einen nicht gerade subtilen Plan entwickelt: Frau Maria sollte mit einem Mann, dem angeblichen „Gatten einer guten Freundin [...] gegen vier Uhr nachmittags ein bestimmtes Lokal aufsuchen, wo einige leitende Angestellte der Firma Mengele & Söhne oft vor dem Heimweg zum Dämmerschoppen einkehrten". Anschließend sollte sie durch lautstarke antisemitische Tiraden die Aufmerksamkeit auf sich ziehen und ihre „rechte" Gesinnung unter Beweis stellen. Der Plan funktionierte angeblich blendend: Kaum habe Frau Maria begonnen, lauthals über „dieses Judengesindel", von dem es „immer noch zu viele" gebe, loszuziehen, habe sich ein älterer Herr zu den beiden an den Tisch gesetzt, den Wiesenthal „Herr Ludwig" nennt.

---

[92] Wiesenthal, Mörder, S. 204.
[93] Dieses und die folgenden Zitate: Ebenda, S. 212–218.

Dieser Herr Ludwig habe sich nun ebenfalls als Antisemit zu erkennen gegeben, denn er „kenne jemanden, der ihretwegen *[der Juden wegen]* viel zu leiden hat". Frau Maria und ihr Begleiter erzählten nun ihrerseits eine Geschichte, der zufolge sie von einem Juden in einer Erbsache geprellt worden seien. Ludwig habe erklärt, er sei Angestellter bei Mengele & Söhne und, falls es sich um eine Angelegenheit in Günzburg handle, seine Hilfe angeboten. „Ich kann Ihnen vielleicht helfen. Wir kennen hier alle und jeden." Denn, wie Wiesenthal bemerkt, „wenn er die Firma Mengele & Söhne meinte, dann sprach er stets von ‚wir'". Frau Maria habe sich daraufhin erkundigt, ob Mengele nicht der Name des KZ-Arztes sei, „den die Juden suchen?" Sie glaube ohnehin „nichts von alledem, was man über ihn hört". Herr Ludwig sei „angenehm berührt" gewesen. Nachdem Frau Maria noch die Bemerkung an den Mann gebracht hatte, daß sie gerne reise, es ihr aber an Mitteln fehle, habe sie Herr Ludwig für den nächsten Tag zum Mittagessen eingeladen. Bei dieser Gelegenheit habe er ihr dann eröffnet, er „könne ihr zu einer interessanten Anstellung verhelfen" und bat sie, sie besuchen zu dürfen.

Schließlich habe Herr Ludwig Frau Maria dann angeboten, „auf ein Jahr nach Übersee zu gehen, um Dr. Mengeles Haushalt zu führen". Frau Maria bat um Bedenkzeit und sagte letztlich zu. Während der ganzen Zeit, so Wiesenthal, habe sie ihn durch „Ansichtskarten *[...]* in einem zwischen uns vereinbarten Code" auf dem laufenden gehalten. Nun mußte Wiesenthal natürlich erklären, warum das Unternehmen dann doch gescheitert war, und spätestens an dieser Stelle überzieht er seine Geschichte endgültig: Plötzlich habe Herr Ludwig Maria aufgefordert, „nach Wien *[zu]* fahren und *[zu]* versuchen, mit diesem Wiesenthal zusammenzukommen", um „etwas über seine nächsten Pläne zu erfahren". Frau Maria habe abgelehnt, sie sei schließlich „keine Spionin". Er habe sich, scheinbar zustimmend, verabschiedet, und „das war das letzte, was Frau Maria von Herrn Ludwig zu hören bekam."

Wiesenthals Agentengeschichte verdeutlicht nochmals, welcher Stempel der Stadt mittlerweile aufgedrückt war: Günzburg war fest in der Hand der allmächtigen Mengeles, für die in dieser Stadt beinahe nichts unmöglich war und die sich nebenbei noch als handfeste Antisemiten entpuppten. Für die nächsten Jahrzehnte war das Bild, das sich viele Außenstehende von der Stadt machten, damit festgelegt. Von Anfang an entwickelte sich im Laufe der Zeit um einen wahren Kern ein dichtes Gewirr von Legenden von Nazismus, Konspiration, Antisemitismus. Es gab die viel bemühte Mengele-Verschwörung, aber eben nur im engsten und eigentlichen Sinne: über den Kreis der Familie und Hans Sedlmeier ging sie nicht hinaus. Neben den engsten Verwandten dürfte Sedlmeier als derjenige, der alle Kontakte koordinierte, sogar der einzige gewesen sein, der in Günzburg die wahren Zusammenhänge kannte. Insofern war es durchaus richtig, den Schlüssel zum Fall Mengele in seiner Geburtsstadt zu suchen – nur konnte nicht jeder, der dort lebte, automatisch diesen Schlüssel liefern. Ganz im Gegenteil: Die Familie verstand es vier Jahrzehnte lang ausgezeichnet, ihr Geheimnis zu wahren. Gleichzeitig schien für viele klar, daß Mengele nur dank der Reichtümer seiner Verwandten immer wieder entkommen, seine Leibwächter bezahlen, Präsidenten bestechen und um die Welt reisen konnte, wie der Mengele-Mythos in vielen Variationen behauptete. Damit schien natürlich auch klar zu sein, daß viele Günzburger für einen Massenmörder arbeiteten und quasi seine Flucht finanzierten. Es mußte Verbindungen geben von Günzburg nach Südamerika, die es aufzudecken galt.

So entwickelte sich zusammen mit dem Mengele-Mythos der Günzburg-Mythos. Beide beeinflußten und bedingten einander. Den Grundstock, den wahren Kern, bildeten die bekannten Fakten aus den 1950er Jahren. Daß Josef Mengele sich in Südamerika aufgehalten und seine Schwägerin geheiratet hatte, daß er in Paraguay naturalisiert worden war, das alles wußte man; ebenso hatten die Mengeles eingeräumt, in dieser Zeit Kontakt zu Josef gehabt zu haben, und einen Besuch des KZ-Arztes in seiner Heimatstadt bestätigt. Danach und darüber hinaus jedoch gab es in beiden Fällen keine gesicherten Erkenntnisse mehr. Es bildete sich ein Informationsvakuum, das in Ermangelung von Fakten Raum ließ für Gerüchte und Spekulationen. War es auf der einen Seite die erfolglose Fahndung, die keinerlei neue Hinweise auf Mengeles Aufenthaltsort zu Tage brachte, so war es auf der anderen die lange Zeit undurchdringliche Stille und Verschwiegenheit, die um die Familie herrschte. Josef Mengele mußte aus Günzburg Millionen erhalten, weil er angeblich im Luxus lebte, mit Präsidenten verkehrte und sich Leibwächter hielt. Und weil er einen derart extravaganten Lebensstil führte, mußte er über unerschöpfliche Geldquellen verfügen, die nur in Günzburg liegen konnten.

# VII. Die achtziger Jahre: Konfrontation und Kulmination

## 1. Die frühen achtziger Jahre: Günzburg und der Fall Mengele im Spannungsfeld deutschen Geschichtsbewußtseins

*Die 1970er Jahre und die TV-Serie „Holocaust"*

Nach den großen Prozessen in der ersten Hälfte der 1960er Jahre, der lautstarken Kritik an der bis dahin in der Bundesrepublik geübten Praxis der Vergangenheitsbewältigung (oder vielmehr Nicht-Bewältigung) durch die 68er-Bewegung und der dritten Verjährungsdebatte im Bundestag 1969 wurde es wieder etwas ruhiger um die deutsche Vergangenheit.[1] Aleida Assmann teilt die Geschichte der deutschen Vergangenheitsbewältigung in drei Phasen, deren zweite sie von 1958 bis 1984 als Phase der „Kritik der Vergangenheitsbewältigung"[2] definiert. Daß dies über beinahe drei Jahrzehnte hinweg, die der Bundesrepublik einschneidende soziale Veränderungen brachten, kein kontinuierlicher, in einheitlichen Bahnen verlaufender Prozeß sein konnte, ist evident. Vielmehr vollzog sich die „deutsche Erinnerungsgeschichte [...] mit Vorliebe in Sprüngen und Eruptionen", und „seit der Mitte der achtziger Jahre", so Assmann, war der „bevorzugte Anstoß zu solcher Erinnerung der Skandal"[3]. Das ist insofern richtig, als sich zu diesem Zeitpunkt eine ganze Reihe solcher Skandale – nach Assmann die „Erregung öffentlichen Ärgernisses" oder „öffentlicher Aufmerksamkeit" – ereigneten[4], doch war dies nicht allein ein Phänomen der 1980er-Jahre: diese neuerliche „Eruption" der deutschen Vergangenheitsbewältigung war nicht die erste und sollte nicht die letzte bleiben. Beginnen müßte eine Aufzählung in der unmittelbaren Nachkriegszeit und den frühen Jahren der Bundesrepublik[5] und – sicherlich nur vorläufig – enden mit der Goldhagen-Debatte, der Kontroverse um die Wehrmachtsausstellung und dem Walser/Bubis-Streit. Auch die großen Prozesse der sechziger Jahre, vor allem der Eichmann- und der Auschwitz-Prozeß, waren solche „Skandale". Sie hatten die „allgemeine Kenntnis über den Genozid erweitert und das Bewußtsein einer größeren Öffentlichkeit für das Ausmaß der verübten Verbrechen zumindest ansatzweise sensibilisiert"[6].

---

[1] Vgl. Assmann/Frevert, Geschichtsvergessenheit, S. 144. Vgl. zu den Verjährungsdebatten des Bundestages: Reichel, Vergangenheitsbewältigung, S. 185–198.
[2] Assmann/Frevert, Geschichtsvergessenheit, S. 144.
[3] Dieses und die folgenden Zitate: Ebenda, S. 21.
[4] Assmann nennt hier Reagans Bitburg-Besuch (1985), den Historiker-Streit (1986) und die Jenninger-Rede (1987). Auch den „Skandal" der Auffindung der Leiche Mengeles könnte man in diese Aufzählung einreihen.
[5] Vgl. dazu Frei, Vergangenheitspolitik.
[6] Reichel, Vergangenheitsbewältigung, S. 205.

Die 1970er Jahre blieben lange Zeit ohne solch große „Skandale", die „Sprünge und Eruptionen" blieben aus; die erhöhte Sensibilisierung aber blieb erhalten. Auch um Josef Mengele und Günzburg wurde es bald wieder ruhiger. Nach dem eruptiven Schub des Auschwitz-Prozesses, der die öffentliche Aufmerksamkeit im Fall Mengele erregt und auf die Stadt gelenkt hatte, ebbte das Interesse der Öffentlichkeit an der Heimatstadt des gesuchten KZ-Arztes schnell wieder ab, ohne daß ihre angebliche dunkle Rolle als verschworene Gemeinschaft, die den Massenmörder schützte, in Vergessenheit geriet. Dafür sorgten auch die Nazi-Jäger, allen voran Simon Wiesenthal, der in Interviews selten vergaß, darauf hinzuweisen, daß Mengele ein „schwerreicher Mann [...] mit vielen Freunden und einer großen, intakten Familie" sei, die ihn mit allem „im Überfluß" versorge; das Geld stamme natürlich aus Günzburg, einem Ort, in dem alle „direkt oder indirekt von der Mengele-Firma abhängig"[7] seien. Nationale und internationale Zeitungen berichteten weiterhin über die neuesten Gerüchte im Fall Mengele. Kontinuierlich wurden alte Geschichten variiert und an neuen Legenden gestrickt, immer wieder war von spektakulären Mengele-Sichtungen die Rede. Der Mythos wuchs weiter, der Arzt von Auschwitz aber blieb verschwunden.[8]

Dies alles berührte Günzburg in den 1970er Jahren wenig. Erst zu Beginn der 1980er Jahre sollte das Thema Josef Mengele wieder auf der lokalen Tagesordnung erscheinen. Mittlerweile hatte ein neuer „Skandal" die deutsche Erinnerungslandschaft erschüttert: Im Januar 1979 war der vierteilige Fernsehfilm „Holocaust" ausgestrahlt worden, der überaus publikumswirksam und melodramatisch die individuellen Schicksale der jüdischen Familie Weiß und des SS-Offiziers Dorf erzählte. Der Film erschütterte Millionen, Reichweite und Wirkung waren enorm.[9] Schon

---

[7] Das Netz um SS-Arzt Mengele wird immer enger!, in: Bild am Sonntag, 22. 6. 1980. Dieses Interview ist geradezu beispielhaft für die Meldungen, die Wiesenthal in den 1970er und frühen 1980er Jahren in der Presse lancierte.
Wiesenthal konnte dem Journalisten in diesem Gespräch außerdem von angeblichen „Familientreffen [...] in Mailand und auf den Bahamas" berichten. „Obwohl ich gegenwärtig seine Spur verloren habe", zeigte er sich erstaunlich gut informiert über den physischen und psychischen Zustand Mengeles und teilte mit, „daß er Kreislaufbeschwerden hat, nie ohne vier ausgesuchte Leibwächter reist und immer häufiger nach schrecklichen Wutanfällen körperliche Zusammenbrüche erleidet." Sogar den Grund für Marthas Rückkehr nach Europa wollte Wiesenthal kennen: „Sie ertrug Mengeles Unruhe nicht mehr, die ihn niemals länger als drei Wochen im selben Bett schlafen läßt". Auch Mengeles momentane Freizeitbeschäftigung wollte Wiesenthal kennen: „Sie dürfen mich nicht fragen, woher ich es weiß, aber – ich weiß es: Josef Mengele bastelt seit einigen Monaten an seiner Verteidigungsrede." Ähnliche Beispiele finden sich in: Posner/Ware, Mengele, S. 354.

[8] Vgl. z. B.: „Endlich: Wir haben Mengele entdeckt", in: Bild am Sonntag, 14. 2. 1971 und Bormans Gang: World exclusive challenge! To Nazi-hunter Simon Wiesenthal... Now follow my steps to the Doctor of Death und Bormanns Gang. I find the Nazi Doctor of Death, in: Daily Express, 1. 12. 1972.

[9] Die Einschaltquoten stiegen über den Sendezeitraum der vier Abende von 31% auf 40%, und 48% der Gesamtbevölkerung im Alter über 14 Jahre hatten mindestens einen Teil der Serie gesehen; Kommentatoren verglichen die Wirkung des Films auf die öffentliche Diskussion mit der des Tagebuchs der Anne Frank. Vgl. Marcuse, Legacies, S. 343.
Erst seit diesem Zeitpunkt wird die Ermordung der europäischen Juden häufig unter dem nicht unproblematischen Begriff Holocaust zusammengefaßt. Er ist vor 1979 im Duden oder in deutschen Fremdwörterbüchern nicht nachweisbar. Er ist griechisch-lateinischen Ursprungs (holocausta, von griech. „holos" = ganz und lat. „caustos" = gebrannt). Der Termi-

die vielbeachtete Ausstrahlung in den USA, in England, Belgien und Israel im Jahr zuvor hatte dazu geführt, daß der Jahrestag der „Reichskristallnacht", die sich 1978 zum vierzigsten Mal jährte, in den Zeitungen thematisiert und die Verfolgung der Juden in Deutschland so intensiv diskutiert wurde wie niemals zuvor.[10] Dabei war der Film kein grundlegender Wendepunkt in der Auseinandersetzung mit der eigenen Vergangenheit, sondern vielmehr der erste Höhepunkt einer Entwicklung, die, getragen von einer neuen Generation junger Deutscher, schon in den siebziger Jahren begonnen hatte.[11] Animiert durch die in „Holocaust" geschilderten Individualschicksale und weniger von Tabus und eigener Betroffenheit belastet als Eltern und Großeltern, interessierte sich diese Generation besonders für die Alltagsgeschichte des Nationalsozialismus, auch und gerade im lokalhistorischen Kontext.[12] Dies führte zu einer Veränderung des gesamtgesellschaftlichen Klimas im Umgang mit der Vergangenheit, die schließlich in die „Geschichtsversessenheit"[13] der 1980er und 1990er Jahre mündete.

*Anstoß von außen: Hanne Hiob und die „Idylle einer deutschen Kleinstadt"*

Obwohl der Fall Mengele 1979 international erneut Schlagzeilen gemacht hatte[14], dauerte es bis Ende 1982, bis Günzburg wieder mit ihm konfrontiert wurde. Die deutsche Linke hatte „Holocaust" aus mehreren Gründen kritisiert. Einer davon war der Vorwurf, der Film impliziere, daß der Nationalsozialismus 1945 geendet

---

nus rückt die Massenvernichtung der europäischen Juden (andere Opfergruppen bleiben meist ausgeklammert) in einen quasi-religiösen Zusammenhang mit alttestamentarischen Opferriten: Der Begriff Holocautatio/in meint im Griechischen die Darbringung eines Brandopfers, in der Regel in Form eines Tieres, das auf einem Altar verbrannt wird, und hat spätestens im 12. Jahrhundert auch Eingang ins Kirchenlatein (holocaustum) gefunden. In Israel wird statt „Holocaust" in der Regel der hebräische Begriff „Shoa" verwendet, was so viel wie Katastrophe oder Verwüstung bedeutet. Vgl. Yonan, Gabriele, Jehovas Zeugen. Opfer unter zwei deutschen Diktaturen. 1933–1945. 1949–1989, Berlin 1999, S. 39–41.
10 Vgl. Marcuse, Legacies, S. 344 f.
11 Vgl. Reichel, Vergangenheitsbewältigung, S. 205, und Marcuse, Legacies, S. 345.
12 Verwiesen sei hier nur auf die Geschichtswerkstätten, die sich in vielen Städten mit der lokalen NS-Geschichte auseinandersetzten, und den Schülerwettbewerb Deutsche Geschichte um den Preis des Bundespräsidenten, dessen Themenstellungen deutlich das veränderte Interesse zeigen: dominierten in den 1970er Jahren noch Themen wie „Die Revolution von 1848" (1974), „Die Arbeitswelt" (1977) oder „Freizeit" (1979), so hieß das Thema von 1980 bis 1985 „Alltag im Nationalsozialismus", unterteilt in die Perioden Vorkriegs-, Kriegs- und Nachkriegszeit. Die Teilnehmerzahl, die 1979 3995 betragen hatte, verdreifachte sich 1980 auf 12843 (um dann allerdings wieder zu sinken). Die wohl bekanntesten Teilnehmer des Wettbewerbs sind Anna Rosmus (1980/81), die sich mit der NS-Geschichte ihrer Heimatstadt Passau beschäftigte und deswegen Morddrohungen erhielt sowie Michael Brenner, der über das jüdische Leben in Weiden forschte und 1997 als einer der jüngsten deutschen Professoren auf den neuen Lehrstuhl für Jüdische Geschichte und Kultur der Universität München berufen wurde. Vgl. auch Marcuse, Legacies, S. 349–351.
13 Assmann/Frevert, Geschichtsvergessenheit, S. 10.
14 Nach einer Fernsehsendung der CBS, in der erstmals Belege dafür vorgelegt wurden, daß Mengele sich zumindest zeitweise in Paraguay aufgehalten hatte, sah sich die paraguayanische Regierung unter dem Druck der USA erstmals genötigt, zu erklären, daß Mengele sich „seit 1960 nicht mehr im Lande aufgehalten" habe; gleichzeitig wurde ihm mit dieser Begründung die Staatsangehörigkeit entzogen – zu diesem Zeitpunkt war er allerdings bereits tot. Vgl. Posner/Ware, Mengele, S. 356–358.

habe; er versäume es, auf immer noch vorhandene faschistische Strukturen und Tendenzen im kapitalistischen Deutschland hinzuweisen.[15] Im Oktober 1982 druckte die in München erscheinende maoistische Kommunistische Arbeiterzeitung einen Artikel mit dem Titel „Idylle einer deutschen Kleinstadt", der aus der Feder Hanne Hiobs[16], der Tochter Bertolt Brechts, stammte und Günzburg in diesem Sinne als Beleg und negatives Beispiel instrumentalisierte.

Der Artikel teilte Günzburg entlang starrer, klassenkämpferischer Interpretationslinien in zwei Lager: Die proletarische Unterstadt und die Oberstadt der „Notare, Apotheker, Beamten, Ärzte", der „Küchles, die keine Messe auslassen [...], denn sie backen in ihrer Oblatenfabrik Hostien" und der „Fabrikantenfamilie Mengele"[17]. Dort, in der Oberstadt, sei 1946 bis 1950 Josef Mengele ein- und ausgegangen, „die Günzburger freundlich grüßend auf der Straße", schrieb Hanne Hiob, fast so, als sei sie dabeigewesen. Natürlich habe ihn niemand angezeigt, denn die „ganze, verbissen schweigende Oberstadt" sei „versippt, verschwägert und allesamt abhängig von der Familie Mengele".

„Der Bevölkerung Günzburgs eine gemeinsame Haltung pro Mengele zu unterstellen"[18] fand auch Hanne Hiob absurd, denn: „Die Haltung der Oberstadt ist nicht die Haltung der Unterstadt", die natürlich nicht „freiwillig arbeitet [...] für die Mengeles und das flotte Leben des Massenmörders Josef Mengele in Südamerika." Leider war sich diese Unterstadt des ausgeklügelten Systems ihrer Ausbeutung keineswegs bewußt[19]: Sie wollte „dem ihr unbekannten Neugierigen", der doch nur ihr

---

[15] Vgl. Marcuse, Legacies, S. 345.
[16] Geb. 12. 3. 1923 in München; Mutter: Marianne Zoff; 1942–1944 als Tänzerin in Salzburg, 1943/44 2 Filmrollen; bis 1976 Theaterschauspielerin, u. a. in Berlin, Hamburg, Zürich und München; seit 1976 besonders ausgeprägtes politisches Engagement, insb. im Zusammenhang mit dem Werk ihres Vaters Berthold Brecht; in den 1980er Jahren mehrere Filme im Fernsehen der DDR. 1979/80 hatte Hiob durch den antifaschistischen „anachronistischen Zug" gegen die Wahl von Karl Carstens zum Bundespräsidenten und die Kanzlerkandidatur von Franz Josef Strauß Aufsehen erregt.
[17] Dieses und die folgenden Zitate: Idylle einer deutschen Kleinstadt, in: KAZ, 23. 10. 1982.
[18] Hiob zitiert dies ohne Quellenangabe aus: In Günzburg blieb die Zeit nicht stehen, in: GZ, 16. 7. 1964.
[19] Hanne Hiob tut sich in ihrem Artikel einigermaßen schwer, die Firma Mengele in das starre Schema des Klassenkampfes zu pressen. So muß sie feststellen, es habe „von 1961 bis 1979 nicht mal einen einzigen Arbeitsgerichtsprozeß" gegeben, obwohl doch „80% der Arbeiter [...] beim Mengele [...] gewerkschaftlich organisiert" sind. Grund dafür ist offenbar ein wenig klassenbewußter Betriebsratsvorsitzender von der SPD, der nur zu sagen weiß, die Arbeiter seien „voll integriert in den Betrieb, voll!". Doch, weil nicht sein kann, was nicht sein darf, gibt es den Klassenantagonismus natürlich auch in der Firma Mengele. Dies versucht sie an Hand eines Beispiels zu belegen, mit dem der Sozialdemokrat wohl das gute Betriebsklima darzustellen versuchte: „Wenn ein Arbeiter Geburtstag hatte, kaufte er ein Tragl Bier. Dann kam [...] auch der Alois Mengele, setzte sich auf die Kiste und [...] unterhielt sich dabei mit ihm wie seinesgleichen." Doch der Kapitalist kam nicht, um dem Arbeiter zu gratulieren. Er kam, so Hiobs Wertung, um „eins von dessen Bieren" zu trinken. Die Unterstädter hatten offenbar nicht begriffen, daß etwa der „Ruth-Mengele-Kindergarten" von dem Kapitalisten nur deshalb gebaut worden war, um „den Kindern der Unterstadt [...] ihre Zukunft abzugewöhnen". „Aufgemuckt" hatten sie nur einmal, 1970, als sie „den Dr. Köppler, einen SPD-Mann", ins Rathaus wählten – nur zwei Jahre später habe der „dann den Alois Mengele zum Ehrenbürger gemacht" und die Günzburger Arbeiter damit geradezu verraten: Wegen dieser „vaterländischen Gesinnung" hätten „sie ihn allerdings nicht

Bestes will, „nicht erzählen". Also suchte Hiob in der Geschichte und stieß dort auf den von den Nationalsozialisten in den Selbstmord getriebenen Otto Geiselhart, zwar von der SPD, doch immerhin ein Märtyrer. Um mutige Leute wie ihn loszuwerden, hätten sich die Kapitalisten den Nationalsozialismus geschaffen.

Von nun an folgte die Argumentation dem sozialistischen Geschichtsbild des historischen Materialismus. Darin eingebettet offenbarte Hanne Hiob teils gut recherchierte Kenntnisse zu den Verhältnissen in Günzburg und der Biographie Josef Mengeles, die jedoch oft durch überzogene Polemik und allzu starre Einzwängung in ein vorgefertigtes ideologisches Korsett entwertet wurden – und natürlich fanden sich auch hier die unvermeidlichen Versatzstücke des Mengele-Mythos. Ihr Fazit: Die Oberstadt sei „die geistige und sittliche Welt des Josef Mengele", ihn „schützt [sie] bis heute und schickt ihm ihre Schecks". Um gegen die „widerspenstige Unterstadt weiter existieren zu können", habe die Oberstadt – heute wie damals – die „[Josef] Mengeles und die anderen, stets zu allem bereiten Richter, Generäle, Vollzugsbeamten, Redakteure, Pfaffen, Gelehrten, Ärzte und Henker" gebraucht. „Daß die idyllische Provinzstadt so ungerührt bis heute den Juden, den Arbeiter, den Oppositionellen hassen und den Judenwürger ehren und nähren kann", daß die Oberstadt überhaupt „den Massenmörder Mengele hervorgebracht hat, daran ist die Existenz des Hauses Siemens und der anderen schuld", schließlich hätten „die Interessen der Firmen Siemens, IG Farben, Krupp und Thyssen direkt zur Rampe von Auschwitz" geführt. Da war es nur folgerichtig, daß der Sohn des Kapitalisten Mengele, der die Oberstadt beherrschte, einer der „schlimmsten Mörder des KZ-Staates" war. So hatten die Kapitalisten und Faschisten der Oberstadt Josef Mengele hervorgebracht, und ihr Produkt war der beste Beweis, daß sie Kapitalisten und Faschisten waren.

Und diese Kapitalisten und Faschisten herrschten noch immer in der Oberstadt. So wurde Günzburg zum negativen Vorzeigeobjekt für ein kapitalistisches System, in dem die Arbeiterklasse weiterhin ausgebeutet wurde und dessen Gerichte „Oberstadt-Gerichte" waren, die „Oberstadt-Recht" sprachen. Die Oberstadt war überall, und „angeklagt mit Mengele ist ein Staat"[20] und seine faschistischen Tendenzen, verborgen hinter der „Idylle einer deutschen Kleinstadt", die „allen idyllischen Kleinstädten in unserem Land gleichzustellen"[21] ist. „Die Idylle von Günzburg ist der Faschismus [...] von heute."[22] Leider waren die Arbeiter nicht aufgeklärt genug, um zu erkennen, daß sie von den faschistischen Kapitalisten der Oberstädte ausgebeutet wurden. Deshalb bedurfte es der Provokation, und deshalb kam Hanne Hiob nach Günzburg, um die Menschen dort über Josef Mengele aufzuklären und ihnen damit die Augen zu öffnen über die Oberstadt, um dafür zu sorgen, daß „auch hier [...] die Unterstadt aufstehen, Anklage erheben und ihr Recht suchen"[23] wird.

gewählt". Dieser Passus erinnert stark an die Sozialfaschismusvorwürfe, die die KPD in der Weimarer Republik gegen die Sozialdemokraten erhob.
20 Hiob, Idylle, S. 26. In dieser Broschüre faßte Hanne Hiob die wichtigsten Aussagen ihres KAZ-Artikels nochmals zusammen, ergänzt um eine Schilderung des Informationsstandes in Günzburg.
21 Hiob, Idylle, S. 20.
22 Ebenda.
23 Idylle einer deutschen Kleinstadt, in: KAZ, 23. 10. 1982.

„So ganz wohl war's der Stadtverwaltung nicht bei der Entscheidung über den Antrag"[24] Hanne Hiobs und ihrer Begleiterin Brigitte Zuber, „einen Informationsstand zum Thema Josef Mengele" zu errichten. Grundsätzliche Zweifel an der Genehmigung habe es nicht gegeben, so die GZ, aber im Ordnungsamt befürchtete man offenbar, es könne zu einer „erregten Menschenansammlung" kommen. Die amtlichen Befürchtungen zeigen, daß Hiob und Zuber ein Thema aufgriffen, das man durchaus für brisant hielt. Tatsächlich herrschte am 23. November 1982, einem Dienstag, während der Mittagsstunden „ein regelrechter Großandrang" an dem Stand der beiden Kommunistinnen, und es wurde „eifrig diskutiert".

Es seien „alle Meinungen vertreten" gewesen, so das Fazit Brigitte Zubers nach drei Stunden. Auf die „Provokation", die „bewußt einkalkuliert" war, wie einer der Helfer der beiden Kommunistinnen bestätigte, folgten natürlich Gegenprovokationen. „Ganz nah, ganz freundlich" habe ihr ein Mann „ins Gesicht" gesagt: „Mengele ist der schönste Name auf der ganzen Welt!"[25], schrieb Hanne Hiob zwei Jahre später, und: „Dachau gehört wieder eingeheizt, und dann alle rein mit euch. Ihr gehört weg!"[26] Doch solche Ausfälligkeiten „stießen in den Reihen der um den Stand stehenden Bürger selbst auf empörten Widerspruch"[27]. Es entwickelte sich eine „Bürgerdiskussion", wie sie „in den 70er Jahren [...] in Günzburg noch nicht möglich gewesen" wäre, war sich Brigitte Zuber sicher. „Das ist inzwischen offener geworden."

Damit dürfte sie Recht gehabt haben. Das steigende Interesse von Teilen der deutschen Bevölkerung an den Verbrechen des Nationalsozialismus war auch an Günzburg nicht vorübergegangen. „Viel Zuspruch" hätten die Initiatoren für ihren Versuch erhalten, „die Günzburger über Werdegang und Schuld des [...] Josef Mengele zu informieren". Walter Roller, der das Geschehen einige Tage später im Lokalteil der GZ ausführlich kommentierte, konstatierte denn auch ein „gerütteltes Maß an Informationsdefizit, das es im Sinne der dringend notwendigen Aufbereitung dieses historischen Zeitabschnittes"[28] auszugleichen gelte.

So mancher Günzburger hatte dem Informationsstand aber auch ablehnend gegenübergestanden. „Was mit den Deutschen passiert ist, darüber redet keiner"[29], lautete einer der Einwände, oder „Mengele hat doch nur wie jeder andere Krieger seine Pflicht erfüllt." Auch, daß „nach 40 Jahren die Dinge endlich ruhen" sollten, war zu hören. Dem widersprach Roller, man dürfe und müsse sich „gerade auch in Günzburg über Josef Mengele unterhalten"[30]; dies sei Teil „jener Vergangenheitsbewältigung, die [...] nicht befriedigend geleistet wird", denn „hier gibt es, so schmerzlich dies für manchen sein mag, noch etliches zu tun". „Schweigen oder gar aggressive Abwehrhaltungen sind hier fehl am Platz", hielt er all denen entgegen, „die der Konfrontation [...] ausweichen und jede Aktion dieser Art für verachtens-

---

[24] Dieses und die folgenden Zitate: „Das geht Günzburg am meisten an...", in: GZ, 24. 11. 1982. Vgl. außerdem die Leserbriefe: Noch nichts verstanden, in: GZ, 4./5. 12. 1982 und Nachhilfeunterricht, in: GZ, 21. 12. 1983.
[25] Hiob, Idylle, S. 23.
[26] Ebenda, S. 24. Vgl. ähnlich in: „Das geht Günzburg am meisten an...", in: GZ, 24. 11. 1982.
[27] Dieses und die folgenden Zitate: „Das geht Günzburg am meisten an...", in: GZ, 24. 11. 1982.
[28] Zerrbilder, in: GZ, 27./28. 11. 1982.
[29] Dieses und die folgenden Zitate: „Das geht Günzburg am meisten an...", in: GZ, 24. 11. 1982.
[30] Dieses und die folgenden Zitate: Zerrbilder, in: GZ, 27./28. 11. 1982.

werte Nestbeschmutzung halten". „Über Männer wie Josef Mengele und das Gewaltsystem, dem sie dienten, nachzudenken, hat nichts Anrüchiges", schrieb der Günzburger Kommentator seinen Mitbürgern ins Stammbuch, „denn es geht primär nicht um Abrechnung, sondern um Lehren für die Zukunft."
Deshalb bedauerte es Roller auch, daß „in diesem Fall die Aufklärungsarbeit Leuten überlassen worden *[ist]*, die mit purer Polemik zur Sache gehen und rasch bei der Hand sind mit Halb- und Unwahrheiten". Hanne Hiob sei „offensichtlich mit jenem Zerrbild im Kopf angereist, das diverse Publikationen über Jahre hinweg gezeichnet haben", von Günzburg als „Hort der Reaktion" und „Hochburg des Nationalsozialismus". Die Stadt müsse „mit der Tatsache leben, daß einer der meistgesuchten Judenmörder hier zu Hause war" und „noch viele Jahre hinweg mit der Familie in Kontakt blieb". Gezielte „Provokation gegen die hier ansässige Familie" mit der Hoffnung auf einen „zu propagandistischen Zwecken ausschlachtbaren Zwischenfall" helfe aber nicht weiter. Oberbürgermeister Dr. Rudolf Köppler (SPD) hatte sich bei seinem Besuch des Informationsstandes ähnlich geäußert: „Wenn's auch woanders gezeigt wird, ist das völlig legitim"[31].
Letztendlich herausgekommen sei jedenfalls, so das Fazit Rollers, außer der Erkenntnis, daß es offensichtlich ein Wissensdefizit und Diskussionsbedarf gebe, „bei aller interessanten Information im Detail" leider nur „ein hanebüchenes Gemisch ideologisch verbrämter Geschichtsklitterung", das selbst jene, „die mit gutem Grund Nachholbedarf auf diesem Sektor konstatieren, irritiert" habe; ihr „schwieriges Geschäft vor Ort" sei dadurch nicht leichter geworden.

*Thematisierung der Vergangenheit:*
*OB Köppler und „Der Aufbruch ins Verhängnis"*

Schon vor der Hiob'schen „Provokation" gab es in Günzburg Indizien für ein steigendes Interesse an der Geschichte der Stadt im Nationalsozialismus.[32] Ähnlich wie „Holocaust" nicht der eigentliche Auslöser, sondern der Katalysator für ein neues Interesse der deutschen Gesellschaft am Nationalsozialismus gewesen war, scheint die „Provokation" Hanne Hiobs in Günzburg ein Anlaß gewesen zu sein, der Stadtgeschichte während der NS-Zeit verstärkt öffentliche Beachtung zu schenken. So erschien etwa in der GZ ab diesem Zeitpunkt eine Artikelserie zu diesem Thema (meist aus der Feder Walter Rollers), beginnend mit einem Bericht über den Aufstieg der NSDAP in Günzburg anläßlich des 50. Jahrestages der Machtergreifung am 30. Januar 1983[33], und die örtliche Volkshochschule veranstaltete Vorträge zu einschlägigen Fragestellungen.[34]

---

31 „Das geht Günzburg am meisten an…", in: GZ, 24. 11. 1982.
32 Vgl. z. B. der ganzseitige Bericht Walter Rollers in der GZ über die Nachforschungen Josef Baumeisters zum Schicksal des Stadtpfarrers Adam Birner: Der Tod eines Widerständlers, in: GZ, 16. 4. 1981. 1979 war außerdem die Dissertation Zdenek Zofkas erschienen, die auch Informationen zum Aufstieg des Nationalsozialismus in Günzburg bot. In welchem Umfang diese Studie in Günzburg rezipiert wurde, ist unbekannt; Zofka war später jedoch des öfteren Gesprächspartner der GZ oder Gast bei Diskussionsveranstaltungen.
33 Vgl. Als Adolf Hitler kam, waren alle aus dem Häuschen; Günzburg marschierte voran… und Junge Leute gaben den Ton an, in: GZ, 29. 1. 1983.
34 So sprach z. B. am 1. Februar 1983 der Augsburger Historiker Dr. Walther Bernecker zu dem – sicherlich auch durch Hiobs antikapitalistischen Impetus angeregten – Thema „Kapitalis-

Es bestand also Interesse, für das die Aktion Hanne Hiobs zwar nicht ursächlich war, das sie aber doch offengelegt und verstärkt hatte und auf das nun mit entsprechenden Angeboten reagiert wurde. Daneben hatten der Informationsstand und vor allem der Artikel in der KAZ (die am Stand verteilt worden war) den Günzburgern deutlich vor Augen geführt, welches Bild Außenstehende von ihrer Stadt hatten. Dieses Bild hatte sich seit den 1960er Jahren, in denen es hauptsächlich entstanden war, nicht geändert. Beide Faktoren dürften Oberbürgermeister Dr. Köppler (SPD) dazu bewogen haben, sich in einer Rede vor dem Stadtrat anläßlich einer Gedenkstunde zur Erinnerung an Machtergreifung und Gleichschaltung am 29. März 1983 mit den Problemen der deutschen Vergangenheitsbewältigung, der Geschichte Günzburgs während der NS-Zeit und dem durch den Fall Mengele geprägten Image der Stadt auseinanderzusetzen.35

Köppler begann seine Rede mit einer Distanzierung vom Begriff der „Kollektivschuld"36, wollte dies aber gerade nicht im Sinne des entgegengesetzten Extrems, also einer Kollektiventlastung, verstanden wissen. Vielmehr sah er die Gefahr, daß sich hinter der Verteidigung gegen solche ungerechtfertigten Pauschalvorwürfe gerade „diejenigen zu verstecken suchen, die individuelle Schuld auf sich geladen haben". Zweifellos müßten die Deutschen „damit leben", daß „im Namen unseres Volkes [...] Terror, Barbarei und grenzenloses Leid über die Menschheit gebracht wurden". Wer sich dies bewußt mache, müsse „bestürzt" sein ob der „untauglichen" Aufrechnungsversuche „oder gar [des] Rechten[s] um Opferzahlen". Die Deutschen täten sich schwer mit ihrer Vergangenheit, so Köppler, das Wort der Mitscherlichs von der „Unfähigkeit zu trauern" habe schon seine Richtigkeit. Die Deutschen „quälen sich" in der Konfrontation mit ihrer Vergangenheit, „sie werden schnell aggressiv, verfallen dann wieder in Wehleidigkeit, wollen am liebsten aussteigen (aus der Vergangenheit, Gegenwart, Zukunft)".

Auch in Günzburg werde mittlerweile das „große Loch, das bislang in unserer ‚Geschichte der Stadt Günzburg' gähnt"37, gefüllt, und für die Frage nach dem Aufstieg des Nationalsozialismus sei dies auch in „herausragender Weise" geschehen, konstatierte Köppler und verwies unter anderem auf Zofkas Studie und die Artikel der GZ. Es lohne sich, „solche lokalen Bezüge aufzuspüren", denn in der Erinnerung an „das dunkelste Kapitel in der Geschichte unseres Volkes" liege auch die Chance, „aus dem Schatten einer Geschichte zu treten, die auch den Namen von Städten verdunkelte". Ähnlich wie Nürnberg als „Stadt der Reichsparteitage" oder Dachau als Ort des Konzentrationslagers werde häufig auch Günzburg auf Josef Mengele reduziert. An dieser Stelle, so Köppler, „halte [ich] es für notwendig, [...] der Verhängung der Sippenhaftung gegenüber einer Familie und der Zuweisung von kollektiver Schuld an eine Stadt entgegen[zu]treten"38. Er sei sich des Risikos be-

---

mus und Nationalsozialismus". Die Ankündigung in der GZ versprach Überlegungen zu der Frage nach der „Unterstützung Hitlers durch die Industrie"; vgl. Historiker spricht, in: GZ, 29. 1. 1983.
35 Die VHS Günzburg veröffentlichte den Redetext später in ihrer Schriftenreihe „Günzburger Texte". Köppler, Aufbruch. Vgl. außerdem die Zusammenfassung der Rede in der GZ: Oberbürgermeister: Wir wollen nie vergessen, was einmal war, in: GZ, 30. 3. 1983.
36 Dieses und die folgenden Zitate: Ebenda, S. 3.
37 Dieses und die folgenden Zitate: Ebenda, S. 4.
38 Dieses und die folgenden Zitate: Ebenda, S. 5.

1. Günzburg und der Fall Mengele   153

wußt und nehme es in Kauf, „daß hierin der Versuch des Abwiegelns gemutmaßt werden könnte". Er sei aber der Meinung, „daß auch eine Stadtgemeinschaft Objektivität fordern kann, daß zur gerechten Beurteilung auch die Tatsachen gehören, die nicht unbedingt ins Konzept vorgefaßter Meinungen passen, und daß es mit Blick auf Günzburg nicht an Anlässen mangelt, die es gebieten, ein Zerrbild zu korrigieren".

„Nur gelegentlich, dann aber kraß und schlaglichtartig" erführen die Günzburger, welches Bild von „unserer Stadt auch gezeichnet wird". Der vor kurzem in der KAZ erschienene Artikel sei ein Beispiel, wie „unleugbare Tatsachen, aber auch Gerüchte und Vorurteile Selbstgerechter [...] zu einer Legende verwebt" würden, die aus der Stadt einen „Hort [...] Unbelehrbarer [mache], bei denen Strömungen aus Unwissenheit und Larmoyanz, verdrängter Schuld und nur schwach kaschierter Vergangenheitsverklärung zu einem trüben Gewässer zusammenfließen". „Gerade weil Aufklärung zu begrüßen" sei, müsse „mit Bedauern und Zorn festgestellt werden", daß diese „polemische Mischung" „dem Informationsanliegen den denkbar schlechtesten Dienst" erwiesen habe. Die „Abstrusitäten dieses mißratenen Versuchs der Vergangenheitsbewältigung" zeigten sich für ihn ganz persönlich darin, so Köppler, daß er „der willfährigen Sympathie zu einem Regime geziehen werde, dem mein Vater durch standrechtliche Erschießung aus politischen Gründen zum Opfer fiel".

Im Anschluß daran bemühte sich der Oberbürgermeister, die zuvor geforderte, differenziertere Darstellung der Stadtgeschichte in der NS-Zeit zu leisten und in den größeren Kontext der Gesamtentwicklung des zeitgenössischen Deutschland einzuordnen.[39] Der Frage, wie es zum Nationalsozialismus hatte kommen können, räumte er breiten Raum ein und betonte, „daß die NSDAP in Günzburg mit ihren Wahlergebnissen keinen Staat und erst recht nicht ‚den Staat' hätte machen können"[40]. Eine Nazi-Hochburg sei Günzburg nicht gewesen, wie die Voten von 1930 bis 1933 zeigten, argumentierte Köppler zu Recht; an Hand der Persönlichkeiten Otto Geiselharts und Adam Birners und weiterer, weniger bekannter Fälle (vor allem Schutzhaftmeldungen im Günzburger Tagblatt/Günzburger Nationalzeitung) demonstrierte Köppler, daß die Wirklichkeit vielschichtiger war.[41] Leider ging an dieser Stelle die eigentlich geforderte Differenzierung etwas verloren – daß die Nationalsozialisten, die die Schutzhaft vollstreckten, ebenfalls Günzburger waren, blieb weitgehend unerwähnt, ebenso wie die Geschichte Günzburgs im Nationalsozialismus in der Zeit nach 1933/34, die damals durchaus noch das von Köppler zu Beginn der Rede beklagte Loch in der Stadtgeschichte war.

Köppler verschwieg nicht, daß „die NSDAP in Günzburg [...] rege und stark [...] gewesen sei"[42], konzentrierte sich aber in seiner Rede zunächst darauf, zu belegen, daß es in Günzburg auch „Gegnerschaft gab, die Verfolgung riskierte und erfahren mußte". Natürlich mußte es dem Oberbürgermeister vor allem darum gehen, gegen ein schier übermächtiges Negativbild anzuargumentieren, das sich eben nicht auf die reale Geschichte der Stadt im Dritten Reich stützte, sondern auf die Namen Franz

---
[39] Vgl. ebenda, S. 5–9.
[40] Ebenda, S. 6.
[41] Vgl. ebenda, S. 6 f.
[42] Ebenda.

Xaver Schwarz und vor allem Josef Mengele. Beide gehörten, so Köppler, natürlich auch „zur Geschichte unserer Stadt in jener Zeit" und seien diejenigen, die „am auffälligsten, weil bekanntesten, aus der dunklen Chronik herausragen"[43]. Sie seien jedoch „untereinander nicht vergleichbar", und nachdem Köppler zunächst über Schwarz und seine Verbindungen zu seiner Heimatstadt gesprochen hatte, wandte er sich Josef Mengele zu, dessen Namen „einen monströsen Schatten auf den Namen der Stadt" werfe. „Solange er in Günzburg lebte, und das war bis zum Jahr 1930, wurde über ihn nichts Nachteiliges bekannt", so Köppler. Er habe karitative Veranstaltungen des Roten Kreuzes mitgestaltet und sei „mit schwärmerischem Patriotismus" Mitglied des Großdeutschen Jugendbundes gewesen. 1930 habe er die Stadt verlassen, und danach „hat Günzburg Josef Mengele so gut wie aus den Augen verloren"[44]. Das, „was über den späteren Dr. Josef Mengele aktenkundig" geworden sei, „kontrastiert bizarr" mit dem, wie ihn die Günzburger bis 1930 kennengelernt hätten. Sicherlich sei Mengele „in seinem Denken und Handeln sehr stark durch die vaterländische Gesinnung und Haltung einiger Gymnasiallehrer geprägt"[45] worden. Doch „wie hier jemand wurde, ob er nur so werden konnte"[46], könne vielleicht „nie, und wenn, dann [nur] in einem Verfahren geklärt werden".

„Materielle Gerechtigkeit" oder „objektive Wahrheitsfindung" sei schon in „einfacheren Verfahren kaum herstellbar", es bleibe darum „nur die Herstellung von Wahrhaftigkeit: nichts soll vertuscht, nichts darf geschönt werden". Die „nachgewachsenen Generationen" sollten um den Weg wissen, der ins Verhängnis geführt habe und gegen den „Günzburg ebensowenig wie jede andere Stadt gefeit" gewesen sei, denn „niemand kann garantieren, daß die Gefahr von Wiederholungen [...] für immer gebannt wäre". Auch in Günzburg seien solche Tendenzen leider wieder erkennbar. Er sei „über Zuspruch und Zulauf besorgt, den die Wiking-Jugend", die den „germanischen Rassegedanken propagiere", „an den Schulen unserer Stadt findet", ebenso wie über Zeitungsmeldungen aus benachbarten Städten, wo es zu „Drohungen und Terrorakten gegen [...] Türken" gekommen sei. Deshalb sei es wichtig, die „Anatomie des Verhängnisses" zu vermitteln und die „tatsächlichen Geschehnisse zum bewußten Bestandteil von Erfahrungen [...] unserer und künftiger Generationen zu machen". Es könne nicht „darum gehen, rechthaberisch anzuprangern". Das „eigentlich Anomale" der „schlimmen Ära" sei ja gerade gewesen, „daß damals jede Stadt letztlich normal war".

### Opfermythen: Josef Baumeister und „a' Stückle Hoimat"

Nicht alle Deutschen waren von der neuen Erinnerungskonjunktur begeistert, die „Holocaust" ausgelöst hatte. Der seit der Nachkriegszeit im Selbstbild der Deutschen vorherrschende Mythos, sie selbst seien Opfer des Nationalsozialismus gewesen, war durch die emphatischen Bilder und durch die Darstellung der individu-

---

[43] Vgl. ebenda, S. 8 f.; dieses und die folgenden Zitate: Ebenda, S. 8.
[44] Ebenda, S. 9. Mit den lokalhistorischen Recherchen für den Vortrag war übrigens Josef Baumeister betraut, den Köppler hier auch zitiert. Baumeister verharmloste auch später Mengeles Verbrechen in Auschwitz; die zu Mengeles Günzburger Zeit gemachten Angaben sind jedoch zuverlässig, wie auch diese Arbeit zeigen konnte.
[45] Ebenda. Erneut zitiert Köppler Josef Baumeister.
[46] Dieses und die folgenden Zitate: Ebenda.

ellen Verfolgungsgeschichte einer jüdischen Familie in Frage gestellt worden. In einer Gegenreaktion revitalisierten besonders Angehörige der Generation der zwischen 1915 und 1935 Geborenen, die Generation der Soldaten des zweiten Weltkriegs, der Hitler-Jungen, Flak-Helfer und der Trümmerkinder[47], den Mythos von den Deutschen als Opfern des Nationalsozialismus und forderte geradezu ultimativ einen Schlußstrich unter die Vergangenheit, die nach vierzig Jahren endlich ruhen müsse.

In Günzburg war dies nicht anders, wie die Reaktionen auf den Informationsstand Hanne Hiobs gezeigt hatten. „Was mit den Deutschen passiert ist, darüber redet keiner"[48], hatte einer der Einwände gegen die Aktion gelautet, und auch andere Gegenstimmen hatten gezeigt, daß die Verdrängungs- und Abwehrmechanismen der 1950er und 1960er Jahre ihre Wirksamkeit noch nicht verloren hatten.[49] Auch in so manchem Brief, den Günzburger oder in der Nähe von Günzburg lebende Leser in diesen Jahren an die Günzburger Zeitung richteten, wurde mehr oder weniger aggressiv auf den eigenen Opferstatus hingewiesen.[50]

Besonders augenfällig wurde dieser „boomerang effect"[51] auf nationaler Ebene in einem weiteren Fernsehfilm, der als direkte Antwort auf „Holocaust" konzipiert war. Sofort nach dessen deutscher Erstausstrahlung begann der Filmemacher Edgar Reitz mit der Arbeit an dem Fernsehfilm „Heimat", der in fünfzehneinhalb Stunden (aufgeteilt in neun Episoden, die durchschnittlich jeweils rund neun Mio. Menschen sahen[52]) die Geschichte des Heimatdorfes des Autors vom Ende des Ersten Weltkrieges bis 1982 verfolgt. Jeder Hinweis auf das Schicksal der Juden blieb ausgespart, der Fernsehfilm zeigte ein idyllisches Dorf, das mit seinen aufrechten, ehrlichen Bürgern Opfer der Geschichte wurde. Die Frage nach den Opfern auf der anderen Seite, die Frage nach Auschwitz, blieb unbeantwortet.[53]

---

47 Vgl. zur Theorie der Alterskohorten: Marcuse, S. 290–296.
48 „Das geht Günzburg am meisten an...", in: GZ, 24. 11. 1982.
49 Der Opfer-Mythos begann seine öffentliche Akzeptanz erst nach der berühmten Rede des Bundespräsidenten Richard von Weizsäcker am 8. Mai 1985 vor dem Deutschen Bundestag anläßlich des 40. Jahrestages des Kriegsendes zu verlieren. Der Bundespräsident unterschied darin klar zwischen den Deutschen als Opfern und den Deutschen als Tätern: „Die Initiative zum Krieg aber ging von Deutschland aus [...]. Die anderen Völker wurden zunächst Opfer eines von Deutschland ausgehenden Krieges, bevor wir selbst zu Opfern unseres eigenen Krieges wurden." Mit Blick auf die deutsche Teilung, für viele das Symbol deutschen Opfertums, hielt Weizsäcker fest, dies sei tatsächlich eine Nachkriegsentwicklung gewesen, „aber ohne den von Hitler begonnenen Krieg wäre sie nicht gekommen". Ansprache des Bundespräsidenten Richard von Weizsäcker am 8. Mai 1985 im Plenarsaal des Deutschen Bundestages zum 40. Jahrestag der Beendigung des Zweiten Weltkrieges, in: Deutscher Bundestag Infothek, URL: http://www.bundestag.de/info/parlhist/dok26.html, Erstelldatum unbekannt, gesehen am 10. 6. 2002.
50 Als Beispiel sei ein Leserbrief eines Günzburgers zitiert, der in Reaktion auf die Demonstration Tuviah Friedmans (vgl. S. 161–164) geschrieben hatte: „Wenn 30 Jahre nach Kriegsende dem nicht Einhalt geboten wird, werden unsere Nachkommen noch in fünfzig oder hundert Jahren noch erpreßt werden. Ich selber bin Heimatvertriebener und habe alles verloren. Zwei Brüder von mir sind im Krieg gefallen. [...] Man soll die jetzigen Inhaber der Firma Mengele doch endlich in Ruhe lassen." Leserbrief: Verleumdung, in: GZ, 30. 1. 1985.
51 Marcuse, Legacies, S. 356.
52 „Holocaust" erreichte 10–13,4 Mio. Zuschauer pro Sendung. Damit waren „Holocaust" und „Heimat" die erfolgreichsten Fernsehfilme der deutschen TV-Geschichte. Vgl. ebenda.
53 Timothy Garton Ash beantwortete die Frage „about the other side? What about Ausch-

"A' Stückle Hoimat"[54] war auch Gegenstand einer Gedichtsammlung in schwäbischer Mundart, die der Günzburger Josef Baumeister, pensionierter Studiendirektor und Altphilologe, Ende 1983 kurz vor Weihnachten im Selbstverlag veröffentlichte. "Unverfänglich und gut"[55] höre sich der Titel an, so später die GZ, werde doch "allerorten [...] die Rückbesinnung aufs Heimatliche beschworen". Die Texte verrieten "handwerkliches Können", und auch sei Baumeister kein Dichter, der nur "auf ausgetretenen Pfaden" wandele, "eine heile Welt beschwört und wehleidig über den Verlust jener Zeiten klagt, wo angeblich an Großmutters Herd noch alles in Ordnung war". In Baumeisters Büchlein findet sich viel Sozialkritisches, "Themen, die politisch umstritten sind und durchaus in Reflexionen über das Schicksal des heimatlichen Umfelds passen"; der Autor nahm sich in einem Abschnitt unter dem Titel "D'heitig Zeit"[56] vieler Themen an, die Anfang und Mitte der 1980er Jahre, politisch aktuell und brisant waren, wie etwa der Nachrüstung[57], der Umweltzerstörung[58] und des Baus neuer Atomkraftwerke[59]. Diese Gedichte seien ihm, "unterm Strich, in streckenweise hervorragender Manier aus der Feder geflossen", so die GZ. In diesem Abschnitt befanden sich jedoch auch mehrere Gedichte, die das Buch letztlich zum "Skandal" machten: Genannt sei etwa "Wo da na'guckscht"[60], in dem Baumeister ein erschreckendes Maß an Xenophobie an den Tag legte[61], und vor allem "An Dr. Josef Mengele"[62], in dem Baumeister Josef Mengele als Opfer, ja Märtyrer stilisiert und ihn der Solidarität seiner Heimat versichert.

"Gewisse Kreise versuchten immer wieder, die Vorgänge um Dr. Josef Mengele in geradezu erpresserischer Weise durch gehässige, ja unsachliche Publikationen gegen die Angehörigen, die Stadt und letzten Endes gegen die Deutschen insgesamt zu mißbrauchen"[63], so Baumeister in seinem Kommentar zu diesem Gedicht. "Dia wo nix wia Stoinr schmeißat / auf an Ma', dear gfalla isch, bloß auf sei Verfehla weisat / send doch sell a o'guats Gmisch! / Denn dia Kerle zoigat daurat / bloß auf oin, dear *onda* leit"[64], so der Anfang von Baumeisters Gedicht. Gemeint war damit nicht nur die Person Mengele, sondern der KZ-Arzt wurde zur Personifikation eines

---

witz", die sich ihm nach dem Film automatisch stelle, so: "Some things they *[die Deutschen]* remember in full color. Some in sepia. Others they prefer to forget." Zit. nach: Ebenda.
[54] *[Ein Stückchen Heimat, hochdeutsch: S.K.]*; Baumeister, Hoimat.
[55] Dieses und die folgenden Zitate: Eine Hymne auf den "Todesengel", in: GZ, 6. 4. 1984.
[56] *[Die heutige Zeit]*.
[57] "Keiat doch dia Waffa fut, legat d'Hoimat net en Schutt!" *[Werft doch diese Waffen fort, legt die Heimat nicht in Schutt]*, in: Ebenda, S. 81.
[58] "Neanads fendsch mea Koarabloama" *[Nirgends findest Du mehr Kornblumen]*, in: Ebenda, S. 78.
[59] "Dia Kerle vom Atom" *[Die Kerle vom Atom]*, in: Ebenda, S. 80.
[60] *[Wo du auch hinschaust]*, in: Ebenda S. 96.
[61] "Viel zviel hoimatfremde Gsichtr gahnt und standat om me rom. Wia lang daurats ond ma' brengt oin no en oigna Ländle om [...] Firchta muasch, daß Dir scho moara Turka gahnt da letschta Rest" *[Viel zu viele heimatfremde Gesichter, gehen und stehen um mich herum. Wie lange dauert es noch, und man bringt einen im eigenen Lande um [...] Fürchten mußt Du, daß Dir die Türken schon morgen den letzten Rest geben]*, ebenda.
[62] In: Ebenda, S. 94 f. und S. 104 f. (Kommentar).
[63] Ebenda, S. 105. Baumeister schreibt auch, Mengele habe in Philosophie über Kant und Rosenberg promoviert, was natürlich falsch ist. Vgl. ebenda, S. 104.
[64] *[Die, die nichts als Steine werfen, auf einen Mann, der gefallen ist, bloß auf sein Verfehlen weisen, sind doch immer ein ungutes Gemisch! Denn diese Kerle zeigen dauernd nur auf einen, der unten liegt]*, ebenda, S. 94, Hervorhebung im Original.

Deutschland, dem immer noch und immer wieder seine Vergangenheit – „in geradezu erpresserischer Weise" – vorgehalten wurde. Aus Baumeisters Sicht lag das aber nicht etwa an den Verbrechen, die Deutsche begangen hatten, sondern vor allem daran, daß Deutschland eben das Pech gehabt hatte, den Krieg zu verlieren: „Weil dr Kriag drneaba ganga, / klagt ma' Di ond's Volk heit a'."[65]

Überhaupt könne man Mengele ebensowenig wie allen anderen Deutschen einen Vorwurf machen; man habe damals halt sein Land geliebt: „Deitsche send an Deitschland ghanga, / so wia Du als jongr Ma'"[66], und auch den Antisemitismus habe schließlich schon Luther gepredigt: „Hat et scho dr Luther böllat: / ‚Zendat dSenagoga a'!' / Vom Kathedr hat ma's g'schellat, daß dr Jud bloß ‚juda' ka / Vo Zegeinr ond Semita haba seltmaul ibral gseit: / Boide seiat Parasita, ibr dia koi Volk se frait."[67]

Während also alten antisemitischen Klischees, wenn auch in Zitatform, viel Platz eingeräumt und ausgiebig die Opferrolle Deutschlands (der „Hoimat") beschworen wurde, erwähnt Baumeister mit keinem Wort, wohin der nationalsozialistische Rassenantisemitismus führte. Über Auschwitz und die dortige Tätigkeit des Josef Mengele verliert Baumeister kein Wort. „Freile hasch a groaß Versaga / neibraucht in Dei Forscherei"[68] ist die einzige Andeutung, die er in dieser Richtung macht: Mengele habe als Forscher halt Fehler gemacht, „doch ma ka' De kaum verklaga, wo ganz Welt heit he ka' sei!"[69] – In seinen Anmerkungen wird der Dichter noch deutlicher: Im Vergleich zur modernen Atombombenforschung seien Mengeles Taten „Entgleisungen [...], die sich geradezu harmlos ausnehmen", und man solle „nach vierzig Jahren doch endlich aufhören, [darauf] in böser Absicht [...] hinzuweisen"[70]. „Viel hasch scho' die Jauhr her glitta: Ohne Hoimat bisch alloi! Zeit hoilt Wunda ond ka' kitta"[71]: Genug gelitten habe der heimatlose Flüchtling als

---

[65] *[Weil der Krieg daneben gegangen ist, klagt man Dich und das Volk heute an]*, ebenda. Die Betonung einer Opferrolle Deutschlands findet sich auch in einigen weiteren Gedichten, so z.B. „Armes Deutschland" (ebenda, S. 97): „Rengsrom lie'gat an de Rändr / volla Argwoah Häufa Ländr [...] Heit no semmer all Verbrechr [...] Fremde gahnt ein onsr Land, wo mir *sell* fascht kois mehr hand!" *[Ringsherum liegen an den Rändern, voller Argwohn ein Haufen Länder [...] heute noch sind wir alle Verbrecher [...] Fremde kommen in unser Land, wo wir doch selbst fast keines mehr haben!]*; ähnlich in „An jonge Deitsche" *[An junge Deutsche]* (ebenda, S. 99): „Fir mi send dia, wo's deitsche Volk verdammt, viel mendr no wia dNazi allmitnand, weil die vom Deitsche heit no Zahlonga verlangat, au wenn se's, wia se sagat, vo *Verbrecher* hand!" *[Für mich sind die, die das deutsche Volk verdammen, viel schlechter noch als alle Nazis miteinander, weil sie von den Deutschen heute noch Zahlungen verlangen, auch wenn sie es, wie sie selbst sagen, von Verbrechern haben [nehmen, S.K.]]*. Nicht unterschlagen werden soll auch die handschriftliche Widmung, die Baumeister der Ausgabe für die Universitätsbibliothek Augsburg vorangestellt hat: „Lange zertreten, wie Wildwuchs mißachtet, sahest Du allen Verleumdungen nach. Wer sich nicht wehrt und sich selber nicht achtet, hat keine Zukunft inmitten der Schmach!".
[66] *[Deutsche haben an Deutschland gehangen, so wie Du als junger Mann]*, ebenda, S. 94.
[67] *[Hat nicht schon der Luther gebrüllt: ‚Zündet die Synagogen an!' Vom Katheder hat man es verkündet, daß der Jude nur ‚juden' kann. Von Zigeunern und Semiten hat es damals überall geheißen: Beide seien Parasiten, über die kein Volk sich freut]*, ebenda.
[68] *[Freilich hast Du ein großes Versagen in deine Forscherei hineingebracht]*, ebenda, S. 95.
[69] *[Doch man kann Dich kaum verklagen, wo die ganze Welt heute hin sein kann]*, ebenda.
[70] Ebenda, S. 105.
[71] *[Viel hast Du während dieser Jahre schon gelitten: Ohne Heimat bist du allein]*, ebenda, S. 95.

Opfer derer, die nicht verzeihen könnten; wieder ist Mengele hier durchaus als Chiffre für Deutschland und die Heimat zu sehen. Dabei heile die Zeit schließlich die Wunden, und daheim mache man ihm keine Vorwürfe: „*dHoimat* wirft auf Di *koin* Stoi."[72]

„Im Rathaus", so die GZ, „hatte der Name Baumeister" bis zu diesem Zeitpunkt „einen guten Klang"[73]. Der vorzeitig pensionierte Studiendirektor war im Jahr zuvor sogar mit historischen Nachforschungen für Köpplers Rede vor dem Stadtrat betraut worden. Kurz vor Weihnachten gab Baumeister zehn Exemplare seines Buches im Vorzimmer des Oberbürgermeisters ab – offenbar in der Hoffnung, die Stadt werde mehrere Exemplare für Geschenkzwecke ordern. Nachdem er ein Exemplar durchgesehen hatte, so Köppler, habe er festgestellt, „daß die Stadt dieses Buch unmöglich [...] erwerben könnte"[74]. Acht der zehn Exemplare wurden an Baumeister zurückgesandt, die restlichen zwei behielt die Stadt als Belegexemplare.[75] Als die GZ sich Anfang April schließlich mit dem Gedichtband befaßte, zeigte sich der Oberbürgermeister gegenüber der Zeitung „entsetzt", was er auch dem Autor gegenüber nicht verhehlte.[76] Baumeister dagegen sah sich einer „Kampagne, mit einem unerhört starken Einsatz geführt", ausgesetzt, die ihn zwinge, „mit meinem Wissen an die Öffentlichkeit zu gehen"[77]. Was er mit seinem „Wissen" meinte, machte er in einem Schreiben an Köppler am 15. April 1984 deutlich: „Gerade durch mein intensives Studium mit *[sic!]* der Materie ist mir klar geworden, daß Mengele [...] nicht von ungefähr zur Symbolfigur deutschen Verbrechertums hochstilisiert wurde." Baumeister stilisierte Mengele zum unschuldigen Opfer: Für ihn lag „die größte Schweinerei in der Art, wie man diesen Menschen seit fast vierzig Jahren mit Kübel *[sic!]* voll Dreck in widerlichster Weise überschüttet"[78]. Mengele war für Baumeister „ein Märtyrer", den der Altphilologe in homerische Sphären entrückte: „Einst wird kommen der Tag", so schrieb er offensichtlich in Anlehnung an die Ilias[79], „an dem man das offen aussprechen wird – zur Freude seines Vaterlandes und seiner Heimatstadt." Mengeles Rehabilitierung widmete der Studiendirektor a. D. von nun an seine ganze Kraft.[80]

---

[72] *[Die Heimat wirft auf Dich keinen Stein]*, ebenda, Hervorhebungen im Original.
[73] Eine Hymne auf den „Todesengel", in: GZ, 6. 4. 1984.
[74] StAGz 130,1 (12), Spezialakt Josef Mengele, Bd. II, Schreiben Köpplers an Willy Schöllhorn betr. Artikel in der GZ, 30. 4. 1984.
[75] Vgl. ebenda, Schreiben Baumeisters an Köppler betr. Gedichtband, 15. 2. 1984.
[76] Vgl. ebenda.
[77] Dieses und die folgenden Zitate: Ebenda, Schreiben Baumeisters an Köppler betr. Gedichtband, 15. 4. 1985.
[78] Im Original unterstrichen.
[79] „Einst wird kommen der Tag, da die heilige Ilios hinsinkt". Hom. Il., 4, 164.
[80] Dies belegen z.B. zahlreiche Schreiben Baumeisters an die Stadt; auch Schreiben an andere Personen erhielt sie regelmäßig in Kopie. Vgl. StAGz 130,1 (12), Spezialakt Josef Mengele, Bd. II, Baumeister an Rolf Mengele betr. Artikel in Penthouse, 28. 7. 1986, Schreiben an den Günzburger Stadtrat betr. Glückwünsche zur Silberhochzeit und Mengele, 10. 10. 1986; Schreiben an die Staatsanwaltschaft Frankfurt betr. Strafanzeige, 11. 3. 1986; Schreiben Baumeister an den Stadtrat betr. Publikation im Stern, 26. 8. 1986; Schreiben Baumeister an Ulrich Völklein betr. Artikel im Stern, 25. 3. 1985 und 8. 7. 1985; Schreiben Baumeister an die Staatsanwaltschaft Frankfurt betr. angebliche Verbrechen Mengeles, 24. 8. 1987; Schreiben Baumeisters an den Stadtrat und die Staatsanwaltschaft Frankfurt betr. Revision des tradierten Mengele-Bildes mit Anhang; Schreiben Baumeister an Köppler betr. NS-Verbrecher,

Die Reaktionen des öffentlichen Günzburg waren eindeutig. Walter Roller sprach in der GZ von einer „gespenstische[n] Manipulation historischer Fakten" und einer „fatale[n] Neigung, die Judenvernichtung zum leicht entschuldbaren Betriebsunfall herunterzuspielen" und warf Baumeister vor, „neonazistischen Tendenzen auf verheerende Weise Vorschub"[81] zu leisten. Die Wirkung des Baumeister'schen Gedichtbandes blieb aber nicht auf Günzburg beschränkt. Anfang Mai, rund einen Monat nach Rollers Artikel im Lokalteil der GZ, äußerte sich Heinz Galinski, damaliger Vorsitzender der jüdischen Gemeinde in Berlin und späterer Vorsitzender des Zentralrats der Juden in Deutschland, zu dem Buch, das er „ungeheuerlich und unfaßbar"[82] nannte. Es füge „dem Ansehen der Stadt schwersten Schaden zu". Galinski forderte OB Köppler außerdem dazu auf, sich von dem Buch zu distanzieren – was dieser ohnehin schon getan hatte und gern noch einmal wiederholte: „Das ganze ist entsetzlich. Baumeisters Äußerungen über Josef Mengele sind ungeheuerlich." Von weitergehenden Maßnahmen riet Köppler ab, denn es lohne nicht, „auf einen Mann wie Baumeister mit der Schrotflinte loszugehen" und ihn „auf diese Weise aufzuwerten". Wieder plädierte Köppler dringend dafür, den einzelnen – in diesem Fall nicht Mengele selbst, sondern seinen Apologeten – nicht mit Günzburg zu identifizieren: „Baumeister ist ein unbelehrbarer Einzelgänger", den man nicht „zum Idol jenes Bodensatzes der Bevölkerung" machen dürfe, „der ähnlich denkt".[83]

## 2. 1985: Die Kulmination des Falles Mengele

*Der vierzigste Jahrestag der Befreiung von Auschwitz*

Die Ereignisse, die jene rasanten Entwicklungen auslösten, die schließlich im Juni 1985 zum Grab Mengeles in Embu führten, waren seit langem vorbereitet und auf das symbolträchtige Datum des vierzigsten Jahrestages der Befreiung des Konzentrationslagers Auschwitz hin ausgerichtet. Es sollte ein eindrucksvoller Versuch

---

Luther, Ausländerfeindlichkeit, 29. 2. 1988. Entsprechende Bestände finden sich auch in den Akten der Staatsanwaltschaft Frankfurt.
Vgl. außerdem den Leserbriefstreit in der GZ, der sich nach einer Veranstaltung der SPD mit dem Titel „Aus der Geschichte lernen – am Beispiel Mengele" entspann. Bei der Veranstaltung hatten als Referenten OB Köppler und Zdenek Zofka gesprochen, und im weiteren Verlauf hatte Baumeister für heftige Diskussionen gesorgt: Konfrontiert mit der Geschichte, in: GZ, 13. 5. 1985 sowie die Leserbriefe: Legendenbildung, in: GZ, 22. 5. 1985; Verbohrtheit, in: GZ, 23. 5. 1985; Bitte um Verzeihung, in: GZ, 28. 5. 1985; Voreingenommen, in: GZ, 1. 6. 1985; Ohne Moral und Ethik, in: GZ, 10. 6. 1985; Kompetente Aussagen, in: Ebenda.
[81] Eine Hymne auf den „Todesengel", in: GZ, 6. 4. 1984.
[82] Dieses und die folgenden Zitate: Galinski: Ein Schandfleck für Günzburg, in: GZ, 10. 5. 1984.
[83] Daß es einen solchen Bodensatz auch im schwäbischen Raum gab, belegt der Brief eines Lesers aus Offingen, der seinen Kommentar zur Berichterstattung über den Artikel im Daily Express (vgl. S. 164 ff.) mit deutlichen Reminiszenzen an antisemitische Weltverschwörungstheorien verband: „Zu allem Überfluß kamen auch noch die beiden Juden Friedman und Alster. [...] Warum läßt man 40 Jahre vergehen und beginnt dann die große Hetzkampagne? Ich glaube, daß diese Aktion über Mengele an das ganze deutsche Volk gerichtet ist. Das Ansehen der Deutschen ist in allen Ländern der Erde wieder gestiegen. Das paßt aber verschiedenen Leuten nicht in ihren Plan. Deshalb will man einen Mengele-Prozeß, um mit

werden, „auf das Versagen der Regierungen bei der Ergreifung Mengeles aufmerksam zu machen"[84] und an ihr „Gewissen [...] zu rütteln"[85]. 1984 hatten sich unter der Bezeichnung C.A.N.D.L.E.S. (Children of Auschwitz Nazi Deadly Lab Experiments Survivors) annähernd einhundert Opfer Mengeles zusammengeschlossen, die unter großem internationalem Medieninteresse am 27. Januar, dem vierzigsten Jahrestag der Befreiung, das ehemalige Konzentrationslager Auschwitz besuchten. Die Rückkehr in das Vernichtungslager in Polen bildete den Auftakt zu einer Kampagne, die die Öffentlichkeit nachhaltig auf den Fall Mengele aufmerksam machen und die Regierungen und Behörden zu weiteren Fahndungsanstrengungen bewegen sollte. Schon der Auschwitz-Besuch hatte ein enormes, weltweites Medienecho ausgelöst. Nochmals übertroffen wurde die Medienwirkung aber von einer Veranstaltung, die vom 4. bis 6. Februar in der Gedenkstätte Yad Vashem in Jerusalem stattfand: Während des sogenannten Mengele-Tribunals, vor dem der Lagerarzt in Abwesenheit angeklagt wurde, schilderten über dreißig Überlebende ihre Leiden. Dem Tribunal gehörten unter anderem Telford Taylor (der amerikanische Chefankläger in Nürnberg), Gideon Hausner (der Ankläger Adolf Eichmanns) und Simon Wiesenthal an, der auch an der Organisation maßgeblich beteiligt gewesen war. Das Medieninteresse war gewaltig, drei Abende lang zeigten die Fernsehschirme in aller Welt Bilder von den teils schwer gezeichneten Opfern Mengeles, die ihr Leiden schilderten.[86]

Damit wuchs der öffentliche Druck vor allem in den USA. Dort hatten sich die Justizbehörden lange geweigert, eventuell vorhandenes Aktenmaterial im Zusammenhang mit Josef Mengele herauszugeben. Rabbi Marvin Hier, Leiter des Simon Wiesenthal-Zentrums in Los Angeles, hatte unter dem Freedom of Informations Act auf Herausgabe geklagt und Erfolg gehabt. Eineinhalb Jahre lang hatte Wiesenthal die Dokumente nicht veröffentlicht.[87] Nun, unmittelbar vor dem Auschwitz-Besuch der überlebenden Zwillinge, hatte Wiesenthal die Papiere publik gemacht[88]: Eines von ihnen, das sogenannte „Gorby-Memorandum"[89], enthielt den Hinweis, Mengele sei 1947 von den Amerikanern in Wien verhaftet worden. Die USA fürchteten nun einen zweiten Fall Barbie, und am 6. Februar 1985 wies der US-Generalstaatsanwalt das Justizministerium an, die Verwicklung der Vereinigten Staaten in den Fall Mengele zu untersuchen, alle Spuren zu verfolgen und auch mit ausländischen Ermittlungsbehörden zusammenzuarbeiten, um Mengele ausfindig zu machen. Die Ermittlungen führte das Office of Special Investigation (OSI) und der US-Marshals Service, alle anderen Dienste (wie NSA, CIA und FBI) wurden zu umfassender Kooperation verpflichtet. Es war eine der größten internationalen

---

dem Namen Mengele das deutsche Volk abermals in den Dreck zu ziehen. [...] Sucht endlich auch einmal nach denen, die Verbrechen am deutschen Volk begangen haben." Leserbrief: Sippenhaftung, in: GZ, 20. 3. 1985.
[84] Posner/Ware, Mengele, S. 368.
[85] Ebenda, S. 367.
[86] Vgl. Artikel zum Thema z. B. in: SZ, 8. 2. 1985, DIE ZEIT, 14. 2. 1985 und Stern, 14. 2. 1985. Vgl. außerdem: Posner/Ware, Mengele, S. 367f.; Kubica, Mengele, S. 429, und Lagnando/Dekel, Zwillinge, S. 233–236.
[87] Vgl. Posner/Ware, Mengele, S. 368.
[88] Angeblich neue Dokumente über Mengele, in: SZ, 25. 1. 1985.
[89] Kopie in: In the Matter of Josef Mengele 2, S. 86.

Suchaktionen in der Geschichte der Vereinigten Staaten. Zudem entschloß sich der amerikanische Kongreß, einen Untersuchungsausschuß zu bilden, der rund zwei Wochen später seine Arbeit aufnahm.[90]

Von nun an entwickelte der Fall Mengele eine ungeahnte Dynamik. Die weltweit ausgesetzten Belohnungen vervielfachten sich auf die enorme Summe von umgerechnet zehn Millionen DM. In den wenigen Tagen rund um den 27. Januar 1985 war im Fall Mengele zumindest eine entscheidende Entwicklung eingeleitet, wenn nicht sogar ein Wendepunkt erreicht worden: Das internationale Interesse war groß wie nie zuvor, und die USA, Israel und Deutschland beschlossen unter dem wachsenden Druck der öffentlichen Meinung, ihre Bemühungen deutlich zu intensivieren und endlich auch zu koordinieren. Wiederum waren es „Skandale" gewesen, die, diesmal bewußt und wirkungsvoll eingesetzt und mit einem symbolträchtigen Datum verknüpft, das gesellschaftliche Interesse erregt und die öffentliche Meinung mobilisiert hatten. Die Hoffnung, die beteiligten Regierungen unter Zugzwang zu setzen und sie de facto zu zwingen, der Jagd nach Mengele höhere Priorität zu gewähren, war besonders im Fall der USA gelungen; ohne Übertreibung wird man sagen können, daß dies den weiteren Verlauf der Ereignisse entscheidend beeinflußt hat. Natürlich blieben diese Entwicklungen auch für Günzburg nicht ohne Folgen.

*Günzburg im Mittelpunkt des Interesses*

Tuviah Friedman[91] – Forderungen an die Stadt

Der erste „Skandal", der Günzburg mit dem Fall Mengele konfrontierte, war noch keine Folge der Ereignisse um den vierzigsten Jahrestag der Befreiung des Konzentrationslagers Auschwitz, vielmehr gehört er unter strukturellen Gesichtspunkten dazu – zumindest verfolgte sein Urheber die gleichen Ziele wie Simon Wiesenthal und die Opfer Mengeles, ohne dabei auch nur annähernd vergleichbaren Erfolg zu haben. Am 17. Januar 1985 setzte der Pressereferent der Deutschen Botschaft in Tel Aviv, Hans-Peter Kaul, Oberbürgermeister Köppler davon in Kenntnis, daß der „Israeli Tuvia Friedmann beabsichtigt, voraussichtlich am 27.01.1985 in Günzburg zu demonstrieren"[92]. Er habe „in einer Pressekonferenz in Tel Aviv, die viel Aufsehen erregte, erklärt, daß er am 40. Jahrestag der Befreiung des KZ Auschwitz vor dem Geburtshaus des Dr. Josef Mengele und vor dem Günzburger Rathaus zu demonstrieren gedenke. Außerdem wolle er mit dem Bürgermeister sprechen". Die Demonstration Friedmans, der entgegen seiner ursprünglichen Planung bereits am 23. Januar in Günzburg erschien, wurde für die Stadt zu einem Prolog dessen, was sie in den kommenden Monaten erwartete.

Tuviah Friedman war, ähnlich wie Simon Wiesenthal, ein Nazi-Jäger. Beide lernten sich nach dem Krieg in Wien kennen, wo sie für die „Brichah" arbeiteten, eine Geheimoperation, die die zu diesem Zeitpunkt noch illegale Auswanderung von

---

[90] Vgl. Searching for Dr. Josef Mengele und Zuroff, Beruf, S. 125–143.
[91] Der Name Friedman findet sich in den unterschiedlichsten Schreibweisen, wie etwa Tuvia/Tuviah/Tovyya/Tobias Friedmann/Friedman. In Zitaten werde ich die jeweilige Schreibweise beibehalten, ansonsten wähle ich „Tuviah Friedman".
[92] Dieses und das folgende Zitat: StAGz 130,1 (12), Spezialakt Josef Mengele, Bd. II, Aktennotiz betr. Telefonanruf, 18.1.1985.

Juden nach Palästina organisierte. Friedman blieb bis 1952 in Wien, wo er ein kleines Dokumentationszentrum für NS-Verbrechen betrieb – vergleichbar der Linzer Institution Wiesenthals. Später ging Friedman nach Israel, wo er nach einer kurzen Tätigkeit für die Gedenkstätte Yad Vashem in Haifa ein weiteres Dokumentationszentrum errichtete. Friedman erreichte nie den Bekanntheitsgrad, den Einfluß und die Medienwirkung seines früheren Freundes und späteren Konkurrenten Simon Wiesenthal, mit dem er sich über die Frage zerstritten hatte, wer von beiden wie viel zur Ergreifung Adolf Eichmanns beigetragen hatte.[93]

Die Beschreibung Friedmans durch den Pressereferenten Kaul fiel wenig schmeichelhaft aus. Er sei „selbst NS-Opfer und kehre dies seit vier Jahrzehnten demonstrativ heraus. Er ist keine seriöse Erscheinung und gilt als Lobbyist", außerdem müsse er „eher als ‚selbsternannter Kopfjäger' angesehen werden"[94]. Friedman sei „sowohl dem Auswärtigen Amt als auch dem Bundesjustizministerium sowie der Deutschen Botschaft bekannt"[95]. Allgemein gelte er auch in Israel „als publizitätssüchtig und außerordentlich medienerfahren" und verfüge über „ein hohes Schadenspotential"[96]. Nachdem Köppler dem Pressesprecher unter Verweis auf seine Rede vor dem Stadtrat 1983 mitgeteilt hatte, die Stadt habe „unmißverständlich zum Phänomen des Nationalsozialismus [...] Stellung" genommen, bat dieser um eine Übermittlung des Kurztextes per Telex, „um mit Herrn Friedmann noch vor dessen Abreise darüber sprechen zu können, daß dieser nicht in eine ‚Nazi-Hochburg' komme"[97].

In einem weiteren Telefonat unterrichtete Kaul den Oberbürgermeister vom Verlauf des Gesprächs mit Friedman. Er habe diesem mitgeteilt, daß Köppler bereit sei, „ihn möglichst bald zu sehen und zu empfangen"[98]. Friedman habe sein Eintreffen für den 24. Januar angekündigt und mitgeteilt, worüber er mit dem Stadtoberhaupt sprechen wolle. Es gehe ihm um die Frage, „was kann die Stadt dazu beitragen, daß Mengele sich stellt?" und eine Zusage, „daß Mengele nicht auf dem Günzburger Friedhof begraben wird, falls er ohne Prozeß sterben sollte"[99]. Kaul habe extra darauf hingewiesen, „mit welchen emotionalen und publizitätsträchtigen Anliegen Herr Friedmann nach Günzburg kommen wird"[100].

Tuviah Friedman kam bereits einen Tag früher als angekündigt nach Günzburg, am 23. Januar 1985.[101] Deswegen wurden er und sein Begleiter, Josef Alster, vor-

---

[93] Vgl. Pick, Wiesenthal, S. 95 und 105. Pick spricht von Friedmans „little-known Documentation Center" (S. 105).
[94] StAGz 130,1 (12), Bd. II, Aktennotiz betr. Telefonanrufs des Pressesprechers der Deutschen Botschaft in Israel, 17. 1. 1985.
[95] Ebenda.
[96] Ebenda. Vgl. außerdem StAGz 130,1 (12), Bd. II, Telex des Deutschen Botschafters Hansen betr. Friedman, 17. 1. 1985, bei dem es sich um einen für das Auswärtige Amt bestimmten Bericht zu handeln scheint, der der Stadt Günzburg in Kopie zugeleitet wurde.
[97] StAGz 130,1 (12), Bd. II, Aktennotiz betr. Telefonanrufs des Pressesprechers der Deutschen Botschaft in Israel, 17. 1. 1985.
[98] StAGz 130,1 (12), Bd. II., Gesprächsnotiz betr. Telefonanrufs des Pressesprechers der Deutschen Botschaft in Israel, 18. 1. 1985.
[99] Ebenda.
[100] Ebenda.
[101] Kaul hatte dies in einem weiteren Telefongespräch angekündigt. Vgl. StAGz 130,1 (12), Bd. II., Gesprächsnotiz betr. Telefonanruf des Pressesprechers der Deutschen Botschaft in Israel, 21. 1. 1985. Vgl. zum Verlauf des Besuchs Friedmans: StAGz 130,1 (12), Bd. II,

mittags zunächst von einem Beamten der Stadtverwaltung im Amtszimmer des Oberbürgermeisters, der auf Grund der kurzfristigen Terminänderung zunächst verhindert war, empfangen. Außerdem waren verschiedene Pressevertreter anwesend, so die GZ, die Presseagenturen AP und Reuter und die ARD.[102] Zunächst, so das Gesprächsprotokoll, habe Friedman über die Person Mengeles, seine Verbrechen und seinen vermuteten momentanen Aufenthaltsort gesprochen, bevor er feststellte, daß sich dieser „nur deshalb noch in Freiheit befindet, weil seine Verfolgung [...] nicht mit dem nötigen Nachdruck betrieben wird"[103]. Natürlich gab es auch Anklänge an den – mittlerweile beinahe klassisch zu nennenden – Mengele-Mythos: Der „Eichmann Nummer zwei" werde vom „Präsidenten von Paraguay, der Bundesregierung und der amerikanischen Regierung gedeckt", so war sich Friedman sicher, und er sei ein „Multimillionär", der in Freiheit „frißt und den besten Champagner trinkt"[104].

Friedman behauptete, er habe „als ‚Nazijäger' 3000 Verbrecher hinter Gitter gebracht" und hoffe nun, Mengele „zwingen zu können, daß er sich selbst [...] stellt"[105]. Dann erläuterte er, wie er den Druck auf Mengele erhöhen wolle: „Diese sündige Stadt" sei „wenigstens moralisch mitverantwortlich an den Untaten Dr. Mengeles. Sie soll deshalb ‚nicht feig sein' und [...] ‚ein Geschrei erheben' [...], um Dr. Mengele doch noch dem Richter zuzuführen."[106] Die Stadt solle anregen, das Kopfgeld von 50 000 DM auf eine Million anzuheben, sich selbst daran beteiligen „(vielleicht 100 000 DM)" und die „Familie Mengele dazu bewegen, ebenfalls einen finanziellen Beitrag zu leisten". Die Stadt „soll ‚keine Angst vor der Firma Mengele haben' und auf sie Druck ausüben", daß sich Dr. Mengele stellt". Besonderen Erfolg versprach sich Friedman offenbar von einer „Regelung, daß die Familie nur dann Dr. Mengele auf dem Günzburger Friedhof begraben darf, wenn er sich [...] freiwillig stellt". Er glaube, daß Mengele als „frommer Katholik"[107] sich von der Drohung unter Druck setzen lasse, ansonsten „niemals in seinem Heimatboden begraben" zu werden. Nur so könne sich Günzburg von der „Schande"[108] befreien, denn „wenn sich in diesem Jahr Mengele nicht findet, dann wird es dieser Stadt gehen wie mit Sodom und Gomorrha"[109]. Schließlich sei „sicher, daß es in Günzburg Leute gibt, die wissen, wo Dr. Mengele ist und ihn finanziell unterstützen"[110].

Aktennotiz betr. Besuch Friedmans und Alsters, 23. 1. 1985 und Sitzungs-Besprechungs-Vorlage betr. Besuch Friedmans und Alsters, 23. 1. 1985; Nazi-Jäger auf der Suche nach Mengele, in: GZ, 24. 1. 1985; Dieser Stadt geht's noch wie Sodom und Gomorrha ..., in: GZ, 24. 1. 1985 und Stadt soll Mengele jetzt jagen helfen, in: GZ, 24. 1. 1985.

102 Die überregionalen Presseorgane hatte offenbar Friedman verständigt. Vgl. StAGz 130,1 (12), Bd. II, Sitzungs-Besprechungs-Vorlage betr. Besuch Friedmans und Alsters, 23. 1. 1985.
103 StAGz 130,1 (12), Bd. II, Aktennotiz betr. Besuch Friedmans und Alsters, 23. 1. 1985.
104 Dieser Stadt geht's noch wie Sodom und Gomorrha ..., in: GZ, 24. 1. 1985.
105 Ebenda.
106 Dieses und die folgenden Zitate: StAGz 130,1 (12), Bd. II, Aktennotiz betr. Besuch Friedmans und Alsters, 23. 1. 1985. Vgl. außerdem: Stadt soll Mengele jetzt jagen helfen, in: GZ, 24. 1. 1985.
107 Stadt soll Mengele jetzt jagen helfen, in: GZ, 24. 1. 1985.
108 Ebenda.
109 Dieser Stadt geht's noch wie Sodom und Gomorrha..., in: GZ, 24. 1. 1985.
110 StAGz 130,1 (12), Bd. II, Aktennotiz betr. Besuch Friedmans und Alsters, 23. 1. 1985.

Nach dem Gespräch im Rathaus demonstrierten Friedman und Alster mittags auf dem Günzburger Marktplatz, wo sie allerdings „nicht viel Aufsehen erregten"[111]. Dabei hatten Friedman und Alster „ganz ähnliche Reaktionen" ausgelöst „wie vor wenigen Jahren Hanne Hiob"[112]. Viele hätten sich verteidigt, daß „doch die Günzburger nichts dafür *[können]*, daß Mengele hier geboren ist" oder gefragt, was sie „denn jetzt noch von dem" wollten, „er ist doch schon über 70 Jahre alt"[113]. Anschließend versuchten die Israelis, auch auf dem Werksgelände der Firma Mengele zu demonstrieren, wurden aber von der Werksleitung des Betriebsgeländes verwiesen. Dieter und Karl-Heinz Mengele lehnten ein Gespräch ab. Statt dessen sprachen Friedman und Alster mit Landrat Simnacher, bevor sie ins Rathaus zurückkehrten, um doch noch mit Bürgermeister Köppler zusammenzutreffen – sie hatten vorher schon positiv vermerkt, „daß er sich nicht drückt"[114]. Viel mehr erreichten die beiden allerdings nicht: Der Günzburger Bürgermeister machte seinen Gästen in aller Deutlichkeit klar, daß es seiner Ansicht nach „das Bemühen um historische Gerechtigkeit verbiete *[...]*, den Namen der Stadt untrennbar mit den Nazi-Verbrechen Mengeles zu verquicken"[115]. Auf eine Bestattung im Familiengrab habe Josef Mengele ohnehin keinen Anspruch[116], und weitergehende Maßnahmen lehnte Köppler ebenfalls ab, denn „bei uns hat die öffentliche Distanzierung von Mengele stattgefunden"[117], wie er unter Bezugnahme auf seine Rede vor dem Stadtrat von 1983 erklärte. Die Verteidigungslinie Köpplers gegen die in der Tat „rechtlich wie auch inhaltlich *[...]* abwegig*[en]*"[118] Forderungen Friedmans war erneut der Appell, die Stadt nicht in einen Topf zu werfen mit den Verbrechen des Josef Mengele.

Daily Express – Der Günzburg-Mythos als Boulevard-Schlagzeile

Nachdem der Fall Mengele nach dem 27. Januar in den Focus der internationalen Öffentlichkeit gerückt war, dauerte es nicht lange, bis die Medien auch die Geburtsstadt des KZ-Arztes als lohnendes Ziel (wieder)entdeckten. In den Wochen nach dem Mengele-Tribunal erlebte Günzburg einen bis dahin noch nie dagewesenen Presserummel. In der Stadt hielten sich eine Vielzahl von Journalisten auf[119], darunter Vertreter der amerikanischen Fernsehsender CBS und ABC oder der englischen Tageszeitung Daily Mail.[120] Die meisten wandten sich bei ihren Nachforschungen auch an Oberbürgermeister Köppler, der befürchtete, „es könnte ein tendenziell gefärbtes Bild sein"[121], das von der Stadt entstehe. Aus den „bohrenden und insistierenden" Fragen könne man ersehen, so der OB, daß die Reporter vor allem dem in

---

[111] Nazi-Jäger auf der Suche nach Mengele, in: GZ, 24. 1. 1985.
[112] Dieser Stadt geht's noch wie Sodom und Gomorrha..., in: GZ, 24. 1. 1985.
[113] Ebenda.
[114] StAGz 130,1 (12), Bd. II, Aktennotiz betr. Besuch Friedmans und Alsters, 23. 1. 1985.
[115] Stadt soll Mengele jetzt jagen helfen, in: GZ, 24. 1. 1985.
[116] Vgl. StAGz 130,1 (12), Bd. II, Aktennotiz betr. Besuch Friedmans und Alsters, 23. 1. 1985. Dies hatte der Leiter des Rechtsamtes bereits am Vormittag erklärt.
[117] Stadt soll Mengele jetzt jagen helfen, in: GZ, 24. 1. 1985.
[118] So ein hinsichtlich eines verbreiteten Desinteresses an der NS-Vergangenheit in Günzburg durchaus kritischer Kommentar im Mantelteil (Augsburger Allgemeine) der GZ: Offene Wunde, in: GZ, 26./27. 1. 1985.
[119] Vgl. Dunkle Story eines Massenblattes, in: GZ, 23./24. 2. 1985.
[120] Vgl. Köppler kämpft um den guten Ruf Günzburgs, in: GZ, 23./24. 2. 1985.
[121] Ebenda.

## 2. Die Kulmination des Falles Mengele

den 1960er Jahren entstandenen Bild von Günzburg nachspürten, „für das es vor zwanzig Jahren sogar eine offizielle Bestätigung der Oberstaatsanwaltschaft in Frankfurt gegeben"[122] habe. Wie recht er mit seiner Befürchtung hatte, demonstrierten die Reporter der Londoner Zeitung Daily Express, die sich gar nicht erst um einen Gesprächstermin mit dem Bürgermeister bemüht hatten. Am 18. Februar 1985 berichtete das Boulevardblatt dann „exclusive"[123] unter dem Titel „The town where Dr Death still casts his evil shadow" aus der Heimatstadt des KZ-Arztes.

Sie sehe eigentlich aus wie jede andere Kleinstadt in diesem Teil Deutschlands, so der Beginn des Artikels, aber: „Gunzburg is different. It is a town with a dark secret. Overshadowed by the name of a man whose exploits [...] have earned him a secure place in the annals of evil." Danach folgt auf zwei großformatigen Zeitungsseiten eine wilde Melange der etablierten Zutaten des Mengele-Mythos, vermengt mit einigen, Ortskenntnis vorspiegelnden Erfindungen – so wollen die Reporter an der Stelle, an der Hitler 1932[124] auf dem Marktplatz gestanden habe, einen Gedenkstein entdeckt haben: „His visit was to praise the Mengele family's efforts." Mehr als die Hälfte der erwachsenen Bevölkerung arbeite in der Landmaschinenfabrik, viele der übrigen hingen anderweitig von den Mengeles ab.

Nach einigen kurzen Sätzen zu Mengeles Biographie und seiner Tätigkeit in Auschwitz beschrieben die beiden Autoren, wie sehr die Familie Mengele die Stadt im Griff habe.[125] Anschließend erfuhren die Leser, daß Karl-Heinz Mengele es auf die ohnehin wenigen Juden in Günzburg abgesehen habe und Leute, die mit ihnen verkehrten, nicht mehr zu seinen Freunden zähle. „The Mengeles know everything that happens here. Their story is that Josef is dead and they discourage every conversation about it", so zitierten die Autoren eine namentlich genannte Zeugin, die einen Beauty-Salon betreibe und auch zwei von Josefs Nichten zu ihren Kundinnen zähle. Diese Zeugin kommt mehrfach zu Wort – und hat ihr Gespräch mit den beiden Reportern ganz anders in Erinnerung: Sie sei in der vergangenen Woche von zwei Engländern angesprochen worden, sagte sie später der GZ. Wohl, um ihren Namen zu erfahren, hätten diese ihr gegenüber vorgegeben, „auf Geschäftsreise [...] zu sein und ihr von ihrer frisch verheirateten englischen Bekannten Grüße ausrichten zu wollen"[126]. Folglich „fiel sie aus allen Wolken"[127], als sie von den Aussagen erfuhr, die sie angeblich den Reportern gegenüber gemacht haben sollte. Von ähnlichem Wert ist eine Geschichte, die die Engländer mit einem – diesmal anonym bleibenden – Informanten in einem Café erlebt haben wollten: „A whispered conversation [...] was brought to an abrupt end when a smartly dressed woman arrived at

---

122 Ebenda.
123 Dieses und die folgenden Zitate: The town where Dr Death still casts his evil shadow, in: Daily Express, 18. 2. 1985.
124 Das Foto, das daneben abgedruckt ist, zeigt den Hitler-Besuch von 1930.
125 Ihre Aktivitäten durchdrängen alle Lebensbereiche der Stadt, es folgt eine lange Auflistung: Von einer Amtszeit Karl-Heinz' als Präsident des Rotary-Club ist die Rede, vom Handball-Team, das vom Sponsoring seines Präsidenten (ebenfalls Karl-Heinz Mengele) profitiere, vom Kindergarten, den die Mengeles gespendet hätten. Mehrere Familienmitglieder hätten im Stadtrat die Politik beeinflußt *[tatsächlich war nur Karl Mengele Sr. im Stadtrat]*, und sogar das Familiengrab sei das größte auf dem Friedhof, immer mit frischem Lorbeer bekränzt und direkt neben der Kapellentür. Vgl. ebenda.
126 Dunkle Story eines Massenblattes, in: GZ, 23./24. 2. 1985.
127 Ebenda.

the next table. Our informant took my notebook and wrote in it: ‚She is the wife of the mayor. They are close to the Mengeles.' Then got up and left."¹²⁸

Begebenheiten wurden in dem Artikel verkürzt wiedergegeben, um ins Schema zu passen, so zum Beispiel die nur wenige Wochen zurückliegende Demonstration Friedmans. „Most of the town just walked by with their heads turned away. But a few were openly hostile. Finally, the Mengeles' security men had the demonstrators removed from the factory precinct." Daß Friedman sowohl mit dem Oberbürgermeister als auch mit dem Landrat gesprochen hatte, blieb unerwähnt. Viele Aussagen wurden Günzburgern nach dem oben dargestellten Schema in den Mund gelegt – etwa einem Reporter der Lokalzeitung, von der es eigentlich heißt, sie müsse sich linientreu („had to fall in line") verhalten, denn natürlich sei auch sie abhängig von den Mengeles. Was hätte den Redakteur dann – der immanenten Logik der Behauptungen des Daily Express folgend – dazu bewegen sollen, durch die Kolportage einer ganzen Reihe von Gerüchten und Legenden und durch Mengele-kritische Aussagen gegenüber der internationalen Presse seine Position und die seiner Zeitung aufs Spiel zu setzen?

Die Genese vieler Legenden, die die Reporter aufgriffen, läßt sich innerhalb des Mengele-Mythos bis zu ihrem Ursprung zurückverfolgen. Sie stammen aus dem großen Fundus, der sich seit den 1960er Jahren gebildet hatte und aus dem sich die Autoren hemmungslos bedienten¹²⁹; allerdings gab es bei der Adaption in die eigene Story immer wieder kleine Schönheitsfehler: So verwechseln die Autoren im Falle der Legende, Josef Mengele habe 1959 die Beerdigung seines Vaters besucht, den Anlaß und sprechen von einem angeblichen Besuch anläßlich der Beerdigung Alois' Mengeles, die sie dann obendrein noch falsch, nämlich ins Jahr 1972 statt 1974, datieren. Im gleichen Zusammenhang gab es das Gerücht, Mengele sei anläßlich des angeblichen Besuchs 1959 im Kloster der Englischen Fräulein versteckt worden – daraus machen die Daily Express-Reporter Mengeles Nachkriegsversteck und aus den Nonnen wurden Mönche: „He definitely returned zu Gunzburg after the war, living with monks in a nearby community until his fathers death in 1951 [!]".

Verwundern allerdings kann dies nicht. Als die beiden Reporter nach Günzburg kamen, befanden sie sich auf der Heimreise von der Berichterstattung über eine Gruppe tödlich verunglückter Militärmusiker und verließen die Stadt bereits am nächsten Tag wieder. Sie hielten sich also gerade zwei Tage und eine Nacht in der Stadt auf¹³⁰, offensichtlich gerade lange genug, um sich mit Namen und oberflächlicher Ortskenntnis auszustatten, um später profunde Recherchen vorspiegeln zu können. Dieses Gerüst aus realen Namen und Orten betteten die Journalisten in den Mengele-Mythos und füllten es dann mit Gerüchten und Legenden aus der Schatzkiste des seit Jahrzehnten etablierten Günzburg-Mythos; gewissermaßen als Krönung mischten sie zuletzt noch einige Episoden bei, die gut genug erfunden schienen, um die Klischees zu bestätigen.

---

[128] Dieses und die folgenden Zitate: The town where Dr Death still casts his evil shadow, in: Daily Express, 18. 2. 1985.
[129] Die vielen Legenden, die in dem Artikel kolportiert werden und nicht direkt im Zusammenhang mit Günzburg stehen, sollen hier nicht detailliert wiedergegeben werden. Jedenfalls folgten die Autoren dem aktuellen Mengele-Mainstream und waren von der Schlüsselrolle Alfredo Stroessners und des amerikanischen Geheimdienstes überzeugt.
[130] Vgl. Dunkle Story eines Massenblattes, in: GZ, 23./24. 2. 1985.

## 2. Die Kulmination des Falles Mengele

### Petra Kelly – Politische Instrumentalisierung

Die von den Daily Express-Reportern gleich mehrfach in falschem Kontext verwendete Legende, Josef Mengele habe 1959 das Begräbnis seines Vaters besucht, machte wenig später erneut Schlagzeilen, als Petra Kelly, die in Günzburg geborene Bundestagsabgeordnete der Grünen, die Geschichte (wieder)entdeckte. Die Politikerin hatte in Günzburg als Kind das Institut der Englischen Fräulein besucht, die Schule jenes Klosters also, von dem erstmals Simon Wiesenthal behauptet hatte, daß dort Josef Mengele anläßlich seines Besuchs 1959 übernachtet habe.[131]

In einer parlamentarischen Anfrage befaßte Kelly am 14. März 1985 die Bundesregierung mit dem Thema. Die Interpellation verknüpfte vier Anfragen zum Fall Josef Mengele[132] mit dreien zum geplanten, politisch zu diesem Zeitpunkt sehr umstrittenen Besuch des paraguayanischen Diktators Alfredo Stroessner in der Bundesrepublik[133]. Stroessner wurde zu diesem Zeitpunkt immer noch vielfach verdächtigt, er verstecke den KZ-Arzt. Durch die Verknüpfung beider Themen sollte offensichtlich die Tatsache, daß die Bundesregierung plante, den angeblichen Mengele-Protektor zu empfangen, in Kontrast gesetzt werden mit den Versäumnissen Deutschlands bei der Suche nach Josef Mengele, stellvertretend für die nachlässige Verfolgung von NS-Tätern.

Einige Tage nach der Interpellation wandte sich Kelly mit der Schlagzeilen versprechenden Story an die Medien, drei Nonnen hätten ihr anläßlich eines Besuchs berichtet, der Massenmörder Mengele sei in seiner Heimatstadt im Jahr 1959 vier bis fünf Tage in einem Frauenkloster versteckt worden.[134] Später präzisierte sie gegenüber der GZ, es habe sich dabei um „drei sehr persönlich geführte Gespräche"[135] gehandelt, die, wie sie später selbst in einem Leserbrief schrieb, „drei oder vier Jahre"[136] zurücklägen. In einer einige Wochen später durch die Staatsanwaltschaft veranlaßten Vernehmung zeigte sich die tatsächliche Substanz der Geschichte: Die

---

131 Soweit ich dies überblicken kann, wurde dieses Detail der Legende erstmals 1967 in Simon Wiesenthals Buch „Doch die Mörder leben" erwähnt. Vgl. Wiesenthal, Mörder, S. 204.
132 „1. Hat die Bundesregierung Auskünfte über einen Besuch von Joseph *[sic!]* Mengele bei der Beerdigung seines Vaters in Günzburg/Donau? 2. Kann die Bundesregierung Zeitungsberichte bestätigen oder dementieren, wonach Joseph Mengele während seines Besuches in Günzburg im Englischen Institut (Katholisches Mädcheninternat der Englischen Fräulein *[…]*) versteckt worden war?" Kleine Anfrage der Abgeordneten Frau Kelly und der Fraktion DIE GRÜNEN betr. Joseph Mengele und Besuch des Präsidenten Stroessner in der Bundesrepublik Deutschland (Bundestagsdrucksache 10/3033), 14. 3. 1985, in: Parlamentsspiegel (Internetdatenbank des Bundestages und der 16 Länderparlamente beim Landtag von Nordrhein-Westfalen), URL: http://www.parlamentsspiegel.de, Erstelldatum unbekannt, eingesehen am 28. 1. 2002.
Dazu kamen noch die Punkte 3 und 7, in denen Kelly sich erkundigte, was die Bundesregierung unternehme, um Mengele zu finden und ob sie das Mengele-Tribunal finanziell, politisch oder moralisch unterstützt habe.
133 In den Punkten 4–6 erkundigte sich Kelly, ob die Bundesregierung plane, mit Stroessner ausführlich über Mengele und Menschenrechtsverletzungen in Paraguay zu sprechen, ob es in diesem Zusammenhang Meinungsverschiedenheiten zwischen Kanzler Kohl und Bundesaußenminister Genscher gebe und wie die Einladung zustande gekommen sei. Vgl. ebenda.
134 Vgl. Petra Kelly jagt Mengele, in: Bild-Zeitung, 23. 3. 1985.
135 Lannion sorgt sich um Ruf der Partnerstadt, in: GZ, 2. 7. 1985.
136 Ebenda.

Bundestagsabgeordnete konnte sich trotz des von ihr besonders hervorgehobenen persönlichen Charakters dieser Gespräche, die auch noch nicht allzu lange zurücklagen, nicht mehr erinnern, von wem sie die Informationen „unter *[sic!]* vorgehaltener Hand gehört"[137] hatte; Informationen immerhin, die sie nun für brisant genug hielt, die Bundesregierung damit zu befassen. Einzig „die verstorbene Mater Susanne", die ja nun (zufällig?) als Zeugin nicht mehr zur Verfügung stand, konnte sie noch „bezeichnen"[138]. Erzählt hätten sie ihr jedenfalls, sie hätten „den Mengele – abends? – nur in das Kloster hineinhuschen sehen"[139].

Ob die Schwestern dies ihrer aus der katholischen Kirche ausgetretenen[140] Ex-Schülerin nun tatsächlich anvertrauten (was sie heftig dementierten[141]), muß letztlich offen bleiben. Eher dürfte die von Kelly kolportierte Version die Gerüchte widerspiegeln, die in Günzburg zu jener Zeit kursierten. Als weitere Quelle nannte Kelly in der Vernehmung durch die Staatsanwaltschaft eine „Stammtischrunde *[...]* nach einer Wahlveranstaltung so in der Zeit 80/81"[142] und in einem späteren Leserbrief schrieb sie, sie sei während des Landtagswahlkampfs 1982 immer wieder auf diese Gerüchte angesprochen worden.[143] In den politisch eher linksalternativen Kreisen, die als Klientel einer Wahlkampfveranstaltung der Grünen in den frühen 1980er Jahren in Frage kommen, wurde der Umgang der frühen Bundesrepublik mit der NS-Vergangenheit kritisch bewertet. Deshalb dürften diese Gerüchte dort schnell als Tatsachenberichte aufgefaßt worden sein, paßten sie doch zu gut ins – weitgehend durchaus zutreffende – Bild von der Gleichgültigkeit der Gesellschaft der fünfziger Jahre gegenüber NS-Verbrechen und Tätern. Außerdem, so Kelly, habe sie bereits in verschiedenen Zeitungen davon gelesen.[144] Das „offene Geheimnis"[145], das sie in Günzburg zu Tage gefördert haben wollte, war also nichts, was als Gerücht nicht schon seit Jahrzehnten bekannt gewesen wäre[146], erweitert um die wenig handfesten, dafür aber um so skandalträchtigeren Berichte der Nonnen – unabhängig davon, ob die Gespräche nun tatsächlich stattgefunden haben oder nicht.

[137] Sta F/M, Az 4 Js 340/68, Fahnd.A., FO Deutschland III, Aussage Petra Kelly, 24. 5. 1985.
[138] Ebenda.
[139] Ebenda.
[140] Vgl. AGG, PKA 79, Bl. 85, Schreiben Kelly an Höffner, 19. 6. 1985.
[141] Vgl. Petra Kelly jagt Mengele, in: Bild-Zeitung, 23. 3. 1985 und Lannion sorgt sich um Ruf der Partnerstadt, in: GZ, 2. 7. 1985.
[142] Sta F/M, Az 4 Js 340/68, Fahnd.A., FO Deutschland III, Aussage Petra Kelly, 24. 5. 1985. Auch die Teilnehmer an dem Stammtisch, die mit ihr gesprochen hatten, konnte sie „leider nicht namentlich bezeichnen" – nur an einen „uralte*[n]* Chefredakteur der Günzburger Zeitung" könne sie sich erinnern.
[143] Vgl. AGG, PKA 79, Bl. 91, Leserbrief Kelly an die GZ, 10. 7. 1985. Vgl. auch den gekürzten Abdruck: Wollte niemand verletzen, in: GZ, 16. 7. 1985.
[144] Sie zitiert als Beispiele aus der Tat, 15. 1. 1982 und der Bild am Sonntag, 22. 6. 1980. Vgl. ebenda.
[145] Ebenda.
[146] Die Frage, woher das Detail, Mengele habe im Institut der Englischen Fräulein übernachtet, letztendlich stammt, muß offen bleiben. Als die Begräbnis-Legende die Medien 1964 erstmals beschäftigte, war davon noch keine Rede – und daß so ein pikantes Detail wie die Unterbringung des gesuchten Massenmörders in einem Nonnenkloster übersehen worden wäre, ist unwahrscheinlich. Erstmals tauchte sie, wie bereits erwähnt, 1967 in Wiesenthals Buch auf. Er berief sich dabei ausgerechnet auf den gleichen Gewährsmann wie im Falle von Mengeles angeblichem Aufenthalt auf der griechischen Insel Kythnos (vgl. Wiesenthal, Mörder, S. 204).

## 2. Die Kulmination des Falles Mengele

Petra Kelly erinnerte sich an jenen angeblichen Aufenthalt Mengeles im Kloster zu einem Zeitpunkt, als vergangenheitspolitische Aspekte die innenpolitische Atmosphäre der Bundesrepublik Deutschland dominierten. Auf der tagespolitischen Agenda stand neben dem Besuch Stroessners auch der geplante Besuch Ronald Reagans und die Frage, ob der amerikanische Präsident eine Konzentrationslager-Gedenkstätte (was dem Opferselbstbild vieler Deutscher widersprach), den Soldatenfriedhof Bitburg (auf dem auch SS-Angehörige bestattet waren) oder beides besuchen sollte. So ist es wenig erstaunlich, daß sich Petra Kelly gerade zu diesem Zeitpunkt jenes „offenen Geheimnisses" erinnerte, das sie zunächst nicht für sonderlich wichtig gehalten haben konnte – andernfalls wären die häufigen Gedächtnislücken, nicht nur angesichts „sehr persönlich" geführter Gespräche mit den Nonnen, doch sehr erstaunlich. Nun sah sie darin ein geeignetes Instrument, um die Bundesregierung im politischen Kampf anzugreifen, und man muß ihr nicht persönliche Rachegefühle gegenüber den Nonnen unterstellen, um diesen Sinneswandel zu erklären, wie dies eine ehemalige Mitschülerin getan hat.[147] Eher zutreffend ist ihr Vorwurf der „Showmache"[148], die allerdings durchaus zum täglichen Brot des Politikers gezählt werden darf: Im weltweiten Medienrummel um den KZ-Arzt erinnerte sich die erfahrene Politikerin Kelly just dann an die Mengele-Episode, als sich die entsprechenden Schlagzeilen politisch ausschlachten ließen. Die grüne Abgeordnete hat die Günzburger Gerüchte instrumentalisiert und sie mit dem von ihrer Partei politisch bekämpften Stroessner-Besuch verknüpft, um von dem großen Medieninteresse am Fall Mengele und anderen vergangenheitspolitischen Fragen zu profitieren.

Noch deutlicher wurde der Versuch, die Begräbnislegende politischen Zwecken dienstbar zu machen, im Juni 1985.[149] Auf dem Höhepunkt des Medienrummels um die Identifizierung der in Embu aufgefundenen Leiche wandte sich Kelly in einem offenen Brief an den Vorsitzenden der deutschen Bischofskonferenz, Erzbischof Joseph Kardinal Höffner. Offenbar wollte sie die günstige Gelegenheit nicht versäumen, der „katholischen Amtskirche"[150] ihr Verhalten während der NS-Zeit („Nur in allgemeinen Wendungen von einer Mitschuld der Kirche zu sprechen, das reicht nicht aus, Kardinal Höffner"[151]) und den moralisch zweifelhaften Umgang mit NS-Verbrechern in der Nachkriegszeit vorzuwerfen. „Sollte [...] die Hierarchie der Kirche und des Klosters [...] über die Anwesenheit Josef Mengeles [...] 1959 in-

---

[147] „Petra Kelly hatte damals einen schweren Stand, da ihre damaligen häuslichen Verhältnisse nicht ganz den Vorstellungen einer christlichen Familie entsprachen". Leserbrief: Entsetzen über Kelly, in: GZ, 9. 7. 1985.
[148] Ebenda.
[149] Zwischenzeitlich hatte die Bundesregierung Kelly in der Antwort auf ihre Anfrage beschieden, daß hinsichtlich des Besuchs Mengeles 1959 und seines angeblichen Versteckes keine Erkenntnisse vorlägen und wies außerdem ausdrücklich darauf hin, sie lege „Wert auf die Feststellung, daß sie mit der Beantwortung dieser Anfrage nicht dazu beitragen will, daß bestimmte Personen oder eine bestimmte Firma in ungerechtfertigten Mißkredit gebracht werden". Antwort auf die Kleine Anfrage der Abgeordneten Frau Kelly und der Fraktion DIE GRÜNEN betr. Joseph Mengele und Besuch des Präsidenten Stroessner in der Bundesrepublik Deutschland (Bundestagsdrucksache 10/3130), 1. 4. 1985, in: Parlamentsspiegel (Internetdatenbank des Bundestages und der 16 Länderparlamente beim Landtag von Nordrhein-Westfalen), URL: http://www.parlamentsspiegel.de, Erstelldatum unbekannt, eingesehen am 28. 1. 2002.
[150] Dieses und die folgenden Zitate: AGG, PKA 79, Bl. 85, Schreiben Kelly an Höffner, 19. 6. 1985.
[151] Ebenda.

formiert gewesen sein [...], so machen sich Kloster und Kirche [...] mitschuldig"[152], schrieb Kelly. In der Tat war die Haltung der katholischen Kirche gegenüber den Kriegsverbrechern, die oft genug auf Fluchthilfe hinausgelaufen war, vielfach kritikwürdig. Doch Petra Kelly erhob den moralischen Zeigefinger in diesem Fall, obwohl sie noch einen Monat zuvor, am 24. Mai 1985, bei der Vernehmung durch die Staatsanwaltschaft sicher gewesen war, die Schwestern hätten gar nichts von der heimlichen Unterbringung Mengeles im Kloster gewußt. Dies hinderte sie nicht daran, die Amtskirche und das Kloster nun zu verdächtigen, „Mitwisser" gewesen zu sein. Nach entsetzten Reaktionen aus Günzburg[153] sah sie sich dann allerdings bald genötigt, zurückzurudern und zu dementieren. Es sei der Eindruck erweckt worden, so klagte sie in einem Leserbrief an die Günzburger Zeitung, sie verdächtige die Nonnen, Mengele „wissentlich Unterschlupf gewährt" zu haben: *„Dies habe ich nie behauptet."*[154] Sie tat so, als ob ihr der Vorwurf lediglich untergeschoben sei, doch sie selbst hatte in ihrem offenen Brief an Kardinal Höffner eben dies zwar nicht explizit behauptet, aber doch den Verdacht in die entsprechende Richtung gelenkt. Wozu sonst hätte dieses Schreiben dienen sollen? Ihre angeblich gegenteilige Überzeugung oder ihr besseres Wissen hatten die Politikerin offenbar nicht daran hindern können, der Versuchung nachzugeben und ihre Version des Günzburg-Mythos zu nutzen, um die katholische Amtskirche an den Pranger zu stellen.

Das Beispiel Petra Kellys zeigt, wie sehr sich im Windschatten gesteigerter öffentlicher Aufmerksamkeit Vergangenheit im tagespolitischen Kontext instrumentalisieren läßt. Sein Entkommen hatte den dämonisierten Mengele zu einem Mahnmal für die vielen NS-Verbrecher werden lassen, die sich durch Flucht der Gerechtigkeit entzogen hatten oder durch gesellschaftliches Desinteresse und juristische Versäumnisse keine Verfolgung fürchten mußten, und so ließ sich mit dem Symbol Mengele Politik machen gegen all diejenigen, die man damit irgendwie in Verbindung bringen zu können glaubte. Auch wenn die grüne Bundestagsabgeordnete den Höhepunkt dieser nicht uneigennützigen Moralpolitik des erhobenen Zeigefingers markierte, so war sie doch nicht die einzige, die sich den Fall Mengele und den Günzburg-Mythos nutzbar zu machen verstand, um für die eigenen politischen Ansichten und gegen den politischen Gegner größtmögliche Publizität zu erreichen.[155]

*Defensivstrategien*

Oberbürgermeister Köppler – Erfolgsrezept „Offensive Verteidigung"

Die Stadt war auch in den Jahren zuvor immer wieder mit dem Fall Mengele konfrontiert worden, doch noch nie war das Medieninteresse so gewaltig gewesen wie in den Wochen nach dem Mengele-Tribunal Anfang Februar 1985 in Jerusalem. Die GZ bediente sich einer geradezu kriegerischen Metaphorik: „Scharenweise sind Reporter aus dem In- und Ausland eingefallen."[156] Internationale Fernsehsender

---

152 Ebenda.
153 Vgl. Lannion sorgt sich um Ruf der Partnerstadt, in: GZ, 2. 7. 1985 und Leserbrief: Entsetzen über Kelly, in: GZ, 9. 7. 1985.
154 Vgl. AGG, PKA 79, Bl. 91, Leserbrief Kelly an die GZ, 10. 7. 1985, Hervorhebung im Original. Vgl. auch den gekürzten Abdruck: Wollte niemand verletzen, in: GZ, 16. 7. 1985.
155 Vgl. auch S. 173 f.
156 Günzburg: Eine Stadt kämpft um ihren Ruf, in: GZ, 2./3.3. 1985.

## 2. Die Kulmination des Falles Mengele

gaben sich im Rathaus beinahe schon die Klinke in die Hand, und Köppler fürchtete die weltweite Verbreitung der Legende, „daß Günzburg ein Hort unbelehrbarer Nazis ist, die hinter Mengele stehen"[157]. Das Beispiel des Daily Express – das sicherlich das extremste ist – bestätigte diese Befürchtung und zeigt gleichzeitig, wie wenig sich die Grundmuster des Günzburg-Mythos seit den 1960er Jahren verändert hatten. Viele der Journalisten kamen – wie in den 1960er Jahren – mit einer bereits weitgehend gefestigten Vorstellung in die Stadt, mit „vorgefaßten Meinungen und einem schrecklichen Bild im Kopf"[158], wie Köppler es gegenüber der GZ ausdrückte. Auch das Verhalten vieler Günzburger stellte sich nach außen ähnlich dar wie zwei Jahrzehnte zuvor: Wieder wollten viele nicht mit den Reportern sprechen, weil „die Bürger es mittlerweile satt haben, als Komplizen eines Kriegsverbrechers geschildert zu werden"[159]. Viele Günzburger reagierten zunehmend gereizter auf den Versuch, sie „zur Rechenschaft" zu ziehen „für einen Mann, der nur die ersten 19 Jahre seines Lebens hier verbracht hat"[160]. Ein Günzburger Stadtrat formulierte es so: „Zwischen Auschwitz und Günzburg [...] gibt es doch keine Verbindung."[161]

Auch Köppler war nicht „willens hinzunehmen, daß der Name Günzburgs in Verbindung mit Mengele gebracht werde"[162], weil er eine besondere Schuld seiner Stadt an dessen Verbrechen nicht erkennen konnte. Die Ereignisse der vorangegangenen Jahre hatten indes mehr als deutlich gezeigt, daß Günzburg die Tatsache nicht einfach würde ignorieren können, daß Josef Mengele dort geboren war. Deshalb entschied er sich, den Ruf seiner Stadt „offensiv zu verteidigen"[163].

Grundlage von Köpplers Konzept der „offensiven Verteidigung" war zunächst die Akzeptanz einer Sonderstellung Günzburgs im Fall Mengele als gegebenes Faktum – ohne sie deshalb als berechtigt anzuerkennen. Damit hatte er seine Haltung seit 1982 erkennbar geändert, als er den Mengele-Informationsstand Hanne Hiobs („Das geht Günzburg am meisten an") noch mit den Worten kritisiert hatte: „Wenn's auch woanders gezeigt wird, ist das völlig legitim."[164] Ohne diese stillschweigende Akzeptanz hätte Köppler jedes Gespräch mit Journalisten als von vornherein gegenstandslos ablehnen müssen – wie es viele Günzburger ja tatsächlich taten – und hätte sich damit jeder Möglichkeit beraubt, das eigene Bild der Stadt zu kommunizieren und korrigierend auf die Berichterstattung einzuwirken. Eine solche Haltung wäre für das Ziel, das Bild der Stadt zu berichten, in jedem Falle nutzlos, eher sogar kontraproduktiv gewesen, da sie negative Erwartungen erfüllt und Vorurteile bestätigt hätte. Während des Besuchs Friedmans Anfang 1985 hatte Köppler bereits entsprechend gehandelt, die beiden Demonstranten im Rathaus empfangen und so die Gelegenheit gehabt, seinen eigenen Standpunkt darzulegen.

In der Phase des enormen internationalen Presseandrangs im Februar/März 1985 folgte er der neuen Strategie und stellte sich dem Gespräch mit den Medienvertre-

---

[157] Ebenda.
[158] Ebenda.
[159] Ebenda.
[160] Gestörte Idylle (2), in: DIE ZEIT, 26. 4. 1985.
[161] Ebenda.
[162] Köppler kämpft um den guten Ruf Günzburgs, in: GZ, 23./24. 2. 1985.
[163] Günzburg: Eine Stadt kämpft um ihren Ruf, in: GZ, 2./3. 3. 1985.
[164] Das geht Günzburg am meisten an, in: GZ, 24. 11. 1982.

tern. Damit eröffnete sich ihm die Chance, in Interviews die alten Klischees des Günzburg-Mythos zu widerlegen oder zumindest eine allzu einseitige Berichterstattung zu verhindern und die Distanzierung der Stadt von den Taten des KZ-Arztes zu dokumentieren. Dabei legte er – wie in ähnlichen Situationen in den Jahren zuvor – viel Wert darauf zu betonen, daß es in Günzburg selbstverständlich Nationalsozialisten gegeben habe, die Stadt aber keine NS-Hochburg gewesen sei. Ebenfalls sei nicht von der Hand zu weisen, daß es in Günzburg „wie andernorts auch einen Bodensatz ewiggestriger Nazis"[165] gebe und „ein paar, die aus der Geschichte nichts gelernt haben"[166]. Doch „Günzburg ist nicht schlimmer und besser als andere Städte auch"[167], und Josef Mengele, „dieser verblendete Mann ohne Gespür für Gut und Böse und ohne moralische Skrupel hätte überall geboren werden können"[168].

Köppler hatte mit seinem Konzept der offensiven Verteidigung zumindest teilweise Erfolg. Das Interview mit der amerikanischen ABC sei „fair"[169] gewesen, verriet der Bürgermeister der GZ, und die anschließende Berichterstattung in den USA sei entsprechend gewesen.[170] Auch wenn die Gespräche mit anderen Medienvertretern „wesentlich aggressiver"[171] verliefen und insbesondere Boulevardblätter wie der Daily Express sich nur für verkaufsförderndem Sensationsjournalismus interessierten und in Amerika viel von „mengele-town"[172] die Rede war, waren bald auch deutlich differenziertere Töne zu vernehmen.[173] DIE ZEIT vermerkte lobend, der Oberbürgermeister weiche „keiner Frage aus, will die historische Wahrheit freigelegt wissen"[174]. Doch nicht nur sein Verhalten, sondern auch und gerade die Person Köpplers und seine persönliche Biographie erwiesen sich als Glücksfall für die Stadt. Im Gespräch mit den Journalisten konnte Köppler als gebürtiger Berliner und Sozialdemokrat auf einen gewissen Glaubwürdigkeitsbonus zählen. Gegen den Vorwurf, er betreibe das „Reinwaschen der Nazis und ihrer Handlanger vom Schlage Josef Mengeles"[175], schützte ihn, dessen Vater gegen Kriegsende wegen Defaitismus und Wehrkraftzersetzung standrechtlich erschossen worden war, nicht zuletzt das persönliche Schicksal. Nun erwies sich als vorteilhaft, daß die Stadt schon in den Jahren zuvor immer wieder mit dem Fall Mengele konfrontiert worden war; insbesondere auf die Rede vor dem Stadtrat konnte Köppler immer wieder verweisen und so belegen, daß die Stadt sich durchaus mit ihrer Vergangenheit auseinandergesetzt habe.

---

[165] Günzburg: Eine Stadt kämpft um ihren Ruf, in: GZ, 2./3.3. 1985.
[166] Eine Stadt wehrt sich gegen einen monströsen Schatten, in: Die Welt, 7. 3. 1985. Als Beispiel führt Die Welt „jenen Heimatdichter an, der Mengele für einen Märtyrer hält. Aber was der Oberbürgermeister über diesen Mitbürger sagt, bittet er, nicht zu schreiben, um einem Beleidigungsprozeß zu entgehen."
[167] Ebenda.
[168] Günzburg: Eine Stadt kämpft um ihren Ruf, in: GZ, 2./3.3. 1985.
[169] Köppler kämpft um den guten Ruf Günzburgs, in: GZ, 23./24. 2. 1985.
[170] Vgl. Günzburg: Eine Stadt kämpft um ihren Ruf, in: GZ, 2./3.3. 1985.
[171] Köppler kämpft um den guten Ruf Günzburgs, in: GZ, 23./24. 2. 1985.
[172] Vgl. „Falsche Fährten haben nur Nazi-Jäger gelegt", in: GZ, 13. 6. 1985.
[173] Vgl. z.B. Eine Stadt wehrt sich gegen einen monströsen Schatten, in: Die Welt, 7. 3. 1985 und Gestörte Idylle (2), in: Die Zeit, 26. 4. 1985.
[174] Gestörte Idylle (2), in: Die Zeit, 26. 4. 1985.
[175] Günzburg: Eine Stadt kämpft um ihren Ruf, in: GZ, 2./3.3. 1985.

## 2. Die Kulmination des Falles Mengele

### Familie Mengele – Schweigen, Täuschen, Tarnen

Während Köppler beinahe täglich von Journalisten aus aller Welt mit dem Fall Mengele konfrontiert wurde und auf ein differenzierteres Bild seiner Stadt hinarbeitete, wollten Karl-Heinz und Dieter Mengele vor allem „nicht belästigt"[176] werden. Sie setzten weiterhin auf konsequentes Schweigen und hielten jede Stellungnahme für „völlig sinnlos"[177]. Der Oberbürgermeister hatte für diese Haltung wenig Verständnis und ließ deutliche Kritik am Verhalten der Familie Mengele erkennen. Zwar war er immer noch fest davon überzeugt, daß „keine Verbindungen Mengeles nach Günzburg bestünden"[178] und verteidigte die Familie auch weiterhin gegen eine vermeintliche „Sippenhaftung", doch gerade weil die beiden Firmenerben „zu jung sind, um mit Nationalsozialismus und Judenverfolgung in Verbindung gebracht zu werden"[179], konnte der Oberbürgermeister ihre Blockadehaltung nicht nachvollziehen. Während er um den Ruf Günzburgs kämpfte, trieb die Familie, die doch angeblich nichts zu verbergen hatte, „ein ihm unverständliches Versteckspiel"[180].

Lediglich einmal sahen sich Karl-Heinz und Dieter Mengele gezwungen, ihr Schweigen zu brechen und sich zu ihrem Verhältnis zu ihrem Onkel zu äußern. Ende Februar war der Bayerische Ministerpräsident Franz Josef Strauß während eines Israel-Besuchs mit dem Fall Mengele konfrontiert worden. Ein israelischer Reporter hatte behauptet, daß „Gewinne und Dividenden der Firma [...] auf ein Schweizer Konto von Josef Mengele überwiesen"[181] würden. Strauß wollte in Tel Aviv erstmals von der Verbindung des KZ-Arztes mit der Günzburger Firma gehört haben und versprach dem Fragesteller eine Untersuchung.

„Die ‚Untersuchung' war kurz, bündig und ergebnislos"[182], spottete wenige Tage später die Süddeutsche Zeitung. Ein Sprecher der Staatskanzlei hatte mitgeteilt, es gebe „keine Anhaltspunkte dafür, daß Josef Mengele aus der Firma in Günzburg Überweisungen auf ein Schweizer Nummernkonto erhalte"; es sei allerdings schlicht unmöglich, zu überprüfen, ob er „Zuwendungen aus Günzburg erhalte", denn „wegen des Steuergeheimnisses habe Strauß ‚überhaupt keine Handhabe'". „Da wird nichts herauskommen", so das Fazit der Staatskanzlei. „Die Untersuchung hat also ergeben, daß eine Untersuchung sinnlos [...] ist", kommentierte die Süddeutsche spöttisch. Die Opposition im Landtag wollte sich damit nicht zufrieden geben: Der bayerische SPD-Landtagsabgeordnete Klaus Warnecke erkundigte sich in einer Anfrage, „ob bayerische Behörden jemals den Versuch unternommen haben, das in Bayern vorhandene Vermögen von Mengele für die Entschädigung von KZ-Opfern [...] sicherzustellen"[183]. Selbst wenn Mengele heute nicht mehr der Eigentümer sei, so stand für Warnecke doch fest, „daß Mengele einst Besitzer oder Mitbesitzer der Firma war"[184].

---

[176] Köppler kämpft um den guten Ruf Günzburgs, in: GZ, 23./24. 2. 1985.
[177] Ebenda.
[178] Ebenda.
[179] Eine Stadt wehrt sich gegen einen monströsen Schatten, in: Die Welt, 7. 3. 1985.
[180] Ebenda.
[181] Ebenda.
[182] Dieses und die folgenden Zitate: „Da wird nichts herauskommen", in: SZ, 6. 3. 1985.
[183] Mengele Fabrikbesitzer in Bayern?, in: Sozialdemokratischer Pressedienst, 5. 3. 1985.
[184] Ebenda.

Nun war die Vermutung nicht neu, Josef Mengele sei immer noch an dem Günzburger Unternehmen beteiligt und finanziere seine spektakuläre Flucht aus den Gewinnen der Firma. Doch durch die enorm gestiegene Aufmerksamkeit, die der Fall Mengele mittlerweile weltweit auf sich zog, hatten sich die Rahmenbedingungen schlagartig geändert. Nach dem medienwirksamen Versprechen von Strauß in Israel und der folgenden, nur halbherzigen Entlastung, die eher einem wackeligen „aus Mangel an Beweisen" als einem soliden „nicht schuldig" glich, drohte das weltweite Image der Firma weiteren, ernsthaften Schaden zu nehmen, zumal die parlamentarische Opposition nicht nur im bayerischen Landtag, sondern auch im Bundestag das Thema aufgegriffen hatte.[185]

In dieser Situation sahen sich Karl-Heinz und Dieter Mengele zu einer Stellungnahme genötigt. Diese erfolgte nun eindeutig aus der Defensive; die Chance, ähnlich wie Köppler durch einen offeneren Umgang mit dem Thema Glaubwürdigkeit zu gewinnen, war verpaßt. Er habe, so Karl-Heinz Mengele, „mit Josef Mengele niemals Kontakt gehabt *[und]* ihn nie bewußt zu Gesicht bekommen" – an den Skiurlaub in der Schweiz und die Jahre in Argentinien wollte sich der Stiefsohn öffentlich nicht erinnern. Die Vorwürfe, die Firma oder die Familie unterstütze Josef Mengele, seien „erstunken und erlogen": „Wir zahlen nichts, und wir haben nichts bezahlt, auch nicht auf ein Schweizer Nummernkonto."[186]

Die Aussage, Josef Mengele sei „nie an der Firma beteiligt"[187] gewesen, entsprach tatsächlich der Wahrheit und war auch leicht zu belegen.[188] Ansonsten beriefen sich Karl-Heinz und Dieter Mengele immer wieder auf ihr Alter: Die ganze Angelegenheit sei schließlich eine Sache, „mit der wir schon wegen unseres Alters nichts zu tun haben können"[189]. Diese Argumentation ging jedoch an der Natur der Verdächtigungen vorbei. Schließlich beschuldigte die Cousins ja niemand der Mittäterschaft

---

[185] Neben der parlamentarischen Anfrage des bayerischen Landtagsabgeordneten Warnecke hatten auch die Bundestagsabgeordneten Schöfberger und Schmidt (beide SPD) am 8. März drei Anfragen im Zusammenhang mit dem Fall Mengele an die Bundesregierung gerichtet. Eine davon zielte auf die finanziellen Verbindungen Josef Mengeles zur Günzburger Firma. Vgl. Anfragen Nr. 85–87 für die Fragestunden der Sitzungen des Deutschen Bundestages am 13. 3. 1985 und 14. 3. 1985 (Bundestagsdrucksache 10/2987, S. 16), 8. 3. 1985, in: Parlamentsspiegel (Internetdatenbank des Bundestages und der 16 Länderparlamente beim Landtag von Nordrhein-Westfalen), URL: http://www.parlamentsspiegel.de, Erstelldatum unbekannt, eingesehen am 28. 1. 2002.

[186] Mengele-Verwandter stellt klar: „Wir zahlen nichts", in: GZ, 6. 3. 1985. Das plakative Zitat wurde vielfach verwendet, so z.B. außerdem in: Onkel Josef war nie an der Firma beteiligt, in: Südwest-Presse, 6. 3. 1985; „Da wird nichts herauskommen", in: SZ, 6. 3. 1985 und Gestörte Idylle (2), in: Die Zeit, 26. 4. 1985.

[187] Mengele-Verwandter stellt klar: „Wir zahlen nichts", in: GZ, 6. 3. 1985.

[188] Josef Mengele hatte 1949, noch vor seiner Flucht nach Südamerika, auf alle Erbansprüche verzichtet. Vgl. S. 49. Dies war bereits in den 1960er-Jahren nach „einem Artikel in einer Hamburger Illustrierten" gerichtlich festgestellt worden. Vgl. Onkel Josef war nie an der Firma beteiligt, in: Südwest-Presse, 6. 3. 1985. Bei dem gerichtsnotorischen Artikel dürfte es sich um den Beitrag „Kein Dankeschön für Mord" (in: Stern, 26. 11. 1961) gehandelt haben, in dem es hieß: „Karl Mengele & Söhne' … und Söhne. Das war ein Schock für uns – bedeutet es doch, daß *[…]* Dr. Josef Mengele heute gesetzlicher Mitinhaber des Landwirtschafts-Maschinenwerks in Günzburg ist." Vgl. außerdem Sta F/M, Az 4 Js 340/68, HandA. Bd. I, Bl. 130, Schreiben des Direktors des Amtsgerichtes Günzburg an die Sta Freiburg/Breisgau betr. Erbangelegenheit Karl Mengele, 15. 1. 1960.

[189] Mengele-Verwandter stellt klar: „Wir zahlen nichts", in: GZ, 6. 3. 1985.

in Auschwitz, für die sie zweifelsohne zu jung waren oder wollte sie an ihres Onkels statt dafür zur Verantwortung ziehen. Vielmehr ging es um eine mögliche Unterstützung des KZ-Arztes durch seine Angehörigen, und dafür gab es natürlich keine Altersgrenze. Diesem Vorwurf hätte nur durch eine eindeutige Distanzierung von Josef Mengele und seinen Taten zumindest zum Teil begegnet werden können, doch die Mengeles nahmen auch jetzt die Gelegenheit nicht wahr. Statt dessen wurden in der ersten Stellungnahme der Familie seit langem die Verbrechen Mengeles relativiert und in Zweifel gezogen: Zwar, so Karl-Heinz Mengele, habe sein Stiefvater „Schuld auf sich geladen [...] Auschwitz hat existiert, es sind ungeheuerliche Dinge passiert"[190]. Aber Beweise und offizielle Dokumente, die gegen Josef Mengele sprächen, seien dünn gesät, und es gebe Aussagen von ehemaligen Häftlingen, die ihn entlasteten: „Ich glaube deshalb nicht, daß alles so war, wie es jetzt [...] dargestellt wird."[191] Die Frage, ob der KZ-Arzt sich dann nicht endlich dem Gericht stellen sollte, wollte der Stiefsohn und Neffe „nicht beurteilen"[192].

Damit hatte sich die Familie erneut mehr oder weniger deutlich vor den KZ-Arzt gestellt. Eine frühzeitige und unmißverständliche Verurteilung seiner Taten hätte möglicherweise weitere Imageschäden für die Firma im Ausland, die sowohl die Mengeles als auch die Belegschaft[193] fürchteten, abgewendet oder begrenzt, ohne daß damit natürlich das moralische Dilemma aufgelöst worden wäre. Statt dessen hatte die Familie lange versucht, das Thema totzuschweigen – ein Versuch, der angesichts des nun herrschenden enormen Medieninteresses endgültig zum Scheitern verurteilt war. Dies hatten die Mengeles nach dem Israel-Besuch des bayerischen Ministerpräsidenten und seinen Folgen offenbar erkannt. Nun versuchten sie auf andere Weise, der Suche nach Josef Mengele etwas Wind aus den Segeln zu nehmen: Zum einen durch den fast schon naiven Versuch, als Fürsprecher des Onkels aufzutreten nach dem Motto, so schlimm sei alles doch gar nicht gewesen; zum anderen durch behutsame Andeutungen in Richtung Wahrheit: Die beiden Cousins teilten mit, daß sie davon ausgingen, daß Josef Mengele längst tot sei, denn ansonsten wäre er „doch schon aufgespürt worden"[194]. Für ein derartiges Experiment war es natürlich längst zu spät, die nichtssagend begründete Andeutung wurde, sofern sie denn überhaupt wahrgenommen wurde, nach dem langen Schweigen und den relativierenden Ausführungen zu Mengeles Schuld als Schutzbehauptung und durchsichtiges Ablenkungsmanöver interpretiert. Auch die Ermittlungsbehörden hielten die Aussage für kaum glaubwürdig und werteten sie als Versuch, die Fahnder zu irritieren.[195] Dennoch gaben die Cousins nicht auf und starteten einen weiteren Versuch, diesmal in einem Interview mit John Martin von der ABC, das aber ebensowenig konkret, damit ebensowenig glaubwürdig und in der Konsequenz ebensowenig erfolgreich war.[196] Alles deutete auf eine falsche Fährte hin, die den KZ-Arzt von den Nachstellungen seiner mittlerweile so zielstrebig wie noch nie vorgehenden Jäger entlasten sollte.

---

[190] Ebenda.
[191] Ebenda.
[192] Ebenda.
[193] Vgl. Köppler kämpft um den guten Ruf Günzburgs, in: GZ, 23./24. 2. 1985 und Gestörte Idylle (2), in: Die Zeit, 26. 4. 1985.
[194] Mengele-Verwandter stellt klar: „Wir zahlen nichts", in: GZ, 6. 3. 1985.
[195] „Falsche Fährten haben nur Nazi-Jäger gelegt", in: GZ, 13. 6. 1985.
[196] Vgl. den Abdruck des betreffenden Teils des Interviews in: Posner/Ware, Mengele, S. 373.

*Nach dem Fund von Embu: Reaktionen auf die Wahrheit*

Die Mengeles in Günzburg – Die Blockadehaltung geht weiter

Realiter mußte natürlich damit gerechnet werden, daß der mittlerweile 75-jährige Josef Mengele nicht mehr am Leben war. Die meisten, die mit dem Fall zu tun hatten, waren aber davon überzeugt, daß der Tod Mengeles auf jeden Fall bekannt geworden wäre: Weder Diktator Stroessner in Paraguay, unter dessen Schutz man Mengele noch immer vermutete, noch die Familie, von der man annahm, daß sie über Mengeles Aufenthaltsort und Schicksal bestens informiert war, konnten ein Interesse daran haben, sein Ableben zu verheimlichen und damit die Jagd und das internationale Medieninteresse künstlich zu verlängern.

Dementsprechend groß war das Erstaunen, als die erst wenige Monate zuvor intensivierten Ermittlungen zum Ziel führten und am 6. Juni 1985 sensationell gemeldet wurde, die Leiche Josef Mengeles sei auf dem Friedhof von Embu in Brasilien entdeckt worden.[197] Die näheren Umstände, darunter auch die Mitteilung, daß der entscheidende Hinweis bei einer Hausdurchsuchung in Günzburg gefunden worden sei, teilte die Staatsanwaltschaft Frankfurt am nächsten Tag in einer Presseerklärung mit.[198] Sowohl Rolf Mengele als auch die Familie in Günzburg hielten zunächst ihr Schweigen aufrecht.[199] Erst am 11. Juni, vier Tage nach dem Fund, trat Rolf Mengele an die Öffentlichkeit und ließ eine kurze, kaum 16-zeilige Erklärung verlesen, in der es hieß, er sei vom Tod seines Vaters zweifelsfrei überzeugt.[200] Zu der Frage, „ob die Familie Mengele bis 1979 von Günzburg aus noch Kontakte mit Josef Mengele hatte"[201], wollten sich die Sprecher Rolf Mengeles[202], die die Erklärung in München verlasen, nicht äußern.

Am gleichen Tag erklärte sich auch die Familie in Günzburg. Man habe den Tod Josef Mengeles so lange verschwiegen, um „die Leute, die unserem Onkel 30 Jahre lang geholfen haben, *[zu]* schützen: Wir wollten nicht, daß sie nachträglich für ihre Hilfsbereitschaft in die Pfanne gehauen werden"[203]. So recht verstehen wollten die beiden Cousins ohnehin nicht, warum ihnen dies nun zum Vorwurf gemacht

---

[197] Vgl. S. 60 f.
[198] Vgl. z. B.: Mengele: Briefe führten zum Grab nach Brasilien, in: Abendzeitung, 7. 6. 1985; Angeblicher Leichnam Josef Mengeles exhumiert, in: SZ, 8./9. 6. 1985; Endet die Jagd am Grab in Brasilien?, Spuren von und nach Günzburg; Spuren vom „Todesengel", in: GZ, 8./9. 6. 1985.
[199] Vgl. die Äußerungen Simon Wiesenthals und Beate Klarsfelds z. B. in: Angeblicher Leichnam Josef Mengeles exhumiert, in: SZ, 8./9. 6. 1985; Im Haß vieler Menschen lebt dieser Mann weiter, in: Südwestpresse, 8. 6. 1985; Spuren von und nach Günzburg, in: GZ, 8./9.1985.
[200] Er teilte mit, er „habe keinen Zweifel daran, daß es sich bei dem am 5. Juni auf dem Friedhof in Embu/Brasilien exhumierten Leichnam um die sterblichen Überreste meines Vaters, Josef Mengele, handelt [...] Ich habe mit Rücksicht auf die Menschen, die mit meinem Vater in den letzten 30 Jahren in Beziehung standen, bisher geschwiegen. Allen Opfern und ihren Angehörigen gilt mein und unser tiefstes Mitgefühl". Zit. nach: Rolf Mengele bestätigt den Tod seines Vaters, in: SZ, 12. 6. 1985. Vgl. auch: Gespannte Erwartungen im Fall Mengele, in: SZ, 11. 6. 1985; Familie bestätigt den Tod Josef Mengeles; Der Sohn will die Wahrheit jetzt ans Licht bringen, in: GZ, 12. 6. 1985.
[201] Der Sohn will jetzt die Wahrheit ans Licht bringen, in: GZ, 12. 6. 1985.
[202] Die Schwägerin und ein Freund Rolf Mengeles.
[203] „Falsche Fährten haben nur Nazi-Jäger gelegt", in: GZ, 13. 6. 1985.

## 2. Die Kulmination des Falles Mengele

wurde, schließlich hätten sie doch mehrfach „angedeutet, daß er tot ist. Aber wir können niemanden zwingen, uns zu glauben."[204] Daß man konkretes Material schuldig geblieben sei, mußte Dieter Mengele einräumen, und daß diese vagen Andeutungen erst in den letzten Monaten unter dem immer größeren Druck des Medieninteresses abgegeben worden waren, verstärkte den Eindruck des Versuchs, sich herauszureden. Nicht ohne eine gewisse Schadenfreude fügte der Neffe des KZ-Arztes hinzu, der „ganze Käse von den angeblichen Millionen, mit denen Josef Mengele in Luxusvillen und beschützt von Leibwächtern lebte", sei nun wohl endgültig passé, und diese falschen Fährten hätte nicht die Familie, sondern „die sogenannten Nazi-Jäger"[205] gelegt. Er sprach von einem „Märchenwald des Herrn Wiesenthal und der Frau Klarsfeld"[206], doch auch das konnte kaum die Tatsache verschleiern, daß die Familie in Günzburg all die Jahre über gewußt hatte, wo Josef Mengele sich aufgehalten hatte. Daran konnte es nach der Hausdurchsuchung bei Hans Sedlmeier kaum noch vernünftige Zweifel geben.

Doch Karl-Heinz und Dieter Mengele hielten weiterhin an ihrer Verschleierungstaktik fest. Statt die jahrzehntelangen Verbindungen und Geldtransfers zwischen Günzburg und Südamerika endlich offenzulegen, wollten sie die Welt weiterhin davon überzeugen, daß es „Geld aus Günzburg [...] niemals für ihn gegeben"[207] habe. Sogar, daß es überhaupt Kontakte gegeben habe, wurde weiterhin dementiert.[208] Erneut war es Rolf Mengele, der offensichtlich nicht das beste Verhältnis zum Rest der Familie in Günzburg und deshalb auch keinen Grund zu weiterer Rücksichtnahme hatte[209], der die Flucht nach vorne antrat: Schon wenige Tage nach den Verlautbarungen der Günzburger Cousins wurde bekannt, daß er die Geschichte der Flucht seines Vaters der Illustrierten „Bunte" gratis angeboten hatte, wohl um in einem endgültigen Befreiungsschlag den Druck, der auf ihm und seiner Familie in Freiburg lastete, zu vermindern.[210] Der Sohn bestätigte jedenfalls das Offensichtliche und widersprach seinen Cousins: Die Familie in Deutschland habe „immer gewußt, wo Josef Mengele war" und „habe dem Vater Geld geschickt, er müsse zwischen 200 und 500 Mark zum Leben gehabt haben"[211].

Damit hatten die Mengeles auch in Günzburg jeden Rest an Glaubwürdigkeit verspielt. Der immer wieder unternommene Versuch, zu verschleiern und Nebelkerzen zu werfen, in der Hoffnung, die Angelegenheit werde früher oder später im Sande verlaufen, war auf ganzer Linie gescheitert. Dieter und Karl-Heinz-Mengele hatten geschwiegen, bis ein Ereignis, ein „Skandal" sie zwang, Stellung zu beziehen,

---

204 Ebenda.
205 Ebenda.
206 Köppler verurteilt das lange Zögern, in: GZ, 13. 6. 1985.
207 „Falsche Fährten haben nur Nazi-Jäger gelegt", in: GZ, 13. 6. 1985.
208 Vgl. Köppler verurteilt das lange Zögern, in: GZ, 13. 6. 1985.
209 Vgl. Um keinen Preis hätte er Mengele je verraten, in: GZ, 6./7. 7. 1985.
210 Rolf Mengele und seine Familie erhielten mittlerweile auch Morddrohungen. Vgl. Der Sohn will die Wahrheit jetzt ans Licht bringen, in: GZ, 12. 6. 1985.
Über die Motive Rolf Mengeles, mögliche Parallelen zu den gefälschten Hitler-Tagebüchern, auf die der Stern hereingefallen war und ethisch-moralische Bedenken wurde viel diskutiert. Vgl. z.B. Wem nützt der dicke Knüller, in: SZ, 20. 6. 1985; Rolf Mengele: Die Familie schickte Geld, in: GZ, 19. 6. 1985. Die Serie in der Bunten erstreckte sich über insgesamt fünf Ausgaben, in: Bunte, 20. 6., 27. 6., 4. 7., 11. 7. und 18. 7. 1985.
211 Rolf Mengele: Die Familie schickte Geld, in: GZ, 19. 6. 1985.

um dann so viel wie irgend möglich abzustreiten und weiterhin zu schweigen. Dies sollte sich auch jetzt nicht ändern: Zu Rolfs Angaben, die Familie habe Josef Mengele bis zum Schluß unterstützt, lehnte Karl-Heinz Mengele „jeden Kommentar ab"[212], hoffte, „daß endlich Ruhe einkehrt" und ließ sich nur zu dem Kommentar hinreißen: „Der Rolf muß wissen, was er tut."[213]

„Eine Belastung für die Stadt" – Distanzierung von der Familie Mengele

Nach der Exhumierung der Leiche, deren Identität zunächst ja noch zweifelhaft war, hatte in Günzburg ein Medienandrang eingesetzt, der die erste Welle im Februar und März des Jahres noch bei weitem übertraf[214]: „Journalisten aus Nord- und Südamerika, aus Westeuropa und der ganzen Bundesrepublik [...] belagern regelmäßig das Werkstor der Landmaschinenfabrik, die Häuser von Karl-Heinz und Dieter Mengele sowie Hans Sedlmeier"[215] und wieder einmal wurde „auf dem Marktplatz Volkes Stimme und Stimmung für die Nachrichtensendungen"[216] eingeholt.

Die Prophezeiung des Frankfurter Staatsanwaltes Klein, der im März die Verstärkung der Fahndungsbemühungen „im nordschwäbischen Raum"[217] mit dem Satz begründet hatte: „Wenn einer was weiß, dann sitzt er hier", hatten sich erfüllt. Der „Schlüssel zu Josef Mengele"[218] hatte sich in dessen Heimatstadt gefunden. Der *worst case,* den Köppler immer befürchtet hatte, war eingetreten: „Nichts wäre schlimmer, als wenn weltweit behauptet werden könnte, in Günzburg versteckt man etwas."[219] Schnell stand zweifelsfrei fest, daß die „Familie Mengele, die in den vergangenen Jahren so häufig über die ihr zugefügte ‚Sippenhaftung' geklagt hat"[220], schon seit sechs Jahren wußte, daß Josef Mengele tot war. Warum, so fragten sich die Günzburger irritiert, hatte die Familie nicht schon vor Jahren den Tod des Gesuchten mitgeteilt und sich und der Stadt vieles erspart?[221] Der SPD-Ortsvorsitzende Karl-Theodor Engelhardt sagte der GZ, er habe Karl-Heinz Mengele schon früher geraten, „sich möglichst rasch von den Verbrechen zu distanzieren", und sein Kollege von der CSU, Günter Treutlein, meinte, das sei eine „persönliche Entscheidung" gewesen, deren Tragweite der Familie, „die in der letzten Zeit genügend *[habe]* aushalten müssen", bewußt gewesen sein müsse; für die Stadt sei das ganze sicherlich „nicht gewinnbringend"[222] gewesen.

---

212 Ebenda.
213 Um keinen Preis hätte er Mengele verraten, in: GZ, 6./7.7. 1985.
214 Das generelle Interesse am Fall Mengele war auch weiterhin auf hohem Niveau geblieben, nicht zuletzt wachgehalten durch die in den USA laufenden Untersuchungen des OSI. Vgl. z.B. die Berichte zu Mengele aus den Monaten April und Mai: „Sechs Millionen, da kann ich nur lachen", in: Der Spiegel, 22. 4. 1985; Die neue Spur des Dr. Mengele, in: Stern, 25. 4. 1985; Hunting the „Angel of Death", in: Newsweek, 20. 5. 1985.
215 Ebenda.
216 Ebenda.
217 „Wenn einer was weiß, dann sitzt er hier", in: GZ, 16./17. 3. 1985.
218 In Amerika sehr gefragt, in: GZ, 13. 6. 1985.
219 Köppler kämpft um den guten Ruf Günzburgs, in: GZ, 23./24. 2. 1985.
220 „Falsche Fährten haben nur Nazi-Jäger gelegt", in: GZ, 13. 6. 1985.
221 Vgl. ebenda.
222 Ebenda.

Oberbürgermeister Köppler wurde deutlicher und nannte das Verhalten der Mengeles eine „Belastung"[223] für die Stadt. „Ich muß gestehen, ich bin bestürzt über das, was sich jetzt herausstellt. Daß doch ein halbes Dutzend Leute hier die ganze Zeit gewußt haben, was mit Josef Mengele war, die Sedlmeiers und die Mengeles, daß sie Kontakt gehabt haben, obwohl sie ihn immer geleugnet haben. Und ich habe immer Verständnis gehabt, wenn sich die Verwandten dagegen verwahrt haben, mit in den Strudel hineingezogen zu werden, ich bin immer davon ausgegangen, daß ihre Aussagen stimmen, daß sie nichts von Josef Mengele wissen."[224] Nachdem er sich jahrelang vor die Familie gestellt und die Neffen, die doch nichts für ihren Onkel könnten, verteidigt hatte, habe er nach Bekanntwerden der Neuigkeiten nicht mehr mit der Familie gesprochen, so Köppler: Seine Aufgabe sei es, die Stadt zu verteidigen, „alles andere ist jetzt Sache der Justiz". Nicht nur er selbst, sondern viele Menschen in Günzburg seien „enttäuscht und verärgert. Die Familie hätte der Stadt sehr viel ersparen können, wenn sie schon 1979 diese Nachricht bekanntgegeben hätte". Besonders bestürzt hatte Köppler, daß die Mengeles noch vor wenigen Monaten vorgegeben hätten, nichts über das Schicksal ihres Verwandten zu wissen: „Das muß man sich mal vorstellen."

„Erste Anzeichen" dafür, daß „das Verhalten der Familie Mengele, die jahrelange Deckung auch eines Günzburger ‚Verbindungsmannes', die dubiose Informationspolitik der Betroffenen" sich „noch negativ für Günzburg auswirken werde"[225], gebe es bereits, unkte die Günzburger Zeitung am 15. Juni. „Der Flurschaden könnte einmal groß werden", so die Befürchtung, „für die Menschen dieser Stadt und der Umgebung"; schließlich seien schon die ersten Auftragsstornierungen eingegangen, und „sollte dieses Beispiel Schule machen, [könnten] die Folgen [...] vernichtend sein"[226].

Niemand, so Gernot Römer in einem Kommentar, habe „das Recht, es der Familie anzulasten, daß sie den Fahndungsbehörden vor 1979 nie einen Hinweis [...] gab"[227]. Natürlich sei es ein schweres Erbe, „Sohn oder enger Verwandter des furchtbaren Josef Mengele zu sein". Auf einem anderen Blatt stehe dagegen, daß die Familie in Günzburg – nicht Rolf Mengele – den KZ-Arzt finanziell unterstützt habe. Sie „wird sich mit dem moralischen Vorwurf auseinandersetzen müssen, aktiv einem Mann geholfen zu haben, der unter dem Verdacht vieltausendfachen Mordes und unmenschlicher Experimente steht". Es bleibe „das Geheimnis der Mengele-Angehörigen, warum sie damals den Tod verschwiegen", obwohl doch „damals bereits der jetzt so beklagte Druck der Öffentlichkeit von der Familie" hätte genommen werden können.[228]

Jetzt sei „das Kind [...] praktisch schon in den Brunnen gefallen", so ein anderer Kommentator, „die Chance einer gewissen Rehabilitierung böte nur noch die Of-

---

223 Köppler verurteilt das lange Zögern, in: GZ, 13. 6. 1985.
224 Dieses und die folgenden Zitate: Eine Kleinstadt ist verärgert (Ulrike Südmeyer, AP), Zeitungsartikel ohne Quellenangabe und Datum [7/1985], in: StAGz 130/1 (12), Spezialakt Josef Mengele, Bd. IV.
225 Wochennachlese: Hoch gepokert, in: GZ, 15./16. 6. 1985.
226 Ebenda.
227 Dieses und die folgenden Zitate: Fall Mengele schwelt weiter, in: GZ, 24. 6. 1985.
228 Gernot Römer irrt allerdings, wenn er schreibt, die Justiz hätte Mengeles Helfern damals nichts anhaben können. Zumindest Hans Sedlmeier wäre wohl wegen Strafvereitelung, die nach fünf Jahren verjährt, bis 1984 durchaus zu belangen gewesen. Die Familie genoß Zeugnisverweigerungsrecht.

fenlegung bislang versteckten Materials und verborgenen Wissens"[229]. Dieser am 14. Juni geäußerte Wunsch sollte nicht in Erfüllung gehen – zu diesem Zeitpunkt leugneten die Mengeles immer noch hartnäckig, daß die Familie Josef Mengele unterstützt habe. Zwar sorgten sich viele Günzburger um den Ruf der Landmaschinenfabrik und um die Arbeitsplätze, wenn aber ausgerechnet Karl-Heinz Mengele über die „Gefahr der Firmenrufschädigung" klagte und bereits am 6. Juli meinte, die Günzburger Familienangehörigen hätten „mit dem Fall nichts mehr zu tun", so zeugte dies von einer mangelnden Unterscheidungsfähigkeit zwischen Ursache und Wirkung sowie von einer bemerkenswerten Realitätsverweigerung.[230] Die Günzburger waren sich durchaus bewußt, daß die Mengeles bereit gewesen waren, „im Interesse einiger weniger, die ‚Josef Mengele 30 Jahre geholfen haben' [...] einen derart hohen Preis zu riskieren, wie er nun vermutlich von Günzburg und seinen Bürgern eingetrieben wird."[231] Oberbürgermeister Köppler warf der Familie vor, sie habe „sich selbst und ihrem Unternehmen den denkbar schlechtesten Dienst erwiesen", denn „wer die Justiz sechs Jahre lang in die Irre führe und nach einem Phantom fahnden lasse", dürfe sich über „negative Folgen im Geschäftsleben"[232] nicht wundern. Dabei übersah er allerdings, daß die Mengeles schon längst zu Gefangenen ihres eigenen Schweigens geworden waren: Zum einen sahen sie durch eine Offenlegung der Tatsachen die Reputation von Familie und Firma gefährdet; zum anderen ging es darum, den loyalen Hans Sedlmeier zu schützen. In seinem Fall stand nicht nur das persönliche Ansehen auf dem Spiel, denn – anders als den Familienmitgliedern – drohten ihm auch juristische Konsequenzen: Der Vorwurf der Strafvereitelung, dem er sich ausgesetzt hatte, war erst im Februar 1984, fünf Jahre nach dem Tod Mengeles, verjährt.

Wie groß der materielle Schaden war, den die Affäre der Firma Mengele kurz- und längerfristig zugefügt hat, ist nicht zu überblicken. Der CSU-Landtagsabgeordnete Karl Kling sah den Betrieb in einer „bedrängten Situation", und mit ihm eine Vielzahl von Zulieferfirmen, die nun „in den Strudel des verhängnisvollen Schweigens der Familie"[233] zu geraten drohten. Karl-Heinz Mengele sah dies anders. Überlegungen, die Firma solle ihren Namen ändern, wies er zurück, mußte aber gleichzeitig eingestehen, daß für 1985 mit deutlichen Umsatzeinbußen zu rechnen sei. Diese führte der Firmenchef aber nicht auf den Skandal zurück, sondern auf die prekäre Lage der bäuerlichen Kundschaft, die nicht mehr investiere. Sechs Jahre später, als Karl-Heinz und Dieter Mengele schließlich aufgeben und die Firma verkaufen mußten, hatte sich die Mitarbeiterzahl von 1300 im Jahr 1985 auf nur noch 650 halbiert.[234]

---

[229] Wochennachlese: Hoch gepokert, in: GZ, 15./16. 6. 1985.
[230] Um keinen Preis hätte er Mengele verraten, in: GZ, 6./7. 7. 1985.
[231] Wochennachlese: Hoch gepokert, in: GZ, 15./16. 6. 1985.
[232] Schwere Hypothek, in: Wirtschaftswoche, 20. 9. 1985.
[233] Ebenda.
[234] Vgl. S. 107.

# VIII. Ein langer Schatten

Als am 21. Juni 1985 das internationale Expertenteam verkündete, die forensischen Untersuchungen hätten ergeben, die aufgefundene Leiche sei „mit angemessener wissenschaftlicher Sicherheit"[1] diejenige Josef Mengeles, atmete Günzburg auf; Oberbürgermeister Köppler hoffte „auf ein Ende des Medienzirkus", denn das „Ende der Jagd nach Josef Mengele" mache Schluß „mit den Verdächtigungen und der Rufschädigung, die der Stadt unverschuldet angetan worden ist", könne doch nie die Rede davon gewesen sein, „daß Günzburg als Stadt [...] zusammenhält und alles verschleiert"[2]. Daß Günzburg auch weiterhin das Interesse der Medien auf sich ziehen könnte, war Köppler klar, er glaubte jedoch, daß es kritische Fragen an die Stadt nun nicht mehr geben werde, „Einzelfragen an einzelne Personen" dagegen seien natürlich „noch nicht vom Tisch"[3].

Schon zwei Wochen später war dieser Optimismus deutlichem Pessimismus gewichen: „Die Hoffnungen, die Affäre Mengele halbwegs heil zu überstehen, sind dahin."[4] Köppler stellte fest, daß die Stadt dank des Verhaltens Sedlmeiers und der Familie „den Schatten Mengeles nicht mehr los"[5] werde. Das Ergebnis der forensischen Untersuchung hatte zunächst weder den endgültigen Abschluß des Falles Mengele bedeutet[6], noch seine Heimatstadt aus den Schlagzeilen gebracht. So war mittlerweile die Frage aufgetaucht und in den Medien diskutiert worden, was nun mit der exhumierten Leiche des KZ-Arztes geschehen solle.[7] Bis zu dem endgültigen Beweis für Mengeles Tod, der erst 1992 durch eine DNA-Untersuchung erbracht wurde, tauchte der Name Mengele immer wieder in den Schlagzeilen auf.[8] Der Mythos Mengele wirkte noch lange nach.[9]

Auch der Günzburg-Mythos hielt sich hartnäckig. So strahlte etwa das Fernsehmagazin Spiegel-TV erstmals 1995, dann nochmals 1997 die deutsche Fassung einer Fernsehdokumentation von Dan Setton aus, die auf der Grundlage der Mengele-

---

[1] Experten bestätigen Mengeles Tod, in: SZ, 22./23. 6. 1985.
[2] Günzburg fühlt sich von einer Last befreit, in: GZ, 24. 6. 1985.
[3] Ebenda.
[4] Um keinen Preis hätte er Mengele verraten, in: GZ, 6./7. 7. 1985.
[5] Ebenda.
[6] Viele bezweifelten nach wie vor, daß es sich bei der Leiche von Embu um Josef Mengele handle.
[7] Vgl. Mengeles Leiche nach Günzburg,?, in: GZ, 29./30. 6. 1985; Mengele: Streit um Beerdigung, in: GZ, 1. 7. 1985; Mengeles Leiche bleibt in Brasilien, in: GZ, 2. 7. 1985.
[8] Vgl. z. B. Die Akte Mengele ist nicht geschlossen, in: GZ, 18. 2. 1985; Ist Josef Mengele wirklich tot?, in: SZ, 24. 3. 1985; Erinnerungen, die Zweifel unerträglich machen, in: SZ, 9. 1. 1993.
[9] Simon Wiesenthal etwa hielt in seiner 1992 erschienenen Autobiographie nach wie vor an vielen Mengele-Legenden fest. Vgl. Wiesenthal, Recht, S. 138–153. Vgl. außerdem: „Kardinal half Mengele, in: SZ, 15./16. 2. 1992. Auch an vielen anderen Publikationen schienen die Erkenntnisse zu Mengeles Biographie, die nach 1985 gewonnen werden konnten, spurlos vorbeigegangen zu sein.

Biographie von Gerald L. Posner und John Ware beruhte.[10] Dennoch bemühte sie immer wieder Versatzstücke des Mengele-Mythos, die nicht zuletzt durch die Buchvorlage längst widerlegt waren. Die Ausführungen zu Günzburg glichen weitgehend den seit den 1960er Jahren bekannten Klischees: „Am Ufer der Donau", heißt es gleich zu Beginn, „liegt die kleine Stadt Günzburg. Sie gehört praktisch der Familie Mengele, denn sie kontrollieren den größten Teil der Industrie vor Ort", und erneut war die Rede von einer „Verschwörung des Schweigens"[11]. Gegen Ende der Dokumentation kam Josef Kleinmann, einer der Mengele-Zwillinge, zu Wort: „Wir besuchten seine Heimatstadt Günzburg. [...] Wir gingen ins Rathaus und wollten wissen, ob sie irgend etwas über Josef Mengele wüßten. Die Antwort war: Wir haben alles registriert, wie er gestorben ist, wo er begraben ist, aber über ihn haben wir keine Unterlagen. Wir wollten seine Familie aufsuchen, aber die nahm nicht einmal das Telefon ab. Dann hielten wir Leute auf der Straße an und fragten: Wissen Sie irgend etwas über Josef Mengele? [...] Keine Antwort."

Der Günzburg-Mythos konnte also auch 1995 immer noch nach dem gleichen Schema funktionieren. Kleinmann war mit mittlerweile 30 Jahre alten Klischees im Kopf nach Günzburg gekommen und hatte sie, seiner Ansicht nach, allenthalben bestätigt gefunden. Doch was hätte man im Rathaus anderes antworten sollen auf die Frage, ob man dort „irgend etwas" wisse über Josef Mengele? Oberbürgermeister Köppler stellte in einem Schreiben an Spiegel-TV fest, Josef Kleinmann habe zumindest mit ihm nie gesprochen, telefoniert oder korrespondiert, auch der Stadtarchivar könne sich nicht an Kleinmann erinnern.[12] Ohnehin handelte es sich, sollte Kleinmann im Rathaus eine derartige Information erhalten haben, um eine der Wahrheit entsprechende Auskunft: Es gab und gibt in Günzburg keine besonderen Informationen, Archivalien oder Dokumente betreffend Josef Mengele; Kleinmann könnte dies als Weigerung, ihm Auskunft zu geben, mißverstanden haben.

Die Autoren des Beitrags von Spiegel-TV indes konnten offenkundig der Versuchung nicht widerstehen, einen Holocaust-Überlebenden zu instrumentalisieren, um ein allzu feiles Günzburg-Klischee zu reproduzieren. Offensichtlich um die Worte Kleinmanns wirkungsvoll zu illustrieren, hatten die deutschen Journalisten im Anschluß an Kleinmanns Erzählung Bilder aus Günzburg eingefügt, die nicht zur Original-Reportage gehörten. Sie konfrontierten Passanten mit der Frage nach Josef Mengele. Die Auswahl der gezeigten Antworten und Reaktionen ist bezeichnend für die Intention des Fernsehteams: Ein junges Pärchen, das mit dem Namen Mengele offenbar gar nichts anzufangen wußte („Maler ... glaub ich?"); ein älterer Herr, der erst die Hand vor die Kamera hielt und dann doch sagte: „Wissen Sie, über die Vergangenheit, was jetzt fünfzig Jahre her ist, das ist längst vorbei, und da haben

---

[10] Spiegel-TV spezial: Josef Mengele, Fernsehdokumentation von Dan Setton. Deutsche Bearbeitung: Sibylle Cochrane, 1995. Ein Beispiel für den Mengele-Mythos in der Fernseh-Dokumentation: „Sobald Mengele auf italienischem Boden ist, wird er von katholischen Priestern in Obhut genommen, die Kriegsverbrechern wie ihm helfen".

[11] Dieses und die folgenden Zitate: Ebenda.

[12] Vgl. StAGz 130,1 (12), Spezialakt Josef Mengele, Bd. V, Schreiben Köppler an Spiegel-TV, 29. 11. 1995; ebenda, Schreiben Köppler an Spiegel-TV, 13. 11. 1997. Den zweiten Brief schrieb Köppler nach einer Wiederholung des Beitrages. Eine Antwort erhielt Köppler auf beide Schreiben nicht. Vgl. außerdem: Mengele-Bericht: Köppler sauer auf „Spiegel-TV", in: GZ, 15. 11. 1997.

die schon genug geschrieben. Wissen sie, ich könnt' Ihnen das alles sagen, aber das ist witzlos"; ein weiterer älterer Herr, der sich weigerte, überhaupt mit den Reportern zu sprechen („Nee, von mir nicht, nein"). Das alles sollte, wie in den 1960er und 1980er Jahren, augenfällig machen, daß in Günzburg immer noch geschwiegen wurde, daß eine verschworene Gemeinschaft immer noch existierte – 65 Jahre, nachdem Josef Mengele die Stadt verlassen, rund 45 Jahre, nachdem er nach Südamerika geflohen und ein Jahrzehnt, nachdem man seine Leiche in Brasilien gefunden hatte. Den Abschluß bildete schließlich eine alte Frau, die die Reporter in der Nähe des Werkstores der Mengele-Fabrik ansprachen, den großen Firmenschriftzug bezeichnend im Hintergrund. Nach langem Schweigen drehte sie sich einfach um und lief, fast fluchtartig, davon. Allein die Tatsache, daß es sich dabei ganz offensichtlich um eine Spätaussiedlerin gehandelt hatte, die das Kamerateam verständnislos angestarrt und vermutlich kein Wort verstanden hatte, störte etwas den gewünschten Eindruck von dem Namen Mengele, der im Hintergrund allgegenwärtig war und die Menschen immer noch zum Schweigen brachte.

Bei dem in dem Spiegel-TV-Beitrag bewußt erzeugten Eindruck von den angeblichen Verhältnissen in der Stadt handelte es sich um die altbekannte Verzerrung der Wirklichkeit, die ein Jahrzehnt nach Offenlegung der Geschehnisse im Fall Mengele nicht mehr Wahrheitsgehalt beanspruchen konnte als in den Jahrzehnten zuvor. Dies zeigt nicht zuletzt die Tatsache, daß in diesen Jahren andere Journalisten und Fernsehmacher, die sich mit Josef Mengele beschäftigten, in Günzburg viel Unterstützung erfuhren – so sie sich denn die Mühe machten, zu recherchieren. Stellvertretend sei mit Guido Knopps Dokumentationsreihe „Hitlers Helfer" nur das wohl bekannteste Beispiel genannt, das das Stadtarchiv und das Einwohnermeldeamt bei der Suche nach Informationen und Zeitzeugen unterstützte.[13]

---

[13] Vgl. Mitteilungen des Stadtarchivars Walter Grabert an Köppler betr. ZDF-Zeitzeugenbefragung, 14. 7. 1997 und 28. 7. 1997. Vgl. außerdem Mengele-Dokumentation: ZDF dreht in Günzburg, in: GZ, 20. 8. 1997; Wichtige Aufklärung über heikles Thema, in: GZ, 2. 9. 1997; Knopp/Pischke, Todesarzt.

# IX. Fazit

Die Antwort auf die Frage nach der Entstehung des Günzburg-Mythos muß mit der Feststellung des Offensichtlichen beginnen: Wäre Josef Mengele 1945 verhaftet worden oder hätte er sich, wie nicht wenige seiner Kollegen, das Leben genommen, wäre seine Heimatstadt vermutlich nie in dem Ausmaß mit ihm und seinen Verbrechen in Auschwitz konfrontiert worden, wie es später der Fall war. Erst sein unerklärliches, spurloses Verschwinden machte seinen Namen einer breiten Öffentlichkeit bekannt und ermöglichte die Entstehung des Mythos, der spektakulären Gerüchte, Spekulationen und Legenden, die ihn zu einem Dauerthema der internationalen Presse machten. Jahrzehntelang gab es zwischen dem Fall Mengele und der Realität erstaunlich wenige Berührungspunkte. Vergleichbar ist er dabei am ehesten mit dem Fall Martin Bormann, dessen Name und Gesicht den Deutschen während des Dritten Reiches trotz seiner Machtstellung weitgehend unbekannt geblieben war. Dies änderte erst der Nürnberger Prozeß gegen die Hauptkriegsverbrecher, wo in Abwesenheit gegen ihn verhandelt wurde. Sein ungewisses Schicksal und sein Fehlen auf der Anklagebank führten zu einer ähnlichen Mythenbildung, die erst 1973 mit der Identifizierung seiner Leiche und der Bestätigung ein Ende fand, daß Bormann schon 1945 in Berlin umgekommen war.

„Die nationalsozialistischen Konzentrationslager sind zwar zu einem gängigen Begriff der allgemeinen historisch-politischen Meinungsbildung geworden, es existiert aber wenig sicheres Wissen über sie"[1], schrieb Anfang der 1960er Jahre der Historiker Martin Broszat in seinem Gutachten für den Frankfurter Auschwitz-Prozeß. Daran hat sich jahrzehntelang nichts geändert, und besonders galt dies natürlich für Auschwitz: Schon früh wurde aus dem polnischen Ort Oświęcim der, wie Peter Reichel es formulierte, „ortlose Erinnerungsort Auschwitz"[2]. Das größte der deutschen Vernichtungslager wurde zuerst zur Metapher für die Vernichtung der europäischen Juden und später eine Chiffre für alles Böse der modernen Welt, die jederzeit abrufbar allen zur Verfügung stand, die öffentliche Aufmerksamkeit mobilisieren oder politisches Handeln legitimieren wollten. Josef Mengele wiederum wurde durch die Art seiner Verbrechen zu einem Symbol für die unmenschlichen Greuel dieses Auschwitz. Seine Stilisierung zur Chiffre für Auschwitz spiegelte nicht zuletzt die Hilflosigkeit der Menschen angesichts eines Geschehens, das jeder Erklärung zu spotten schien.

Unmittelbar nach Kriegsende gab es das Symbol Josef Mengele noch nicht. Selbst die in Günzburg stationierten amerikanischen Besatzungstruppen wußten nicht, wer der Josef Mengele war, den sie wegen seines Ranges in der Waffen-SS in automatischen Arrest nehmen wollten. Sie hatten wenig Anlaß, den Angaben der Familie keinen Glauben zu schenken, die versicherte, er sei im Osten vermißt und ver-

---
[1] Broszat, Konzentrationslager, S. 11.
[2] Reichel, Vergangenheitsbewältigung, S. 209. Vgl. zum folgenden: Ebenda.

mutlich tot. Vier Jahre lang hielt sich Josef Mengele auf einem Bauernhof in Oberbayern versteckt, und als er 1949 nach Argentinien floh, gab es niemanden, der ihn suchte oder sich auch nur um sein Schicksal kümmerte – dies gilt, von seiner Familie abgesehen, auch für seine Heimatstadt. Dies sollte für ein ganzes Jahrzehnt, bis weit in die zweite Hälfte der 1950er Jahre hinein, so bleiben. In jenen Jahren war es in der noch jungen Bundesrepublik still geworden um die jüngste Vergangenheit und um die Geschehnisse in den Konzentrationslagern, lediglich ehemalige Häftlinge bemühten sich, die Erinnerung an die verübten Greuel und die Täter wachzuhalten. Auch hier war Günzburg keine Ausnahme: Mengele, das war die Landmaschinenfabrik des erfolgreichen Karl Mengele und seiner beiden Söhne Karl jun. und Alois. Erst gegen Ende des Jahrzehnts bahnte sich in der Gesellschaft ein Wandel im Umgang mit der NS-Vergangenheit an.

1958 wurden die Justizbehörden endlich aktiv, und erste Ermittlungen wurden auch in Mengeles Heimatstadt angestellt. Nun erinnerten sich viele Günzburger des ältesten Sohnes des Fabrikbesitzers Mengele, und Gerüchte machten die Runde. Auf der Suche nach dem KZ-Arzt lag es nahe, auch seine Familie in die Nachforschungen mit einzubeziehen, die über nicht unerhebliche Geldmittel verfügte. Schnell wurde bekannt, daß es während der 1950er Jahre Verbindungen zwischen Josef und seinen Angehörigen gegeben hatte. Die Vermutung lag nahe, daß die Familie ihm bei seiner Flucht aus Europa behilflich gewesen war und ihn jahrelang finanziell versorgt hatte. Daß seine Angehörigen nun behaupteten, der Gesuchte sei nach Beginn der Ermittlungen spurlos verschwunden und auch sie wüßten nicht, wo er sich aufhalte, war wenig glaubwürdig, doch das Gegenteil war über 25 Jahre lang nicht zu beweisen.

Ermittler wie Journalisten, deren Interesse vor allem durch den Frankfurter Auschwitz-Prozeß geweckt wurde, stellten schnell fest, daß die Mengeles in ihrer Heimatstadt nicht irgendeine Familie waren, sondern als mit Abstand größter Arbeitgeber am Ort über erheblichen Einfluß verfügten. Ihr Oberhaupt, Karl Mengele, genoß den Respekt und die Bewunderung, ja Verehrung seiner Mitbürger, die zum großen Teil direkten Anteil hatten an seinem Erfolg. Nicht ohne Stolz identifizierten sich die Stadt und viele ihrer Bewohner mit dem weltweit erfolgreichen Unternehmen und seinem Namen. Die enge Verflechtung mit dem Namen Mengele wurde der Stadt nun zum Verhängnis: Plötzlich stand dieser Name nun für eine Familie, die einem bestialischen Massenmörder die Flucht ermöglichte, deren übermächtiger Einfluß und außergewöhnliches Ansehen den Eindruck erweckten, die Stadt werde gleichsam von der Familie beherrscht und habe sich mit ihr zum Schutze des Massenmörders verschworen.

Diese Verschwörungstheorie beruhte auf einem Zirkel sich gegenseitig bedingender Kausalverhältnisse: Ausgehend vom Ergebnis wurde der Mengele von Auschwitz mit seiner Herkunft aus der angeblichen Nazi-Hochburg Günzburg erklärt – denn eine Nazihochburg, so die um sich selbst kreisende Argumentation, mußte die Heimatstadt des dämonischen Mengele zweifelsohne gewesen sein. Dies verstärkte wiederum den Verdacht einer Nachkriegsverschwörung zu dessen Schutz, der umgekehrt wieder die besondere Affinität der Stadt zur NS-Weltanschauung belegte und damit ihre Verantwortung für die Taten Mengeles bewies. Der argumentative Kreis hatte sich geschlossen. So wurde der begründete Verdacht, den man gegen die Familie hegte, ohne jede objektive Grundlage auf die ganze Stadt ausgeweitet. Vielen wurde zur unumstößlichen Gewißheit, daß nicht nur die Mengeles mehr wußten, als sie sagten, sondern auch die übrigen Bürger Mitwisser des dunklen Geheimnisses sein mußten.

Dies war die Prämisse des Günzburg-Mythos, der erste von mehreren Faktoren, die seine Entstehung und weitere Entwicklung beeinflußten. Natürlich war diese Grundannahme falsch: Warum hätten die Mengeles eine ganze Kleinstadt in die Vorgänge um die Flucht Josef Mengeles einweihen sollen? Als 1964 eine Vielzahl von Medienvertretern nach Günzburg kam, hatten diese jedoch genau diese Vorstellung im Kopf. Dementsprechend wußten die Günzburger auf viele Fragen, die ihnen gestellt wurden, schlicht keine Antwort – was ihnen prompt als verstocktes Schweigen und weiterer Beleg für eine Verschwörung ausgelegt wurde. Die Journalisten bohrten nach, und die ohnehin geringe Bereitschaft, überhaupt mit den Journalisten zu sprechen, sank weiter. Daraus ergab sich ein Teufelskreis: Je ablehnender sich die einen verhielten, desto offensiver fragten die anderen, und je offensiver die anderen fragten, desto weniger waren die einen geneigt, ihnen zu antworten.

Als weiterer Beleg für die Verschwörungstheorien wurde die Tatsache gewertet, daß viele Menschen in Günzburg den Anschuldigungen gegen Josef Mengele nur schwer Glauben schenken konnten. Die Taten, die ihm zur Last gelegt wurden, waren gerade für die Alteingesessenen Günzburger mit ihrer Erinnerung an den wohlerzogenen und strebsamen, aus hochangesehener und streng katholischer Familie stammenden Musterknaben nicht in Einklang zu bringen. Auch hier waren die Günzburger keine Ausnahme: Daß auch und gerade hochgebildete, teils promovierte Akademiker an den Massenmorden an führender Stelle beteiligt gewesen waren, war für die Deutschen lange Zeit kaum vorstellbar. Dies galt nicht minder für die Journalisten und Ermittler: Als 1964, während des großen Frankfurter Auschwitz-Prozesses, Reporter in die Stadt kamen, hörten sie von alteingesessenen Günzburgern nur dreißig oder vierzig Jahre alte Episoden, die Josef Mengele als ein ganz normales Kind, ja sogar als Musterknaben schilderten. Damit wiederum konnten sie – nun unter umgekehrten Vorzeichen – das sich gerade etablierende, dämonische Bild Mengeles nicht in Einklang bringen. Für beide, Günzburger wie Außenstehende, waren der Musterknabe und das Monster nicht miteinander zu vereinbaren. Für diejenigen, die in Mengele das eine sahen, konnte er nicht gleichzeitig das andere gewesen sein, und so wurde dieses kognitive Problem zu einem weiteren Beleg für den angeblichen Versuch der Stadt, das Monster zu decken und zu verteidigen.

Der dritte Faktor, der maßgeblich die Entstehung und Entwicklung des Günzburg-Mythos beeinflußte, war die signifikant voneinander abweichende relative Bedeutung, die Ermittler und Journalisten auf der einen und Günzburger auf der anderen Seite der Person Mengeles zumaßen. Den Günzburgern war die Person des Auschwitz-Arztes eigentlich unwichtig, er interessierte sie nicht übermäßig. Ihnen ging es hauptsächlich darum, Schaden von der Stadt abzuwenden – und dazu gehörte aus lokaler Sicht auch, sich vor die Familie Mengele zu stellen, auf deren Aussagen man in gutem Glauben vertraute und vertrauen wollte. Diese Haltung bezog sich nicht auf die Verbrechen Josef Mengeles. Nicht ihn, dessen persönliches Schicksal den Günzburgern gleichgültig sein konnte und weitgehend war, wollten sie schützen, sondern die angesehene Familie Mengele und den Namen ihrer Stadt. Die Mengele-Jäger, seine Opfer und alle die, die auf deren Spuren nach einer guten

Story suchten, waren im Gegensatz dazu fixiert auf das Monster Mengele; entsprechend bezogen sie alles Tun und Lassen der Günzburger auf den dämonischen Massenmörder: Für sie war klar, daß er es war, den sie schützen wollten.

Die genannten drei Faktoren beruhten jeweils auf einer Fehlinterpretation der Voraussetzungen in Günzburg und des Verhaltens seiner Einwohner. Sie verhinderten das Zustandekommen einer erfolgreichen Kommunikationssituation, das ein gegenseitiges Verstehen der Motivation und Intention der Journalisten und Ermittler einerseits und der Günzburger andererseits vorausgesetzt hätte. Der vierte und wohl fundamentalste Faktor war die Grundkonstante des Falles Mengele überhaupt: Das Defizit an zutreffenden und zuverlässigen Informationen. Über diese verfügte allein die Familie Mengele. Nach Beginn der Ermittlungen war schnell bekannt geworden, daß Josef Mengele sich in Argentinien aufgehalten, Kontakt mit seiner Familie gehabt und sogar einen deutschen Paß beantragt hatte. Die meisten der spärlichen Fakten deuteten also nach Günzburg, und bis 1985 gab es im Fall Mengele, was die Fahndung nach seiner Person anging, so gut wie keine neuen Erkenntnisse. Jahrzehntelang wußte niemand auch nur annähernd zutreffende Angaben über den Aufenthaltsort Josef Mengeles zu machen, auch wenn viele dies immer wieder behaupteten. Aus dem Wildwuchs der Legenden, von übereifrigen Journalisten und Nazijägern immer wieder aufgegriffen und ausgebaut, entstand der Mengele-Mythos; in seinem Mittelpunkt stand ein fast schon grotesk verzerrtes Phantom, das mit der realen Person Josef Mengeles kaum noch Berührungspunkte hatte und – konsequenterweise – auch nie gefaßt werden konnte. Die Realität spielte bei der Genesis beider Mythen kaum eine Rolle, und hätte es zu irgendeiner Zeit zuverlässige Informationen und verläßliche Erkenntnisse gegeben oder wäre Josef Mengele gar gefaßt worden, wäre beiden Mythen schnell die Grundlage entzogen worden.

Unter diesen Voraussetzungen war es nur folgerichtig, daß mit dem gesellschaftlichen Kontext der bundesrepublikanischen Erinnerungskultur ein weiterer Teil der Realität gänzlich ausgeblendet wurde: Im Laufe der Jahrzehnte veränderte sich das Verhältnis der Gesellschaft zur NS-Vergangenheit, insbesondere die Wahrnehmung der nationalsozialistischen Gewaltverbrechen und der Täter, fundamental. Von Anfang an waren es dabei „Skandale", die in der Bundesrepublik katalytisch auf die gesellschaftliche Auseinandersetzung mit der NS-Vergangenheit wirkten, und auch der Fall Mengele und Günzburg waren eingebunden in das Auf und Ab dieser Erinnerungskonjunktur. In der historischen Rückschau tritt die Entwicklung des bundesdeutschen Umgangs mit der Vergangenheit durch das verfestigte und perpetuierte Klischee von der Stadt hier sogar in besonderer Schärfe hervor. Dies gilt umso mehr, als Günzburg über die Jahrzehnte hinweg im positiven wie im negativen Sinne eigentlich eine „normale" deutsche Stadt war; für ihre Bewohner gab die Gesellschaft, deren Teil sie waren, den obligatorischen Rahmen des eigenen Denkens und Handelns vor, das ohne diesen Bezugsrahmen kaum adäquat beschrieben und erklärt werden kann.

Nach den stillen 1950er Jahren schufen gegen Ende des Jahrzehnts spektakuläre Ereignisse wie die ersten großen NS-Prozesse eine Sensibilität für die NS-Vergangenheit und damit die Voraussetzung dafür, daß es nach Jahren des allgemeinen Desinteresses zu ersten Ermittlungen in Sachen Mengele kam. Die 1960er Jahre brachten den großen „Skandal" des Frankfurter Auschwitz-Prozesses und seine

Folgen für den Fall Mengele und Günzburg. In den 1970er Jahren blieb es dagegen vergleichsweise ruhig um die deutsche Vergangenheit, sowohl in Deutschland als auch in Günzburg und im Fall Mengele. Erst 1979 ereignete sich mit der Ausstrahlung der amerikanischen Fernsehserie „Holocaust" erneut ein „Skandal", der die bundesrepublikanische Gesellschaft mit dem individuellen Schicksal der Opfer konfrontierte. Von nun an stand die Frage der Vergangenheitsbewältigung immer wieder auf der gesellschaftlichen und politischen Agenda der Bundesrepublik, und während die einen die bisherige Vergangenheitsbewältigung als keineswegs ausreichend bemängelten und forderten, das Volk der Täter müsse sich endlich mit seiner Vergangenheit auseinandersetzen, wollten die anderen, die auch die Deutschen als Opfer des Nationalsozialismus sahen, sich und ihre Landsleute endlich von den Hypotheken vier Jahrzehnte zurückliegender Ereignisse befreit sehen.

Für die erste Position in diesem Spannungsfeld gegensätzlicher Standpunkte stand Hanne Hiob, die mit missionarisch-marxistischem Eifer den Günzburg-Mythos in ein kommunistisches Weltbild zwängte, um im Sinne des ersteren Standpunktes am Beispiel Günzburgs die faschistische Kontinuität des kapitalistischen Systems zu belegen. Auch die Gegenposition, die auf den Opfer-Mythos rekurrierte und die Vergangenheit ruhen lassen wollte, fand in Josef Baumeister einen radikalen Exponenten. Baumeister, der sich in seinem Gedichtband – wie auch die filmische Antwort auf „Holocaust" – auf die „Heimat" berief, stilisierte Mengele gar zum Märtyrer des zu Unrecht beschuldigten, gedemütigten und erpreßten deutschen Volkes.

Mit dem eigentlichen Fall Mengele hatten beide Extrempositionen wenig zu tun; Günzburg-Mythos und KZ-Arzt dienten lediglich als Symbol, an dem sich ideologiegesättigte Weltbilder kristallisieren konnten. Die eigentliche Bedeutung des Hiob'schen Informationsstandes lag denn auch nicht in dem verzerrten Bild, das sie von der Stadt und der deutschen Gesellschaft zeichnete, sondern in der Skandalfunktion: er konfrontierte die Günzburger mit der Vergangenheit. Die Reaktionen waren vielfältig, sie reichten von gesteigertem Interesse an der Stadtgeschichte im Nationalsozialismus bis zu deutlicher Abwehrhaltung; sie spiegelten das gesamtgesellschaftliche Spektrum der Meinungen und Positionen. Hanne Hiobs Informationsstand und Baumeisters Gedicht waren wenig mehr als Anlaß und Ausdruck einer lokalen Auseinandersetzung mit der NS-Vergangenheit, wie sie in diesen Jahren in vielen deutschen Städten auf die eine oder andere Weise stattgefunden hat. Daß der Kristallisationspunkt dieser Konfrontation kein historisches Ereignis der Stadtgeschichte im Dritten Reich war, sondern Josef Mengele und der Günzburg-Mythos, ist bezeichnend.

Durch Hanne Hiobs Aktion war zudem deutlich deutlich geworden, wie sehr die mit Mengele im Zusammenhang stehenden Halbwahrheiten und Legenden tatsächliche Ereignisse überlagerten und das Bild der Stadt prägten. Um diesem Zerrbild zu begegnen, entschied sich Oberbürgermeister Dr. Köppler für den einzig gangbaren und erfolgversprechenden Weg: Statt einer starren Abwehrhaltung wählte er den offensiven Schritt einer Auseinandersetzung mit der Stadtgeschichte und der nationalsozialistischen Vergangenheit Deutschlands. Seine Rede vor dem Stadtrat war gekennzeichnet von dem Bemühen, den dunklen Legenden ein differenzierteres Bild entgegenzusetzen und so den „Schatten" zurückzudrängen, den er zu Unrecht auf seiner Stadt liegen sah. Zunächst jedoch wurde dieser Versuch überregional oder gar international kaum wahrgenommen, denn anders als in den 1950er und 1960er Jahren, als die Geschehnisse in Günzburg immer von einer parallel ablaufenden, bedeutsamen und aufsehenerregenden Entwicklung im Fall Mengele ausgelöst und maßgeblich beeinflußt worden waren, standen die beschriebenen Ereignisse nun in keinem direkten Zusammenhang mit einem solchen „Skandal". Dementsprechend fehlte die Aufmerksamkeit einer breiten Öffentlichkeit.

Dies änderte sich zu Beginn des Jahres 1985, als eine ganze Reihe von „Skandalen", die medienwirksam den vierzigsten Jahrestag der Befreiung von Auschwitz zu nutzen wußten, für eine ungeahnte Dynamisierung und Intensivierung der Ermittlungsbemühungen im Fall Mengele sorgten. Das internationale Medienecho erreichte einen zuvor nie auch nur annähernd erreichten Höhepunkt, und die Stadt Günzburg und die Familie Mengele wurden auf verschiedenste Weise mit den Legenden des Günzburg-Mythos konfrontiert. Beider Reaktionen hätten allerdings unterschiedlicher nicht ausfallen können: Während sich Oberbürgermeister Köppler bemühte, den bald in Scharen nach Günzburg reisenden Reportern möglichst offen zu begegnen und sich so die Möglichkeit eröffnete, korrigierend auf die Darstellung der Stadt in den Medien einzuwirken, setzten die Mengeles auf eine wenig überzeugende Mischung aus Schweigen, Relativierung und Desinformation. Köppler hatte mit seiner Strategie der „offensiven Verteidigung" zumindest bei den Journalisten, denen mehr an einer seriösen Berichterstattung als an einer verkaufsfördernden Schlagzeile gelegen war, durchaus Erfolg, während die Glaubwürdigkeit der Mengeles immer mehr beschädigt wurde. Selbst als Anfang Juni 1985 die Leiche Josef Mengeles in Brasilien entdeckt wurde und danach die Verwicklung der Familie unzweifelhaft feststand, hielt die Familie in Günzburg hartnäckig an ihrer Version der Geschichte fest. Eine Verteidigungslinie nach der anderen mußte sie aufgeben und hüllte sich schließlich wieder in völliges Schweigen, das nur für gelegentliche Äußerungen des Selbstmitleids aufgegeben wurde.

Der Stadt bescherte dieser letzte große „Skandal" einen Medienrummel, der selbst den Ansturm im Februar/März des Jahres noch übertraf. Die Mengeles, die von den Günzburgern und ihrem Bürgermeister jahrzehntelang wie selbstverständlich in Schutz genommen und gegen „Sippenhaft" verteidigt worden waren, konnten nun nicht mehr mit dem Verständnis ihrer Heimatstadt rechnen. Daß die Mengeles ihren Verwandten unterstützt und zu seinen Lebzeiten geschwiegen hatten, mochten dabei viele noch nachvollziehen und der Familie nicht zum Vorwurf machen; anders verhielt es sich allerdings mit den mehr als sechs Jahren, die seit seinem Tod vergangen waren. Ein früheres und vor allem freiwilliges Offenlegen der Fakten, so war man sich sicher, hätte der Stadt einiges erspart. Nun begann die Familie zu klagen, der Ruf der Firma leide unter dem weltweiten Aufsehen und Arbeitsplätze stünden auf dem Spiel. Doch viele Günzburger erkannten nun nur allzu deutlich, daß die, die da klagten, die Situation erst heraufbeschworen hatten und nun den Geist, den sie gerufen hatten, nicht mehr los wurden.

Die Stadt Günzburg hatte die Familie Mengele lange Zeit in Schutz genommen, und obwohl einiges darauf hindeutete, daß die Günzburger Verwandten den Aufenthaltsort des KZ-Arztes kannten, schenkten viele deren Versicherungen glauben, man wisse nichts über den Verbleib des Bruders und Onkels. Man mag dies als vertrauensselig oder leichtgläubig einstufen, aber dabei stellt sich die Frage, auf welcher Grundlage und in welcher Form sich eine wie auch immer geartete Distanzierung von der Familie Mengele hätte vollziehen sollen? Ganz unabhängig von sozialen, politischen oder ökonomischen Faktoren war es Tatsache, daß bis zum Frühsommer 1985 keinerlei Belege, ja seit den sechziger Jahren nicht einmal konkrete Hinweise für eine immer noch bestehende Verbindung der Günzburger Familie zu ihrem Verwandten in Südamerika vorlagen. Die Stadt, die mit den Mengeles als mit Abstand wichtigstem Arbeitgeber vor Ort zusammenarbeiten mußte, konnte und wollte am allerwenigsten von der auch für die Mengeles bis zum Beweis des Gegenteils geltenden Unschuldsvermutung abrücken.

Erst nach fast drei Jahrzehnten stand fest, daß es in Günzburg tatsächlich eine Verschwörung gegeben hatte – doch die Günzburger waren nicht Mitverschwörer, sondern selbst hintergangen worden. Die Unterscheidung zwischen der Familie und Hans Sedlmeier auf der einen und dem großen Rest der Stadt auf der anderen Seite ist legitim und notwendig. Eine Bewertung des Handelns der Familie ist nicht Aufgabe dieser Arbeit; man mag die Unterstützung des Verwandten nachvollziehbar oder moralisch verwerflich finden – daran, daß die Familie mit der Behauptung, sie habe keine Kenntnis über den Verbleib des KZ-Arztes, die Günzburger genauso wie die internationale Öffentlichkeit belogen hat, ändert dies nichts. Die Menschen in Josef Mengeles Heimatstadt wußten – abgesehen von einigen Gerüchten, die schnell allgemein bekannt wurden – zu keinem Zeitpunkt mehr als die Menschen anderswo.

Doch die realen Verhältnisse in der Stadt wurden von Außenstehenden nicht zur Kenntnis genommen; sie war in den fast dreißig Jahren, die die Jagd auf Josef Mengele dauerte, kaum je handelndes Subjekt; sie blieb weitgehend passiv, insbesondere gegenüber der Familie Mengele, die man mit kritischen Fragen verschonte; dadurch blieb sie weitestgehend Objekt und Projektionsfläche des Günzburg-Mythos.

Anders die Familie Mengele: Ihre Entscheidungen waren von Anfang an von ausschlaggebender Bedeutung. Insbesondere nach dem Tod Josef Mengeles in Brasilien lag es in ihrer Hand, die Jagd zu beenden. Hätte sie zu diesem Zeitpunkt freiwillig und umfassend die Öffentlichkeit informiert, wäre nicht nur der Stadt viel erspart geblieben. Doch die Mengeles entschlossen sich, weiterhin Theater zu spielen, und selbst als die Tatsachen im Juni 1985 schon längst vor aller Welt offen zu Tage lagen, konnten sie sich zur Wahrheit nicht durchringen. Erst 1985 wuchs den Mengeles die Situation über den Kopf, doch die halbherzigen und ohnehin unbrauchbaren Eindämmungsversuche kamen zu spät. Erneut war es die Stadt, die die Folgen zu tragen hatte. Wie groß der ideelle und materielle Schaden war, den sie durch das Verhalten der Familie Mengele erlitten hat, ist nicht zu sagen. Die Gründe für den Niedergang der Landmaschinenfabrik, der nur wenige Jahre später in den Verkauf und schließlich in die Schließung mündete, mögen anderer Art gewesen sein. Die Last, die die Familie der Stadt zwar nicht selbst aufgebürdet, aber doch verursacht hatte, und die sie ihr, als sie die Möglichkeit dazu hatte, nicht abnahm, war jedenfalls enorm.

Nachdem der Tod Mengeles 1985 mit an Sicherheit grenzender Wahrscheinlichkeit bestätigt worden war, ging das Medieninteresse an Günzburg zurück. Je mehr über die Biographie Mengeles bekannt wurde, desto weiter rückten die Mythen in den Hintergrund – der Schatten, der jahrzehntelang auf der Stadt gelegen hatte, begann sich zurückzuziehen. Doch noch Mitte der 1990er Jahre war der Günzburg-

Mythos nicht völlig verschwunden, und die Stadt wird möglicherweise noch lange mit dem Echo der dunklen Legenden leben müssen. Die einzige Möglichkeit, dem entgegenzuwirken, ist es, den eingeschlagenen Weg beizubehalten und sich der von Zeit zu Zeit auftauchenden Konfrontation mit Josef Mengele offen zu stellen.

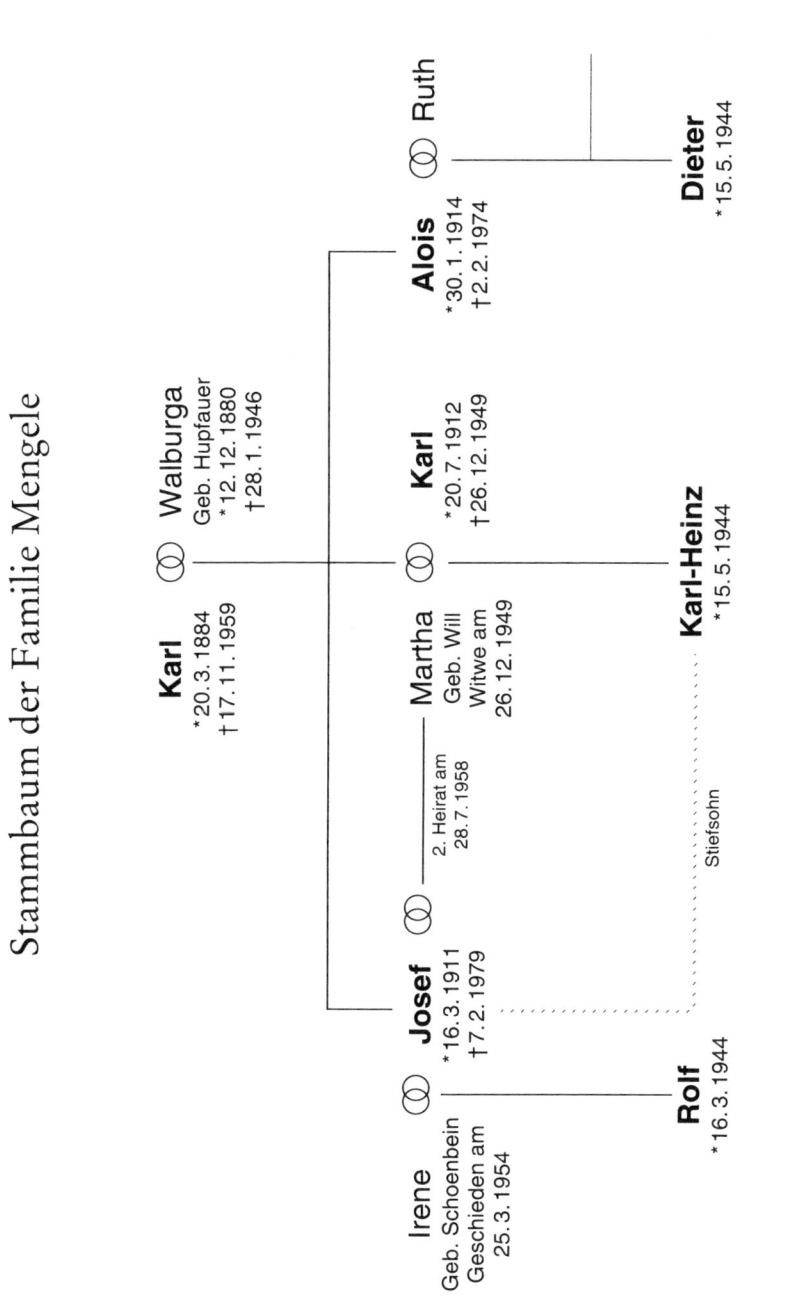

# Quellen- und Literaturverzeichnis

## Archivalien

*Archiv Grünes Gedächtnis (AGG)*
Petra-Kelly-Archiv

*Behörde der Bundesbeauftragten für die Unterlagen des Staatssicherheitsdienstes der ehemaligen Deutschen Demokratischen Republik (BStU)*
MfS, ZA, ZUV 84

*Bundesarchiv Berlin (BAB)*
Berlin Document Center (BDC), SS-Führer-Akte Josef Mengele
R 69: Einwandererzentralstelle Litzmannstadt

*Archiv des Instituts für Zeitgeschichte, München (IfZA)*
OMGUS-Akten: CO / 457 / 1–10, CO / 478 / 41

*Staatsanwaltschaft bei dem Landgericht Frankfurt am Main (Sta F/M)*
Aktenzeichen 4 Js 340/68, Ermittlungsverfahren „Josef Mengele"
Ermittlungsakten
Handakten
Fahndungsakten
Handschriftliche Aufzeichnungen Mengeles (maschinenschriftliches Transkript)

*Staatsarchiv Augsburg (StAA)*
Spruchkammer Günzburg, M 189: Karl Mengele
Bezirksamt Günzburg
3149        Die NSDAP in Stadt und Bezirk Günzburg
9934        Halbmonatsberichte 1920–1934
9936        Wochenberichte 11/1945 und 1/1947–11/1948
9941        Wochenberichte an die amerikanische Militärregierung
10545       Industrie, Handel und Gewerbe, Neu- und Wiederzulassungen

*Stadtarchiv Günzburg (StAGz)*
23/2 (11)   Ehrenbürger Ing. Karl Mengele
23/2 (14)   Ehrenbürger Alois Mengele
23/4 (6)    Goldene Bürgermedaille Alois Mengele
130/1 (12)  KZ-Arzt Dr. Josef Mengele
822/6       Akten der königlichen Stadt Günzburg: Übersichten über die in der Stadt befindlichen Fabriken und Handwerksbetriebe und die Zahl der Arbeiter in denselben
P/SZ/M, I   Ehemalige Stadtratsmitglieder

# Gedruckte Quellen

80 Jahre Mengele. Karl Mengele & Söhne Maschinenfabrik und Eisengießerei 1872–1952, Günzburg 1952.
Ansprache des Bundespräsidenten Richard von Weizsäcker am 8. Mai 1985 im Plenarsaal des Deutschen Bundestages zum 40. Jahrestag der Beendigung des Zweiten Weltkrieges, in: Deutscher Bundestag Infothek, URL: http://www.bundestag.de/ info/parlhist/dok26.html, Erstelldatum unbekannt, gesehen am 10. Juni 2002.
Baumeister, Josef, a'Stückle Hoimat. Verse in mittelschwäbischer Mundart, Günzburg 1983.
Das Deutsche Führerlexikon 1934/1935, Berlin 1934.
Der Großdeutsche Reichstag 1938. IV. Wahlperiode (nach dem 30. Januar 1933), hrsg. von E. Kienast, Berlin 1938.
Der Prozeß gegen die Hauptkriegsverbrecher vor dem Internationalen Militärgerichtshof. 14. November 1945 – 1. Oktober 1946 (41 Bände), Nürnberg 1947–1949.
Gründel, Ernst, Die Sendung der jungen Generation. Versuch einer umfassenden revolutionären Sinndeutung der Krise, München 1932.
Grundsätze der Deutschnationalen Volkspartei, in: Weiß, Max, Der nationale Wille. Werden und Wirken der Deutschnationalen Volkspartei, Essen 1928, S. 391–400.
Hiob, Hanne, Idylle einer deutschen Kleinstadt, München 1984.
Hitler. Reden, Schriften, Anordnungen. Februar 1925 – Januar 1933 (10 Bände), hrsg. und kommentiert von Christian Hartmann u.a., München u.a. 1995.
Hochhuth, Rolf, Der Stellvertreter. Schauspiel, Reinbek bei Hamburg 1963.
Höß, Rudolf, Kommandant in Auschwitz. Autobiographische Aufzeichnungen des Rudolf Höß, hrsg. von Martin Broszat, München 1992, S. 124/157.
In the Matter of Josef Mengele. A Report to the Attorney General of the United States, prepared by the Office of Special Investigations, Criminal Division (2 Bände), Washington 1992.
Josef Mengele als Anthropologe: eine Dokumentation, in: Mitteilungen der Dokumentationsstelle zur NS-Sozialpolitik 1 (1985), Heft 2, ohne Paginierung.
Justiz und NS-Verbrechen. Die deutschen Strafverfahren wegen nationalsozialistischer Tötungsverbrechen 1945 – 1999. Zusammengestellt von C.F. Rüter und D.W. de Mildt, URL: http://www.jur.uva.nl/junsv, Erstelldatum 6. Februar 2002, gesehen am 14. Februar 2002.
Kielar Wieslaw, Anus Mundi. Fünf Jahre Auschwitz, Frankfurt am Main 1982.
Köppler, Rudolf, Der Aufbruch ins Verhängnis, Günzburg o. J. *[1983]*.
Maser, Werner, Hitlers Briefe und Notizen, Düsseldorf 1973.
Mengele, Josef, Rassenmorphologische Untersuchungen des vorderen Unterkieferabschnittes bei vier rassischen Gruppen, in: Gegenbaurs Morphologisches Jahrbuch. Eine Zeitschrift für Anatomie und Entwicklungsgeschichte 79 (1937), S. 60–116.
Mengele, Josef, Tagung der Deutschen Gesellschaft für physische Anthropologie, in: Der Erbarzt 4 (1937), S. 140f.
Mengele, Josef, Rezension: Koya, Y., Rassenkunde der Aino, in: Der Erbarzt 6 (1938), o. P.
Mengele, Josef, Sippenuntersuchungen bei Lippen-Kiefer-Gaumenspalte, in: Zeitschrift für menschliche Vererbungs- und Konstitutionslehre 23 (1939), S. 17–42.
Mengele, Josef, Vaterschaftsbestimmung und Abstammungsprüfung, in: Schottky, Johannes/Verschuer, Otmar von (Hrsg.), Fortschritte der Erbpathologie, Rassenhygiene und ihrer Grenzgebiete, Leipzig 1939.
Mengele, Josef, Rezension: Stengel von Rutkowski, Lothar, Grundzüge der Erbkunde und Rassenpflege, in: Der Erbarzt 8 (1940), S. 116.
Mengele, Josef, Zur Vererbung der Ohrfisteln, in: Der Erbarzt 8 (1940), S. 59f.
Mengele, Josef, Rezension: Felix, K. u.a. (Hrsg.), Organismen und Umwelt. 20 Vorträge, in: Der Erbarzt 9 (1941), S. 46.
Mengele, Josef, Rezension: Peßler, Gottfried, Untersuchung über den Einfluß der Großstadt auf die Kopfform sowie Beiträge zur Anthropologie und Stammeskunde Hannovers, in: Der Erbarzt 9 (1941), S. 47.
Mengele, Josef, Rezension: Venzmer, Gerhard, Erbmasse und Krankheit, in: Der Erbarzt 9 (1941), S. 214.

Mengele, Josef, Rezension: von Knorre, Georg, Über Vererbung angeborener Herzfehler, in: Der Erbarzt 9 (1941), S. 213f.
Mengele. Dokumentensammlung, zusammengestellt von Toviyya Friedmann, Haifa 1994.
Nyiszli Miklós, Im Jenseits der Menschlichkeit. Ein Gerichtsmediziner in Auschwitz, Berlin 1992.
Parlamentsspiegel (Online-Archiv des Bundestages und der 16 Länderparlamente beim Landtag von Nordrhein-Westfalen), URL: http://www.parlamentsspiegel.de, Erstelldatum unbekannt, eingesehen am 28. Januar 2002.
Perl, Gisella, I was a Doctor in Auschwitz, New York ²1979.
Searching for Dr. Josef Mengele. Hearings before the Subcommitee on Juvenile Justice of the Committee on the Judiciary, United States Senate, Ninety-Ninth Congress, First Session, to inquire into Dr. Mengele's whereabouts and on the role of the U.S. Army, if he was in custody of the U.S. Government, February 19, March 19, and August 2, 1985, Washington 1986.
Statistisches Jahrbuch für Bayern, 20 (1934).
Statistisches Jahrbuch für den Freistaat Bayern, 18 (1928).
Statistisches Jahrbuch für den Freistaat Bayern, 19 (1930).
Trial of Josef Kramer and Forty-Four Others (The Belsen Trial), edited by Raymond Phillips, London u.a. 1949.
Verschuer, Otmar Freiherr von, Leitfaden der Rassenhygiene, Leipzig 1941.
Verschuer, Otmar Freiherr von, Die Vaterschaftsgutachten des Frankfurter Universitätsinstituts für Erbbiologie und Rassenhygiene. Ein vorläufiger Überblick, in: Der Erbarzt 9 (1941), Heft 2, S. 25f.
Verschuer, Otmar Freiherr von, Bevölkerungs- und Rassenfragen in Europa, in: Europäischer Wissenschafts-Dienst 4 (1944), Heft 1, S. 14.
Witetschek, Helmut, Die kirchliche Lage in Bayern nach den Regierungspräsidentenberichten 1933–1943. Band 3: Regierungsbezirk Schwaben (Veröffentlichungen der Kommission für Zeitgeschichte bei der katholischen Akademie in Bayern, Reihe A: Quellen, Band 14), Mainz 1971.

## Zeitschriften und Periodika

Günzburger Zeitung
Zeitungsauschnittsammlungen:
  Institut für Zeitgeschichte, München
  Staatsanwaltschaft bei dem Landgericht Frankfurt am Main (bei den Fahndungsakten)
  Stadtarchiv Günzburg (im Spezialakt Josef Mengele)

## Literatur

Aly, Götz, „Endlösung". Völkerverschiebung und der Mord an den europäischen Juden, Frankfurt am Main 1999.
Aly, Götz/Heim, Susanne, Vordenker der Vernichtung. Auschwitz und die Pläne für eine neue europäische Ordnung, Frankfurt am Main 1991.
Assmann, Aleida/Frevert, Ute, Geschichtsvergessenheit – Geschichtsversessenheit: Vom Umgang mit deutschen Vergangenheiten nach 1945, Stuttgart 1999.
Astor, Gerald, The last Nazi. The life and times of Dr. Joseph [sic!] Mengele, New York 1985.
Auer, Paul, Geschichte der Stadt Günzburg, Günzburg 1963.
Auer, Paul, Günzburg, in: Keyser, Erich/Stoob, Heinz (Hrsg.), Bayerisches Städtebuch. Teil 2 (Deutsches Städtebuch. Handbuch städtischer Geschichte, Bd. V,2), Stuttgart u.a. 1974, S. 237–241.
Bar-Zohar, Michael, The Avengers, London 1968.
Benz, Wolfgang, Dr. Siegfried Rascher: Eine Karriere, in: Dachauer Hefte 4 (1993), S. 190–215.
Benz, Wolfgang/Bergmann, Werner (Hrsg.), Vorurteil und Völkermord. Entwicklungslinien des Antisemitismus, Bonn 1997.

Benz, Wolfgang, Der Holocaust, München ⁴1999.
„Beseitigung des jüdischen Einflusses...". Antisemitische Forschung, Eliten und Karrieren im Nationalsozialismus, hrsg. vom Fritz-Bauer-Institut, Frankfurt am Main/New York 1999.
Blaschke, Olaf, Katholizismus und Antisemitismus im deutschen Kaiserreich, Göttingen 1997.
Bracher, Karl Dietrich, Die deutsche Diktatur. Entstehung, Struktur, Folgen des Nationalsozialismus, Berlin ⁷1997.
Brochdorff, Werner, Flucht vor Nürnberg. Pläne und Organisation der Fluchtwege der NS-Prominenz im Römischen Weg, München 1969.
Brochhagen, Ulrich, Nach Nürnberg. Vergangenheitsbewältigung und Westintegration in der Ära Adenauer, Hamburg 1994.
Broszat, Martin, Nationalsozialistische Polenpolitik 1939–1945, Stuttgart 1961.
Broszat, Martin, Vorwort, in: ders., Fröhlich, Elke/Wiesemann, Falk (Hrsg.), Bayern in der NS-Zeit. Soziale Lage und politisches Verhalten der Bevölkerung im Spiegel vertraulicher Berichte, München/Wien 1977, S. 11–19.
Broszat, Martin, Nationalsozialistische Konzentrationslager 1933–1945, in: Buchheim, Hans u. a. (Hrsg.), Anatomie des SS-Staates, Bd. 2, München ³1982, S. 11–133.
Broszat, Martin, Die Machtergreifung. Der Aufstieg der NSDAP und die Zerstörung der Weimarer Republik, München ⁵1994.
Broszat, Martin/Fröhlich, Elke/Wiesemann, Falk (Hrsg.), Bayern in der NS-Zeit. Soziale Lage und politisches Verhalten der Bevölkerung im Spiegel vertraulicher Berichte, München/Wien 1977.
Browning, Christopher, Fateful Months. Essays on the Emergence of the Final Solution, New York 1985.
Browning, Christopher, Ganz normale Männer. Das Reserve-Polizeibataillon 101 und die „Endlösung" in Polen, Reinbek bei Hamburg ⁵2002.
Brunstäd, Friedrich, Die Weltanschauung der Deutschnationalen Volkspartei, in: Weiß, Max, Der nationale Wille. Werden und Wirken der Deutschnationalen Volkspartei, Essen 1928, S. 54–82.
Buchheim, Hans, Die Eingliederung des „Stahlhelm" in die SA, in: Gutachten des Instituts für Zeitgeschichte (Bd. 1), München 1958, S. 370–377.
Buchheim, Hans u. a. (Hrsg.), Anatomie des SS-Staates (2 Bände), München ³1982.
Büttner, Ursula, „Volksgemeinschaft" oder Heimatbindung: Zentralismus und regionale Eigenständigkeit beim Aufstieg der NSDAP 1925–1933, in: Möller, Horst u. a. (Hrsg.), Nationalsozialismus in der Region. Beiträge zur regionalen und lokalen Forschung und zum internationalen Vergleich, München 1996, S. 87–96.
Cranach, Michael von (Hrsg.), Psychiatrie im Nationalsozialismus. Die bayerischen Heil- und Pflegeanstalten zwischen 1933 und 1945, München 1999.
Czech, Danuta, Die Rolle des Häftlingskrankenbaulagers im KL Auschwitz II, in: Hefte von Auschwitz 15 (1975), S. 5–112.
Czech, Danuta, Kalendarium der Ereignisse im Konzentrationslager Auschwitz-Birkenau 1939–1945, Reinbek bei Hamburg 1989.
Degreif, Dieter, Franz Xaver Schwarz. Das Reichsschatzmeisteramt der NSDAP und dessen Überlieferung im Bundesarchiv, in: Friedrich P. Kahlenberg (Hrsg.), Aus der Arbeit der Archive. Beiträge zum Archivwesen, zur Quellenkunde und zur Geschichte. Festschrift für Hans Booms, Boppard 1989, S. 489–502.
Dlugoborski, Waclaw (Hrsg.), Sinti und Roma in Auschwitz-Birkenau 1943–1944. Vor dem Hintergrund ihrer Verfolgung unter der Naziherrschaft, Oświęcim 1998.
Dlugoborski, Waclaw/Piper, Franciszek (Hrsg.), Auschwitz, 1940–1945. Studien zur Geschichte der Konzentrations- und Vernichtungslagers Auschwitz (5 Bände), Oświęcim 1999.
Dreßen, Willi, Die Zentrale Stelle der Landesjustizverwaltungen zur Aufklärung von NS-Verbrechen in Ludwigsburg, in: Dachauer Hefte 6 (1990), S. 85–93.
Dudek Peter, „Vergangenheitsbewältigung". Zur Problematik eines umstrittenen Begriffes, in: Aus Politik und Zeitgeschichte 1-2/1992, S. 44–53.
Ebbinghaus, Angelika/Dörner, Klaus (Hrsg.), Vernichten und Heilen. Der Nürnberger Ärzteprozeß und seine Folgen, Berlin 2001.
Ebbinghaus, Angelika/Roth, Karl Heinz, Kriegswunden. Die Kriegschirurgischen Experimente in den Konzentrationslagern und ihre Hintergründe, in: Ebbinghaus, Angelika/Dörner,

Klaus (Hrsg.), Vernichten und Heilen. Der Nürnberger Ärzteprozeß und seine Folgen, Berlin 2001, S. 177–218.
Fest, Joachim, Speer. Eine Biographie, Berlin 1999.
Frank, Anne, Das Tagebuch der Anne Frank. 12. Juni 1942 – 1. August 1944, Frankfurt am Main ⁴⁹1979.
Frei, Norbert (Hrsg.), Medizin und Gesundheitspolitik in der NS-Zeit, München 1991.
Frei, Norbert, Vergangenheitspolitik. Die Anfänge der Bundesrepublik und die NS-Vergangenheit, München 1999.
Frei, Norbert u.a. (Hrsg.), Darstellungen und Quellen zur Geschichte von Auschwitz (4 Bände), München 2000.
Frei, Norbert u.a. (Hrsg.), Geschichte vor Gericht. Historiker, Richter und die Suche nach Gerechtigkeit, München 2000.
Frei, Norbert (Hrsg.), Standort- und Kommandanturbefehle des Konzentrationslagers Auschwitz 1940–1945, München 2000.
Frei, Norbert, Karrieren im Zwielicht. Hitlers Eliten nach 1945, Frankfurt am Main 2001.
Fricke, Dieter (Hrsg.), Die bürgerlichen Parteien in Deutschland. Handbuch der Geschichte der bürgerlichen Parteien und anderer bürgerlicher Interessenorganisationen vom Vormärz bis 1945 (2 Bände), Leipzig 1968.
Friedlander, Henry, Der Weg zum NS-Genozid. Von der Euthanasie zur Endlösung, Berlin 1997.
Fröhlich, Elke/Wiesemann, Falk (Hrsg.), Bayern in der NS-Zeit. Soziale Lage und politisches Verhalten der Bevölkerung im Spiegel vertraulicher Berichte, München/Wien 1977.
Fuchs, Josefa, Christus! – nicht Hitler. Zeugnis und Widerstand von Katholiken in der Diözese Augsburg zur Zeit des Nationalsozialismus, Augsburg 1984.
Garbe, Detlef, Äußerliche Abkehr, Erinnerungsverweigerung und „Vergangenheitsbewältigung": Der Umgang mit dem Nationalsozialismus in der frühen Bundesrepublik, in: Schildt, Axel/Sywottek, Arnold (Hrsg.), Modernisierung im Wiederaufbau. Die westdeutsche Gesellschaft der 50er Jahre, Bonn 1993, S. 693–716.
Goldhagen, Daniel J., Hitlers willige Vollstrecker. Ganz gewöhnliche Deutsche und der Holocaust, Berlin 1996.
Görtemaker, Manfred, Geschichte der Bundesrepublik Deutschland. Von der Gründung bis zur Gegenwart, München 1999.
Götz von Olenhusen, Irmtraud, Jugendreich, Gottes Reich, Deutsches Reich, Köln 1987.
Harten, Hans-Christian, De-Kulturation und Germanisierung. Die nationalsozialistische Rassen- und Erziehungspolitik in Polen 1939–1945, Frankfurt am Main/New York 1996.
Herbert, Ulrich, NS-Eliten in der Bundesrepublik, in: Loth, Wilfried/Rusinek, Bernd-A. (Hrsg.), Verwandlungspolitik. NS-Eliten in der westdeutschen Nachkriegsgesellschaft, Frankfurt am Main/New York 1998, S. 93–116.
Herbert, Ulrich, Best. Biographische Studien über Radikalismus, Weltanschauung und Vernunft 1903–1989, Bonn 2001.
Hesse, Hans, Augen aus Auschwitz, Essen 2001.
Hetzer, Gerhard, Kulturkampf in Augsburg. Konflikte zwischen Staat, Einheitspartei und christlichen Kirchen, dargestellt am Beispiel einer deutschen Stadt, Augsburg 1982.
Hilberg, Raul, Die Vernichtung der europäischen Juden (3 Bände), Frankfurt am Main ⁹1999 (zuerst 1961).
Horn, Sabine, „Jetzt aber zu einem Thema, das uns in dieser Woche alle beschäftigt". Die westdeutsche Fernsehberichterstattung über den Frankfurter Auschwitz-Prozeß (1963–1965) und den Düsseldorfer Majdanek-Prozeß (1975–1981) – ein Vergleich, in: 1999. Zeitschrift für Sozialgeschichte des 20. und 21. Jahrhunderts 17 (2002), Heft 2, S. 13–43.
Jacobeit, Sigrid/Phillipp, Grit (Hrsg.), Forschungsschwerpunkt Ravensbrück. Beiträge zur Geschichte des Frauen-Konzentrationslagers, Berlin 1997.
Jaeger, Hans, Generation in der Geschichte. Überlegungen zu einem umstrittenen Konzept, in: GuG 3 (1977), S. 429–452.
Jakobs, Günther, Vergangenheitsbewältigung durch Strafrecht? Zur Leistungsfähigkeit des Strafrechts nach einem politischen Umbruch, in: Isensee, Josef (Hrsg.), Vergangenheitsbewältigung durch Recht. Drei Abhandlungen zu einem deutschen Problem, Berlin 1992.

Jasper, Gotthard, Die gescheiterte Zähmung. Wege zur Machtergreifung Hitlers 1930–1934, Frankfurt am Main 1986.
Josef Mengele, in: Lebendiges virtuelles Museum online, URL: http://www.dhm.de/lemo/html/biografien/MengeleJosef/, Erstelldatum unbekannt, gesehen am 27. Januar 2002.
Kater, Michael H., Das Böse in der Medizin. Nazi-Ärzte als Handlanger des Holocaust, in: „Beseitigung des jüdischen Einflusses…". Antisemitische Forschung, Eliten und Karrieren im Nationalsozialismus, hrsg. vom Fritz-Bauer-Institut, Frankfurt am Main/New York 1999, S. 219–240.
Kater, Michael H., Das „Ahnenerbe der SS" 1935–1945. Ein Beitrag zur Kulturpolitik des Dritten Reiches, München ³2001.
Kater, Michael H., Ärzte als Hitlers Helfer, München/Zürich 2002.
Kempner, Benedicta Maria, Priester vor Hitlers Tribunalen, München 1966.
Kershaw, Ian, Der Hitler-Mythos. Volksmeinung und Propaganda im Dritten Reich, Stuttgart 1980.
Kindt, Werner (Hrsg.), Die deutsche Jugendbewegung 1920 bis 1933. Die bündische Zeit (Dokumentation der Jugendbewegung III), S. 470–488.
Kladivova, Vlasta, Sinti und Roma im „Zigeunerlager" des KL Auschwitz-Birkenau 1.3. 1943–2.8.1944, in: Dlugoborski, Waclaw (Hrsg.), Sinti und Roma in Auschwitz-Birkenau 1943–1944. Vor dem Hintergrund ihrer Verfolgung unter der Naziherrschaft, Oświęcim 1998, S. 300–319.
Klee, Ernst, Auschwitz, die NS-Medizin und ihre Opfer, Frankfurt am Main 1997.
Klee, Ernst, Deutsche Medizin im Dritten Reich. Karrieren vor und nach 1945, Frankfurt am Main 2001.
Klein, Peter (Hrsg.), Die Einsatzgruppen in der besetzten Sowjetunion 1941/42. Die Tätigkeits- und Lageberichte des Chefs der Sicherheitspolizei und des SD, Berlin 1997.
Klietmann, Kurt-Gerhard, Die Waffen-SS. Eine Dokumentation, Osnabrück 1965.
Kneip, Rudolf, Jugend der Weimarer Zeit. Handbuch der Jugendverbände der Weimarer Zeit, Frankfurt am Main 1974.
Knopp, Guido/Pischke, Theo, Der Todesarzt, in: Knopp, Guido, Hitlers Helfer. Täter und Vollstrecker, München 1999, S. 329–396.
Kolb, Eberhard, Die Weimarer Republik, München 1984.
Konieczny, Alfred, Frauen im Konzentrationslager Groß-Rosen in den Jahren 1944–1945, Walbrzych 1994.
Kopke, Christoph/Schultz, Gebhard, Menschenversuche mit chemischen Kampfstoffen bei Wehrmacht und SS, in: Ders. (Hrsg.), Medizin und Verbrechen, Ulm 2001, S. 239–258.
Koren, Yehuda/Negev, Eilat, Im Herzen waren sie Riesen. Die Überlebensgeschichte einer Liliputanerfamilie, München 2002.
Krausnick, Helmut, Die Truppe des Weltanschauungskrieges. Die Einsatzgruppen der Sicherheitspolizei und des SD 1938–1942, Stuttgart 1981.
Kubica, Helena, Dr. Mengele und seine Verbrechen im Konzentrationslager Auschwitz-Birkenau, in: Hefte von Auschwitz 20 (1997), S. 369–455.
Kubica, Helena, Sinti- und Romakinder in Auschwitz-Birkenau als Opfer von medizinischen Experimenten, in: Dlugoborski, Waclaw (Hrsg.), Sinti und Roma in Auschwitz-Birkenau 1943–1944. Vor dem Hintergrund ihrer Verfolgung unter der Naziherrschaft, Oświęcim 1998, S. 320–329.
Kudlien, Fridolf, Begingen Wehrmachtsärzte im Russlandkrieg Verbrechen gegen die Menschlichkeit?, in: Der Wert des Menschen. Medizin in Deutschland 1933–1945, hrsg. von der Ärztekammer Berlin in Zusammenarbeit mit der Bundesärztekammer, Berlin 1989, S. 333–356.
Kudlien, Fridolf, Fürsorge und Rigorismus. Überlegungen zur ärztlichen Normaltätigkeit im Dritten Reich, in: Frei, Norbert (Hrsg.), Medizin und Gesundheitspolitik in der NS-Zeit, München 1991, S. 99–112.
Kühl, Stefan, Die Internationale der Rassisten. Aufstieg und Niedergang der internationalen Bewegung für Eugenik und Rassenhygiene im 20. Jahrhundert, Frankfurt 1997.
Lagnando, Lucette M./Dekel, Sheila C., Die Zwillinge des Dr. Mengele. Der Arzt von Auschwitz und seine Opfer, Reinbek bei Hamburg 1994.
Langbein, Hermann, Der Auschwitz-Prozeß (2 Bände), Frankfurt am Main 1965.
Langbein, Hermann, Menschen in Auschwitz, ²Wien 1972.

Lasik, Aleksander, Die Personalbesetzung des Gesundheitsdienstes der SS im Konzentrationslager Auschwitz-Birkenau in den Jahren 1940–1945, in: Hefte von Auschwitz 20 (1997), S. 290–368.
Lasik, Aleksander, Die Organisationsstruktur des KL Auschwitz, in: Piper, Franciszek/Dlugoborski, Waclaw (Hrsg.), Auschwitz 1940–1945. Studien zur Geschichte des Konzentrations- und Vernichtungslagers Auschwitz (Band I: Aufbau und Struktur des Lagers), Oświęcim 1999, S. 165–320.
Lehr, Stefan, Antisemitismus, religiöse Motive im sozialen Vorurteil. Aus der Frühgeschichte des Antisemitismus in Deutschland 1870–1914, München 1974.
Levy, Allan, Die Akte Wiesenthal, Wien 1995.
Lifton, Robert J., Ärzte im Dritten Reich, Stuttgart 1988.
Longerich, Peter, Politik der Vernichtung. Eine Gesamtdarstellung der nationalsozialistischen Judenverfolgung, München 1998.
Lorentz, Bernhard, Die Commerzbank und die „Arisierung" im Altreich. Ein Vergleich der Netzwerkstrukturen und Handlungsspielräume von Großbanken in der NS-Zeit, in: VfZ 50 (2002), S. 237–268.
Lösch, Niels C., Rasse als Konstrukt. Leben und Werk Eugen Fischers, Frankfurt am Main u. a. 1997.
Luchterhandt, Martin, Der Weg nach Birkenau. Entstehung und Verlauf der nationalsozialistischen Verfolgung der „Zigeuner", Lübeck 2000.
Lükemann, Ulf, Der Reichsschatzmeister der NSDAP. Ein Beitrag zur inneren Parteistruktur, Berlin 1963.
Madajczyk, Czeslaw, Die Okkupationspolitik Nazideutschlands in Polen 1939–1945, Berlin 1987.
Mannheim, Karl, Das Problem der Generationen (zuerst 1928), in: Ders., Wissenssoziologie – Auswahl aus dem Werk, hrsg. von Kurt H. Wolff, Berlin/Neuwied 1964, S. 509–565.
Marcuse, Harold, Legacies of Dachau. The Uses and Abuses of a Concentration Camp, Cambridge u. a. 2001.
Meding, Holger, Flucht vor Nürnberg? Deutsche und österreichische Einwanderung in Argentinien 1945–1955, Köln u. a. 1992.
Miquel, Mark von, „Wir müssen mit Mördern zusammenleben!". NS-Prozesse und politische Öffentlichkeit in den sechziger Jahren, in: Wojak, Irmtrud (Hrsg.), „Gerichtstag halten über uns selbst...". Geschichte und Wirkung des ersten Frankfurter Auschwitz-Prozesses, Frankfurt am Main/New York 2001, S. 97–116.
Mitscherlich, Alexander/Mielke, Fred, Medizin ohne Menschlichkeit. Dokumente des Nürnberger Ärzteprozesses, Frankfurt am Main $^3$1960.
Mitscherlich, Alexander/Mitscherlich, Margarete, Die Unfähigkeit zu trauern. Grundlagen kollektiven Verhaltens, München/Zürich $^{12}$1990.
Möller, Horst u. a. (Hrsg.), Nationalsozialismus in der Region. Beiträge zur regionalen und lokalen Forschung und zum internationalen Vergleich, München 1996.
Möller, Horst, Weimar. Die unvollendete Demokratie, München $^6$1997.
Mommsen, Hans, Die verspielte Freiheit. Der Weg der Republik von Weimar in den Untergang 1918–1933, Berlin 1989.
Müller-Hill, Benno, Tödliche Wissenschaft. Die Aussonderung von Juden, Zigeunern und Geisteskranken 1933–1945, Reinbek bei Hamburg 1984.
Naumann, Bernd, Auschwitz: Bericht über die Strafsache gegen Mulka u. a. vor dem Schwurgericht Frankfurt, Frankfurt am Main 1965.
Niemeyer, Christian, Jugendbewegung und Antisemitismus. Über vergessene Zusammenhänge angesichts aktueller Probleme, in: Neue Sammlung 41 (2001), S. 463–485.
Niethammer, Lutz, Entnazifizierung in Bayern. Säuberung und Rehabilitierung unter amerikanischer Besatzung, Frankfurt am Main 1972.
Oppitz, Ulrich-Dieter (Hrsg.), Medizinverbrechen vor Gericht. Das Urteil im Nürnberger Ärzteprozeß gegen Karl Brandt und andere sowie aus dem Prozess gegen Generalfeldmarschall Milch, Erlangen 1999.
Orth, Karin, Rudolf Höß und die „Endlösung der Judenfrage". Drei Argumente gegen die Datierung auf den Sommer 1941, in: Werkstattgeschichte 18 (1997), S. 45–57.

Orth, Karin, Das System der nationalsozialistischen Konzentrationslager. Eine politische Organisationsgeschichte, Hamburg 1999.
Orth, Karin, Die Konzentrationslager-SS. Sozialstrukturelle Analysen und biographische Studien, Göttingen 2000.
Parcer, Jan, Gedenkbuch Die Sinti und Roma im Konzentrationslager Auschwitz-Birkenau, München 1992.
Paul, Gerhard, Von Psychopathen, Technokraten des Terrors und „ganz gewöhnlichen" Deutschen. Die Täter der Shoa im Spiegel der Forschung, in: Ders. (Hrsg.), Die Täter der Shoa. Fanatische Nationalsozialisten oder ganz normale Deutsche?, Göttingen 2002, S. 13–89.
Pelt, Robert Jan van, Auschwitz. Von 1270 bis heute, Zürich 2000.
Philipp, Grit, Kalendarium der Ereignisse im Frauen-Konzentrationslager Ravensbrück 1939–1945, Berlin 1999.
Pick, Hella, Simon Wiesenthal. Eine Biographie, Reinbek bei Hamburg 1997.
Piper, Franciszek/Swiebocka, Teresa (Hrsg.), Auschwitz. Nationalsozialistisches Vernichtungslager, Oświęcim 1997.
Piper, Franciszek, „Familienlager" für Juden und „Zigeuner" im KL Auschwitz-Birkenau – Ähnlichkeiten und Unterschiede, in: Dlugoborski, Waclaw (Hrsg.), Sinti und Roma in Auschwitz-Birkenau 1943–1944. Vor dem Hintergrund ihrer Verfolgung unter der Naziherrschaft, Oświęcim 1998, S. 293–300.
Piper, Franciszek, Die Entstehungsgeschichte des KL Auschwitz, in: Ders./Dlugoborski, Waclaw (Hrsg.), Auschwitz 1940–1945. Studien zur Geschichte des Konzentrations- und Vernichtungslagers Auschwitz (Band I: Aufbau und Struktur des Lagers), Oświęcim 1999, S. 43–71.
Piper, Franciszek, Die Aufgaben und Ziele des KL Auschwitz im Verlauf seiner Geschichte, in: Ders./Dlugoborski, Waclaw (Hrsg.), Auschwitz 1940–1945. Studien zur Geschichte des Konzentrations- und Vernichtungslagers Auschwitz (Band I: Aufbau und Struktur des Lagers), Oświęcim 1999, S. 157–163.
Piper, Franciszek, Die Vernichtungsmethoden, in: Ders./Dlugoborski, Waclaw (Hrsg.), Auschwitz 1940–1945. Studien zur Geschichte des Konzentrations- und Vernichtungslagers Auschwitz (Band III: Vernichtung), Oświęcim 1999, S. 70–244.
Piper, Franciszek, Die Zahl der Opfer, in: Ders./Dlugoborski, Waclaw (Hrsg.), Auschwitz 1940–1945. Studien zur Geschichte des Konzentrations- und Vernichtungslagers Auschwitz (Band III: Vernichtung), Oświęcim 1999, S. 245–257.
Pohl, Dieter, Die Holocaust-Forschung und Goldhagens Thesen, in: Vierteljahrshefte für Zeitgeschichte 47 (1997), S. 1–48.
Pohl, Dieter, Nationalsozialistische Judenverfolgung in Ostgalizien 1941–1944. Organisation und Durchführung eines staatlichen Massenverbrechens, München 1997.
Pohl, Dieter, Holocaust. Die Ursachen – das Geschehen – die Folgen, Freiburg i. Br. 2000.
Posner, Gerald L./Ware, John, Mengele. Die Jagd auf den Todesengel, Berlin ²1999.
Pressac, Jean-Claude, Die Krematorien von Auschwitz. Die Technik des Massenmordes, München u. a. 1994.
Pridham, Geoffrey, Hitler's Rise to Power. The Nazi Movement in Bavaria, 1923–1933, London 1973.
Rauh-Kühne, Cornelia, Katholisches Sozialmilieu, Region und Nationalsozialismus, in: Möller, Horst u. a. (Hrsg.), Nationalsozialismus in der Region. Beiträge zur regionalen und lokalen Forschung und zum internationalen Vergleich, München 1996, S. 213–236.
Reichel, Peter, Zwischen Dämonisierung und Verharmlosung: Das NS-Bild und seine politische Funktion in den 50er Jahren. Eine Skizze, in: Schildt, Axel/Sywottek, Arnold (Hrsg.), Modernisierung im Wiederaufbau. Die westdeutsche Gesellschaft der 50er Jahre, Bonn 1993, S. 679–692.
Reichel, Peter, Vergangenheitsbewältigung in Deutschland. Die Auseinandersetzung mit der NS-Diktatur von 1945 bis heute, München 2001.
Reißenauer, Franz, Schule in der Diktatur: Das Dossenberger-Gymnasium Günzburg von 1933–1945, Günzburg 1991.
Renz, Ulrich, Die Spurensuche nach Josef Mengele. Die Ermittlungsakten können nunmehr endgültig geschlossen werden, in: Tribüne 31 (1992), Heft 122, S. 132–137.

Renz, Werner, Auschwitz als Augenscheinobjekt. Anmerkungen zur Erforschung der Wahrheit im ersten Frankfurter Auschwitz-Prozeß, in: Mittelweg 36 10 (2001), Heft 1, S. 63–72.

Renz, Werner, Der 1. Frankfurter Auschwitz-Prozeß. Zwei Vorgeschichten, in: Zeitschrift für Geschichtswissenschaft 50 (2002), S. 622–641.

Renz, Werner, Opfer und Täter: Zeugen der Shoa. Ein Tonbandmittschnitt vom ersten Frankfurter Auschwitz-Prozeß als Geschichtsquelle, in: Tribüne 41 (2002), Heft 2, S. 126–136.

Roth, Karl Heinz, Die wissenschaftliche Normalität des Schlächters, in: Mitteilungen der Dokumentationsstelle zur NS-Sozialpolitik 1 (1985), Heft 2, S. I–VIII.

Roth, Karl Heinz, Tödliche Höhen: Die Unterdruckkammer-Experimente im Konzentrationslager Dachau und ihre Bedeutung für die Luftfahrtmedizinische Forschung des Dritten Reiches, in: Ebbinghaus, Angelika/Dörner, Klaus (Hrsg.), Vernichten und Heilen. Der Nürnberger Ärzteprozeß und seine Folgen, Berlin 2001, S. 110–151.

Rückerl, Adalbert, NS-Verbrechen vor Gericht. Versuch einer Vergangenheitsbewältigung, Heidelberg ²1984.

Ruge, Wolfgang, Deutschnationale Volkspartei, in: Fricke, Dieter (Hrsg.), Die bürgerlichen Parteien in Deutschland. Handbuch der Geschichte der bürgerlichen Parteien und anderer bürgerlicher Interessenorganisationen vom Vormärz bis 1945 (Bd. 1), Leipzig 1968, S. 715–753.

Sachse, Carola/Massin, Benoit, Biowissenschaftliche Forschung an Kaiser-Wilhelm-Instituten und die Verbrechen des NS-Regimes. Informationen über den gegenwärtigen Wissensstand (Ergebnisse. Vorabdrucke aus dem Forschungsprogramm „Geschichte der Kaiser-Wilhelm-Gesellschaft im Nationalsozialismus"), Berlin 2000.

Salbaum, Michael, Die Geschichte der CSU. Die Anfänge in den Altlandkreisen Günzburg und Krumbach 1945–1949, Günzburg 1998.

Sallinger, Barbara, Die Integration der Heimatvertriebenen im Landkreis Günzburg nach 1945, München 1992.

Sandner, Peter, Das Frankfurter „Universitätsinstitut für Erbbiologie und Rassenhygiene". Zur Positionierung einer „rassenhygienischen" Einrichtung innerhalb der „rassenanthropologischen" Forschung und Praxis während der NS-Zeit, in: „Beseitigung des jüdischen Einflusses…". Antisemitische Forschung, Eliten und Karrieren im Nationalsozialismus, hrsg. vom Fritz-Bauer-Institut, Frankfurt am Main/New York 1999, S. 73–100.

Schildt, Axel, Der Umgang mit der NS-Vergangenheit in der Öffentlichkeit der Nachkriegszeit, in: Loth, Wilfried/Rusinek, Bernd-A. (Hrsg.), Verwandlungspolitik. NS-Eliten in der westdeutschen Nachkriegsgesellschaft, Frankfurt am Main/New York 1998, S. 19–54.

Schildt, Axel/Sywottek, Arnold (Hrsg.), Modernisierung im Wiederaufbau. Die westdeutsche Gesellschaft der 50er Jahre, Bonn 1993.

Schmelter, Thomas, Nationalsozialistische Psychiatrie in Bayern, Bergtheim bei Würzburg 1999.

Schmidt, Ulf, Die Angeklagten Fritz Fischer, Hans W. Romberg und Karl Brandt aus der Sicht des medizinischen Sachverständigen Leo Alexander, in: Ebbinghaus, Angelika/Dörner, Klaus (Hrsg.), Vernichten und Heilen. Der Nürnberger Ärzteprozeß und seine Folgen, Berlin 2001, S. 374–404.

Schnabel, Ernst, Anne Frank. Spur eines Kindes, Frankfurt am Main 1958.

Schulte, Jan Erik, Zwangsarbeit und Vernichtung: Das Wirtschaftsimperium der SS. Oswald Pohl und das SS-Wirtschafts-Verwaltungshauptamt 1933–1945, Paderborn 2001.

Schulte, Jan Erik, Vom Arbeits- zum Vernichtungslager. Die Entstehungsgeschichte von Auschwitz-Birkenau 1941/42, in: VfZ 50 (2002), S. 41–69.

Schütz, Marco, Rassenideologien in der Sozialwissenschaft, Bern u.a. 1994.

Schwarz, Hans-Peter, Die Ära Adenauer. Epochenwechsel 1957–1963, Stuttgart 1983.

Sedghi, Darjosh, Dopplung als Leugnung. Zur Theorie von Robert J. Lifton, in: Welzer, Harald (Hrsg.), Nationalsozialismus und Moderne, Tübingen 1993, S. 184–207.

Smelser, Ronald, Robert Ley. Hitlers Mann an der „Arbeitsfront", Paderborn 1989.

Spitzer, Alan B., The Historical Problems of Generations, in: AHR 78 (1973), S. 1353–1384.

Sprenger, Isabell, Groß-Rosen. Ein Konzentrationslager in Schlesien, Köln u.a. 1996.

Stachura, Peter D., The German Youth Movement 1890–1945. An Interpretative and Documentary History, London 1981.

Stambolis, Barbara, Der Mythos der jungen Generation. Ein Beitrag zur politischen Kultur der Weimarer Republik, Bochum 1984.

Stein, Herbert, Geschäft ist Geschäft. Wie der KZ-Schlächter Josef Mengele vermarktet wird, in: Tribüne 24 (1985), Heft 95, S. 8–12.
Steinbach, Peter, Nationalsozialistische Gewaltverbrechen. Die Diskussion in der deutschen Öffentlichkeit nach 1945, Berlin 1981.
Steinert, Marlies G., Die 23 Tage der Regierung Dönitz, Düsseldorf/Wien 1967.
Strebel, Bernhard, Ravensbrück – Das zentrale Frauenkonzentrationslager, in: Herbert, Ulrich u. a. (Hrsg.), Die nationalsozialistischen Konzentrationslager. Entwicklung und Struktur (2 Bände), Göttingen 1998, S. 215–258.
Strzelecka, Irena, Medizinische Experimente im KL Auschwitz, in: Piper, Franciszek/Swiebocka, Teresa (Hrsg.), Auschwitz. Nationalsozialistisches Vernichtungslager, Oświęcim 1997, S. 130–151.
Strzelecka, Irena, Die Experimente, in: Piper, Franciszek/Dlugoborski, Waclaw (Hrsg.), Auschwitz 1940–1945. Studien zur Geschichte des Konzentrations- und Vernichtungslagers Auschwitz (Band II: Die Häftlinge. Existenzbedingungen, Arbeit und Tod), Oświęcim 1999, S. 423–447.
Strzelecka, Irina, Die Häftlingsspitäler („Häftlingskrankenbau") im KL Auschwitz, in: Piper, Franciszek/Dlugoborski, Waclaw (Hrsg.), Auschwitz 1940–1945. Studien zur Geschichte des Konzentrations- und Vernichtungslagers Auschwitz (Band II: Die Häftlinge. Existenzbedingungen, Arbeit und Tod), Oświęcim 1999, S. 353–421.
Strzelecka, Irena/Setkiewicz, Piotr, Bau, Ausbau und Entwicklung des KL Auschwitz und seiner Nebenlager, in: Dlugoborski, Waclaw/Piper, Franciszek (Hrsg.), Auschwitz 1940–1945. Studien zur Geschichte des Konzentrations- und Vernichtungslagers Auschwitz (Band I: Aufbau und Struktur des Lagers), Oświęcim 1999, S. 73–155.
Strzelecki, Andrzej, Endphase des KL Auschwitz. Evakuierung, Liquidierung und Befreiung des Lagers, Oświęcim 1995.
Strzelecki, Andrzej, Der Todesmarsch der Häftlinge aus dem KL Auschwitz, in: Herbert, Ulrich u. a. (Hrsg.), Die nationalsozialistischen Konzentrationslager. Entwicklung und Struktur, Göttingen 1998, S. 1093–1112.
Sywottek, Arnold, Wege in die 50er Jahre, in: Schildt, Axel/Ders. (Hrsg.), Modernisierung im Wiederaufbau. Die westdeutsche Gesellschaft der 50er Jahre, Bonn 1993, S. 13–39.
Tessin, Georg, Verbände und Truppen der deutschen Wehrmacht und Waffen SS im Zweiten Weltkrieg 1939–1945 (Bd. 2), Frankfurt am Main o. J. *[1965]*.
Thamer, Hans-Ulrich, Verführung und Gewalt. Deutschland 1933–1945, Berlin 1998.
Treziak, Ulrike, Deutsche Jugendbewegung am Ende der Weimarer Republik. Zum Verhältnis von Bündischer Jugend und Nationalsozialismus, Frankfurt am Main 1986.
Truck, Betty/Truck, Robert-Paul, Mengele – L'ange de la Mort. La vie diabolique du docteur Josef Mengele, médecin-chef du camp d'extermination d'Auschwitz, Paris 1976.
Tuchel, Johannes, Die „Inspektion der Konzentrationslager", in: Eichholtz, Dietrich (Hrsg.), Brandenburg in de NS-Zeit. Studien und Dokumente, Berlin 1993, S. 273–302.
Tuchel, Johannes, Die Inspektion der Konzentrationslager 1938–1945. Das System des Terrors. Eine Dokumentation, Berlin 1994.
Völklein, Ulrich, Josef Mengele. Der Arzt von Auschwitz, Göttingen 1999.
Wandres, Thomas/Werle, Gerhard, Völkermord und bundesdeutsche Strafjustiz, München 1995.
Weber, Mark, The lessons of the Mengele affair, in: The Journal of Historical Review 6 (1985), S. 377–383.
Weindling, Paul, Human Experiments in Nazi Germany: Reflections on Ernst Klee's Book „Auschwitz, die NS-Medizin und ihre Opfer" (1997) and Film „Ärzte ohne Gewissen" (1996), in: Medizin-Historisches Journal 33 (1998), S. 161–178.
Weindling, Paul J., Epidemics and Genocide in Eastern Europe 1890–1945, Oxford u. a. 2000.
Weiser Varon, Benno, Living with Mengele, in: Midstream 29 (1983), Heft 10, S. 24–29.
Weiser Varon, Benno, Professions of a Lucky Jew, New York 1992.
Weiß, Max, Der nationale Wille. Werden und Wirken der Deutschnationalen Volkspartei, Essen 1928.
Werle, Gerhard/Wandres Thomas, Auschwitz vor Gericht, München 1995.
Werther, Thomas, Menschenversuche in der Fleckfieberforschung, in: Ebbinghaus, Angelika/Dörner, Klaus (Hrsg.), Vernichten und Heilen. Der Nürnberger Ärzteprozeß und seine Folgen, Berlin 2001, S. 152–173.

Wiesenthal, Simon, Doch die Mörder leben, München u. a. 1967.
Wiesenthal, Simon, Recht, nicht Rache. Erinnerungen, Berlin 1988.
Wildt, Michael, „Die Generation des Unbedingten". Das Führungskorps des Reichssicherheitshauptamtes, Hamburg ²2002.
Winkler, Heinrich August, Weimar 1918–1933. Die Geschichte der ersten deutschen Demokratie, München 1993.
Winkler, Heinrich August, Die deutsche Gesellschaft der Weimarer Republik und der Antisemitismus – Juden als Blitzableiter, in: Benz, Wolfgang/Bergmann, Werner (Hrsg.) Vorurteil und Völkermord. Entwicklungslinien des Antisemitismus, Bonn 1997, S. 341–364.
Wirsching, Andreas, Die Weimarer Republik. Politik und Gesellschaft, München 2000.
Wojak Irmtrud, Die Verschmelzung von Geschichte und Kriminologie. Historische Gutachten im ersten Frankfurter Auschwitz-Prozess, in: Frei Norbert u. a. (Hrsg.), Geschichte vor Gericht. Historiker, Richter und die Suche nach Gerechtigkeit, München 2000, S. 29–45.
Wojak, Irmtrud (Hrsg.), „Gerichtstag halten über uns selbst…". Geschichte und Wirkung des ersten Frankfurter Auschwitz-Prozesses, Frankfurt am Main u. a. 2001.
Wojak, Irmtrud, „Die Mauer des Schweigens durchbrochen". Der erste Frankfurter Auschwitz-Prozeß 1963–1965, in: dies. (Hrsg.), „Gerichtstag halten über uns selbst…". Geschichte und Wirkung des ersten Frankfurter Auschwitz-Prozesses, Frankfurt am Main u. a. 2001, S. 21–42.
Yonan, Gabriele, Jehovas Zeugen. Opfer unter zwei deutschen Diktaturen. 1933–1945. 1949–1989, Berlin 1999.
Zimmermann, Michael, Rassenutopie und Genozid. Die nationalsozialistische „Lösung der Zigeunerfrage", Hamburg 1996.
Zimmermann, Michael, Die Deportation der deutschen Sinti und Roma nach Auschwitz-Birkenau. Hintergründe und Verlauf, in: Długoborski, Wacław (Hrsg.), Sinti und Roma im KL Auschwitz-Birkenau 1943–44 vor dem Hintergrund ihrer Verfolgung unter der Naziherrschaft, Oświęcim 1998, S. 259–285.
Zofka, Zdenek, Die Ausbreitung des Nationalsozialismus auf dem Lande. Eine regionale Fallstudie zur politischen Einstellung der Landbevölkerung in der Zeit des Aufstiegs und der Machtergreifung der NSDAP 1928–1936, München 1979.
Zofka, Zdenek, Die Entwicklung der Arbeiterbewegung in Stadt und Landkreis Günzburg: Von den Anfängen bis 1945. Zum 75. Gründungsjubiläum des Ortsvereins Günzburg der SPD, Günzburg 1979.
Zofka, Zdenek, Der KZ-Arzt Josef Mengele. Zur Typologie eines NS-Verbrechers, in: Vierteljahrshefte für Zeitgeschichte 34 (1986), S. 248–255.
Zuroff, Efraim, Beruf: Nazijäger. Die Suche mit dem langen Atem: Die Jagd nach den Tätern des Völkermordes, Freiburg i. Br. 1996.

## Fernsehsendungen und Spielfilme

Der Fall Mengele. Spuren eines Massenmörders, Fernsehsendung von Eva Berthold u. a. unter der Leitung von Guido Knopp, ZDF 1985.
Gesucht wird … Josef Mengele. Fernsehsendung von Felix Kuballa unter Mitarbeit von Hermann G. Abmayr/René Werner Gallé, WDR 1985.
Marathon Man, Spielfilm, Regie: John Schlesinger, USA 1976.
Mengele, der Todesarzt (Hitlers Helfer 2,4). Eine Fernsehdokumentation von Guido Knopp und Ralf Piechowiak, ZDF 1998.
Nichts als die Wahrheit, Spielfilm, Regie: Roland Suso Richter, BRD 1999.
Spiegel-TV spezial: Josef Mengele, Fernsehdokumentation von Dan Setton. Deutsche Bearbeitung: Sibylle Cochrane, 1995.
The Boys from Brazil, Spielfilm, Regie: Franklin J. Schaffner, UK/USA 1978.
Versuch über Josef Mengele. Götz George als KZ-Arzt, Fernsehsendung von Hermann G. Abmayr, SWR 1999.

## Abkürzungen und Siglen

| | |
|---|---|
| AGG | Archiv Grünes Gedächtnis |
| AHR | American Historical Review |
| APuZ | Aus Politik und Zeitgeschichte |
| Aufz. Mengele | Handschriftliche Aufzeichnungen Josef Mengele |
| Az | Aktenzeichen |
| BAB | Bundesarchiv Berlin |
| BA | Bezirksamt |
| BDC | Berlin Document Center |
| BStU | Archiv der Bundesbeauftragten für die Unterlagen des Staatssicherheitsdienstes der ehemaligen Deutschen Demokratischen Republik |
| BVP | Bayerische Volkspartei |
| DAF | Deutsche Arbeitsfront |
| DNJ | Deutsch-Nationaler Jugendbund |
| DNVP | Deutschnationale Volkspartei |
| Erm.A. | Ermittlungsakten |
| Fahnd.A. | Fahndungsakten |
| FAZ | Frankfurter Allgemeine Zeitung |
| Fn. | Fußnote |
| GDJ | Großdeutscher Jugendbund |
| Gestapo | Geheime Staatspolizei |
| GuG | Geschichte und Gesellschaft |
| GZ | Günzburger Zeitung |
| HandA | Handakten |
| HJ | Hitlerjugend |
| IHK | Industrie- und Handelskammer |
| IfZ | Institut für Zeitgeschichte, München |
| IMT | Internationales Militärtribunal in Nürnberg |
| KL | Konzentrationslager |
| KAZ | Kommunistische Arbeiterzeitung |
| Kripo | Kriminalpolizei |
| KWI | Kaiser-Wilhelm-Institut |
| MfS | Ministerium für Staatssicherheit |
| NSDAP | Nationalsozialistische Deutsche Arbeiterpartei |
| NSFK | Nationalsozialistisches Fliegerkorps |
| NSKK | Nationalsozialistisches Kraftfahrerkorps |
| OB | Oberbürgermeister |
| OSI | Office of Special Investigation |
| PKA | Petra Kelly-Archiv |
| RAD | Reichsarbeitsdienst |
| RSHA | Reichssicherheitshauptamt |
| R. u. S. | Rasse- und Siedlungshauptamt der SS |
| RuSHA | Rasse- und Siedlungshauptamt der SS |
| SA | Sturmabteilung |

| | |
|---|---|
| SD | Sicherheitsdienst der SS |
| SRP | Sozialistische Reichspartei |
| SS | Schutzstaffel |
| SS-HauptStuf | SS-Hauptsturmführer |
| SS-OStuf | SS-Obersturmführer |
| SS-UStuf | SS-Untersturmführer |
| Sta F/M | Staatsanwaltschaft bei dem Landgericht Frankfurt am Main |
| StAA | Staatsarchiv Augsburg |
| StAGz | Stadtarchiv Günzburg |
| SVB | Schwäbisches Volksblatt |
| SZ | Süddeutsche Zeitung |
| Verf. | Verfasser |
| VfZ | Vierteljahrshefte für Zeitgeschichte |
| VHS | Volkshochschule |
| WVHA | Wirtschafts- und Verwaltungshauptamt der SS |
| ZfG | Zeitschrift für Geschichtswissenschaft |

# Personenregister

Auf die Aufnahme des Namens Josef Mengele
wurde wegen der Häufigkeit der Nennung verzichtet.

Adenauer, Konrad 119
Adolph, Benno 26, 31
Alexander, Vera 40
Alster, Josef 159, 162, 164
Arendt, Hannah 125
Auer, Paul 95, 134, 138

Barbie, Klaus (alias Altmann, Klaus) 58, 160
Bauer, Fritz 123, 126–128, 135, 139f.
Baumeister, Josef 151, 154, 156–159, 189
Baer, Richard 123
Beger, Bruno 38
Birner, Adam 102, 151, 153
Böck, Richard 117, 127f.
Boger, Wilhelm 123
Bormann, Martin 67, 70f., 185
Bossert, Lieselotte 58–60
Bossert, Wolfram 58–60
Brecht, Bertolt 148
Brenner, Michael 147
Broszat, Martin 124
Buchheim, Hans 124

Capesius, Victor 36, 123
Carstens, Karl 148
Cicero. Adolpho 71
Clauberg, Carl 36

Darré, Richard Walther 79, 102
Deisenhofer, Georg 74, 100
Deml, Karl 129
Diamanski, Hermann 34
Diesbach, Julius 136
Dönitz, Karl 76
Dreher, Wilhelm 98

Eckstein, Alejandro von 51, 54
Eichmann, Adolf 49ff., 55, 57, 68, 160, 162f.
Engelhardt, Karl-Theodor 178
Entress, Friedrich 36f., 43
Erdstein, Erich 71f.
Esser, Hermann 102

Farago, Ladislas 71
Fischer, Eugen 23, 85
Fischer, Horst 24, 30f., 37, 43

Frank, Anne 120
Frick, Wilhelm 102
Fried, Jenö 37
Friedman/Friedmann, Tuviah 67, 155, 159, 161–164, 166, 171

Galinski, Heinz 159
Geiselhart, Otto 95, 100ff., 149, 153
Genscher, Hans-Dietrich 167
Genzken, Karl 22
Gerhard, Wolfgang 55–59
Globke, Hans 117
Glücks, Richard 71
Goebbels, Joseph 111
Göring, Hermann 102
Grawitz, Ernst 36
Grebe, Hans 87, 92
Groß, Walter 86
Gürtner, Franz 87

Haase, Frederico 50
Hanner, Franz 94f.
Harlan, Veit 117
Hausner, Gideon 160
Heidenreich 19
Heissmeyer, Kurt 38
Heyde, Werner 117
Hier, Marvin 160
Himmler, Heinrich 19, 27ff., 35f., 38, 41, 79, 98
Hiob, Hanne 147–152, 155, 164, 171, 189
Hirt, August 38
Hitler, Adolf 28, 49, 75ff., 79, 82, 94, 97–99, 102, 136, 155, 165
Hochhuth, Rolf 72
Höfer, Werner 130
Höffner, Joseph 169f.
Hofmeyer, Hans 123, 125
Höß, Rudolf 27f., 79, 123
Hupfauer, Theo 76

Jacobsen, Hans-Adolf 124
Jenninger, Philipp 145
Jung, Werner 51, 54
Jünger, Ernst 79

Kaduk, Oswald 123
Kästner, Erich 110
Kahler, Hans-Otto 45
Kaschub, Emil 38
Katz, Ottmar 69
Kaul, Hans-Peter 161 f.
Kelly, Petra 167–170
Klarsfeld, Beate 67, 177
Klarsfeld, Serge 67
Klehr, Josef 123
Klein, Fritz 36
Klein, Hans-Eberhard 178
Kleinmann, Josef 182
Kling, Karl 180
Knopp, Guido 183
Kohl, Helmut 167
König, Hans Wilhelm 36
Köppler, Rudolf 11, 13, 101, 148, 151–154, 158 f., 161 f., 164, 166, 170–174, 178–182, 189 f.
Krausnick, Helmut 124
Kremer, Johann Paul 37
Krug, Alban 54, 61
Küchle (Familie) 148
Kügler, Joachim 126

L., Kurt 20 f.
Langbein, Hermann 36, 66, 68 f., 121
Ley, Robert 76
Liebehenschel, Arthur 27
Lingens, Ella 33, 35
Lolling, Enno 43
Lübbe, Hermann 111
Luther, Martin 157

Magnussen, Karin 41 f.
Malbranc, Gerhard 50
Martin, John 175
Mengele, Alois jun. 52, 80, 106 ff., 112 f., 126, 133 ff., 139, 148, 166, 186, 193
Mengele, Alois sen. 105
Mengele, Dieter 107, 164, 173–180, 186, 193
Mengele, Irene, geb. Schoenbein 18, 24 f., 48, 51, 56, 115 f., 121, 193
Mengele, Karl jun. 48, 51, 106 f., 112, 127, 186, 193
Mengele, Karl sen. 13, 17, 51, 73–76, 105–113, 115, 118, 120 f., 127, 130 ff., 136, 139, 165, 186, 193
Mengele, Karl-Heinz 52 ff., 59, 78, 107, 118, 164 f., 173–180, 193
Mengele, Martha 51–54, 67, 118, 126 f., 135, 146, 193
Mengele, Rolf 48, 52, 56, 59 f., 78, 115, 121, 176–179, 193
Mengele, Ruth 52, 112, 148, 193
Mengele, Theresia 105

Mengele, Walburga („Wally") 17, 76, 108, 112, 193
Merk, Bruno 112
Miller, Albert 46
Mitscherlich, Alexander 111, 152
Mitscherlich, Margarete 111, 152
Moeller van den Bruck, Arthur 79
Mollison, Theodor 17, 84
Muckermann, Hermann 85 f.
Mulka, Robert 123
Münch, Hans 65, 133
Münz, Willi 131, 139

Nachtsheim, Hans 92
Nasser, Gamal Abdel 67
Nyiszli, Miklós 41

Oberländer, Theodor 117
Ofer, Moshe 40 f.
Ofer, Tibi 40 f.
Ovitz (Familie) 42

Perl, Gisella 116
Perón, Juan Domingo 49, 54
Pfaffenzeller 95
Pohl, Oswald 26
Puzyna, Martina 40, 66

Rahn, Dietrich 140
Rascher, Sigmund 35
Reagan, Ronald 145, 169
Reinaerts, Armand 54
Reitz, Edgar 155
Riemer, Franz Josef 129
Roeder, Manfred 61
Rohde, Werner 36
Roller, Walter 150 f., 159
Rosenberg, Alfred 79
Rosmus, Anna 147
Ruckdeschel, Friedrich 77
Rudel, Hans Ulrich 49 ff., 54 f., 57 f.

Sandberger, Martin 133
Sassen, Willem 50
Sauerbruch, Ferdinand 83
Sawade, Werner siehe Heyde, Werner
Schade, Heinrich 92
Schmidt, Manfred 174
Schnabel, Ernst 53, 120 f.
Schöfberger, Rudolf 174
Schowingen, Schabinger Freiherr von 122
Schüle, Erwin 121
Schumann, Horst 36
Schwandes, Willy 126–129, 134–138, 140
Schwarz, Franz-Xaver 94 f., 98, 102 f., 153 f.

Sedlmeier, Hans 52, 54, 57–61, 106, 133, 139, 142, 177–181, 191
Seeckt, Hans von 82
Seitz, Anton 126, 128 ff., 135, 137, 140
Seitz, Josef 121, 128, 131
Setton, Dan 182
Sievers, Wolfram 36
Simnacher, Georg 164
Speer, Albert 76
Spiegel, Zvi 40
Stammer, Geza 56–59, 141
Stammer, Gitta 56–59, 141
Strasser, Gregor 97
Strauß, Franz Josef 148, 173 f.
Streicher, Julius 97 f.
Stroessner, Alfredo 49, 51, 54, 67, 70 f., 166 f., 169, 176
Studnitz, Georg von 119
Sussmann 63
Sutor, Georg 129

Taylor, Telford 116, 160
Thilo, Heinz 37
Throta, Adolf von 77 f.
Timmermann, Ernesto 53
Treutlein, Günter 178
Truppel, Heinz 53

Ulmann, Fritz 45–48

Verschuer, Otmar Freiherr von 18, 23 f., 39, 41, 45, 52, 85–89, 92 f.
Vetter, Helmuth 36 f.

Wagner, Leo 139
Warnecke, Klaus 173 f.
Weber 19
Weber, Bruno 36
Weber, Johann 75, 100
Weigl, Johann 48
Weiser Varon, Benno 71
Weizsäcker, Richard von 155
Wiedwald, Erich Karl 71
Wiesenthal, Simon 61, 67–70, 115, 141 f., 146, 160–162, 167, 177, 181
Wirths, Eduard 29 f., 33, 36 f., 39, 43
Wörl, Ludwig 35

Zofka, Zdenek 159
Zuber, Brigitte 150

*Decknamen von Josef Mengele*
Andreas 17
Gerhard, Wolfgang 60
Gregor, Helmut 49–52
Hans 47 f.
Hochbichler, Peter 55 f., 58
Hollmann, Fritz 46
Onkel Fritz 52